U0742403

MINZHENG GONGZUO WENJIAN XUANBIAN

民政工作文件选编

2023 年

民政部政策法规司　编

中国社会出版社

国家一级出版社 · 全国百佳图书出版单位

图书在版编目（CIP）数据

民政工作文件选编．2023 年 / 民政部政策法规司编．
北京 ：中国社会出版社，2024．6．－－ ISBN 978-7-5087-
7064-2

Ⅰ．D632

中国国家版本馆 CIP 数据核字第 20240PM213 号

民政工作文件选编（2023年）

出 版 人：程　伟

终 审 人：陈　琛

责任编辑：张耀文

装帧设计：时　捷

出版发行：中国社会出版社

　　　　　（北京市西城区二龙路甲 33 号　邮编 100032）

印刷装订：河北鑫兆源印刷有限公司

版　　次：2024 年 6 月第 1 版

印　　次：2024 年 6 月第 1 次印刷

开　　本：170mm×240mm　1/16

字　　数：540 千字

印　　张：27

定　　价：88.00 元

目　　录

综　　合

法制建设

标准化工作

社会救助

区划地名

老龄工作

养老服务

儿童福利

慈善事业

人事工作

民政部 2022 年法治政府建设年度报告

2022 年，民政部党组坚持以习近平新时代中国特色社会主义思想为指导，深入学习贯彻党的二十大精神，认真学习贯彻习近平法治思想，全面贯彻落实党中央、国务院关于全面依法治国重大决策部署，健全完善新时代民政事业高质量发展的法治保障体系，推动法治政府建设取得新成效。现将有关情况报告如下。

一、深入学习贯彻习近平法治思想

民政部党组将习近平法治思想和习近平总书记关于全面依法治国的最新重要讲话和指示批示精神作为部党组理论学习中心组学习及相关会议培训的重要内容，准确把握其重大意义、丰富内涵、核心要义、实践要求，牢牢把握民政法治建设的正确政治方向。及时召开部党组会议研究贯彻落实的具体举措。部党组书记、部长唐登杰认真履行推进民政法治建设第一责任人职责，多次主持召开部党组会议、专题会议对法治政府建设任务进行部署，带头运用法治思维和法治方式推动民政事业改革发展。部党组成员在各自分管领域认真履职尽责，将法治政府建设与业务工作同部署、同落实。制定《民政部关于推进法治建设的任务分工》，压实工作责任，确保将习近平法治思想贯彻落实到民政工作全过程、各方面。

二、推动完善民政法规制度体系

（一）推进重点领域立法。制定《民政部 2022 年度立法工作计划》。报请修订出台《地名管理条例》。配合司法部完成社会救助法（草案）审核工作。协调司法部加快审核城市居民委员会组织法。配合做好全国人大常委会初次审议慈善法修订草案相关工作。按照国务院领导同志要求，持续推进制定《社会组织登记管理条例》。向党中央报送深化殡葬改革有关政策文件代拟稿，为修订《殡葬管理条例》奠定基础。推动修改完善村民委员会组织法。研究论证养老服务及儿童福利等立法工作。

（二）坚持民主立法。推进开门立法，扩大公众参与覆盖面和代表性。在制定《社会组织登记管理条例》《地名管理条例实施办法》，修订《中华人民共和国城市居民委员会组织法》《中华人民共和国村民委员会组织法》《外国商会管理暂行规定》等过程中，多次深入基层调研、召开论证会，充分保障公众和社会各界参与立法权利。

（三）开展各类清理工作。完成涉计划生育党内法规和规范性文件、外商投资法规文件、中国公民收养子女登记办法、市场准入壁垒排查等清理工作。持续推进减证便民，逐项梳理无上位依据但确需保留的证明事项。

（四）加强合法性审查。进一步规范部机关规范性文件等合法性审查送审工作，统一合法性审查自查要求。对 14 件行政规范性文件和中央文件代拟稿、13 件党组规范性文件进行合法性审查。对涉及市场主体活动的文件进行公平竞争审查。完成 6 件社会组织行政处罚决定审查。

三、推进职能转变和权力监督

（一）严格依法决策。强化依法决策意识，在处理重大复杂问题时，充分听取法制机构和法律顾问意见。注重发挥专家咨询委员会及高校科研机构专家学者作用，落实专家论证、风险评估制度。

（二）加强事中事后监管。印发相关文件，健全民政监管体系，进一步提高监管效能。社会组织管理方面，按照"双随机、一公开"原则，抽查审计209 家社会组织。实施社会组织领域专项整治行动，持续规范部管社会组织运行。开展 259 家社会组织法定代表人离任审计、注销清算审计。全年受理各类网上投诉举报 7396 件并及时办理。引导地方加强社会组织统一代码重错码纠正，动态归集全国约 90 万家社会组织基础信息。社会救助方面，制定有关工作方案，部署为期 4 年的综合治理工作。会同财政部制定困难群众基本生活救助工作绩效评价办法及评价指标，在全国范围开展绩效评价。养老机构监管方面，印发《关于推进养老机构"双随机、一公开"监管的指导意见》和《养老机构行政检查办法》，进一步落实落细养老机构综合监管制度。殡葬管理方面，开展巩固和提升殡葬领域突出问题整治规范工作，进一步加大殡葬服务领域监管力度。志愿服务方面，指导各地开展志愿服务记录与证明抽查试点，全国 337 个试点地区抽查志愿服务组织和其他依法开展志愿服务的单位、组织、团体超过 1 万个。区划地名方面，进一步强化地名、界线领域监督管理，研究提出区划地名领域 6 项监管事项清单，明确监管内容、监管对象。

（三）加强信息化建设。加强民政一体化政务服务平台和移动端"民政通"建设及推广应用，接入各类民政政务服务超过 70 项，提供各类服务超过 1200 万次，实名注册用户超过 210 万，"互联网＋民政服务"效能显著增强。启用全国社会组织执法监督系统，推进社会组织执法信息全国转办和数据共享。聚焦养老机构监管业务，建设养老服务机构自建房安全专项整治等模块，全面记录全国养老机构基础设施情况。研究建立全国儿童收养便民服务信息系统。推动国家地名信息库标准地名数据纳入国务院部门共享数据第五批责任清单。

（四）优化公共服务。报请国家标准化管理委员会发布 39 项民政领域国家标准，发布 4 项行业标准。推进高频政务服务事项"跨省通办"，办理"跨省通办"结婚登记 5.48 万余对、离婚登记 1.14 万余对，孤儿、事实无人抚养儿童认定申请受理"跨省通办"成功办理 136 例。残疾人两项补贴资格认定申请由"跨省通办"升级为"全程网办"，全年"跨省通办"审定通过 794 例，"全程网办"审定通过 1878 例。通过采取线上预约预审融合机制，确保婚姻登记"一件事一次办"。全年救助流浪乞讨人员 75.1 万人次，利用人脸识别、DNA 比对等技术帮助 1.6 万名受助人员寻亲成功，为近 2 万名长期滞留人员办理落户安置手续。印发《关于进一步做好最低生活保障等社会救助兜底保障工作的通知》，适当放宽低保准入条件，适度扩大低保和特困供养范围。印发《关于建立完善社会救助主动发现机制的通知》，拓宽主动发现渠道，帮助申请能力不足的困难群众及时有效提出救助申请。推动在全国范围实现对急难型临时救助对象由急难发生地直接实施临时救助。深化乡村地名服务，指导互联网地图平台规范标注乡村地名信息 670 万条，实现头部互联网地图平台乡村地名全国全覆盖，上图地名累计点击量近 60 亿人次。

（五）推动社会诚信体系建设。社会组织方面，加强信用信息管理与归集，全年列入活动异常名录 4373 家、严重违法失信名单 2624 家，累计 2.66 万家社会组织被各级民政部门纳入失信名单。开发电子政务外网数据共享接口，将社会组织信用信息交换给全国一体化政务服务平台、"信用中国"平台等，推动数据共享和信用惩戒。养老服务方面，推动"信用＋养老服务"工作落地，加快全国养老服务信息系统优化升级，加强信用信息归集、共享、应用，进一步提高全国养老服务信用体系建设水平。婚姻登记方面，深入落实《关于妥善处理以冒名顶替或者弄虚作假方式办理婚姻登记问题的指导意见》，指导各地研究制定配套实施方案，扎实推进婚姻登记严重失信当事人信用约束和联合惩戒。

（六）推动突发事件应急体系建设。指导各地落实民政部等 4 部门印发的《关于加强村（居）民委员会公共卫生委员会建设的指导意见》，90% 以上的村（居）民委员会设置了公共卫生委员会，依法制定村（社区）公共卫生工作方案和突发公共卫生事件应急预案，有序参与预防和应对突发事件。指导各地强化民政服务机构应急体系建设，完善应急预案，加强日常应急演练，健全突发事件监测预警、信息报告、应急响应、善后处置等机制。动员社会组织和社会力量，开展全国农村地区敬老院抗疫能力提升项目。

（七）全面推行政务公开。加大政策发布及解读力度，在部门户网站上线"权威解读""图解图表"等专题合集 7 个，制作刊发政策问题 27 篇，全网阅读量超过 111 万人次。优化热线电话及新媒体平台建设，全年电话接听量达 16900 余人次，部门户网站发布信息 6034 条，部政务微博"民政微语"发布信息 1765 条，部政务微信"中国民政"发布信息 1570 条。依法及时办理和答复政府信息公开申请事项 208 件。回复部门户网站网民留言 3700 余条。完成部门规章库数据排查整改。实现政务公开平台数据联通中国政府网。委托第三方机构对全国 32 个省级民政部门和 139 个县级民政部门养老服务领域政务信息和服务质量信息公开情况进行评估。

（八）加强行政复议和应诉工作。全年共办结行政复议案件 62 件，确认违法 1 件，撤销 7 件，案件纠错率 12.9%。办理应诉案件 24 件，未出现败诉案件。严格履行执法监督职责，向北京、河北、山东等省级民政部门发送建议函 3 份。

（九）加强权力制约和监督。部党组定期与驻部纪检监察组召开全面从严治党专题会商会，加强对"一把手"和领导班子的监督。严肃查处各类违纪违法案件。持续整治社会组织、社会救助、养老服务、殡葬管理服务等领域群众身边的腐败问题和不正之风。

（十）强化考核评价。将部主要负责同志履行推进法治建设第一责任人职责情况列入个人年终述职内容。将法治素养和依法履职情况纳入领导干部年度考核范畴，坚持"述职述廉述法"三位一体的考核制度。

四、推进严格规范公正文明执法

（一）完善行政执法程序。出台《全国性社会团体违规收费案件执法裁量原则》，规范处罚裁量基准，明确处罚裁量空间。印发《养老机构行政检查办法》及配套文书式样，完善相关行政检查程序性规定。

（二）加强重点领域执法。指导地方民政部门联合公安机关开展常态化非法社会组织打击整治，取缔和劝散非法社会组织 2876 家，关停非法社会组织网站 4 批 39 家。实施行业协会商会乱收费专项清理整治"回头看",纠正违法违规收费问题 2866 个,查处违法违规收费行业协会商会 281 家,为企业减轻负担约 41.41 亿元。持续办理社会组织违法违规行政处罚案件,依法行政处罚 9 起,执法约谈 400 余人次,行政告诫 200 余起。联合有关部门印发《关于加强养老机构非法集资防范处置工作的意见》,加强源头防控,对养老机构涉嫌非法集资的行为加强联合执法。

五、推动社会治理法治化

（一）深化社会组织依法治理。印发并组织实施《"十四五"社会组织发展规划》。面向社会组织负责人及专职工作人员举办 5 期线上线下培训。联合中央文明办印发《关于推动社区社会组织广泛参与新时代文明实践活动的通知》,鼓励社区社会组织积极投身文明实践。

（二）深化城乡社区依法治理。报请中办、国办印发《关于规范村级组织工作事务、机制牌子和证明事项的意见》。印发《关于深入学习贯彻新修改的〈中华人民共和国地方各级人民代表大会和地方各级人民政府组织法〉有关乡镇街道职权和工作方面规定精神的通知》,提升基层治理法治化水平。指导各地结合新一轮村（社区）"两委"换届,修订村规民约、居民公约近 54 万部。配合司法部命名 1136 个全国民主法治示范村（社区）。指导各地不断丰富村（居）务公开内容、规范村（居）务公开程序。

（三）深化法治宣传教育。举办全国民政法治工作培训班。印发《2022 年全国"宪法进社区"主题宣传活动工作方案》并组织实施。开展"4·15"国家安全日普法宣传活动。组织专家、律师撰写关于遗产管理人制度、民间收养相关问题普法文章并刊发。将宪法、重要党内法规等列入党组理论学习中心组学习内容,抓好公务员日常法治学习。

2023 年,民政将坚持以习近平新时代中国特色社会主义思想为指导,全面贯彻落实党的二十大精神,深入学习贯彻习近平法治思想,贯彻落实党中央关于全面依法治国重大决策部署,持续推进法治政府建设。一是加强民政政策法规体系建设,推进村（居）民自治、社会救助、社会组织、殡葬等重点领域立法修法取得突破,继续推进养老服务、儿童福利立法研究。二是加强依法行政,严把合法性审核关口,加强事中事后监管,严格规范公正文明执法,认真履行行政复议和应诉职责,全面推进政务公开。三是继续加大法治宣传力度,着力提高普法工作的针对性和实效性。推进民政普法与依法治理有机融合,深化社会组织、城乡社区依法治理,加强居民公约、村规民约等社会规范建设。

民政部关于学好用好《深入学习习近平关于民政工作的重要论述》的通知

民函〔2023〕77 号   2023 年 11 月 3 日

各省、自治区、直辖市民政厅（局），各计划单列市民政局，新疆生产建设兵团民政局；各司（局），中国老龄协会，各直属单位：

党的十八大以来，以习近平同志为核心的党中央高度重视民政工作，习近平总书记多次就民政工作发表重要讲话，作出一系列重要指示批示，深刻阐明民政部门和民政工作的政治属性、职责定位、宗旨使命、目标方向、着力重点、任务举措、发展动力、条件保障等一系列方向性、根本性、全局性、战略性问题。习近平总书记关于民政工作的重要论述是习近平新时代中国特色社会主义思想的重要组成部分，是党的创新理论在民政领域的具体体现，具有很强的政治性、思想性、指导性和针对性，是新时代民政事业发展的根本遵循和行动指南。

为深入学习和研究阐释习近平总书记关于民政工作的重要论述，推动各级民政部门党员、干部深刻感悟习近平新时代中国特色社会主义思想的真理力量和实践伟力，进一步深刻领悟"两个确立"的决定性意义，增强"四个意识"、坚定"四个自信"、做到"两个维护"，持续推进习近平总书记关于民政工作的重要论述在民政系统落地生根，民政部组织编写了《深入学习习近平关于民政工作的重要论述》，经中央有关部门批准，已由人民出版社公开出版发行。全书以习近平新时代中国特色社会主义思想为指导，分专题阐述了习近平总书记关于民政工作重要论述的基本精神、基本内容、基本要求。这是学习研究习近平总书记关于民政工作重要论述的阶段性成果，是各级民政部门党员、干部深入学习领会习近平总书记关于民政工作重要论述的重要辅助读物。

各级民政部门要坚持学思用贯通、知信行统一，自觉用习近平新时代中国特色社会主义思想统一思想、统一意志、统一行动，着力在武装头脑、指导实践、推动工作上下功夫。要加强组织领导，把组织学习《深入学习习近平关于民政工作的重要论述》同学习贯彻党的二十大精神结合起来，同巩固深化第一批主题教育成果、扎实开展第二批主题教育结合起来，制定学习计划，做出周密安排。要坚持原原本本学、领导带头学、坚持不懈学、及时跟进学、联系实际学、入脑入心学，纳入理论学习中心组、基层党组织"三会一课"、主题党日学习等内容，纳入各级民政部门教育培训，组织党员、干部认真研读，积极交流，开展多形式、分层次、全覆盖的学习研讨，全面掌握习近平总书记关于民政工作重要论述的丰富内涵、核心要义和实践要求，不断夯实思想理论根基。要坚持知行合一，大力弘扬理论联系实际的优良学风，更加自觉用习近平总书记关于民政工作的重要论述指导实际工作，推动党员、干部更加坚定捍卫"两个确立"、坚决做到"两个维护"，坚持和加强党对民政工作的全面领导，坚持以人民为中心的发展思想，坚持全面深化民政改革，坚持实事求是、科学精准，坚持系统观念、统筹发展和安全，坚持加强基层基础工作，坚定不移全面从严治党，使民政工作更好体现时代性、把握规律性、富于创造性，把学习成效转化为做好本职工作、推动事业发展的强大动力和生动实践，在全面建设社会主义现代化国家新征程中奋力谱写民政事业高质量发展新篇章。

民政部办公厅关于印发《民政部 2023 年度立法工作计划》的通知

民办发〔2023〕7 号   2023 年 6 月 19 日

各司（局），各直属单位：

　　《民政部 2023 年度立法工作计划》已经 2023 年 6 月 15 日第 12 次部长办公会审议通过，现印发给你们，请认真贯彻执行。

民政部 2023 年度立法工作计划

　　2023 年是全面贯彻落实党的二十大精神的开局之年，是全面建设社会主义现代化国家开局起步的重要一年。民政部 2023 年度立法工作的总体要求是：在以习近平同志为核心的党中央坚强领导下，坚持以习近平新时代中国特色社会主义思想为指导，全面贯彻落实党的二十大和二十届一中、二中全会精神，深刻领悟"两个确立"的决定性意义，坚决做到"两个维护"，深入学习贯彻习近平法治思想和习近平总书记关于民政工作重要指示批示精神，坚持党的领导、人民当家作主、依法治国有机统一，深入推进科学立法、民主立法、依法立法，不断提高立法质量和效率，加强新时代民政政策法规体系建设，以高质量立法助力民政事业高质量发展。

　　一、认真学习贯彻党的二十大精神，坚持以习近平法治思想指导新时代民政立法工作

　　党的二十大是在全党全国各族人民迈上全面建设社会主义现代化国家新征

程、向第二个百年奋斗目标进军的关键时刻召开的一次十分重要的大会。党的二十大报告深刻阐释了新时代坚持和发展中国特色社会主义的一系列重大理论和实践问题，描绘了全面建设社会主义现代化国家、全面推进中华民族伟大复兴的宏伟蓝图。要自觉对标对表党的二十大重大决策部署，把党的二十大精神贯彻落实到民政立法工作全过程和各方面。

党的二十大报告在我们党的全国代表大会历史上首次对全面依法治国作出专章论述、专门部署，进一步丰富和发展了习近平法治思想。要始终坚持用习近平法治思想统领民政立法工作，把学习贯彻党的二十大精神同学习贯彻习近平法治思想、习近平总书记关于民政工作重要指示批示精神结合起来，积极回应推进中国式现代化的法治需求，加快补齐民政政策法规短板弱项，不断深化民政法治建设，以良法善治助力民政事业改革发展。

二、突出立法重点，以高质量立法服务保障民政事业改革发展

着力完善民政法规制度体系，年内制定出台民政部立法工作规划。坚持突出重点、急用先行，科学合理安排立法项目。优先安排贯彻落实全国人大常委会及国务院立法规划计划项目，做好与年度民政重点工作任务的衔接，更好服务保障党和国家重大决策部署。

围绕增进民生福祉、促进共同富裕，完善困难群众、老年人、儿童、流浪乞讨人员、残疾人等特殊群体权益保障制度和关爱服务体系，健全促进共同富裕的基础性法规制度。积极推进社会救助法立法进程；抓紧研究制定养老服务法、儿童福利法，修订社会救助暂行办法、中国公民收养子女登记办法、城市生活无着的流浪乞讨人员救助管理办法。修订华侨以及居住在香港、澳门、台湾地区的中国公民办理收养登记的管辖以及所需要出具的证件和证明材料的规定；抓紧研究制定精神卫生福利机构管理办法。

围绕提升社会治理效能，健全共建共治共享的社会治理制度，完善社会组织登记管理、矛盾纠纷多元化解等方面法规规章，提升社会治理法治化水平。推动制定社会组织登记管理条例。抓紧研究修订民政信访工作办法，制定社会组织名称管理办法、社会团体年度检查办法。

围绕提高公共服务水平，完善殡葬管理、婚姻登记、地名管理等公共服务领域法规规章。推动修订殡葬管理条例，制定地名管理条例实施办法。抓紧研究修订婚姻登记条例、中国边民与毗邻国边民婚姻登记办法。

抓紧做好党和国家机构改革、政府职能转变等涉及的立法工作。配合全国人大做好未成年人保护法、慈善法的修订工作。

对于党中央、国务院交办的其他立法项目，抓紧办理，尽快完成起草和审

查任务。

对于其他正在研究但未列入立法工作计划的立法项目，由有关司局继续研究论证。

三、健全立法工作机制，提高法律法规草案的起草质量和工作效率

坚持党对立法工作的全面领导。严格执行请示报告制度，在法律法规规章草案起草过程中，凡涉及重大问题、重要政策以及需要由党组研究的其他立法事项，及时向部党组并视情向党中央、国务院请示报告。加强与立法机关沟通衔接。积极做好与全国人大常委会、国务院立法规划计划的衔接，推动民政重点领域立法项目纳入相关规划计划。通过多种方式加强与全国人大及其常委会有关部门、司法部的有效沟通，加快推动立法进程。深入推进科学立法、民主立法、依法立法。认真履行起草工作职责，扎实做好研究论证、意见征集、风险评估等工作，高标准高质量完成起草任务。加强立法调查研究工作，扩大社会公众参与立法的覆盖面和代表性，充分发挥民政法治工作联系点接地气、察民情、听民意、聚民智的"直通车"作用。认真贯彻落实新修改的立法法，确保立法符合宪法精神和上位法规定。注重发挥地方立法实施性、补充性、探索性作用，鼓励支持地方更加灵活开展法规政策创制。

四、强化履职尽责，切实抓好立法工作计划的落实

各司局要高度重视立法计划执行，切实增强计划的科学性、严肃性、有效性。要建立完善立法起草专班制度。对于列入全国人大常委会、国务院年度立法工作计划项目，由政策法规司牵头成立立法工作专班，集中力量攻坚，确保按时完成起草。对于其他正在研究但未列入年度计划项目，由相关司局牵头组建起草专班，深入研究论证。政策法规司做好立法工作的组织协调和督促指导，建立完善立法计划调度制度，每季度组织调度会，沟通情况，分析问题，明确要求，压实责任，确保立法计划的执行进度。

附件：

《民政部 2023 年立法工作计划》
明确的立法项目

一、法律法规

1. 社会救助法（制定）
2. 社会组织登记管理条例（制定）
3. 殡葬管理条例（修订）

抓紧研究制定养老服务法、儿童福利法，修订社会救助暂行办法、婚姻登记条例、中国公民收养子女登记办法、城市生活无着的流浪乞讨人员救助管理办法。

二、部门规章

1. 地名管理条例实施办法（制定）
2. 华侨以及居住在香港、澳门、台湾地区的中国公民办理收养登记的管辖以及所需要出具的证件和证明材料的规定（修订）

抓紧研究修订民政信访工作办法、中国边民与毗邻国边民婚姻登记办法，制定社会组织名称管理办法、社会团体年度检查办法、精神卫生福利机构管理办法。

三、其他立法项目

1. 党和国家机构改革、政府职能转变等涉及的立法项目
2. 党中央、国务院交办的其他立法项目

民政部办公厅关于印发《民政法规制度建设规划（2023—2027 年）》的通知

民办函〔2023〕80 号   2023 年 11 月 22 日

为深入贯彻落实党的二十大精神，全面提高民政工作法治化水平，更好发挥法治固根本、稳预期、利长远的保障作用，在新时代新征程上推进民政事业高质量发展，依据《中华人民共和国国民经济和社会发展第十四个五年规划和 2035 年远景目标纲要》《十四届全国人大常委会立法规划》《"十四五"民政事业发展规划》和国家相关法律法规政策，结合民政工作实际，制定本规划。

一、总体要求

（一）指导思想。坚持以习近平新时代中国特色社会主义思想为指导，深入学习贯彻习近平法治思想，全面贯彻落实党的二十大精神，深刻领悟"两个确立"的决定性意义，增强"四个意识"、坚定"四个自信"、做到"两个维护"，深入分析中国式现代化的立法需求，全面推进民政法规制度建设，加快完善民政法规制度体系，不断增强民政法规制度执行力，为更好履行民政工作职责提供坚实制度保障。

（二）基本原则。坚持党的领导，发挥党总揽全局、协调各方的领导核心作用，贯彻落实习近平总书记关于民政工作重要指示批示精神和党中央、国务院决策部署，确保党在民政领域制定的方针政策通过法定程序成为国家意志。坚持以人为本，贯彻以人民为中心的发展思想，以人民群众需求为导向，以提高人民群众生活品质为着力点，以实现全体人民共同富裕为目标，践行全过程人民民主，确保民政法规制度体现人民利益、反映人民愿望、增进人民福祉。坚持问题导向，紧盯党中央关心关注的问题，紧盯影响制约高质量发展的问题，紧盯人民群众急难愁盼问题，着力补短板、强弱项，增强民政法规制度的针对性、适用性、可操作性。坚持系统观念，统筹立改废释，丰富立法形式，把握好政策、法规、标准的不同定位，协调发挥政策引领、法制保障、标准支撑作用。突出重点，集中力量抓好党中央、国务院确定的重大立法任务的贯彻落实。指导地方结合实际及时出台配套法规政策，支持有条件的地方先行先试，增强民政法规制度的系统性、整体性、协同性。坚持从国情和实际出发，统筹需要和可能，尽力而为、量力而行，根据经济社会发展水平谋划实施政策举措，循序渐进、久久为功，确保民政法规制度立得住、行得通、真管用。坚持与时俱进，注重把实践中的成功经验和规律性认识上升为法规制度，及时修改同实践要求不相适应的法规制度，使民政法规制度建设始终随着实践的发展、时代的进步不断向前推进。

（三）主要目标。力争经过 5 年努力，民政领域基础主干法规制度更加健全，实践亟需的法规制度及时出台，配套法规制度更加完备，各项法规制度之间更加协调，基本形成涵盖民政工作主要业务、适应事业发展需要的法规制度体系框架，为到 2035 年建立起与中国式现代化要求相适应的，内容科学、程序严密、配套完备、运行有效的民政法规制度体系打下坚实基础。

二、完善基本民生保障方面的法规制度，进一步织密民生保障安全网

社会救助、儿童福利、残疾人保障、慈善事业等是保障和改善民生、维护社会公平、增进人民福祉的基本制度保障，是人民生活的安全网和社会运行的稳定器。顺应人民对高品质生活的期待，适应全体人民共同富裕的进程，制定和完善基本民生保障方面的法规制度，以法治方式推动健全分层分类的社会救助体系，积极发展儿童、残疾人等社会福利事业，更好发挥慈善第三次分配作用，切实增强人民群众的获得感、幸福感、安全感。

（四）完善社会救助制度。推动制定社会救助法，着眼健全分层分类的社会救助体系，将构建以基本生活救助、专项社会救助、急难社会救助为主体，以社会力量参与为补充，覆盖全面、分层分类、综合高效的社会救助格局，以法律形式确立下来并加以完善，推动社会救助事业行稳致远。加快社会救助法配套行政法规立法进程，推动制定社会救助法实施办法，修订《城市生活无着的流浪乞讨人员救助管理办法》。按照系统集成、协同高效的要求，健全基本生活救助制度，完善救助标准动态调整机制，加强救助对象动态管理；健全临时救助制度，强化急难社会救助功能；健全低收入人口动态监测预警和常态化救助帮扶机制，巩固提升脱贫攻坚成果；建立健全政府救助与慈善帮扶衔接机制；积极发展服务类社会救助。

（五）完善儿童福利制度。落实民法典、未成年人保护法有关规定，研究完善未成年人国家监护制度。推动完善残疾儿童康复救助制度，使残疾儿童得到及时有效康复服务。修订《儿童福利机构管理办法》，巩固儿童福利机构优

化提质和创新转型发展成果，提升儿童福利机构养治教康水平。修订《家庭寄养管理办法》，保障寄养儿童合法权益。完善困境儿童分类保障制度，健全孤儿和事实无人抚养儿童保障机制，逐步提高困境儿童、孤儿、事实无人抚养儿童在基本生活、医疗、照料、康复、教育等方面的保障水平。建立健全流动儿童和留守儿童关爱服务体系，确保流动儿童和留守儿童得到妥善监护照料和更好关爱保护。适时启动儿童福利法立法研究。

（六）完善残疾人保障制度。落实残疾人保障法和无障碍环境建设法，推动完善残疾人康复、社会保障、无障碍环境建设等方面的法规制度，促进残疾人全面发展和共同富裕。落实民法典有关规定，研究细化成年残疾人监护制度。完善困难残疾人生活补贴和重度残疾人护理补贴制度，更好满足残疾人生活保障和长期照护需求。研究制定困难重度残疾人照护服务政策，优化重度残疾人集中或者社会化照护服务。研究制定精神卫生福利机构管理措施，健全残疾人服务机构管理制度，完善精神障碍社区康复服务政策。健全促进康复辅助器具产业发展的制度，完善康复辅助器具标准体系，更好满足残疾人、老年人、伤病人等群体康复服务需求。

（七）完善慈善制度。配合修订慈善法，推动出台促进新时代公益慈善事业高质量发展有关政策，回应慈善发展新问题，优化慈善促进措施，健全慈善监管机制，更好发挥慈善事业第三次分配作用。制定或者修订慈善组织认定、信息公开、公开募捐、应急慈善、网络慈善、慈善信托等管理制度。健全慈善褒奖、促进制度，引导、支持有意愿有能力的企业、社会组织和个人积极参与慈善事业。加强慈善制度同社会救助、社会福利制度有机衔接，鼓励和支持慈善力量积极参与重大国家战略实施。加强福利彩票管理相关法规研究，完善福利彩票销售场所管理、彩票公益金使用管理等制度，促进社会公益事业发展。

落实民法典关于遗产管理人的有关规定，完善民政部门担任遗产管理人相关制度，保障无人继承遗产得到有序处理。

三、完善基层社会治理方面的法规制度，有效提升基层治理现代化水平

社会组织管理、行政区划、行政区域界线管理、地名管理等是基层治理的重要内容，是实现国家治理体系和治理能力现代化的基础工程。完善党全面领导基层治理制度，健全社会组织管理、行政区划、行政区域界线管理、地名管理等制度，巩固和发扬中国特色基层治理制度优势，建设人人有责、人人尽责、人人享有的基层治理共同体。

（八）完善社会组织管理制度。推动制定行业协会商会法，充分发挥行业

协会商会桥梁纽带作用，促进公平竞争和行业有序发展。推动制定《社会组织登记管理条例》，加强社会组织党的建设，规范社会组织登记管理，推动社会组织健康有序发展。制定或者修订社会组织名称、章程范本、印章、评估、年检、信息公开、直接登记、违法行为行政处罚裁量基准等管理制度，提升社会组织治理效能。推动完善外国商会管理制度，加强对外国商会的管理。修订《取缔非法民间组织暂行办法》，防范化解社会组织领域风险挑战。适时启动社会组织法立法研究。

（九）完善行政区划、行政区域界线管理制度。落实党中央关于加强和改进行政区划工作的决策部署，适时修订《行政区划管理条例》，进一步健全完善行政区划规划拟订、标准制订、部门联审、实地调查、风险评估、专家论证、征求意见、督导评估等制度，提升行政区划设置的科学性、规范性、有效性，确保行政区划设置和调整与国家发展战略、经济社会发展、国防建设需要相适应。制定完善行政区域界线相关标准规范，提升依法管界治界水平，维护边界地区和谐稳定。适时启动行政区划法立法研究。

（十）完善地名管理制度。落实《地名管理条例》，制定《地名管理条例实施办法》，提高地名管理的科学性、有效性。推动相关部门和地方健全完善地名管理配套制度规范，形成统一监督管理、分级分类负责的地名管理制度体系。完善地名命名更名、用字读音审定、少数民族语地名和外国语地名汉字译写等制度。完善地名标志管理制度，健全地名标志体系，维护地名标志的严肃性。健全地名保护名录制度，传承弘扬优秀地名文化。健全国家地名信息库管理服务制度，规范地名备案公告、采集上图、共享服务机制，深化地名信息服务。完善地名分类、拼写译写、标志设置与管理、文化保护等领域标准。

四、完善基本社会服务方面的法规制度，不断改善人民生活品质

养老和老龄工作、殡葬、婚姻、收养等社会服务是国家基本公共服务体系的重要组成部分，是提高人民生活水平的重要基础。加强基本社会服务方面的法规制度建设，优化资源配置，增强服务能力，保持适宜水平，稳步推进基本公共服务均等化，不断满足人民群众对美好生活的向往。

（十一）完善养老服务和老龄工作制度。推动制定养老服务法，构建居家社区机构相协调、医养康养相结合的养老服务体系。推动修订老年人权益保障法，全面完善家庭赡养与扶养、社会保障、社会服务、社会优待、宜居环境、参与社会发展等内容，为老龄工作提供综合性法律依据。落实民法典、老年人权益保障法有关规定，完善老年人监护制度。完善特困人员供养服务机构

（敬老院）管理制度，提升特困人员供养服务机构（敬老院）集中供养和失能照护能力。完善农村养老服务体系，健全县乡村三级养老服务网络，发展农村互助式养老服务。完善经济困难的高龄、失能老年人补贴制度，逐步提升老年人福利水平。健全养老服务综合监管制度，推进信用体系建设，督促养老服务机构诚信经营、转型升级、优化服务。研究制定一批与国际接轨、体现中国特色、适应服务管理需要的养老服务标准，加快建立全国统一的养老服务质量标准、等级评定与认证体系。

（十二）完善殡葬服务制度。推动制定加强和改进殡葬服务管理工作有关政策，深化殡葬改革，推进移风易俗，提高基本殡葬服务水平，办好群众身后事，实现"逝有所安"。推动修订《殡葬管理条例》，规范殡葬服务行为，完善殡葬管理体制机制，加强综合监管，切实维护群众合法权益。制定或者修订殡仪馆、公墓（骨灰堂）、殡仪服务站等管理制度，推动建立健全丧葬用品、网络祭扫平台等方面管理规范，制定无人认领遗体和骨灰处置办法，依法提高殡葬治理水平。开展林地草地和墓地复合利用研究论证，探索绿色生态殡葬新路径。优化殡葬标准体系，健全和推广殡葬服务、殡葬设施设备、殡葬用品等领域标准。适时启动殡葬法立法研究。

（十三）完善婚姻、收养服务制度。落实民法典有关规定和"放管服"等改革要求，推动修订《婚姻登记条例》《中国公民收养子女登记办法》等行政法规，修订《中国边民与毗邻国边民婚姻登记办法》《华侨以及居住在香港、澳门、台湾地区的中国公民办理收养登记的管辖以及所需出具的证件和证明材料的规定》等部门规章。完善婚姻家庭辅导服务制度，预防和化解婚姻家庭矛盾纠纷。研究探索婚介服务机构监管制度，推进婚介行业事中事后监管。完善支持国内家庭收养残疾孤儿的政策措施。健全收养评估制度，提高评估工作专业化水平。完善婚姻登记、收养登记档案管理制度。

五、抓好组织实施

（十四）加强组织领导。部党组要切实加强对民政法规制度建设工作的全面领导。部党组书记要严格履行推进法治建设第一责任人职责。部党组成员要加强对分管领域的指导和督促，定期听取情况汇报，及时研究规划实施过程中的重大决策、重大事项、重要问题，强化与人大、司法等部门的沟通协调，积极争取支持，推动规划任务落地落实。

（十五）加强分工协作。政策法规司、各有关单位要分工负责、密切协作，形成合力。政策法规司要认真履行统筹协调职责，拟定年度立法计划，积极与立法机关对接，通过季度调度、年度报告等方式跟踪立法项目进展，督促各有关单位抓好落实。各有关单位要把规划任务纳入年度工作要点，结合实际，有计划、有步骤抓好落实；起草重要法规制度，要及时向部党组请示汇报，同时按照任务、时间、组织、责任"四落实"要求，精心组织，明确责任，扎实做好调研论证、意见征集、风险评估等工作，高标准高质量完成起草任务。

（十六）加强支撑保障。政策法规司、各有关单位要强化对民政事业发展和法规制度建设的规律性认识，充分发挥部政策研究中心的作用，加强对重大问题和重要制度的理论研究；充分发挥地方民政部门、全国民政法治工作联系点和专家学者的作用，不断增强法规制度的科学性、可行性和实效性。加强专业人员配备和培养，提高法规制度建设工作人员的素质能力。加强财政经费支持，确保列入规划的项目顺利推进。

本规划确定的法规制度项目，是对五年内民政法规制度建设工作的预期性、指导性安排，在实施过程中，针对新情况新问题，根据党中央、国务院决策部署及民政工作实际需要，可以对相关项目进行调整。

民政部关于发布《糖尿病足鞋垫配置服务》等 5 项行业标准的公告

公告 541 号　　　　　　　　　　　　　　　　2023 年 1 月 10 日

　　《糖尿病足鞋垫配置服务》等 5 项推荐性行业标准已经民政部批准，现予以发布，自 2023 年 2 月 1 日起实施。

序号	标准号	标准名称
1	MZ/T 195—2023	糖尿病足鞋垫配置服务
2	MZ/T 196—2023	公共汽（电）车视障人士助乘系统技术规范
3	MZ/T 197—2023	假肢、矫形器营销规范
4	MZ/T 198—2023	残疾人突发事件应急协管系统技术要求
5	MZ/T 199—2023	单脚手杖

民政部关于发布《中国福利彩票责任彩票工作指南》等 2 项行业标准的公告

公告 553 号   2023 年 7 月 14 日

《中国福利彩票责任彩票工作指南》等 2 项推荐性行业标准已经民政部批准，现予以发布，自 2023 年 8 月 1 日起实施。

序号	标准号	标准名称
1	MZ/T 200—2023	中国福利彩票责任彩票工作指南
2	MZ/T 201—2023	中国福利彩票销售场所形象标识通用要求

民政部关于发布《儿童言语功能评估服务指南》等 2 项行业标准的公告

公告 554 号   2023 年 8 月 18 日

《儿童言语功能评估服务指南》等 2 项推荐性行业标准已经民政部批准，现予以发布，自 2023 年 10 月 1 日起实施。

序号	标准号	标准名称
1	MZ/T 202—2023	儿童言语功能评估服务指南
2	MZ/T 203—2023	助力扶手

民政部关于发布《地名标志耐候性能试验方法》等 4 项推荐性行业标准的公告

公告 555 号   2023 年 11 月 15 日

    《地名标志耐候性能试验方法》等 4 项推荐性行业标准已经民政部批准，现予以发布，自 2023 年 12 月 1 日起实施。

序号	标准号	标准名称
1	MZ/T 204—2023	地名标志耐候性能试验方法
2	MZ/T 205—2023	养老机构康复服务规范
3	MZ/T 206—2023	老年人居家康复服务规范
4	MZ/T 207—2023	老年人助浴服务规范

民政部办公厅关于印发《2023 年民政部标准制定计划》的通知

民办发〔2023〕9 号 ·   2023 年 8 月 31 日

各司（局），各直属单位，各民政标准化技术委员会：

    《民政部办公厅关于组织申报 2023 年度民政标准立项的通知》（民办函〔2023〕5 号）印发以来，各司局、直属单位和各地民政部门积极开展标准立项申报。经专家评审并报部领导批准，今年计划开展 32 项民政行业标准的编写工作，并向国家标准委申请 15 项标准立项。现将《2023 年民政部标准制定计划》印发你们，请按照《民政标准化工作管理办法》抓紧开展行业标准编写、征求意见与专家审查工作，于 2024 年 8 月 31 日前完成标准文本编写及相关工作。拟申报国家标准的项目，要继续做好标准申请立项后续工作，按照国家标准立项指南有关规定将标准草案稿等申请材料于 2023 年 10 月上旬报送部政策法规司。

附件：

2023 年民政部标准制定计划

（一）拟申报国家标准的项目

序号	名称	标准性质	业务/技术归口单位	主要承担单位
1	康复辅助器具分类和术语	GB/T		国家康复辅具研究中心、深圳市残疾人辅助器具资源中心
2	假肢和矫形器开具下肢假肢处方考虑的因素	GB/T		国家康复辅具研究中心、国家康复辅具研究中心北京辅具装配部等
3	无障碍设计无障碍会议的考虑因素和康复辅助器具	GB/T		中国电子工程设计院有限公司、中国康复辅助器具协会等
4	康复训练床	GB/T		中国残疾人辅助器具中心
5	单臂操作助行器要求和试验方法 第2部分:腋杖	GB/T	社会事务司	中国残疾人辅助器具中心
6	坐便椅	GB/T		中国残疾人辅助器具中心、广东凯洋医疗科技集团有限公司
7	轮椅车 第32部分:轮椅车小脚轮总成耐用性测试方法	GB/T		国家康复辅具研究中心、上海互邦智能康复设备股份有限公司等
8	认知无障碍 第2部分:报告	GB/T		国家康复辅具研究中心
9	国际间遗体转运基本要求(外文版)	GB/T		中国殡葬协会
10	燃油式火化机通用技术要求	GB/T		中国殡葬协会

续表

序号	名称	标准性质	业务/技术归口单位	主要承担单位
11	养老服务与管理信息系统建设规范	GB/T	养老服务司	民政部社会福利中心、北京市科学技术研究院
12	老年认知障碍社区照护规范	GB/T		上海市民政局、上海市长宁区民政局等
13	老年人辅助器具适配居家环境技术要求	GB/T		中国残疾人辅助器具中心、中国建筑设计研究院有限公司等
14	社会捐赠管理规范	GB/T	慈善司	中国慈善联合会、北京市倍能公益组织能力建设与评估中心
15	社会捐赠术语	GB/T		中国慈善联合会、北京市倍能公益组织能力建设与评估中心

（二）民政行业标准制定项目

序号	计划编号	名称	标准性质	业务/技术归口单位	起草单位
1	MZ2023 - T - 001	社会救助数据元	MZ/T	社会救助司	民政部信息中心等
2	MZ2023 - T - 002	定制式手动轮椅车 服务规范	MZ/T	社会事务司	中国残疾人辅助器具中心、国家康复辅具研究中心
3	MZ2023 - T - 003	轮椅 网球轮椅车	MZ/T		广东凯洋医疗科技集团有限公司、国家康复辅具研究中心等
4	MZ2023 - T - 004	糖尿病足鞋垫	MZ/T		陆军军医大学第一附属医院（西南医院）、中国康复辅助器具协会等
5	MZ2023 - T - 005	矫形器增材制造通用技术要求	MZ/T		上海交通大学医学院附属第九人民医院等
6	MZ2023 - T - 006	基于毫米波雷达的室内人员状态监测报警器技术要求和测试方法	MZ/T		中电投工程研究检测评定中心有限公司、中国电子工程设计院有限公司等
7	MZ2023 - T - 007	助行电刺激仪	MZ/T		中山大学孙逸仙纪念医院、广东三九脑科医院等
8	MZ2023 - T - 008	骨灰自然葬服务指南	MZ/T		北京八宝山礼仪有限公司

续表

序号	计划编号	名称	标准性质	业务/技术归口单位	起草单位
9	MZ2023-T-009	寿服通用技术要求	MZ/T	社会事务司	御福祥（天津）殡葬公司、天津群兴寿服有限公司
10	MZ2023-T-010	殓尸袋	MZ/T		秦皇岛市傲森尔装具服装股份有限公司、中国殡葬协会等
11	MZ2023-T-011	殡葬服务管理电子证照 第1部分:火化证明	MZ/T		民政部一零一研究所等
12	MZ2023-T-012	殡葬服务管理电子证照 第2部分:骨灰寄存证明	MZ/T		民政部一零一研究所等
13	MZ2023-T-013	殡葬服务管理电子证照 第3部分:安葬证明	MZ/T		民政部一零一研究所等
14	MZ2023-T-014	殡葬场所大气污染物排放清单编制技术指南	MZ/T		民政部一零一研究所、北京市生态环境保护科学研究院
15	MZ2023-T-015	殡葬场所大气污染物协同治理技术规范	MZ/T		民政部一零一研究所、北京市生态环境保护科学研究院
16	MZ2023-T-016	殡葬管理服务信息系统数据共享和交换规范	MZ/T		民政部一零一研究所等
17	MZ2023-T-017	养老机构清洁卫生服务规范	MZ/T	养老服务司	海南省民政厅、海南省托老院
18	MZ2023-T-018	养老服务机构信息公开指南	MZ/T		民政部社会福利中心、北京慧佳养老服务有限公司等
19	MZ2023-T-019	养老机构老年人膳食营养指南	MZ/T		空军军医大学唐都医院、陕西省民政厅等
20	MZ2023-T-020	养老机构服务纠纷处理指南	MZ/T		阜阳红叶林养老服务有限公司、鹤童老年福利协会等
21	MZ2023-T-021	老年人信息采集	MZ/T		安徽八千里科技发展有限公司、安徽烛光妈妈养老服务有限公司等
22	MZ2023-T-022	养老服务机构陪同老年人就医服务规范	MZ/T		合肥九久夕阳红新海护理院有限公司、安徽省民政厅等
23	MZ2023-T-023	失能老年人家庭照护培训指南	MZ/T		合肥九久夕阳红新海护理院有限公司、安徽省民政厅等
24	MZ2023-T-024	养老服务信息平台建设规范	MZ/T		民政部社会福利中心、兴原认证中心有限公司等

续表

序号	计划编号	名称	标准性质	业务/技术归口单位	起草单位
25	MZ2023-T-025	区域养老服务中心服务规范	MZ/T	养老服务司	江苏省民政厅、江苏省质量和标准化研究院等
26	MZ2023-T-026	农村互助养老场所建设指南	MZ/T		西安交通大学、陕西助老汇社会工作发展中心等
27	MZ2023-T-027	困境儿童临时监护服务规范	MZ/T	儿童福利司	石家庄市民政局、石家庄市慈善和社会工作联合会等
28	MZ2023-T-028	未成年人救助保护机构服务指南	MZ/T		宁夏回族自治区民政厅、宁夏社会工作联合会
29	MZ2023-T-029	慈善知识产权管理指南	MZ/T	慈善司	中国慈善联合会、北京市倍能公益组织能力建设与评估中心
30	MZ2023-T-030	慈善组织募捐指南	MZ/T		中国慈善联合会等
31	MZ2023-T-031	慈善项目管理指南	MZ/T		中国慈善联合会、北京市倍能公益组织能力建设与评估中心等
32	MZ2023-T-032	中国福利彩票系统软件的测试规范	MZ/T		中国福利彩票发行管理中心

民政部办公厅关于组织申报
2023 年度民政标准立项的通知

民办函〔2023〕5 号　　　　　　　　　　　2023 年 1 月 29 日

各省、自治区、直辖市民政厅（局），各计划单列市民政局，新疆生产建设兵团民政局；各司（局），各直属单位；各民政标准化专业技术委员会：

　　为贯彻落实《民政部　市场监管总局关于全面推进新时代民政标准化工作的意见》，加快民政领域国家标准、行业标准研制工作，现就开展 2023 年度民政国家标准、行业标准立项申报有关事项通知如下：

一、申报条件

符合下列条件之一的，可申报 2023 年度民政标准立项：

（一）隶属民政业务职能范围，已有标准研究草案但尚未纳入国家标准或者行业标准立项的；

（二）拟将已实施的地方标准、团体标准推荐转化为国家标准、行业标准的；

（三）老旧标准拟修订、废止的。

拟申报项目不得与已发布或者已立项的国家标准、行业标准重复或者雷同，优先安排标龄较长标准修订任务。

二、申报材料

申报标准立项，应提交以下材料（含电子版）一式三份：

（一）标准草案稿（或者标准修订稿）及编写说明；

（二）标准立项建议书（应有民政部业务司局盖章，见附件2）；

（三）申请国家标准立项的，请按照国家标准立项指南要求提供标准体系表、预研材料等申报材料；

（四）拟将地方标准、团体标准推荐转化为国家标准、行业标准的，另附地方标准、团体标准实施情况说明以及地方标准化行政主管部门的意见或者相关团体的意见。

三、申报程序

2023 年度民政标准立项采取公开征集、自愿申报、归口审核、集中评审方式遴选与确定。

（一）各省（区、市）民政厅（局）、各计划单列市民政局和新疆生产建设兵团民政局负责组织本地区项目的征集、遴选和申报工作。申报单位按照《2023 年民政标准立项指南》（以下简称《指南》，见附件1）有关要求，对照相关民政领域标准体系框架确定的主要任务和重点项目，开展标准立项调查研究，科学提出立项需求。正式上报前应当与《指南》中民政部相关司局和部属标准化技术委员会（以下简称标委会）沟通，于3月6日之前报相关司局和标委会。

（二）民政部各相关司局、标委会为民政标准立项的业务指导机构。有标委会归口管理的立项申请由标委会结合标准体系和《指南》，负责项目可行性、合法性初审工作；所属司局结合工作需求、初审意见和《指南》，负责对项目进行审查，并征求相关司局意见。无标委会归口管理的立项申请，由所属司局负责审查。

（三）民政部各相关司局和标委会于 3 月 27 日前将立项申报材料统一送交民政部政策法规司。政策法规司组织标准立项评审，通过评审的国家标准立项申报项目，按程序报批后以民政部名义报送国家标准化管理委员会审批立项；通过评审的行业标准立项申报项目，按程序报批后列入年度民政部标准制修订计划。

民政部各标委会、相关司局和直属单位应根据标准实施情况，结合标准立项申报工作，对现有民政领域国家标准、行业标准提出修订和废止计划建议，并明确具体任务和进度。

附件 1：

2023 年民政标准立项指南

为深入贯彻《国家标准化发展纲要》及行动计划，全面落实《民政部市场监管总局关于全面推进新时代民政标准化工作的意见》要求，做好 2023 年民政国家标准、行业标准立项工作，制定本指南。

一、立项重点

（一）残疾人福利

1. 残疾人服务标准。包括但不限于残疾人康复服务、精神障碍社区康复服务、精神卫生福利服务等方面相关标准。

2. 康复辅助器具标准。隶属于《中国康复辅助器具目录》（民政部公告第 317 号）或国家标准《康复辅助器具分类和术语》（GB/T16432—2016）范围的康复辅助器具相关产品和服务标准。

3. 优先支持服务重大国家战略的标准项目、列入《国家基本公共服务标准》中"扶残助残服务"的标准项目、有制定 ISO/IEC 国际标准潜力的项目，以及国家标准、行业标准修订项目。

（二）地名管理

围绕贯彻落实新修订的《地名管理条例》，健全完善地名分类、地名文化保护、地名命名更名、拼写译写、标志设置与管理、区划地名信息化建设等方面标准。

（三）养老服务

1. 推荐性国家标准。满足养老服务基础通用、与强制性国家标准配套、对养老行业起引领作用的推荐性国家标准。与养老服务紧密相关的适老化改造标准、基本养老服务标准、养老服务安全标准。

2. 行业标准。居家养老、机构养老、农村养老、智慧养老等领域标准；权益保障、人才分类、服务人员管理、服务质量、安全防护、信息资源服务、老年用品等涉及养老服务提供类、支撑保障类行业标准。

（四）殡葬服务

1. 殡葬服务机构疫情防控、卫生防疫、殡葬职工安全保护（防护）等安全应急方面标准。

2. 节地生态安葬、殡仪馆污水排放、污染物协同防治等生态环保方面标准。

3. 物联网信息系统、电子证件（火化证、安葬证、存放证、海撒证）、远程祭祀服务等数字殡葬和信息化服务方面标准。

4. 防疫安全设备（用品）、污染物设备（用品）、设备用品检测、服务质量、殡葬品牌创建等设备用品和品牌创新方面标准。

（五）慈善、社会工作和志愿服务

1. 慈善基本术语，慈善募捐、慈善捐赠、慈善财产、慈善服务、慈善信托等方面标准，慈善组织参与突发事件应对，慈善组织内部治理、项目、知识产权保护和行业自律等方面标准，以及慈善岗位相关标准。

2. 养老、未成年人保护、婚姻家庭、精神障碍康复、学校、流动人口、突发事件应对等方面社会工作标准，社会工作环节或流程标准，以及乡镇（街道）社会工作站，社会工作服务项目，社会工作服务机构运营管理等方面标准。

3. 大型活动、社区、突发事件应对等志愿服务活动组织、质量控制、评估改进等方面标准，以及志愿服务行政管理、安全保障等方面标准。

（六）救助管理

1. 推荐性国家标准。满足救助管理服务基础通用、对救助管理服务起引领作用的推荐性国家标准。

2. 行业标准。对特殊群体救助管理全流程服务、权益保障，救助管理机构工作人员分类、岗位培训管理、安全防护，以及救助管理信息化、救助用品管理等涉及救助管理服务提供类、支撑保障类行业标准。

（七）社区服务

社区基础通用标准、社区服务标准、社区设施配置标准、智慧社区标准。

（八）婚姻婚介

1. 结婚登记颁证服务标准，包括颁证场所设置、颁证人员、颁证程序等。

2. 婚姻介绍服务标准，包括婚姻介绍机构治理、婚姻介绍人员能力建设、婚姻介绍服务评价等。

（九）儿童福利

1. 儿童福利机构内部治理、养育服务、医疗救治、康复护理等规范化管理方面标准。

2. 收养领域术语、未成年人保护术语及标准体系建设等基础标准，未成年人救助保护机构建设管理、服务保障等方面标准。

二、申报要求

（一）申报项目应围绕党中央、国务院对民政工作新部署、新要求，与现行法律、行政法规、国家标准和行业标准等协调一致，满足国家标准和行业标准制定的一般性要求，突出公益属性。

（二）申报项目应属于民政标准范畴，并充分考虑其在相关民政业务领域标准体系中的位置及作用；申报项目涉及其他领域的，申报前须与相关主管部门协调一致。

（三）申报单位应具有标准研究人员，且有关联领域标准研制经验，保证标准编制工作开展，并配合开展标准的制定、发布和宣贯实施等后续工作。

（四）申报单位应组建具有专业性和广泛代表性的起草组，加强标准必要性和可行性论证评估，并已开展标准立项研究（写入编制说明 3.1 启动阶段），具有一定的研究基础，具有相对成熟的标准草案稿。

（五）申报单位应认真检索相关标准数据库，充分考虑并慎重确定标准名称和采标性质（采标项目），立项计划下达后一般不得调整。

（六）申报单位应保证标准名称与标准内容的一致性，确保内容设置和标准结构符合相关基础标准要求；应保证标准技术内容的先进性和可操作性，在适应本领域标准化工作现状的同时，体现标准的技术引领作用。

（七）申报单位应提供内容完备的编制说明（重点说明技术内容的相关依据），并在立项后各阶段不断完善（如重点说明有关意见分歧处理情况等）。标准修订项目，应重点说明拟修订的主要内容及理由，并提供原标准使用及实施效果说明；采用国际标准的项目，应重点说明采用国际标准技术内容与国内现状的匹配情况，包括国内外指标对比和有关试验验证情况。

附件2：

民政标准立项建议书

*项目名称[1] （中文）			*项目名称 （英文）	
*标准类型	□国家标准　□推荐性标准 □行业标准　□强制性标准		□基础□管理□产品□方法 □安全□卫生□环保□其他	
*制定或修订[2]	□制定	□修订	被修订标准号	
采用国际标准[3]	请选择		采标号	
一致性程度标识	□IDT　□MOD　□NEQ		采标中文名称	
采用快速程序	□FTP		快速程序代码	请选择
*技术委员会（或） 技术归口部门[4]			民政部 业务主管司局	
*起草单位[5]				
*拟完成时限[6]	＿＿＿年＿月至＿＿＿年＿月			
*目的、意义				
*适用范围和 主要技术内容				
强制性标准主要 强制内容及理由				
*国内外情况 简要说明				

续表

＊项目建议单位（标准牵头起草单位）意见	（若可自筹资金开展标准制修订,请予注明） 负责人签字：　　　　　　　　单位盖章： 　　　　　　　　　　　　　　　　　年　月　日 联系人：　　　　　　　　　联系方式： 电子邮件：　　　　　　　　传真：
＊民政部业务主管部门意见[7]	负责人签字：　　　　　　　单位盖章： 　　　　　　　　　　　　　　年　月　日
备注	

[注 1] 表格项目中带＊号的为必须填写项目，本表可根据填写需要予以适当调整；拟将地方标准、团体标准推荐转化为国家标准、行业标准的，除填写本表并附标准草案外，另附有关具体情况说明。

[注 2] 修订标准必须填被修订标准号，多个被修订标准号之间用半角逗号","分隔。

[注 3] 如采用国际标准先选择组织名称，再填采标号及一致性程度标识，多个采标号之间用半角逗号","分隔。

[注 4] 未建立标准化专业技术委员会的民政业务领域，由相应司局承担技术归口职责。

[注 5] 标准起草单位及人员构成应注意合理性，除管理部门外，宜有标准使用单位及标准化专业机构或人员参与。排名第一的标准起草单位为标准起草牵头单位。

[注 6] 标准制修订从立项到完成周期一般不超过 2 年，国家标准按照国家标准立项指南有关规定执行。

民政部办公厅关于印发《网络祭祀要求》推荐性行业标准修订计划的通知

民办便函〔2023〕1172 号   2023 年 12 月 11 日

社会事务司、全国殡葬标准化专业技术委员会：

　　根据起草单位申请，经专家评审并报部领导批准，现印发《网络祭祀要求》推荐性行业标准修订计划（计划编号：MZ2023－T－033），请按照《民政标准化工作管理办法》等规定，组织起草单位尽快完成标准文本编写相关工作。

民政部关于印发《2022 年民政事业发展统计公报》的通知

民函〔2023〕67 号   2023 年 9 月 5 日

各省、自治区、直辖市民政厅（局），各计划单列市民政局，新疆生产建设兵团民政局：

现将《2022 年民政事业发展统计公报》印发给你们。

2022 年民政事业发展统计公报

2022 年，各级民政部门深入学习贯彻习近平新时代中国特色社会主义思想，认真贯彻落实党中央、国务院决策部署，深刻领悟"两个确立"的决定性意义，增强"四个意识"、坚定"四个自信"、做到"两个维护"，立足新发展阶段，完整、准确、全面贯彻新发展理念，服务加快构建新发展格局，深化改革创新，认真履行基本民生保障、基层社会治理、基本社会服务等职责，进一步推进民政事业高质量发展。

一、综合

截至 2022 年底，全国民政部门登记和管理的机构和设施共计 250.1 万个，职工总数 1781.3 万人，固定资产原价 9538.8 亿元；各类民政服务机构和设施拥有床位 856.3 万张，每千人口民政服务床位数 6.1 张；民政服务设施建设项目规模 2155.5 万平方米，全年实际完成投资总额 172.4 亿元；全国民政事业费支出 5090.4 亿元，占当年国家财政支出的 2.0%，其中，中央财政向各地转移支付的民政事业费 1687.3 亿元，占全年民政事业费支出的 33.1%。

万个

图 1　2018—2022 年民政部门登记和管理的机构和设施情况

亿元

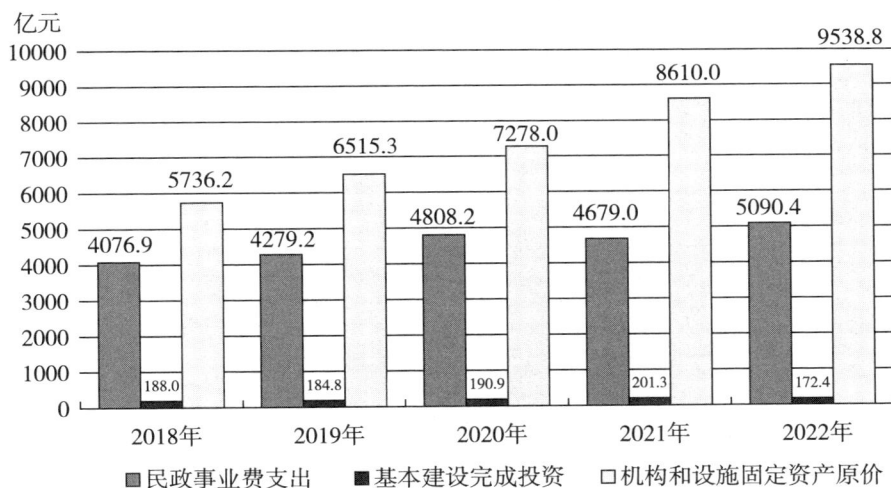

图 2　2018—2022 年民政事业发展总体情况

二、行政区划

截至 2022 年底，全国共有省级行政区划单位 34 个，地级行政区划单位

333 个，县级行政区划单位 2843 个，乡级行政区划单位 38602 个。2022 年共联合检查省界 13 条，完成了总长度约 14450 公里的省界联检任务。

表 1　2022 年行政区划情况

单位：个

指标	数量	指标	数量
省级	34	**地级**	333
直辖市	4	地级市	293
省（含台湾省）	23	地区	7
自治区	5	自治州	30
特别行政区	2	盟	3
县级	2843	**乡级**	38602
市辖区	977	镇	21389
县级市	394	乡	7116
县	1301	民族乡	957
自治县	117	苏木	153
旗	49	民族苏木	1
自治旗	3	街道	8984
林区	1	区公所	2
特区	1		

三、社会工作

（一）提供住宿的社会工作

截至 2022 年底，全国注册登记提供住宿的各类民政服务机构共计 4.3 万个，其中注册登记为事业单位的 1.8 万个，注册登记为民办非企业单位的 1.8 万个。机构内床位 545.2 万张，年末抚养人员 229.9 万人。

表2　2022年提供住宿的民政服务机构情况

指标	机构（个）	床位（万张）
合计	43410	545.2
养老机构	**40587**	**518.3**
社会福利院	1493	36.9
特困人员救助供养机构	16913	182.5
其他各类养老机构	22181	298.9
精神疾病服务机构	**142**	**7.2**
社会福利医院	142	7.2
儿童福利和救助保护机构	**925**	**10.1**
儿童福利机构	529	8.9
未成年人救助保护机构	396	1.2
其他提供住宿机构	**1756**	**9.5**
流浪乞讨人员救助管理机构	1573	8.1
其他提供住宿的机构	183	1.4

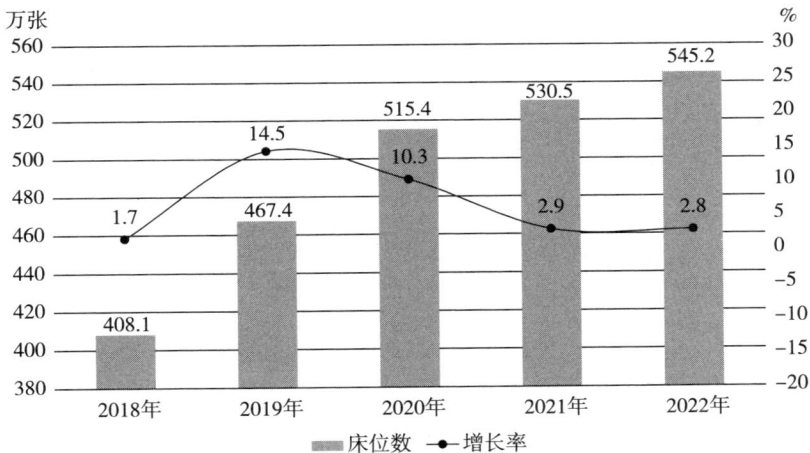

图3　2018—2022年提供住宿的民政服务机构床位情况

1. 提供住宿的养老服务。截至2022年底，全国共有各类养老机构和设施38.7万个，养老床位合计829.4万张。其中：注册登记的养老机构4.1万个，比上年增长 1.6%；床位 518.3 万张，比上年增长 2.9%；社区养老服务机构和设施 34.7 万个，共有床位 311.1 万张。

2. 提供住宿的精神卫生服务。截至 2022 年底，全国共有民政部门管理的精神卫生福利机构 142 个，床位 7.2 万张。

3. 提供住宿的儿童福利和救助保护服务。截至 2022 年底，全国各类民政服务机构集中养育孤儿 4.7 万人，基本生活保障平均标准 1802.3 元/人·月。全国共有注册登记的儿童福利和救助保护服务机构 925 个，床位 10.1 万张，年末机构抚养 4.2 万人。其中儿童福利机构 529 个，床位 8.9 万张；未成年人救助保护机构 396 个，床位 1.2 万张，全年救助流浪乞讨未成年人 0.9 万人次。

4. 其他提供住宿的服务。截至 2022 年底，全国共有其他提供住宿的民政服务机构 1756 个，床位 9.5 万张。其中流浪乞讨人员救助管理机构 1573 个，床位 8.1 万张，全年救助流浪乞讨人员 75.1 万人次。

（二）不提供住宿的社会工作

1. 老年人福利。截至 2022 年底，全国 60 周岁及以上老年人口 28004 万，占总人口的 19.8%，其中 65 周岁及以上老年人口 20978 万，占总人口的 14.9%。截至 2022 年底，全国共有 4143.0 万老年人享受老年人补贴，其中享受高龄补贴的老年人 3406.4 万人，享受护理补贴的老年人 94.4 万人，享受养老服务补贴的老年人 574.9 万人，享受综合补贴的老年人 67.4 万人。全国共支出老年福利资金 423.0 亿元，养老服务资金 170.1 亿元。

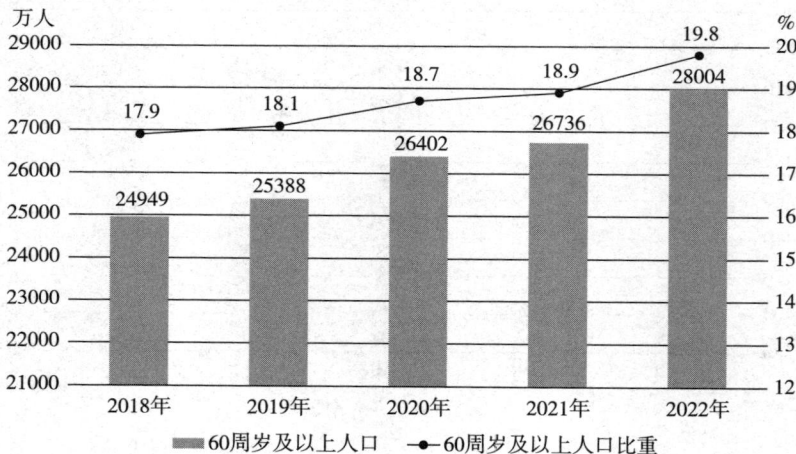

图 4 2018—2022 年 60 周岁及以上老年人口及其占全国总人口比重
注：本图资料来源于国家统计局。

2. 儿童福利和收养登记。截至 2022 年底，全国共有孤儿 15.8 万人，其中社会散居孤儿 11.1 万人，基本生活保障平均标准 1364.7 元/人·月。全年共支出儿童福利资金 99.5 亿元，其中孤儿基本生活保障资金 31.4 亿元，事实无人抚养儿童基本生活保障资金 45.8 亿元，其他儿童福利资金 22.4 亿元。截至 2022 年底，全国共有儿童督导员 5.0 万人，儿童主任 65.1 万人。

2022 年，全国办理国内公民收养登记 0.8 万件。

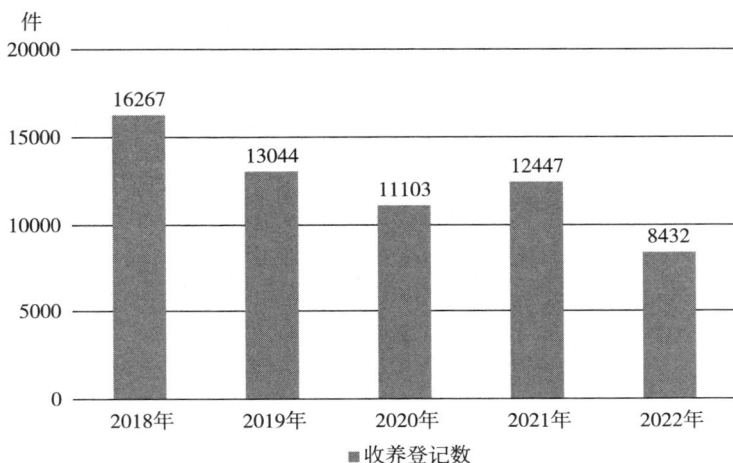

件
20000

16267
15000   13044
                 11103   12447
10000
                              8432

5000

0
    2018年   2019年   2020年   2021年   2022年
              ■ 收养登记数

图 5　2018—2022 年国内公民收养登记情况

3. 残疾人福利。2022 年，全国共有困难残疾人生活补贴对象 1178.5 万人，重度残疾人护理补贴对象 1545.4 万人。截至 2022 年底，民政部门直属康复辅具机构共有 20 个，职工 0.1 万人，固定资产原价 13.7 亿元。

4. 社会救助。

最低生活保障。截至 2022 年底，全国共有城市低保对象 423.8 万户、682.4 万人。全国城市低保平均保障标准 752.3 元/人·月，比上年增长 5.7%，全年支出城市低保资金 483.3 亿元；农村低保对象 1896.7 万户、3349.6 万人。全国农村低保平均保障标准 582.1 元/人·月，比上年增长 9.8%，全年支出农村低保资金 1463.6 亿元。

特困人员救助供养。截至 2022 年底，全国共有农村特困人员 434.5 万人，全年支出农村特困人员救助供养资金 477.1 亿元；全国共有城市特困人员 35.0 万人，全年支出城市特困人员救助供养资金 55.9 亿元。

临时救助。2022 年全年共实施临时救助 1100.1 万人次，其中救助非本地户籍对象 26.2 万人次。全年支出临时救助资金 120.0 亿元，平均救助水平 1090.5 元/人次。

万人

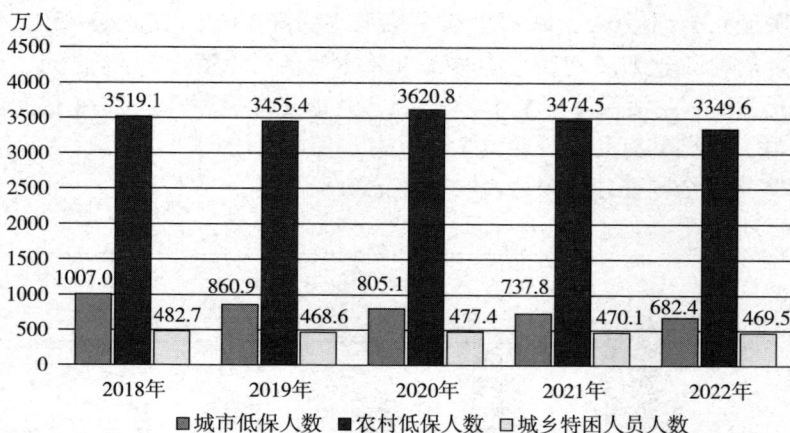

图6　2018—2022 年城乡低保对象、城乡特困人员情况

5. 慈善事业和专业社会工作。

慈善事业。截至 2022 年底，全国共有经常性社会捐赠工作站、点和慈善超市 1.5 万个（其中：慈善超市 3680 个）。全国社会组织捐赠收入 1085.3 亿元。截至 2022 年底，全国备案慈善信托 948 单，慈善信托合同规模 44.0 亿元。

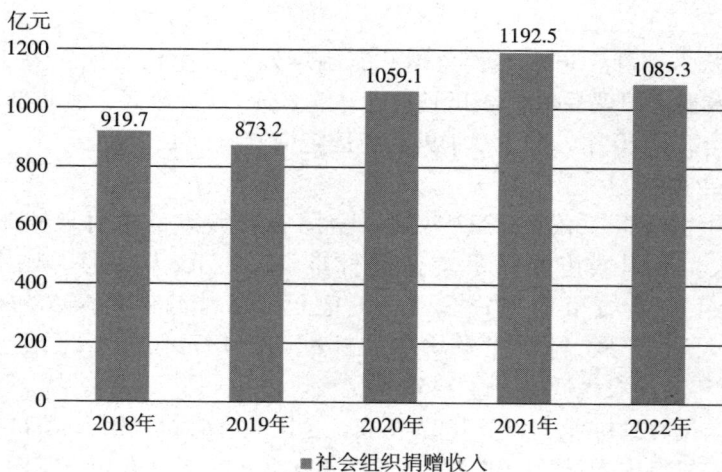

图7　2018—2022 年社会组织捐赠收入情况

专业社会工作。2022 年，全国共有 16.5 万人通过助理社会工作师考试，2.8 万人通过社会工作师考试。截至 2022 年底，全国持证社会工作者共计

93.1 万人，其中助理社会工作师 72.5 万人，社会工作师 20.4 万人。

福利彩票。2022 年，福利彩票销售 1481.3 亿元，比上年增加 58.8 亿元，增长 4.1%。全年筹集彩票公益金 461.0 亿元，比上年增长 3.9%。民政系统共支出彩票公益金 212.9 亿元，比上年增长 8.2%，其中用于社会福利 158.2 亿元，用于社会救助 4.3 亿元。

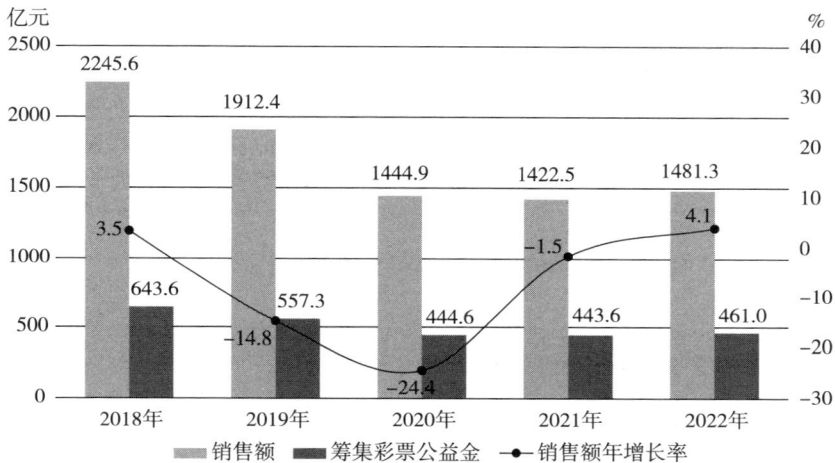

图 8　2018—2022 年福利彩票销售额、增长率及筹集公益金情况

6. 社区服务。截至 2022 年底，全国共有社区综合服务机构和设施 59.1 万个，社区养老服务机构和设施 34.7 万个。城市社区综合服务设施覆盖率 100%，农村社区综合服务设施覆盖率 84.6%。

表 3　2022 年社区服务机构和设施情况

指标	单位	合计	城市	农村
社区综合服务机构和设施	**万个**	**59.1**	**16.4**	**42.6**
社区服务中心	万个	3.0	1.6	1.3
社区服务站	万个	51.3	11.2	40.1
社区专项服务机构和设施	万个	4.8	3.6	1.2
社区养老服务机构和设施	万个	34.7	11.5	23.2

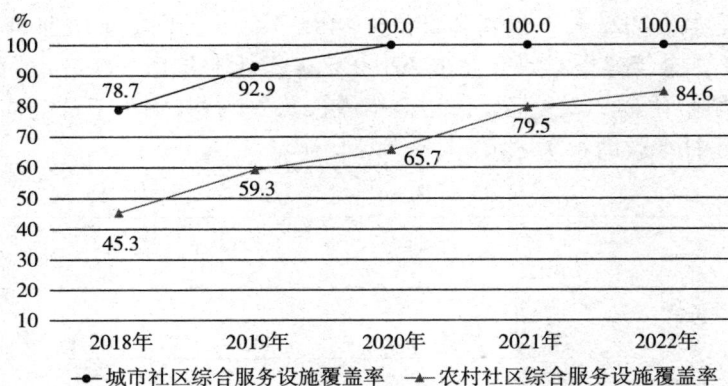

图 9　2018—2022 年城、乡社区综合服务设施覆盖率

四、成员组织和其他社会服务

（一）成员组织

1. 社会组织。截至 2022 年底，全国共有社会组织 89.1 万个，比上年下降 1.2%；吸纳社会各类人员就业 1108.3 万人，比上年增长 0.8%。全年共查处社会组织违法违规案件 9787 起，行政处罚 9578 起。

表 4　2022 年社会组织按登记机关分类

单位：个

指标	社会团体	基金会	民办非企业单位
合计	370093	9319	511855
民政部登记	1995	215	92
省级民政部门登记	32210	6177	15153
市级民政部门登记	90761	1990	63550
县级民政部门登记	245127	937	433060

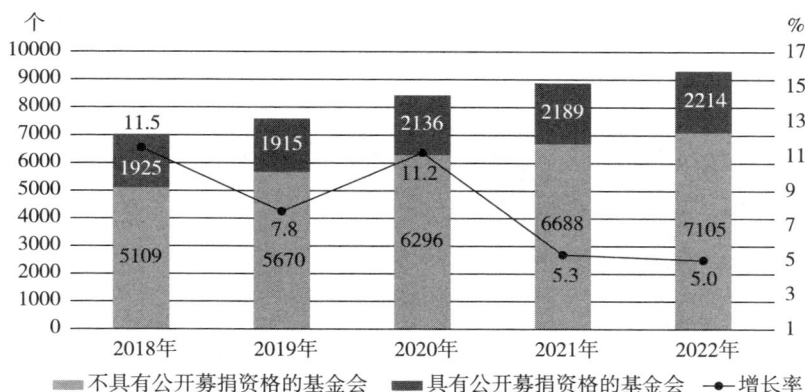

图 10　2018—2022 年基金会情况

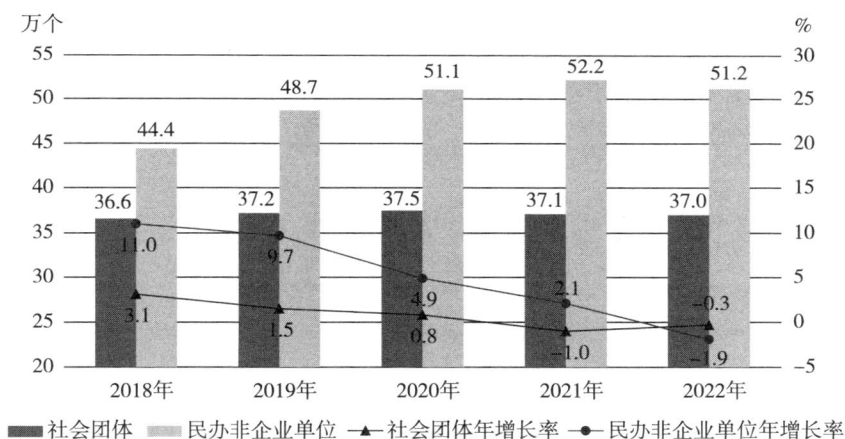

图 11　2018—2022 年社会团体、民办非企业单位情况

2. 自治组织。截至 2022 年底，全国基层群众性自治组织共计 60.7 万个，其中：村委会 48.9 万个，村民小组 392.9 万个，村委会成员 215.4 万人；居委会 11.8 万个，居民小组 133.1 万个，居委会成员 66.3 万人。全年共有 4.8 万个村（居）委会完成选举。

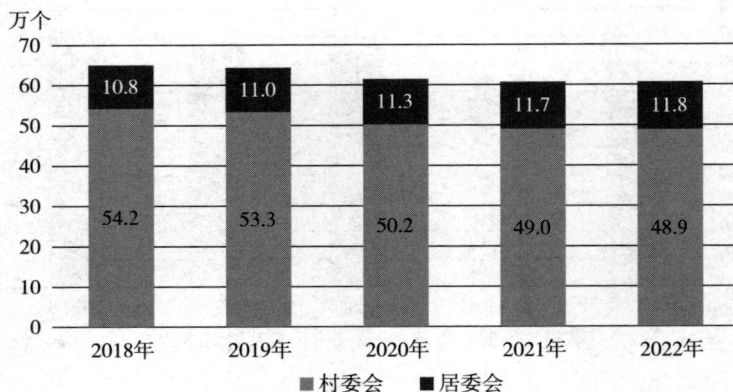

图 12　2018—2022 年基层群众性自治组织情况

（二）其他社会服务

1.婚姻登记服务。2022 年，全国婚姻登记机构和场所共计 4310 个，其中婚姻登记机构 1103 个，全年依法办理结婚登记 683.5 万对，比上年下降 10.6%。结婚率为 4.8‰，比上年下降 0.6 个千分点。依法办理离婚手续 287.9 万对，比上年增长 1.4%，其中：民政部门登记离婚 210.0 万对，法院判决、调解离婚 77.9 万对。离婚率为 2.0‰。

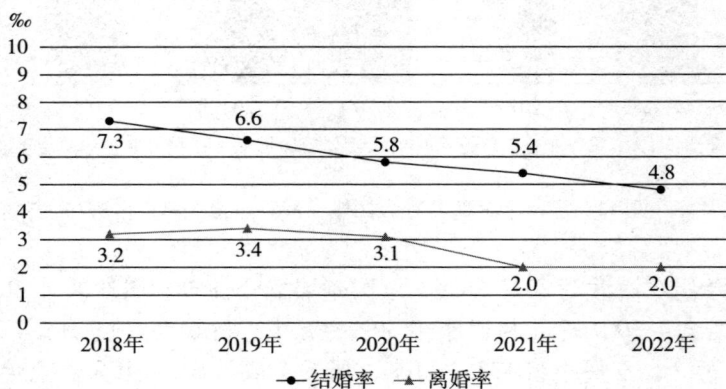

图 13　2018—2022 年结婚率和离婚率

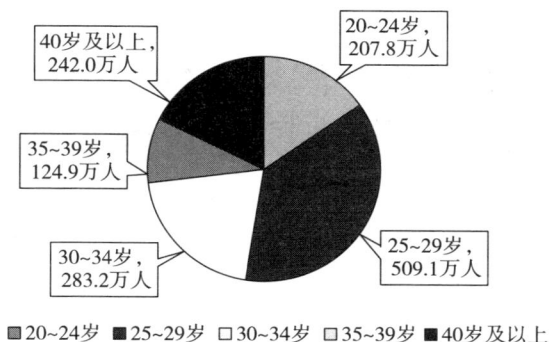

图 14　2022 年结婚登记人口年龄分布情况

2. 殡葬服务。截至 2022 年底，全国共有殡葬服务机构 4474 个，其中殡仪馆 1778 个，殡葬管理机构 815 个，民政部门管理的公墓 1761 个。殡葬服务机构职工 9.1 万人，其中殡仪馆职工 4.9 万人。火化炉 7293 台。

注释：

1. 本资料中民政对象人数和机构数为当年实际数和注册登记的法定机构数。

2. 本资料部分数据因四舍五入产生误差，存在分项数据与合计数据不等情况，未作机械调整。

3. 除省级行政区划数以外，各项统计数据均未包括香港特别行政区、澳门特别行政区和台湾省。

4. 流浪乞讨人员救助包含"寒冬送温暖"专项救助数据。

5. 社会组织捐赠收入数据使用的是 2022 年完成年检社会组织的相关数据。

6. 离婚登记服务中法院判决、调解离婚数据来源于最高人民法院。结（离）婚率计算公式为：当年结（离）婚对数/当年平均总人口数×1000‰。

7. 全国财政支出、人口等相关数据来源于国家统计局。

8. 2018 年机构改革后，相关数据扣除了转隶的职能部分。

民政部办公厅关于做好 2023 年中央预算内投资民政服务设施项目建设工作的通知

民办函〔2023〕32 号   2023 年 4 月 27 日

各省、自治区、直辖市民政厅（局），新疆生产建设兵团民政局：

近日，发展改革委印发《关于下达积极应对人口老龄化工程和托育建设 2023 年中央预算内投资计划的通知》（发改投资〔2023〕256 号）和《关于下达社会服务设施兜底线工程 2023 年中央预算内投资计划的通知》（发改投资〔2023〕67 号）。为更好发挥投资关键作用，加快推动 2023 年民政领域中央预算内投资补助项目建设，确保民政服务设施建设项目落实落地，现将发展改革委有关民政服务设施项目相关投资计划转发给你们，并就有关事项通知如下。

一、加快项目实施

中央预算内投资支持民政服务设施建设项目的法人单位和责任主体均为各地民政部门。各地民政部门要切实承担起项目实施主体责任，严格按照《"十四五"时期社会服务设施建设支持工程实施方案》（发改社会〔2023〕294 号）和《"十四五"积极应对人口老龄化工程和托育建设实施方案》（发改社会〔2021〕895 号）以及配套的项目和资金管理办法等有关规定，配合当地发展改革部门抓好民政领域项目建设。一是加强项目管理。严格按照投资计划下达的建设地点、性质、内容和规模进行建设，未经批准不能擅自变更建设内容和规模。二是加强要素保障。切实加强财力统筹力度，优先安排并打足资金，督促"地方投资"落实到位。统筹土地、环保等各类要素资源，集中优先保障项目建设需求。三是加快建设进度。积极开展前期工作，明确竣工时间表，尽快形成实物工作量，确保如期保质保量完工，早日投入使用发挥效益。

二、加强实地督导

各省级民政部门要切实加强项目建设的管理、监督和检查，对"十四五"期间所有中央预算内投资补助在建项目开展实地督导，做到全面覆盖。了解掌握每个建设项目的实施情况、工程建设和执行进度，加大对重点关键环节的监督检查力度，积极协调解决项目实施中的各类问题，建立建设任务台账，细化明确完成时限。做好工作调度,根据发展改革委下达投资计划的通知要求,督促相关单位定期在全国投资项目在线审批监管平台(国家重大建设项目库)填报项目开工情况、投资完成情况、工程形象进度等信息。配合做好"十四五"规划102项重大工程民政领域任务调度,指导督促市县民政部门及时在国家重大建设项目库外网填报、更新项目信息。

三、完成重点任务

各省级民政部门要加强统筹谋划,按照《"十四五"推进火葬区殡仪馆补空白实施方案》(民办发〔2022〕11号)、《"十四五"推进精神卫生福利设施建设实施方案》(民办发〔2022〕15号)中明确的249个火葬区殡仪馆和107个精神卫生福利设施建设任务和相关工作要求,逐一梳理建设任务清单,明确未来两年的进度计划和时间节点。压实市县民政部门主体责任,加强与各级发展改革、财政等部门的沟通衔接,对尚未立项的项目,积极做好项目前期工作,督促落实建设用地,加快项目审批进度,提升项目储备质量。对存在资金缺口的项目,积极争取地方各级政府增加投入,同时统筹使用好中央预算内投资、彩票公益金、地方政府资金、地方政府专项债券等各类资金。对已获得资金支持但未开工项目,协调有关部门加快落实各项建设条件,确保项目早日开工建设。

各省级民政部门要配合发展改革部门做好投资计划的转发下达和分解落实工作,并将省级发展改革部门对切块项目的分解落实情况报送民政部(规划财务司)备案。

民政部办公厅关于做好第五次全国经济普查民政领域相关工作的通知

民办函〔2023〕62号   2023年7月27日

各省、自治区、直辖市民政厅(局),各计划单列市民政局,新疆生产建设兵团民政局:

根据《全国经济普查条例》《国务院关于开展第五次全国经济普查的通知》(国发〔2022〕22号)要求,2023年开展第五次全国经济普查。为做好第五次全国经济普查民政领域相关工作,现将有关事项通知如下。

一、充分认识做好第五次全国经济普查的重要意义

第五次全国经济普查是一项重大国情国力调查，全面调查我国第二产业和第三产业发展规模、布局和效益，摸清各类单位基本情况，掌握国民经济行业间经济联系，客观反映推动高质量发展、构建新发展格局、建设现代化经济体系、深化供给侧结构性改革以及创新驱动发展、区域协调发展、生态文明建设、高水平对外开放、公共服务体系建设等方面的新进展。各地要以习近平新时代中国特色社会主义思想为指导，深入学习贯彻党的二十大精神，认真落实党中央、国务院决策部署，坚持依法普查、科学普查、为民普查，坚持实事求是，根据第五次全国经济普查部门职责分工要求，通力协作、密切配合，认真做好普查的宣传动员和组织实施各项工作，确保圆满完成第五次全国经济普查民政领域相关任务。

二、扎实推进第五次全国经济普查民政领域各项任务组织实施

要按照《国务院第五次全国经济普查领导小组办公室　中央机构编制委员会办公室　民政部　国家税务总局　国家市场监督管理总局　国家统计局关于共同做好第五次全国经济普查有关工作的通知》（国经普办字〔2023〕7号）要求，及时、完整、准确提供各类行政记录资料（普查 621－2 表），并确保数据质量。要深度参与单位清查阶段的入户清查、单位核实和认定、查疑补漏、结果反馈等工作。要积极配合、协助做好普查登记阶段各项工作，对普查结果与民政部门提供的行政记录资料的差异情况，做好数据解读分析。要充分利用民政厅（局）门户网站、社会组织政务服务平台等，开展普查工作宣传动员，引导民政部门登记和管理的各类机构充分认识经济普查的重要意义和作用，依法参加普查。

三、确保第五次全国经济普查民政领域数据质量和数据安全

要严格按照《中华人民共和国统计法》、《中华人民共和国统计法实施条例》和《全国经济普查条例》的规定开展普查各项工作，严守普查数据质量底线，切实防范和惩治统计造假、弄虚作假，确保普查数据真实准确、完整可信。要牢固树立总体国家安全观，把维护国家安全和公共利益贯穿普查工作各方面全过程，确保数据安全。

普查过程中，涉及党和国家机构改革事项的，要加强统筹协调，确保各项工作顺利进行。遇到特殊情况或者困难，要及时向我部和同级经济普查机构反映。

民政部关于开展全国性社会团体
2022 年度检查的函

民函〔2023〕17 号　　　　　　　　　　　2023 年 1 月 13 日

各全国性社会团体业务主管单位，各全国性社会团体：

　　根据《社会团体登记管理条例》等有关法规政策规定，民政部将开展全国性社会团体 2022 年度检查（以下简称年检）。请各全国性社会团体对照有关要求填报年检材料，确保所提交材料信息真实、准确、完整，于 2023 年 3 月 31 日前提交业务主管单位初审，并于 5 月 31 日前将业务主管单位出具初审意见的年检纸质材料报送我部（已脱钩全国性行业协会商会请直接将年检纸质材料报送我部）。请各业务主管单位及时通知并指导、督促所主管的全国性社会团体按规定要求和期限填报年检材料，对材料内容进行认真审查，并于 5 月 31 日前及时作出初审结论。

　　为提高年检工作实效，我部将通过抽查审计、实地检查等方式，按一定比例对年检所涉事项进行抽查核实，并结合日常管理中发现问题的核查情况，综合研究确定年检结论。对虚假填报和未按期报送年检材料的，我部将依法依规予以处理（具体年检事项须知见附件）。

　　附件：全国性社会团体 2022 年度检查事项须知（略）

民政部关于开展民政部登记的
民办非企业单位 2022 年度检查工作的函

民函〔2023〕21 号   2023 年 1 月 13 日

各有关业务主管单位，各民政部登记的民办非企业单位：

根据《民办非企业单位登记管理暂行条例》《民办非企业单位年度检查办法》等有关规定，民政部将对登记的民办非企业单位实施 2022 年度检查（以下简称年检）。现印发《民政部登记的民办非企业单位 2022 年度检查事项须知》，相关内容已登载在中国社会组织政务服务平台"通知公告"栏目。参加年检是民办非企业单位的法定义务，请各民办非企业单位对照有关要求如实填报年检材料，确保所提交材料信息真实、准确、完整，于 2023 年 3 月 31 日前将符合条件的全部年检材料报经业务主管单位初审同意后，于 5 月 31 日前报送我部。请各业务主管单位及时通知并指导、督促所主管的民办非企业单位按规定要求和期限填报年检材料，对材料内容进行认真审查，及时作出初审结论、完成初审工作。

为提高年检工作实效，我部将通过抽查审计等方式，按一定比例对年检所涉事项进行抽查核实，并结合日常管理中发现问题的核查情况，综合研究确定年检结论。对虚假填报和未按期报送年检材料的，我部将依法依规予以处理（具体年检事项须知见附件）。

附件：民政部登记的民办非企业单位 2022 年度检查事项须知（略）

民政部关于开展外国商会 2022 年度检查的函

民函〔2023〕20 号   2023 年 1 月 19 日

各外国商会：

　　根据《外国商会管理暂行规定》有关要求，民政部将开展外国商会 2022 年度检查工作（以下简称年检，具体事项见附件）。请各外国商会对照有关要求填报年检材料，确保所提交材料信息真实、准确、完整，于 2023 年 5 月 31 日前将年检纸质材料报送我部。

　　为提高年检工作实效，我部将通过抽查审计、实地检查、书面抽查等方式，按一定比例对外国商会年检所涉事项进行抽查核实，结合审计结论和日常管理中发现的问题情况，综合研究确定年检结论。对虚假填报和未按期报送年检材料的，我部将依法依规予以处理。

　　附件：外国商会 2022 年度检查事项须知 （略）

民政部关于开展国际性
社会团体 2022 年度检查的函

民函〔2023〕22 号   2023 年 1 月 19 日

各国际性社会团体业务主管单位、各国际性社会团体：

　　根据《社会团体登记管理条例》等有关法规政策规定，民政部将开展国际性社会团体 2022 年度检查工作（以下简称年检，具体事项见附件）。请各国际性社会团体对照有关要求填报年检材料，确保所提交材料信息真实、准确、完整，于 2023 年 3 月 31 日前提交业务主管单位初审，并于 5 月 31 日前将业务主管单位出具初审意见的年检纸质材料报送我部。请各业务主管单位及时通知并指导、督促所主管的国际性社会团体按规定要求和期限填报年检材料，对材料内容进行认真审查，并于 2023 年 5 月 31 日前及时作出初审结论。

为提高年检工作实效，我部将通过抽查审计、实地检查、书面抽查等方式，按一定比例对国际性社会团体年检所涉事项进行抽查核实，结合审计结论和日常管理中发现的问题情况，综合研究确定年检结论。对虚假填报和未按期报送年检材料的，我部将依法依规予以处理。

附件：国际性社会团体 2022 年度检查事项须知（略）

民政部关于持续强化行业协会商会乱收费治理切实帮助市场主体减负纾困的通知

民函〔2023〕25 号   2023 年 2 月 13 日

各省、自治区、直辖市民政厅（局），新疆生产建设兵团民政局：

近年来，各级民政部门认真贯彻落实党中央、国务院关于减税降费和坚决制止乱收费的部署要求，扎实组织开展"我为企业减负担"专项行动和行业协会商会乱收费专项清理整治等工作，取得积极成效，有力服务了党和国家工作大局。为进一步巩固专项清理整治工作成果，不断强化行业协会商会收费行为监管，切实帮助市场主体减负纾困、激发活力，促进行业协会商会规范健康发展，现就持续强化行业协会商会乱收费治理工作有关事项通知如下：

一、总体要求

坚持以习近平新时代中国特色社会主义思想为指导，深入贯彻落实党的二十大精神和中央经济工作会议精神，坚持稳中求进工作总基调，完整、准确、全面贯彻新发展理念，服务加快构建新发展格局，围绕行业协会商会收费中存在的突出问题，坚持从严监管、综合施策、强化治理，坚决清理行业协会商会违法违规收费，全面规范行业协会商会合法合理收费，探索完善行业协会商会收费监管机制，着力压减行业协会商会涉企收费规模，不断强化行业协会商会勤俭办会意识和服务企业能力，为减轻市场主体负担、优化营商环境、推动我国经济运行整体好转积极贡献力量。

二、主要任务

（一）持续纠正违法违规收费。各地民政部门要结合年检年报等工作开展，部署行业协会商会严格按照《国务院办公厅关于进一步规范行业协会商会收费的通知》（国办发〔2020〕21号）关于"严禁强制入会和强制收费""严禁利用法定职责和行政机关委托、授权事项违规收费""严禁通过评比达标表彰活动收费""严禁通过职业资格认定违规收费""严禁只收费不服务或多头重复收费"等要求，对当年所有收费项目进行认真自查自纠，建立年度收费自查整改台账，确保所有自查发现的违法违规收费问题全面整改到位。

（二）持续规范合法合理收费。各地民政部门要重点围绕行业协会商会会费标准制定和修改程序、表决方式、基本服务项目设置、票据使用、收支管理等内容加强常态化监督检查，不断提升行业协会商会会费管理规范化水平，坚决履行好行业协会商会会费监管责任。积极配合发展改革、市场监管等部门持续强化行业协会商会经营服务性收费和行政事业性收费规范管理，引导行业协会商会实现合法合理收费。持续推动行业协会商会进一步完善法人治理结构，建立健全收费内部管理和监督机制，严格约束收费行为，通过"信用中国"网站或自身门户网站、微信公众号等渠道加大收费信息公开力度，自觉接受社会监督。

（三）持续帮助企业减负纾困。各地民政部门要引导和鼓励行业协会商会按照"能免则免、能减则减"的原则，主动减免经营困难会员企业尤其是中小微企业的会费和其他收费项目，主动降低盈余较多收费项目的收费标准，力所能及地为进一步减轻企业负担、激发市场主体活力贡献力量。支持和鼓励行业协会商会充分发挥桥梁纽带作用，精准有效反映行业诉求，帮助会员企业争取税费减退、社保费缓缴、水电气费缓缴补贴、贷款延期、房屋租金减免、稳岗支持、金融支持等有针对性的帮扶政策措施；自觉履行社会责任，推动本行业、本领域内的金融机构、自然垄断企业和平台型企业等具有优势地位的会员单位主动向其他市场主体合理让利，营造和谐共生、共同发展的良好行业生态；不断提升服务企业能力，着力打造优势品牌服务项目，切实增强企业获得感和满意度。

（四）持续加大监管查处力度。各地民政部门要进一步加大日常检查、行政约谈、抽查审计、督促指导力度，畅通投诉举报渠道，公布投诉举报方式，加强社会监督。继续会同发展改革、市场监管等部门组织开展行业协会商会收费专项抽查检查，加大抽查检查比例，明确抽查检查重点，提升抽查检查的针对性和有效性。对发现的行业协会商会乱收费问题实行分类处置，属于其他部门监管职责范围的要及时移交并加强跟踪督促，属于民政监管职责范围的要综合运用行政处罚、信用惩戒、公开曝光、年检降档、评估降级等措施，进一步加大惩处力度，狠刹违规收费之风，始终保持对行业协会商会违法违规收费的高压态势。

（五）持续完善长效监管机制。各地民政部门要继续会同有关部门深化行业协会商会改革，巩固拓展脱钩改革成果，持续推动从源头上解决行业协会商会依托行政机关或利用行政影响力乱收费问题。加强行业协会商会登记入口把关，严格业务范围相同相似的行业协会商会登记审核，持续优化结构布局，减轻市场主体多头缴费负担。进一步落实部门监管职责，探索从登记源头明确行业管理部门指导监管职责，完善监管制度体系，健全监管工作机制，加强信息共享和部门联动，不断提高违法违规收费监管的精准性和实效性。进一步完善联合执法和资金监管机制，探索推进"互联网＋"大数据监管，加强违规收费的风险提示和监管预警。进一步加强政策宣贯和教育培训，引导行业协会商会提升自律意识，做到知法懂法守法。持续加大对行业协会商会政策支持和帮扶力度，促进行业协会商会规范健康发展。

三、工作要求

（一）提高思想认识。各地民政部门要从全局出发，深刻认识治理行业协会商会乱收费对减轻企业负担、优化营商环境、推动经济运行整体好转的重要意义，进一步统一思想认识，切实增强抓好行业协会商会乱收费治理各项任务贯彻落实的使命感、责任感、紧迫感。

（二）强化工作部署。各地民政部门要在全面总结前期工作基础上，统筹部署好持续强化行业协会商会乱收费治理工作。把持续强化行业协会商会乱收费治理列入重要议事日程，明确责任分工，建立工作台账，精心组织实施。建立主要负责同志亲自研究、分管负责同志具体主抓，一级抓一级、层层抓落实的工作格局。进一步完善协同配合、上下联动的工作机制，凝聚工作合力，推进标本兼治，始终保持思想不松、标准不降、力度不减。

（三）加强宣传引导。各地民政部门要充分利用报刊、电视、广播、网络等多种渠道，加大宣传力度，加强政策宣讲，大力宣传降低涉企收费减轻企业负担效果明显的行业协会商会先进典型以及各地工作安排、工作举措和工作成效，及时曝光顶风违法违规收费增加企业负担的负面典型，形成全民知晓、全民动员、全民参与的良好氛围，进一步营造有利于规范收费管理的社会环境。

（四）加强信息报送。各省级民政部门要及时汇总本地区行业协会商会乱收费治理工作情况，每半年报送行业协会商会乱收费清理整治工作情况统计表

（见附件），并于当年 11 月 30 日前形成书面总结报告报送民政部社会组织管理局。各地在工作开展过程中发现的先进典型、曝光的反面典型，以及相关部署、进展成效、问题困难、意见建议等情况，可结合实际形成工作信息随时报送。有关情况将纳入民政重点工作综合评估。

附件：_____省（区、市）/新疆生产建设兵团行业协会商会乱收费治理
工作情况统计表（略）

民政部　国家发展改革委　市场监管总局
关于组织开展 2023 年度全国性行业协会
商会收费自查自纠和抽查检查工作的通知

民函〔2023〕48 号　　　　　　　　　　　　　　2023 年 5 月 31 日

各全国性行业协会商会业务主管单位，各全国性行业协会商会：

为深入贯彻党的二十大和中央经济工作会议精神，全面落实党中央、国务院关于推进减税降费和坚决制止"乱收费"部署要求，进一步巩固近年来行业协会商会乱收费专项清理整治工作成果，民政部、国家发展改革委、市场监管总局决定组织开展 2023 年度全国性行业协会商会收费自查自纠和抽查检查工作（以下简称自查抽查工作）。现将有关事宜通知如下。

一、总体目标

通过深入开展自查抽查工作，坚决制止和查处全国性行业协会商会违法违规收费，全面引导和规范全国性行业协会商会合法合理收费，积极鼓励和推动全国性行业协会商会主动减免涉企收费，不断强化全国性行业协会商会勤俭办会意识，持续提升全国性行业协会商会服务企业能力，为减轻企业负担、优化营商环境、助力我国经济运行总体回升和持续向好积极贡献力量。

二、时间安排

2023 年全年。

三、自查抽查重点

1. 强制或变相强制入会并收取会费；2. 只收取会费不提供服务，或者对会费所包含的基本服务项目重复收取费用；3. 利用分支（代表）机构重复收取会费；4. 采取"收费返成"等方式吸收会员、收取会费；5. 利用法定职责、行政机关委托授权事项或者其他行政影响力违规收费；6. 通过评比达标表彰活动收费；7. 通过职业资格认定违规收费；8. 强制或诱导企业参加会议、培训、展览、考核评比、表彰、出国考察等各类收费活动；9. 强制市场主体提供赞助、捐赠、订购有关产品或刊物；10. 以设立分支机构、代表机构的名义收取或变相收取管理费、赞助费；11. 以担任理事、常务理事、负责人为名向会员收取除会费以外的其他费用；12. 会费标准未按规定程序制定或修改；13. 具有一定垄断性和强制性的经营服务性收费项目未按《国务院办公厅关于进一步规范行业协会商会收费的通知》（国办发〔2020〕21 号）要求进行调整和规范；14. 实行市场调节价格的经营服务性收费项目收费标准不合理；15. 收费未纳入单位法定账户统一管理和核算，将收费转移到所举办企业或关联企业；16. 其他企业和群众反映强烈的乱收费行为。

四、工作要求

（一）提高认识站位。各业务主管单位和全国性行业协会商会要深刻认识乱收费治理对减轻企业负担、优化营商环境、推动经济运行整体好转的重要意义，进一步提高思想认识，切实增强抓好自查自纠工作的责任感、紧迫感，不断提升服务质量，真正发挥好行业协会商会作为政府和企业间的桥梁纽带作用，推动政府部门出台的各项惠企措施落地见效。

（二）认真部署落实。请各业务主管单位及各自律服务小组牵头单位及时将本通知（电子版见中国社会组织政务服务平台"通知公告"栏：https：//chinanpo. mca. gov. cn）精神传达至所主管和服务的全国性行业协会商会（参考名单见附件3）。各全国性行业协会商会要对照自查抽查重点，对自身及各分支（代表）机构自 2023 年 1 月 1 日以来的所有收费项目（包括收取会费、经营服务性收费、行政事业性收费以及接受捐赠等）全面开展自查，发现问题立即整改，并形成 2023 年度收费自查自纠工作台账（见附件1，留档备查、不需提交）。同时，要按照"能免则免、能减则减"的原则，力所能及地减免涉企收费，积极推动本行业、本领域内的金融机构、自然垄断企业和平台型企业等具有优势地位的会员单位主动向其他市场主体合理让利，着力帮助会员企业争取税费减退、社保费缓缴、贷款延期、房屋租金减免、稳岗支持、金融支持等有针对性的帮扶政策措施。

（三）强化监督检查。民政部、国家发展改革委、市场监管总局将牵头会同相关部门，根据投诉举报线索和"双随机、一公开"原则，抽取部分全国性行业协会商会开展收费抽查检查。对于存在弄虚作假、瞒报漏报、整改不到位等情形的，将综合运用行政处罚、信用惩戒、公开曝光、年检降档、评估降级等措施进一步加大处理处罚力度；对于收费合理规范、降费力度较大、减轻企业负担效果明显的行业协会商会，将通过报刊、电视、广播、网络等多种渠道，加大正面宣传和表扬激励力度。

（四）加强信息报送。请各业务主管单位和各自律服务小组牵头单位分别于8月15日前和12月15日前，将相关全国性行业协会商会收费自查自纠和减轻企业负担工作进展情况表（附件2）纸质版以及电子版提交民政部社会组织管理局。各全国性行业协会商会要自觉支持、配合业务主管单位或自律服务小组牵头单位工作，及时将本单位工作进展情况表送交业务主管单位或本小组牵头单位汇总，其他工作部署、进展成效、问题困难、意见建议等情况，也可形成书面报告直接向民政部社会组织管理局报送。

附件：1. 2023年度收费自查自纠工作台账（略）
　　　2. 全国性行业协会商会收费自查自纠和减轻企业负担工作进展情况表（略）
　　　3. 全国性行业协会商会参考名单（略）

民政部　国家乡村振兴局关于印发
《全国性社会组织、东部省（直辖市）
社会组织与160个国家乡村振兴重点
帮扶县结对帮扶名单》的通知

民函〔2023〕49号　　　　　　　　　　　2023年5月31日

各全国性社会组织业务主管单位，各省、自治区、直辖市民政厅（局）、乡村振兴局，新疆生产建设兵团民政局、乡村振兴局，有关省、直辖市协作办（对口办）：

为深入贯彻落实党的二十大决策部署，根据《社会组织助力乡村振兴专项行动方案》，民政部、国家乡村振兴局在社会组织自愿报名、有关部门推荐申报、160 个国家乡村振兴重点帮扶县同意对接的基础上，形成了《全国性社会组织、东部省（直辖市）社会组织与 160 个国家乡村振兴重点帮扶县结对帮扶名单》（见附件），现予印发执行，有关工作通知如下。

一、加强组织领导。深入开展全国性社会组织、东部省（直辖市）社会组织与 160 个国家乡村振兴重点帮扶县结对帮扶专项行动，是全国性社会组织业务主管单位、民政部门、乡村振兴（协作）部门落实巩固拓展脱贫攻坚成果同乡村振兴有效衔接工作责任的重要抓手，是社会组织坚持社会主义核心价值观，践行守望相助、和衷共济社会风尚的重要途径。各东部省（直辖市）民政、乡村振兴（协作）部门要将结对帮扶工作纳入重要议事日程，精心组织、主动作为、力求实效，主动做好动员引导、沟通协调和服务保障工作。各西部省（自治区、直辖市）乡村振兴部门要将社会组织参与帮扶纳入乡村振兴工作统筹推进，会同民政部门指导本地区的国家乡村振兴重点帮扶县明确领导机制、牵头单位，建立工作专班，出台优化服务保障措施，确保社会组织结对帮扶工作有序推进。国家乡村振兴重点帮扶县要主动加强与结对社会组织对接，建立常态化沟通联系机制，实时动态掌握社会组织结对帮扶情况，及时协调解决工作推进中存在的困难问题，确保社会组织结对帮扶工作取得实效。通过各方面努力，要建立健全横向互通、上下贯通、精准施策、一抓到底的工作机制，为推动责任、政策、项目落实到位创造有利条件。

二、聚焦重点任务。全国性社会组织业务主管单位、民政部门、乡村振兴（协作）部门要引导社会组织将工作重点向巩固拓展脱贫攻坚成果和全面推进乡村振兴转变，推动社会资源进一步向国家乡村振兴重点帮扶县聚集，促进国家乡村振兴重点帮扶县持续提升自我发展能力。要引导社会组织结合自身优势和工作实际，立足国家乡村振兴重点帮扶县资源禀赋和基础条件，有针对性地开展产业、就业、教育、健康、养老、消费帮扶或多样化帮扶，助力巩固拓展脱贫攻坚成果。要动员社会组织积极参与乡村振兴，围绕乡村发展、乡村建设、乡村治理等重点工作，打造社会组织助力乡村振兴公益品牌。要针对乡村振兴重点区域和重点领域，开展社会组织乡村行活动，搭建项目对接平台，促进帮扶项目落地实施。要选树一批社会组织参与乡村振兴的先进典型，强化示范带动，推动形成社会组织助力乡村全面振兴良好局面。

三、坚持依法推进。全国性社会组织业务主管单位、民政部门、乡村振兴（协作）部门要积极服务参与结对帮扶的社会组织与国家乡村振兴重点帮扶县及时签约、全面履约，原则上社会组织与结对帮扶县在 8 月 31 日前订立书面结对帮扶协议。乡村振兴部门要做好结对组织工作，明确专人负责，加大政策宣讲力度，指导国家乡村振兴重点帮扶县充分尊重社会组织意愿，在项目设计、实施、退出过程中，不搞行政摊派，不下指标任务，不搞面子工程、形象工程和政绩工程。民政部门要加大对社会组织参与结对帮扶的监督管理力度，对利用结对帮扶、乡村振兴等名义牟利敛财、违规使用资金的社会组织，要严肃查处；对于涉嫌违法犯罪的，要及时移交公安机关处理。

四、用好信息化平台。各全国性社会组织业务主管单位、民政部门、乡村振兴（协作）部门要利用政务服务网、政府服务 app 和"耘公益－社会组织乡村行"微信小程序等信息化手段，推动结对帮扶数字化、网络化、智能化发展。乡村振兴部门要将社会组织帮扶成效等情况及时录入全国防止返贫监测和衔接推进乡村振兴信息系统。省级乡村振兴（协作）部门要加强工作指导，强化信息共享和业务协同，提升大数据治理和监管能力，定期通过信息平台调度工作进展情况，提升结对帮扶整体工作效能。有关工作进展情况及时与民政部门共享。

五、抓好统筹兼顾。全国性社会组织业务主管单位、民政部门、乡村振兴（协作）部门要积极促进社会组织结对帮扶工作与东西部协作、定点帮扶、省内区域帮扶等工作统筹谋划、一体部署，推动构建政府、社会组织、企业和公民个人广泛参与的结对帮扶合作体系。要支持不同层级、不同行业、不同类型的社会组织开展协作，通过"一对多""多对一"的"组团式"帮扶，形成信息、资源、优势社会组织结对帮扶新生态。

全国性社会组织业务主管单位、省级民政部门和乡村振兴（协作）部门要提高思想认识，完善工作机制，制定具体措施。省级民政部门、乡村振兴部门要定期向民政部、国家乡村振兴局报送本地区工作进展情况、困难问题和经验做法。中部省社会组织拟面向国家乡村振兴重点帮扶县开展结对帮扶的，由省级民政部门、乡村振兴部门上报民政部、国家乡村振兴局新增结对帮扶关系。民政部、国家乡村振兴局将建立健全跟踪监测机制，根据跟踪监测结果、工作实效、任务完成情况对结对帮扶名单进行动态调整。

附件：

全国性社会组织、东部省（直辖市）社会组织与160 个国家乡村振兴重点帮扶县结对帮扶名单

序号	省（区、市）	重点帮扶县	社会组织名称	业务主管单位或所属省（市）
1	内蒙古	巴林左旗	三峡集团公益基金会	民政部
			中国高等教育学会	教育部
2		库伦旗	中国绿色碳汇基金会	自然资源部
			上海纺织协会	上海市
3		鄂伦春旗	中国乡村发展基金会	农业农村部（委托国家乡村振兴局日常管理）
4		化德县	中国纺织品进出口商会	已脱钩
			北京青爱教育基金会	北京市
			中国工程咨询协会	已脱钩
5		商都县	北京河南经济文化促进会	北京市
			上海内蒙古商会	上海市
			中国残疾人福利基金会	中国残疾人联合会
6		四子王旗	北京律师法学研究会	北京市
			上海纺织协会	上海市
			中国淀粉工业协会	已脱钩
7		科尔沁右翼前旗	北京成英公益基金会	北京市
			北京绿色建筑产业联盟	北京市
			传媒大学教育基金会	教育部
			中国机电产品进出口商会	已脱钩
			中国兽医协会	已脱钩
8		科尔沁右翼中旗	上海内蒙古商会	上海市
9		扎赉特旗	中国电子节能技术协会	已脱钩
			中国青少年发展基金会	共青团中央委员会
10		正镶白旗	中国教育学会	教育部

序号	省（区、市）	重点帮扶县	社会组织名称	业务主管单位或所属省（市）
11	广西	马山县	深圳市汇洁爱心基金会	广东省
12		融水县	开明慈善基金会	民政部
			上海市焊接行业协会	上海市
			中国法律援助基金会	司法部
			中国儿童少年基金会	中华全国妇女联合会
			中华少年儿童慈善救助基金会	民政部
13		三江县	广东省粤桂粤黔协作现代农业产业园联合会	广东省
			开明慈善基金会	民政部
			民生通惠公益基金会	民政部
			中国茶叶学会	中国科学技术协会
			中国禁毒基金会	公安部
			中华少年儿童慈善救助基金会	民政部
14		德保县	北京明远教育书院	北京市
			中国航天基金会	国家国防科技工业局
			中华社会救助基金会	民政部
15		那坡县	海峡两岸医药卫生交流协会	国家卫生健康委员会
			开明慈善基金会	民政部
16		凌云县	深圳市社会组织总会	广东省
			浙江蚂蚁公益基金会	浙江省
17		乐业县	北京成英公益基金会	北京市
			开明慈善基金会	民政部
18		田林县	全联礼品业商会	中华全国工商业联合会
			全联书业商会	中华全国工商业联合会
			中国残疾人福利基金会	中国残疾人联合会
			中国青少年发展基金会	共青团中央委员会
			中兴通讯公益基金会	民政部
19		隆林县	开明慈善基金会	民政部
20		靖西市	广东省同芙慈善基金会	广东省
			中国国际科技促进会	已脱钩

序号	省（区、市）	重点帮扶县	社会组织名称	业务主管单位或所属省（市）
21	广西	昭平县	中国农村专业技术协会	中国科学技术协会
22		凤山县	中国青年创业就业基金会	共青团中央委员会
23		东兰县	中国青少年发展基金会	共青团中央委员会
			中国中药协会	已脱钩
			中国睡眠研究会	中国科学技术协会
24		罗城县	开明慈善基金会	民政部
			中国林学会	中国科学技术协会
			中国绿化基金会	自然资源部
			中国绿色碳汇基金会	自然资源部
25		环江县	中国电子节能技术协会	已脱钩
26		巴马县	中国老年学和老年医学学会	国家卫生健康委员会
			中国绿色碳汇基金会	自然资源部
			中国器官移植发展基金会	国家卫生健康委员会
			中国社会艺术协会	已脱钩
27		都安县	开明慈善基金会	民政部
			北京泰康溢彩公益基金会	北京市
28		大化县	北京成英公益基金会	北京市
			开明慈善基金会	民政部
29		忻城县	信宜市慈善会	广东省
30		天等县	新丝路民间经贸国际交流中心	民政部
			浙江马云公益基金会	浙江省
			中国青少年发展基金会	共青团中央委员会
			中国人寿慈善基金会	民政部
			中国西部研究与发展促进会	已脱钩
			中华医学会	中国科学技术协会

序号	省(区、市)	重点帮扶县	社会组织名称	业务主管单位或所属省(市)
31		城口县	中国光华科技基金会	共青团中央委员会
			中国输血协会	已脱钩
			中国医学装备协会	已脱钩
			北京泰康溢彩公益基金会	北京市
32		巫溪县	北京乐和社会工作服务中心	北京市
			山东省企业联合会	山东省
			腾讯公益慈善基金会	民政部
			中国家庭教育学会	中华全国妇女联合会
			中国经济改革研究基金会	国家发展和改革委员会
33	重庆	酉阳县	北京乐和社会工作服务中心	北京市
			山东省中投慈善公益基金会	山东省
			腾讯公益慈善基金会	民政部
			致福慈善基金会	民政部
			中国民族贸易促进会	已脱钩
			中国青少年发展基金会	共青团中央委员会
34		彭水县	山东省乡村振兴基金会	山东省
			中国海洋发展基金会	自然资源部
			中国上市公司协会	中国证券监督管理委员会
			中华社会救助基金会	民政部
			腾讯公益慈善基金会	民政部
35		金川县	民生通惠公益基金会	民政部
			品牌中国战略规划院	民政部
			北京泰康溢彩公益基金会	北京市
36	四川	黑水县	民生通惠公益基金会	民政部
			中国电子节能技术协会	已脱钩
			广州市人口福利基金会	广东省
			中国交通运输协会	已脱钩
37		壤塘县	民生通惠公益基金会	民政部
			中国质量检验协会	已脱钩
			清华大学教育基金会	教育部

续表

序号	省（区、市）	重点帮扶县	社会组织名称	业务主管单位或所属省（市）
38		阿坝县	民生通惠公益基金会	民政部
			中国残疾人福利基金会	中国残疾人联合会
39		若尔盖县	民生通惠公益基金会	民政部
			中国肝炎防治基金会	国家卫生健康委员会
			中国肉类协会	已脱钩
			中国青年企业家协会	已脱钩
40		红原县	民生通惠公益基金会	民政部
			中国人保公益慈善基金会	民政部
			北京泰康溢彩公益基金会	北京市
41		道孚县	中华慈善总会	民政部
42		炉霍县	上海利生公益服务中心	上海市
			中国互联网发展基金会	中央网信办（国家互联网信息办公室）
43		甘孜县	安利公益基金会	民政部
			中国出生缺陷干预救助基金会	国家卫生健康委员会
44	四川	新龙县	台州市黄岩区新生代企业家联谊会	浙江省
			台州市黄岩成都商会	浙江省
45		德格县	北京荣德利生慈善基金会	北京市
			上海市华侨事业发展基金会	上海市
46		白玉县	东润公益基金会	民政部
47		石渠县	浙江马云公益基金会	浙江省
48		色达县	安利公益基金会	民政部
			东润公益基金会	民政部
			深圳市罗湖区艺启梦想公益服务中心	广东省
			中国交通建设监理协会	已脱钩
49		理塘县	友成企业家乡村发展基金会	农业农村部（委托国家乡村振兴局日常管理）
			中国马业协会	已脱钩
50		盐源县	上海新沪商联合会	上海市
			中国健康管理协会	已脱钩
			中国青少年发展基金会	共青团中央委员会

续表

序号	省(区、市)	重点帮扶县	社会组织名称	业务主管单位或所属省(市)
51		普格县	国家能源集团公益基金会	民政部
			上海国泰君安社会公益基金会	上海市
			中国健康管理协会	已脱钩
			中国旅游景区协会	已脱钩
			中国性病艾滋病防治协会	国家卫生健康委员会
52		布拖县	国家能源集团公益基金会	民政部
			上海安慈公益基金会	上海市
			上海互济公益基金会	上海市
			中国健康管理协会	已脱钩
			中国禁毒基金会	公安部
			中国社会福利基金会	民政部
			中国性病艾滋病防治协会	国家卫生健康委员会
			北京泰康溢彩公益基金会	北京市
53	四川	金阳县	广东省亮睛工程慈善基金会	广东省
			中国健康管理协会	已脱钩
			中国性病艾滋病防治协会	国家卫生健康委员会
			广东省游心公益基金会	广东省
54		昭觉县	广东省日慈公益基金会	广东省
			上海市荣益慈善基金会	上海市
			中国儿童少年基金会	中华全国妇女联合会
			中国工程建设焊接协会	已脱钩
			中国光华科技基金会	共青团中央委员会
			中国健康管理协会	已脱钩
			中国性病艾滋病防治协会	国家卫生健康委员会
55		喜德县	爱德基金会	江苏省
			中国档案学会	中国科学技术协会
			中国健康管理协会	已脱钩
			阿里巴巴公益基金会	民政部
			中国职工发展基金会	中华全国总工会

序号	省（区、市）	重点帮扶县	社会组织名称	业务主管单位或所属省（市）
56	四川	越西县	爱佑慈善基金会	民政部
			中国健康管理协会	已脱钩
			中国社会工作教育协会	已脱钩
			中国性病艾滋病防治协会	国家卫生健康委员会
			中国职工发展基金会	中华全国总工会
57		甘洛县	四川大学教育基金会	教育部
			中国健康管理协会	已脱钩
58		美姑县	纺织之光科技教育基金会	国务院国有资产监督管理委员会
			广东省广发证券社会公益基金会	广东省
			中国健康管理协会	已脱钩
			中国社会福利基金会	民政部
			中国性病艾滋病防治协会	国家卫生健康委员会
			中华少年儿童慈善救助基金会	民政部
59		雷波县	中国儿童少年基金会	中华全国妇女联合会
			中国健康管理协会	已脱钩
60	贵州	水城区	白求恩公益基金会	民政部
			广东南方电影工程技术研究院	广东省
			上海产业合作促进中心	上海市
			中国教育国际交流协会	教育部
			中国农业国际合作促进会	已脱钩
			中国食品土畜进出口商会	已脱钩
61		正安县	广东教育督导学会	广东省
			上海大音曦生公益基金会	上海市
			上海羲园农业科技促进中心	上海市
			中国电子节能技术协会	已脱钩
			中国国际科技促进会	已脱钩
			中国教育国际交流协会	教育部
62		务川县	爱德基金会	江苏省
			中国光华科技基金会	共青团中央委员会

序号	省（区、市）	重点帮扶县	社会组织名称	业务主管单位或所属省（市）
63	贵州	关岭县	浙江省民办教育协会	浙江省
			中国慈善联合会	民政部
64		紫云县	爱德基金会	江苏省
			中华环保联合会	已脱钩
65		织金县	北京字节跳动公益基金会	北京市
			全联纺织服装业商会	中华全国工商业联合会
			全联石油业商会	中华全国工商业联合会
			全联并购公会	中华全国工商业联合会
			全联旅游业商会	中华全国工商业联合会
			全联民办教育出资者商会	中华全国工商业联合会
			浙江传化慈善基金会	浙江省
			中国发展研究基金会	国务院发展研究中心
			智惠乡村志愿服务中心	民政部
			中国国际象棋协会	国家体育总局
			中国红十字基金会	中国红十字会总会
			中国民营文化产业商会	中华全国工商业联合会
			中国器官移植发展基金会	国家卫生健康委员会
			中国田径协会	国家体育总局
			中国县镇经济交流促进会	已脱钩
66		纳雍县	广东省钟南山医学基金会	广东省
			中国政策科学研究会	中国社会科学院
			中华少年儿童慈善救助基金会	民政部
			中山博爱基金会	民政部
67		威宁县	招商局慈善基金会	民政部
			中国人保公益慈善基金会	民政部
			中华少年儿童慈善救助基金会	民政部

续表

序号	省（区、市）	重点帮扶县	社会组织名称	业务主管单位或所属省（市）
68	贵州	赫章县	北京四中校友促进教育基金会	北京市
			浙江传化慈善基金会	浙江省
			中国轻工工艺品进出口商会	已脱钩
			中国乡村发展基金会	农业农村部（委托国家乡村振兴局日常管理）
			中华少年儿童慈善救助基金会	民政部
69		沿河县	北京春晖博爱公益基金会	北京市
			民生通惠公益基金会	民政部
70		松桃县	上海真爱梦想公益基金会	上海市
			中国滋根乡村教育与发展促进会	教育部
			中华环保联合会	已脱钩
71		晴隆县	中国电子节能技术协会	已脱钩
			中国航天基金会	国家国防科技工业局
			北京泰康溢彩公益基金会	北京市
72		望谟县	全联家具装饰业商会	中华全国工商业联合会
			全联石材业商会	中华全国工商业联合会
			全联城市基础设施商会	中华全国工商业联合会
			中国农村专业技术协会	中国科学技术协会
			中国移动慈善基金会	民政部
73		册亨县	惠州市青年发展现代农业促进会	广东省
			北京字节跳动公益基金会	北京市
74		锦屏县	上海纺织协会	上海市
			中国林学会	中国科学技术协会
75		剑河县	上海市华侨事业发展基金会	上海市
			中国青年创业就业基金会	共青团中央委员会
			中华农业科教基金会	农业农村部

序号	省(区、市)	重点帮扶县	社会组织名称	业务主管单位或所属省(市)
76	贵州	榕江县	北京美团公益基金会	北京市
			佛山市南海区餐饮业协会	广东省
			佛山市电子商务协会	广东省
			佛山市跨境电子商务协会	广东省
			北京字节跳动公益基金会	北京市
77		从江县	安利公益基金会	民政部
			上海春华秋实公益基金会	上海市
			浙江传化慈善基金会	浙江省
			中国城市规划学会	住房和城乡建设部
			中华少年儿童慈善救助基金会	民政部
78		罗甸县	安利公益基金会	民政部
			中华少年儿童慈善救助基金会	民政部
79		三都县	安利公益基金会	民政部
			天津市凯尔翎公益基金会	天津市
			中国妇女发展基金会	中华全国妇女联合会
80	云南	东川区	金龙鱼慈善公益基金会	中华全国归国华侨联合会
			中国基本建设优化研究会	中国科学技术协会
81		会泽县	爱德基金会	江苏省
			上海市大华公益基金会	上海市
			中华少年儿童慈善救助基金会	民政部
			周大福慈善基金会	民政部
			北京泰康溢彩公益基金会	北京市
82		宣威市	福建省教育装备行业协会	福建省
			上海新沪商联合会	上海市
83		昭阳区	福建省教育装备行业协会	福建省
			上海纺织协会	上海市
			中国康复技术转化及发展促进会	已脱钩
84		鲁甸县	上海纺织协会	上海市

续表

序号	省（区、市）	重点帮扶县	社会组织名称	业务主管单位或所属省（市）
85	云南	巧家县	北京成英公益基金会	北京市
			上海纺织协会	上海市
			中华少年儿童慈善救助基金会	民政部
86		盐津县	广东省菜篮子工程协会	广东省
			上海互济公益基金会	上海市
			上海民盟同舟公益基金会	上海市
87		大关县	上海产业合作促进中心	上海市
			中国西部人才开发基金会	中共中央党校（国家行政学院）
88		永善县	上海慧佳慈善基金会	上海市
89		镇雄县	爱德基金会	江苏省
			爱佑慈善基金会	民政部
			北京成英公益基金会	北京市
			福建省教育装备行业协会	福建省
			上海壹棵松公益基金会	上海市
			中华少年儿童慈善救助基金会	民政部
90		彝良县	上海真爱梦想公益基金会	上海市
			中国西部研究与发展促进会	已脱钩
			上海来伊份公益基金会	上海市
91		宁蒗县	大连市残疾人福利基金会	辽宁省
			广东省丹姿慈善基金会	广东省
			中国青少年科技教育工作者协会	中国科学技术协会
92		澜沧县	阿里巴巴公益基金会	民政部
			黄奕聪慈善基金会	中华全国归国华侨联合会
			上海市阳光善行公益事务中心	上海市
			中国华侨公益基金会	中华全国归国华侨联合会
			北京泰康溢彩公益基金会	北京市

续表

序号	省（区、市）	重点帮扶县	社会组织名称	业务主管单位或所属省（市）
93	云南	武定县	上海市家禽行业协会	上海市
			深圳市罗湖区艺启梦想公益服务中心	广东省
			中国基本建设优化研究会	中国科学技术协会
			中国建设教育协会	已脱钩
94		元阳县	爱德基金会	江苏省
			中华文化促进会	已脱钩
95		红河县	爱德基金会	江苏省
			黄奕聪慈善基金会	中华全国归国华侨联合会
			中华环保联合会	已脱钩
			中华少年儿童慈善救助基金会	民政部
			中华文化促进会	已脱钩
96		金平县	上海奥奇科技发展基金会	上海市
			中华文化促进会	已脱钩
97		绿春县	爱德基金会	江苏省
			上海春华秋实公益基金会	上海市
98		马关县	爱德基金会	江苏省
			上海市华侨事业发展基金会	上海市
			中国社会福利基金会	民政部
99		广南县	爱德基金会	江苏省
			中国老区建设促进会	农业农村部（委托国家乡村振兴局日常管理）
100		泸水市	上海睿远公益基金会	上海市
			上海市外商投资协会	上海市
			浙江传化慈善基金会	浙江省
101		福贡县	浙江传化慈善基金会	浙江省
102		贡山县	友成企业家乡村发展基金会	农业农村部（委托国家乡村振兴局日常管理）
			中国医学装备协会	已脱钩
			中华少年儿童慈善救助基金会	民政部

续表

序号	省（区、市）	重点帮扶县	社会组织名称	业务主管单位或所属省（市）
103	云南	兰坪县	陈香梅公益基金会	民政部
			中国青少年发展基金会	共青团中央委员会
104		香格里拉市	全联金银珠宝业商会	中华全国工商业联合会
			全联房地产商会	中华全国工商业联合会
			中国基本建设优化研究会	中国科学技术协会
			中国食品土畜进出口商会	已脱钩
			中国再生资源回收利用协会	中华全国供销合作总社
105		德钦县	上海真爱梦想公益基金会	上海市
106		维西县	陈香梅公益基金会	民政部
			上海享物公益基金会	上海市
			中国食品土畜进出口商会	已脱钩
			中华少年儿童慈善救助基金会	民政部
107	陕西	略阳县	北京成英公益基金会	北京市
			江苏省注册会计师协会	江苏省
			民生通惠公益基金会	民政部
			中国航天基金会	国家国防科技工业局
108		镇巴县	南通市通州区女企业家协会	江苏省
109		汉滨区	余彭年慈善基金会	国家卫生健康委员会
110		紫阳县	常州市新北区恩悦社会工作服务中心	江苏省
111		岚皋县	江苏省土木建筑学会	江苏省
112		白河县	中国光华科技基金会	共青团中央委员会
113		丹凤县	江苏省老龄事业发展基金会	江苏省
			中国县镇经济交流促进会	已脱钩
114		商南县	苏州弘化社慈善基金会	江苏省
			中国气象服务协会	中国气象局
			中国青少年发展基金会	共青团中央委员会
115		山阳县	南京市六合区建筑业协会	江苏省
116		镇安县	南京市浦口区慈善总会	江苏省

序号	省（区、市）	重点帮扶县	社会组织名称	业务主管单位或所属省（市）
117	陕西	柞水县	扬州大学教育发展基金会	江苏省
			中国广播电视社会组织联合会	国家广播电视总局
118	甘肃	靖远县	中国老教授协会	教育部
			中民社会捐助发展中心	民政部
119		会宁县	黄奕聪慈善基金会	中华全国归国华侨联合会
			中国妇女发展基金会	中华全国妇女联合会
			中民社会捐助发展中心	民政部
			北京泰康溢彩公益基金会	北京市
120		麦积区	民生通惠公益基金会	民政部
			全联女企业家商会	中华全国工商业联合会
			全联科技装备业商会	中华全国工商业联合会
			上海纺织协会	上海市
			中非民间商会	中华全国工商业联合会
			中国航天基金会	国家国防科技工业局
			中国民营经济国际合作商会	中华全国工商业联合会
121		秦安县	北京科技大学教育发展基金会	教育部
			民生通惠公益基金会	民政部
122		张家川县	浙江马云公益基金会	浙江省
123		古浪县	北京尤迈慈善基金会	北京市
124		庄浪县	天津南开大学教育基金会	天津市
125		静宁县	全联厨具业商会	中华全国工商业联合会
			全联医药业商会	中华全国工商业联合会
			全联农业产业商会	中华全国工商业联合会
			上海民盟同舟公益基金会	上海市
			中国果品流通协会	中华全国供销合作总社
126		环县	全联美容化妆品业商会	中华全国工商业联合会
			全联环境服务业商会	中华全国工商业联合会
			新丝路民间经贸国际交流中心	民政部
			友成企业家乡村发展基金会	农业农村部（委托国家乡村振兴局日常管理）

续表

序号	省（区、市）	重点帮扶县	社会组织名称	业务主管单位或所属省（市）
127	甘肃	镇原县	天津市天士力公益基金会	天津市
			中国传统文化促进会	已脱钩
128		通渭县	北京成英公益基金会	北京市
			全联五金机电商会	中华全国工商业联合会
			全联新能源商会	中华全国工商业联合会
			全联冶金商会	中华全国工商业联合会
			浙江省慈善义工协会	浙江省
			中国输血协会	已脱钩
129		渭源县	浙江蚂蚁公益基金会	浙江省
			中国乡村发展基金会	农业农村部（委托国家乡村振兴局日常管理）
			阿里巴巴公益基金会	民政部
			北京泰康溢彩公益基金会	北京市
130		岷县	青岛市黄岛区青年企业家商会	山东省
			中国下一代教育基金会	教育部
131		武都区	青岛市创业者协会	山东省
132		文县	青岛市人工智能产业协会	山东省
133		宕昌县	中央财经大学教育基金会	教育部
			中央财经大学校友总会	教育部
134		西和县	中国妇女发展基金会	中华全国妇女联合会
			中国中药协会	已脱钩
135		礼县	阿里巴巴公益基金会	民政部
			上海生产性服务业促进会	上海市
			中国期货业协会	中国证券监督管理委员会
			中国食用菌协会	中华全国供销合作总社
			中国营养保健食品协会	已脱钩
136		永靖县	上海市社会工作者协会	上海市
			中民社会捐助发展中心	民政部

序号	省(区、市)	重点帮扶县	社会组织名称	业务主管单位或所属省(市)
137	甘肃	东乡县	北京成英公益基金会	北京市
			广东省国强公益基金会	广东省
			兰州大学教育发展基金会	教育部
			中国妇女发展基金会	中华全国妇女联合会
			中华少年儿童慈善救助基金会	民政部
			中国农产品流通经纪人协会	已脱钩
138		积石山县	中国输血协会	已脱钩
			北京成英公益基金会	北京市
			浙江传化慈善基金会	浙江省
			浙江蚂蚁公益基金会	浙江省
			中国互联网发展基金会	中央网信办(国家互联网信息办公室)
139		临潭县	中国乡村发展协会	农业农村部(委托国家乡村振兴局日常管理)
			中华诗词学会	中国作家协会
140		舟曲县	中国家庭服务业协会	已脱钩
			北京青爱教育基金会	北京市
			天津市慈善协会	天津市
141	青海	同仁市	顶新公益基金会	国务院台湾事务办公室
			上海灵青公益发展中心	上海市
			扬州大学教育发展基金会	江苏省
			中国金融教育发展基金会	中国人民银行
142		尖扎县	中国法律援助基金会	司法部
143		泽库县	民生通惠公益基金会	民政部
			天津市赛恩正屹慈善基金会	天津市
144		共和县	民生通惠公益基金会	民政部
			中国城镇供水排水协会	已脱钩
145		玛沁县	中国教育发展基金会	教育部
			中国移动慈善基金会	民政部
			中国营养保健食品协会	已脱钩

续表

序号	省（区、市）	重点帮扶县	社会组织名称	业务主管单位或所属省（市）
146	青海	班玛县	上海佑心慈善基金会	上海市
			苏州市教育发展基金会	江苏省
147		甘德县	扬州市江都区总商会	江苏省
148		达日县	中国下一代教育基金会	教育部
			中华环境保护基金会	生态环境部
149		玛多县	上海市智慧园区发展促进会	上海市
			中国教育发展基金会	教育部
150		玉树市	波司登公益基金会	民政部
			民生通惠公益基金会	民政部
			中国电子节能技术协会	已脱钩
			北京青爱教育基金会	北京市
			中国牙病防治基金会	国家卫生健康委员会
151		杂多县	阜宁县益起来社会工作服务中心	江苏省
			爱佑慈善基金会	民政部
			中国社会福利基金会	民政部
152		称多县	中国下一代教育基金会	教育部
153		治多县	民生通惠公益基金会	民政部
			上海医药行业协会	上海市
			中国教育装备行业协会	已脱钩
154		囊谦县	江苏省华泰公益基金会	江苏省
			民生通惠公益基金会	民政部
			中国牙病防治基金会	国家卫生健康委员会
			中华少年儿童慈善救助基金会	民政部
155		曲麻莱县	北京热腾公益基金会	北京市
			国家能源集团公益基金会	民政部

序号	省（区、市）	重点帮扶县	社会组织名称	业务主管单位或所属省（市）
156	宁夏	红寺堡区	北京社区健康促进会	北京市
			黄奕聪慈善基金会	中华全国归国华侨联合会
			中关村海新联新兴产业促进会	北京市
			中国国际科技促进会	已脱钩
			中国人口福利基金会	国家卫生健康委员会
			中国西部研究与发展促进会	已脱钩
157		同心县	莆田市城厢区安福电子商务联合会	福建省
			中国电子节能技术协会	已脱钩
			中国青年创业就业基金会	共青团中央委员会
158		原州区	铁路青少年发展捐助中心	中国国家铁路集团有限公司
159		西吉县	复旦大学校友会	教育部
			中国互联网发展基金会	中央网信办（国家互联网信息办公室）
160		海原县	心和公益基金会	民政部
			漳州市畲家企业商会	福建省
			中国青少年科技教育工作者协会	中国科学技术协会

民政部办公厅关于开展 2023 年社会团体、民办非企业单位抽查审计的通知

民办函〔2023〕34 号　　　　　　　　　　　　2023 年 5 月 8 日

各有关全国性社会团体、民办非企业单位：

　　为规范社会组织行为，促进社会组织健康有序发展，根据《社会团体登记管理条例》《民办非企业单位登记管理暂行条例》《民政部关于印发〈社会组织抽查暂行办法〉的通知》（民发〔2017〕45 号）的规定要求，现就委托会计师事务所开展 2023 年社会组织抽查审计工作通知如下：

一、抽查审计时间

2023 年 5 月—9月。

二、抽查审计实施机构

北京和兴会计师事务所有限责任公司

北京中燕通会计师事务所有限公司

北京中泽永诚会计师事务所有限公司

中财汇信（北京）会计师事务所有限公司

北京中资信达会计师事务所有限公司

中嘉友谊会计师事务所有限公司

三、抽查审计数量

本次共抽查审计民政部登记的社会组织 213 个，其中社会团体 202 个（包括外国商会 2 个、国际性社团 4 个），民办非企业单位 11 个。

四、抽查审计内容

查看社会组织 2022 年度工作报告书、会计报表、相关账簿、审批单据、财务票据、合同协议等资料；了解内部控制制度建立、执行情况；评价内部控制系统是否健全且有效执行；查看会计核算、财务管理、业务活动管理是否规范；检查是否存在违反非营利法人要求，违反《中华人民共和国民法典》《社会团体登记管理条例》《民办非企业单位登记管理暂行条例》《外国商会管理暂行规定》《民间非营利组织会计制度》及其他相关法律法规规定的行为。专项查看社会组织是否按规定举办论坛等活动情况。如有必要，可以追溯以前年度。

五、抽查审计方法

本次抽查审计主要采取进驻现场、听取介绍、收集资料、查阅制度等方式，以及采用审验会计凭证和相关财务资料，盘点实物，函证其他单位或个人，调查取证，重新计算及分析等方法进行审计。

请各有关社会组织积极配合会计师事务所开展审计工作，真实、准确、完整地提供相关材料和数据，确保审计检查顺利开展，不得以任何形式阻碍或拒绝上述会计师事务所进行抽查审计工作。社会组织不按规定配合抽查审计工作的，登记管理机关将依据《社会组织抽查暂行办法》及有关规定处理。

附件1:

抽查审计重点

一、年度工作报告

检查 2022 年度工作报告书的真实性、完整性和准确性。

二、党建情况

是否按规定建立党组织,是否将党的建设和社会主义核心价值观写入章程。

三、业务活动情况

检查 2022 年度是否按照章程规定召开会员(代表)大会、理事会、常务理事会;是否按照章程规定按期换届;负责人是否超龄超届任职;是否按规定及时办理变更登记、章程修改核准和负责人备案;2022 年度是否依法依章程开展业务活动;是否具备法律规定的社会团体法人、民办非企业单位法人基本条件;涉及法定代表人变更登记的,检查离任审计发现问题整改完成情况;前一年度检查不合格、基本合格的,是否完成整改。

四、举办论坛等活动情况

检查社会组织举办研讨会、论坛的主题和内容是否符合章程规定的宗旨和业务范围;是否存在利用党政机关名义举办或与党政机关联合举办的情况;是否存在强制其他组织或者个人参加、强行收取相关费用,以及进行与收费挂钩的品牌推介、成果发布、论文发表,借机变相公款消费、旅游,借机发放礼金、礼品等情形。是否存在为相关人员发表危害国家统一、安全和民族团结,损害国家利益、社会公共利益、违背社会道德风尚等言论提供平台等情形。

五、制度制定和执行情况

检查有关决策记录,查找是否存在党组织没有发挥应有作用、决策机制失效、未履行重大事项报备义务等治理方面的问题;检查是否有公务员或退(离)休领导干部违规任职的情况;检查财务制度、资产管理制度、内部控制制度的制定和执行情况;接受捐赠、资助的账务处理、开具票据及使用情况;财务收支是否全部纳入法定账簿核算、是否将财务收支与其他组织收支混管、是否将活动收入交由其他组织或个人收取；是否使用其他组织或个人银行账户进行账务往来；票据使用是否规范；是否存在违反规定进行账务处理的情况和其他财务管理问题。

六、收费情况

检查社会团体会费标准制定和修改程序、表决方式、基本服务项目设置、票据使用、收支管理等情况；开展评比、表彰、达标或举办研讨会、论坛、展会、培训及收费情况；开展技术审查、论证、评估、检验、评价、检测、鉴定、鉴证、证明、咨询、试验等作为行政审批受理条件的中介服务及收费情况。对全国性行业协会商会，重点审查《国务院办公厅关于进一步规范行业协会商会收费的通知》（国办发〔2020〕21号）关于"严禁强制入会和强制收费""严禁利用法定职责和行政机关委托、授权事项违规收费""严禁通过评比达标表彰活动收费""严禁通过职业资格认定违规收费""严禁只收费不服务或多头重复收费"等规定要求的落实情况，以及主动减免企业负担情况。

七、分支（代表）机构管理情况

检查分支机构、代表机构、专项基金的设立、管理情况。检查社会团体设立分支（代表）机构程序是否合规；是否超出章程规定的宗旨和业务范围设立分支（代表）机构；分支（代表）机构名称是否规范；是否设立地域性分支机构、分支机构下再设分支机构；分支（代表）机构财务是否纳入社会团体统一账户；社会团体对分支（代表）机构的管理是否到位等。检查民办非企业单位是否违规设立分支机构。检查社会组织是否能够对分支机构、代表机构、专项基金实施有效管理，是否以设立分支机构、代表机构、专项基金的名义收取或变相收取管理费、赞助费，是否超范围开展业务活动等。

八、支出及关联交易违规情况

检查支出是否超出章程规定的业务范围；是否存在抽逃注册资金；是否向出资人、举办者、捐赠人、理事、监事及管理人员等分配或变相分配财产；是否通过虚增业务活动成本、虚假发放工作人员费用、专家费用等方式分配或变相分配财产；兼职理事、兼职参加决策、监督等履职行为时是否以劳务费、专家费等方式领取报酬；负责人、工作人员或者其他人员是否存在侵占、私分、挪用社会组织财产情况，是否存在不合理列支业务活动成本、管理费用等挥霍浪费社会组织财产或公共资源情况，是否存在设立"小金库"或公款吃喝问题；是否存在将大额财产长期无偿交由或出借给其他组织或个人不收回情况；

对外投资是否履行内部决策程序，是否符合章程规定的业务范围，是否符合合法、安全、有效原则，是否按照《民间非营利组织会计制度》进行投资收益核算，是否存在损害社会组织利益情况；关联方交易是否履行内部决策程序，是否按照公允价格交易，是否按照《民间非营利组织会计制度》和《〈民间非营利组织会计制度〉若干问题的解释》在会计报表附注中披露。

九、公益项目情况

重点检查公益项目设立及开展活动是否符合业务范围和公益宗旨，其中发生的重大交换交易或非交换交易是否违背公益性、公平原则，存在为个人或个别企业牟取不当利益的情形，公益项目收入和支出是否通过社会组织账户进行；是否存在假借"公益""慈善""免费"等名义违规为企业活动产品开展宣传、促销等活动情形。承担中央财政支持社会组织参与社会服务项目的，是否存在骗取、截留、挤占、挪用项目资金等情形。

十、部管社会组织履行重大事项报告义务等情况

重点检查部管社会组织重大事项是否应报尽报，是否按照审批意见开展活动，是否按照规定对重大事项进行管理；是否建立重大风险台账制度，是否按要求对风险事项进行研判；对分支机构、代表机构、专项基金是否按照要求进行清理整治。

十一、其他违反财务管理等相关法律法规规定和违反非营利法人属性要求的情况

附件2：

2023 年抽查审计社会团体、民办非企业单位名单

序号	名称
1	中国潜水打捞行业协会
2	中国理货协会
3	中国房地产估价师与房地产经纪人学会
4	中国市长协会
5	全联民办教育出资者商会
6	全联书业商会

续表

序号	名称
7	全联科技装备业商会
8	中国国际跨国公司促进会
9	中华茶人联谊会
10	中国林业产业联合会
11	中国竹产业协会
12	中国中医药信息学会
13	中国航空器拥有者及驾驶员协会
14	中国果品流通协会
15	中国供销合作经济学会
16	中国康复辅助器具协会
17	中国行政区划与区域发展促进会
18	中国城镇化促进会
19	中国殡葬协会
20	中国社会工作学会
21	中国社会福利与养老服务协会
22	中国农业国际交流协会
23	中国战略与管理研究会
24	中国节能协会
25	中国安全生产协会
26	中国畜产品加工研究会
27	中国医疗保险研究会
28	中国小动物保护协会
29	中国探险协会
30	中国乡村发展志愿服务促进会
31	中国核安全与环境文化促进会
32	中国工业环保促进会
33	中国大坝工程学会
34	中国财务公司协会

序号	名称
35	中国融资担保业协会
36	中国价格协会
37	中国食品药品企业质量安全促进会
38	中国兵器工业建设协会
39	中国珠宝玉石首饰行业协会
40	中国产业海外发展协会
41	中国知识产权研究会
42	中国雷达行业协会
43	中国爆破器材行业协会
44	中国电视剧制作产业协会
45	中国粮食行业协会
46	中国卫星通信广播电视用户协会
47	中国通信工业协会
48	中国软件行业协会
49	中国稀土行业协会
50	中国营养保健食品协会
51	中国高校校报协会
52	中国生产力促进中心协会
53	中国科学器材产销联合会
54	中国民族经济对外合作促进会
55	中国企业评价协会
56	中国文化信息协会
57	中国体育场馆协会
58	中国风筝协会
59	中国拔河协会
60	中国机电装备维修与改造技术协会
61	中国家用电器服务维修协会
62	中国服装设计师协会

序号	名称
63	中国化工施工企业协会
64	中国医药教育协会
65	中国有色金属建设协会
66	中国烹饪协会
67	中国商业企业管理协会
68	中国染料工业协会
69	中国电器工业协会
70	中国机电一体化技术应用协会
71	中国广告主协会
72	中国轮胎循环利用协会
73	中国产学研合作促进会
74	中国商业统计学会
75	中国橡胶工业协会
76	中国工业合作协会
77	中国煤炭建设协会
78	中国企业文化研究会
79	中国轻工企业投资发展协会
80	中国饭店协会
81	中国玩具和婴童用品协会
82	中国植物油行业协会
83	中国酒业协会
84	中国农业机械流通协会
85	中国肉类协会
86	中国电力发展促进会
87	中国文化办公设备制造行业协会
88	中国口腔清洁护理用品工业协会
89	中国内燃机工业协会
90	中国社会工作教育协会

序号	名称
91	中华口腔医学会
92	中国肢残人协会
93	中国刑事科学技术协会
94	中国盲人按摩学会
95	中国民族卫生协会
96	中国民族医药协会
97	中国少数民族对外交流协会
98	中国水利电力医学科学技术学会
99	中国卫生信息与健康医疗大数据学会
100	中国性学会
101	中国卫生经济学会
102	中华文物交流协会
103	中国长城学会
104	中国基督教协会
105	中国伊斯兰教协会
106	中国天主教爱国会
107	华北电力大学校友会
108	中央财经大学校友总会
109	全国高校信息资料研究会
110	中国国际经济法学会
111	中国教育国际交流协会
112	中国冶金教育学会
113	中国智慧工程研究会
114	中华孔子学会
115	中国文字学会
116	中国职业技术教育学会
117	中国中学生体育协会
118	中国商品学会

序号	名称
119	中国教育发展战略学会
120	中国管理科学学会
121	中国可持续发展研究会
122	中国光学工程学会
123	中国老年医学学会
124	中国临床肿瘤学会
125	中国职工保险互助会
126	中国城市经济学会
127	中国工业经济学会
128	中国企业投资协会
129	中国市场学会
130	中国战略文化促进会
131	中国伦理学会
132	中国社会学会
133	中国农村发展学会
134	中国司法行政戒毒工作协会
135	中国体育新闻工作者协会
136	中国冰壶协会
137	中国滑雪协会
138	中国马术协会
139	中国射击协会
140	中国武术协会
141	中国网球协会
142	中国青年志愿者协会
143	中国爱国拥军促进会
144	中国安全防范产品行业协会
145	中国国防邮电职工技术协会
146	教育书画协会

序号	名称
147	中国抗衰老促进会
148	中国流行色协会
149	中国卫生摄影协会
150	中国乡土艺术协会
151	中国优生优育协会
152	中国国际经济技术合作促进会
153	南南合作促进会
154	中国大众文化学会
155	中国儿童文学研究会
156	中国汉画学会
157	中国建筑文化研究会
158	中国社会主义文艺学会
159	中国文化书院
160	中国戏剧文学学会
161	中国艺术摄影学会
162	中华炎黄文化研究会
163	中国传统文化促进会
164	中华儿童文化艺术促进会
165	中国经济社会理事会
166	西泠印社
167	中国刑事诉讼法学研究会
168	中国家庭教育学会
169	中国城市科学研究会
170	中国畜牧兽医学会
171	中国地震学会
172	中国电机工程学会
173	中国海洋学会
174	中国环境科学学会

续表

序号	名称
175	中国经济科技开发国际交流协会
176	中国林学会
177	中国农业工程学会
178	中国人工智能学会
179	中国生物医学工程学会
180	中国科普作家协会
181	中国针灸学会
182	中国卒中学会
183	中国法医学会
184	中国基本建设优化研究会
185	中国医药职工思想政治工作研究会
186	中国国际标准舞总会
187	中国通俗文艺研究会
188	中国中外名人文化研究会
189	中国楹联学会
190	中国寓言文学研究会
191	中国新闻摄影学会
192	中国版权协会
193	中国新闻文化促进会
194	中国印刷技术协会
195	中国中共党史学会
196	公共经济研究会
197	新世纪管理科学与工程研究院
198	品牌中国战略规划院
199	福棠儿童医学发展研究中心
200	大医慢病研究院
201	当代书法篆刻院
202	光彩养老事业促进中心

序号	名称
203	中民养老规划院
204	中和亚健康服务中心
205	中远渔业推广示范中心
206	东方华夏文化遗产保护中心
207	铁路青少年发展捐助中心
208	世界汉语教学学会
209	国际动物学会
210	世界泥沙研究学会
211	亚太港口服务组织
212	中国西班牙商会
213	中国欧盟商会

民政部办公厅关于印发《2023年中央财政支持社会组织参与社会服务项目实施方案》的通知

民办函〔2023〕35号   2023年5月12日

各省、自治区、直辖市民政厅（局），新疆生产建设兵团民政局；各相关社会组织：

为发挥中央财政支持社会组织参与社会服务项目（以下简称项目）的示范引领作用，提升项目管理规范化水平和资金使用效率，根据《财政部 民政部关于印发〈中央财政支持社会组织参与社会服务项目资金使用管理办法〉的通知》（财社〔2012〕138号），我部制定了《2023年中央财政支持社会组织参与社会服务项目实施方案》，现予印发。

项目通过竞争选择、优中选优方式，资助全国性社会组织、有较大影响力的地方性社会组织在相关重点地区开展社会服务。项目通过信息系统申报，其中，B类项目由全国性社会组织直接向民政部申报，项目申报截止日期为2023

年 6 月 2 日；A、C、D 类项目由地方性社会组织向项目实施地的省级民政部门［以下简称项目实施地民政厅（局）］申报。项目实施地民政厅（局）接收申报材料并组织评审后上报民政部，上报截止日期为 2023 年 6 月 9 日。

项目实施地民政厅（局）对照项目实施方案，认真组织相应项目申报。要严格把关项目内容，做到业务领域精准、资金使用精准、配套保障精准。要严格组织项目评审，履行"三重一大"、风险评估程序，加强过程指导管理，确保项目质量效益。

符合申报条件的社会组织结合组织章程与自身优势，积极参与项目申报，要量力而行、尽力而为，对照项目实施方案，认真谋划，科学设计，确保项目可行性。获得立项的社会组织要严格对照项目管理制度，规范、高效、稳妥、透明执行项目，为保障和改善民生、加强和创新社会治理作出积极贡献。

2023 年中央财政支持社会
组织参与社会服务项目实施方案

为进一步优化对中央财政支持社会组织参与社会服务项目（以下简称项目）的投入与管理，支持引导社会组织更加精准、规范、有效地做好惠民生、暖民心、顺民意的工作，根据《财政部　民政部关于印发〈中央财政支持社会组织参与社会服务项目资金使用管理办法〉的通知》（财社〔2012〕138号），制定本实施方案。

一、资金性质

项目资金由中央财政专项安排，示范引导社会组织参与社会服务。

二、项目类型

聚焦"一小一老"服务（涉及未成年人保护，孤儿、事实无人抚养儿童、被收养儿童、农村留守儿童和困境儿童关爱，老年人服务等社会服务，下同）、聚焦乡村振兴、聚焦社会组织能力建设，重点面向工作条件相对薄弱、基层需求强烈、示范引领带动作用大的区域，鼓励有意愿、有条件的社会组织有针对性地申报实施以下项目：

（一）发展示范项目（A 类）。面向西藏及涉藏工作重点省份、新疆维吾尔自治区、新疆生产建设兵团、乡村振兴重点帮扶地区，资助当地开展"一小一老"服务的困难社会组织、社区社会组织，进行必要的服务设备购置和服务设施完善。项目总数 22 个左右，每个项目资助资金不超过 5 万元。

（二）承接社会服务试点项目（B 类）。面向民政部登记的全国性社会组织，资助其在国家乡村振兴重点帮扶县开展"一小一老"服务。项目总数 19 个左右，每个项目资助资金不超过 80 万元；每个项目应在至少两个省级行政地区（含新疆生产建设兵团）开展社会服务。

（三）社会工作服务示范项目（C 类）。面向乡村振兴、开展"五社联动"工作等重点省份，资助地方性社会组织开展"一小一老"专业社会工作服务。项目总数 33 个左右，每个项目资助资金不超过 40 万元。

（四）人员培训示范项目（D 类）。面向中西部、东北振兴相关省份，资助地方性社会组织为提供"一小一老"服务的社区社会组织负责人、骨干人才和入驻社会组织孵化基地的社会组织负责人和业务工作人员开展集中培训。项目总数 17 个左右，每个项目资助资金不超过 30 万元。

三、申报条件

申报项目的社会组织应具备以下基本条件：

（一）符合建立党组织条件的建立党组织，并将党的建设和社会主义核心价值观载入社会组织章程；

（二）在民政部门登记成立，且 2021 年度检查合格（慈善组织未被登记管理机关列入活动异常名录）；

（三）有相应的配套经费来源；

（四）有完善的组织机构；

（五）有健全的财务制度和独立的银行账号；

（六）有健全的工作队伍和较好的执行能力；

（七）有开展社会服务的能力和条件，且已具备实施社会服务项目的经验和良好信誉，鼓励但不限于社会组织评估等级为 3A 及以上的社会组织申报；

（八）申报 B 类项目的应为全国性社会组织，申报 A、C、D 类项目的应为地方性社会组织。

四、工作流程

（一）申报。各申报单位应当按照填报说明，在线填写提交项目申报书，并按照相应程序报送民政部。每个社会组织最多申报 1 个项目；如不同社会组织的法定代表人是同一人的，最多只能申报 1 个项目。

（二）评审。采取部省两级评审制。项目实施地民政厅（局）组织专家对A、C、D 类申报项目进行初审，将初审情况报民政部；民政部会同财政部组织专家对 B 类申报项目进行评审，同时对项目实施地民政厅（局）上报的 A、C、D 类项目进行复审。项目评审主要包括申报项目的主要内容、实施地域、受益对象、预算的编列、社会资金和地方财政资金的配套、风险防范应对等情况。项目评审中，优先考虑项目的示范作用发挥及实际可操作性。

（三）立项。民政部根据评审专家评审结论，审核立项建议名单后予以立项，确定项目执行单位。

（四）预算编制审核。民政部对立项项目预算进行审核，予以认可或者提出调整意见。

（五）拨款。项目资金分两次拨付，项目立项之日起 15 个工作日内，民政部按程序拨付立项资金的 70％项目资金；项目执行完成 50％后，拨付剩余 30％的资金。

（六）执行。项目执行期间，立项单位需严格按照本实施方案开展项目。立项项目预算或内容有调整的，需按要求提交申请，民政部、项目实施地民政厅（局）对立项项目变更或预算进行审核，予以认可或者提出调整意见。民政部、项目实施地民政厅（局）不定期对项目执行情况开展监督指导。

（七）评估。民政部委托第三方评估机构开展项目评估，立项单位需根据要求填报项目中期和末期评估报告。

（八）审计。立项项目需按期完成执行，后根据第三方审计单位要求提交材料，开展结项审计。

五、材料报送

获得立项的社会组织于立项公告发布之日起 15 个工作日内，按程序向民政部报送以下材料（一式四份）：

（一）在线填报系统中打印的纸质版项目书（申报提交版本），并经法定代表人签字、单位盖章；

（二）盖有 2021 年度检查结论的登记证书副本、银行开户文件、荣誉证书、评估等级证明等相关材料复印件；

（三）经法定代表人签字盖章的配套资金承诺书；

（四）预算经初审后有调整的，应当同时报送《初审调整预算审批表》和《初审调整预算情况表》。

未按期报送申报书或纸质申报书、电子申报书内容不符的，取消立项。批准立项资金金额少于申报金额的，立项单位可以同比缩减项目执行规模和配套资金金额。

六、项目管理

（一）严格资金管理。

项目执行单位应当按照"专款专用、单独核算、注重绩效"的原则，及时建立健全内控制度、专项财务管理和会计核算制度。加强对项目资金的管理，将项目资金纳入单位财务统一管理，单独核算，便于追踪问效和监督检查。

项目执行单位应加强前期调研准备工作，根据本单位实际和服务对象情况，全面、科学、准确、合理编制预算，严格按照申报用途、规定范围和开支标准使用资金，不得无票据报销费用，不得使用大额现金支付，不得用于购买或修建楼堂馆所、缴纳罚款罚金、偿还债务、对外投资、购买汽车等支出，不得以任何形式挤占、截留、挪用项目资金，保证项目资金的安全和正确使用。

任何单位不得以任何名义从项目资金中提取管理费。

（二）严格进度管理。

项目执行单位要贯彻落实《民政部　财政部关于加强社会组织反腐倡廉工作的意见》（民发〔2014〕227号），组织开展廉洁合规建设，强化党建引领，完善内部治理，加强财务管理，严格执行项目管理规定，遵守相关承诺，履行约定义务，按期完成项目。项目一经立项，不得分包、转包，不得无故调整。项目在执行过程中由于特殊原因需要终止、撤销、变更的，须按程序报批。项目终止、撤销后，民政部可视情按评审结果顺序递补其他项目。除不可抗力因素外，所有项目均应于2023年内完成。其中，2023年9月15日前，应完成项目资金和社会服务活动执行的50%，并于9月25日前向民政部报送中期报告，同时抄送项目实施地民政厅（局）。项目执行单位应当于2023年12月31日前，完成项目全部资金和社会服务活动的执行，并于2024年1月15日前向民政部报送项目完成报告，同时抄送项目实施地民政厅（局），内容包括：项目执行情况、实施效果、自我评估报告、宣传情况等。项目实施地民政厅（局）于2024年2月2日前向民政部报送本地区项目管理和执行总结报告。

（三）严格审计评估。

项目实施地民政厅（局）应当按照财政部、民政部有关要求，筑牢绩效管理理念，加强对项目执行单位的指导和监督，加强对本地区项目资金使用的监管，负责组织项目的阶段性检查，发现问题及时纠正，严重违规问题应通报社会组织登记管理机关依规进行处理，并报民政部。配合第三方专业机构开展对本行政区域内项目的审计、评估和绩效评价，确保项目资金科学、合理、有效使用。定期对本行政区域内的项目执行情况、经验和问题进行总结并报民政部，按照有关规定对存在的问题进行纠正。

民政部将不定期对各项目资金使用管理等情况进行检查，引入社会审计和评估，委托第三方专业机构对项目进行全面审计和重点评估，对项目资金使用情况和总体实施效果进行考评。审计、评估等考评结果将作为以后年度项目评审和资金安排的重要参考因素，与社会组织的年度检查、评估、表彰奖励、行政处罚相结合。项目审计、评估结果较差且存在违规行为，将依据相关规定进行处理，情节严重的将收回项目资金并取消项目执行单位后续申报资格，并由登记管理机关依法予以处理。对项目实施地民政厅（局）把关不严导致项目不符合相关要求，或者在项目执行中造成不良社会影响的，民政部将视情予以通报，并削减项目所在省份下一年的项目立项数量。

（四）严格社会监督。

各项目执行单位要及时收集视频、音频素材，建立专门项目宣传档案，在开展项目宣传活动、发放资料及配发物品上要注明"中央财政支持社会组织示范项目（2023）"标识，并通过广播、电视、报刊、网络等新闻媒体宣传项目活动情况，接受社会监督。

民政部、项目实施地民政厅（局）通过广播、电视、报刊、网络等新闻媒体宣传项目的意义、资助内容和申请办法，及时宣传报道项目开展情况和社会效益，引导社会组织参与社会服务，履行社会责任，为社会组织发挥积极作用创造良好的社会舆论氛围。同时，强化社会监督，鼓励支持新闻媒体、社会公众对社会组织进行监督，通过"中国社会组织政务服务平台"的"全国社会组织投诉举报系统"提供涉嫌违规立项、执行等线索，确保中央财政支持社会组织项目经得起各方检验，发挥应有的标杆示范效应。

七、名额分配

发展示范项目（A 类）项目名额分配表

序号	区域	名额
1	内蒙古	1
2	江西	1
3	湖南	1
4	广西	1
5	重庆	1
6	四川	2

序号	区域	名额
7	贵州	1
8	云南	2
9	西藏	2
10	陕西	1
11	甘肃	2
12	青海	2
13	宁夏	1
14	新疆	2
15	新疆生产建设兵团	2
总计	项目数	22

社会工作服务示范项目（C类）项目名额分配表

序号	区域	名额
1	山西	1
2	内蒙古	1
3	黑龙江	1
4	江西	1
5	山东	1
6	湖南	1
7	广西	3
8	重庆	2
9	四川	3
10	贵州	2
11	云南	2
12	西藏	2
13	陕西	3

序号	区域	名额
14	甘肃	2
15	青海	2
16	宁夏	2
17	新疆	2
18	新疆生产建设兵团	2
总计	项目数	33

人员培训示范项目(D 类)项目名额分配表

序号	区域	名额
1	辽宁	1
2	吉林	1
3	安徽	1
4	江西	1
5	河南	1
6	湖北	1
7	湖南	1
8	广西	1
9	贵州	1
10	云南	1
11	西藏	1
12	陕西	1
13	甘肃	1
14	青海	1
15	宁夏	1
16	新疆	1
17	新疆生产建设兵团	1
总计	项目数	17

备注:A、C、D 类项目省份,聚焦相关重点区域,并结合地方发展条件、财政预算绩效评价结果和 2022 年中央财政支持社会组织参与社会服务项目第三方审计评价结果确定。

八、项目资助范围

项目类型	资助范围	不资助范围
发展示范项目（A类）	服务设备购置和服务设施完善	不资助除服务设备设施的购置和完善外的其他活动
承接社会服务试点项目（B类） 社会工作服务示范项目（C类）	1. 未成年人保护服务，主要提供未成年人保护方面的家庭监护支持、家庭监护监督、监护能力评估、家庭教育指导等，以及涉及未成年人案件中未成年人的心理干预、法律援助、社会调查、社会观护、教育矫治、社区矫正等具体服务 2. 孤儿、事实无人抚养儿童、被收养儿童、农村留守儿童、困境儿童关爱服务，主要面向孤儿、事实无人抚养儿童、被收养儿童、农村留守儿童和困境儿童等特殊儿童群体及其家庭开展的家庭教育指导、监护能力提升、心理健康服务、行为矫治、社会融入、家庭关系调适和调查评估、监护干预等个性化服务，面向残疾儿童、大病儿童、罕见病儿童等儿童群体的治疗、康复、教育、辅助器具适配、援助帮扶等服务，以及针对孤儿、弃儿、由儿童福利机构抚养的儿童的收养、治疗、康复、教育、心理辅导、综合评估等具体服务 3. 老年人服务，主要以满足老年人养老服务需求、提升老年人生活质量为目标，以居家社区或其他方式为依托，资助向老年人提供生活照料、康复护理、健康管理、精神慰藉、紧急救援和社会参与等服务。优先保障孤老优抚对象及低收入的高龄、独居、失能等困难老年人的服务	不资助向受益对象发放救助款、奖学金和补贴等款项；不资助专业课题研究、赠送图书、赠送大额礼品或与服务对象需求无关的礼品、投资、高风险户外活动、考察旅游、软件系统开发维护和订阅、种植养殖、基建、购置设备和服务设施、培训等活动
人员培训示范项目（D类）	主要是人员培训所需的食宿、交通、培训资料、师资、培训场地等费用。除师资费外，平均每人每天费用不超过550元	不资助除培训活动以外的其他活动，如考察旅游费用、团建费、开展社会服务费用等

附件 1：

2023 年中央财政支持
社会组织参与社会服务项目申报办法

一、申报流程

（一）申报单位首先需要仔细阅读项目实施方案、财务管理指引和答疑，注册并登录金数据（https：//jinshuju.net/）账号，根据申报项目类型不同，在线填报：

A 类项目申报链接：https：//jinshuju.net/f/Y6i02J

B 类项目申报链接：https：//jinshuju.net/fZYTv82c

C 类项目申报链接：https：//丨inshu丨u.net/f/f1kyOY

D 类项目申报链接：https：//j inshuju.net/f/YPLByv

（二）在线提交申报书后，可在金数据账号主页左侧"我为别人填报的表单"中找到已填写的数据进行修改。

（三）电子版保存与纸质版打印：确认不再修改后，在金数据"我为别人填报的表单"中选择已填报数据，选择"另存为 PDF"即可保存电子版，点击打印机图标可进行打印。在首页"申报单位承诺书"和"配套资金确认书"上签字盖章后，将盖章后的申报书扫描。在金数据"我为别人填报的表单"中选择已填报数据，点击左下角"修改"，将盖章申报书扫描版作为附件添加上传。

（四）A、C、D 类项目申报单位按照项目实施地民政厅（局）具体要求，将以下材料打印盖章向其报送。B 类项目直接在线上申报书中，将以下材料作为附件上传。

纸质版项目申报书（法定代表人签字，单位盖章）；

盖有年检结论的登记证书副本；

银行开户文件；

荣誉证书；

评估等级证明。

二、申报注意事项

（一）项目申报书应当详细说明项目的主要内容、实施地域、受益对象、进度安排以及所解决的问题和社会效益，充分论证项目的可行性、必要性和创新性。

（二）申报资金预算支出明细应当严格按照财务指引规范，做好调查研究，科学设计、充分预计项目可能发生的各项费用。

（三）配套资金应当据实申报，对于虚报配套资金骗取立项或配套资金在项目执行中未按约定到位的，民政部视情收回项目立项资金。项目实施不得挪用其他项目资金作为配套资金，不得将限定用途的社会募集资金和专项财政资金用作本项目配套资金。对于配套的其他财政资金，应取得相关政府部门的批准文件（或协议），明确该资金用途与本项目财政资金相同。对于以接受捐赠的资产作为配套资金的，应与捐赠方签订协议约定捐赠资产的用途，该用途应与本项目财政资金相同。

（四）项目申报书应当重点说明项目可量化、可评估的实施效益和预期成果。申报单位应当按照进度安排，科学规划项目各实施阶段预期达到的目标，除受到不可抗力等因素影响外，确保与实际进度一致。

（五）每个社会组织每年只能申报 1 个项目。如不同社会组织的法定代表人是同一人的，最多只能申报 1 个项目。

（六）项目申报书为项目实施的格式合同，申报单位必须保证其真实性和严肃性。对违反规定使用项目资金的，依据《财政违法行为处罚处分条例》等有关规定追究责任。

三、材料报送

（一）项目实施地民政厅（局）对 A、C、D 类项目进行初评后，将立项初审名单、省级评审情况报告于 6 月 9 日前报送民政部（项目单位申报阶段不需要寄送纸质申报材料，待确定立项后按照实施方案相关要求再行报送）。

（二）经评审后获得立项的社会组织必须于立项公告发布之日起 10 个工作日内，按程序向民政部报送以下纸质材料（一式三份）：一是由金数据系统直接打印的纸质申报书，并经法定代表人签字，单位盖章（立项资金与申报资金有变化的，无需改动）；二是盖有年检结论的登记证书副本、银行开户文件、荣誉证书、评估等级证明等相关材料复印件；三是经法定代表人签字盖章的配套资金承诺书；四是预算经初审后有调整的，应当同时附上《初审调整预算审批表》和《初审调整预算情况表》。B 类项目由全国性社会组织直接向民政部报送纸质材料；A、C、D 类项目由地方性社会组织向项目实施地民政厅（局）报送纸质材料，项目实施地民政厅（局）将纸质材料汇总后统一报送民政部。未按期报送或纸质材料与电子申报书内容不符的，将取消该申报单位立项资格。批准立项资金金额少于申报金额的，立项单位可以同比缩减项目执行规模和配套资金金额。

附件 2：

2023 年中央财政支持社会组织
参与社会服务项目执行办法

一、执行原则

项目执行单位要遵守相关承诺，履行约定义务，按期完成项目。项目一经立项，不得分包、转包，无特殊情况不得调整。项目在执行过程中由于特殊原因需要终止、撤销、变更的，须按程序批准。

二、进度要求

（一）除不可抗力因素外，所有项目均应当于 2023 年内完成。

（二）项目执行单位应当于 2023 年 9 月 15 日前完成项目服务任务的一半及以上、预算执行达到或超过 50%，并于 9 月 25 日前报送中期报告，同时抄送项目实施地各级民政部门。内容包括：项目基本情况、管理情况、执行情况、宣传情况等。项目中期报告获得通过的，拨付剩余 30% 项目资金。10 月 13 日前，项目执行单位可提出一次预算调整申请，按规定提交《申请调整预算审批表》和《项目预算调整情况表》。

（三）项目执行单位应当于 2023 年 12 月 31 日前，完成项目全部资金和社会服务活动的执行，并于 2024 年 1 月 15 日前按要求报送末期报告。全国性社会组织直接报民政部；地方性社会组织向项目实施地民政厅（局）报送，由其集中汇总后统一报送民政部。报告应由项目执行单位法定代表人签字并加盖社会组织印章。

（四）项目实施地民政厅（局）应于 2024 年 2 月 2 日前向民政部报送本地区项目管理和执行总结报告。

三、项目管理

（一）项目执行单位应当按照相关制度要求，建立健全项目资金专项财务管理和会计核算制度，纳入单位财务统一管理，单独核算，便于追踪问效和监督检查。

（二）项目执行单位应当保证项目资金的安全和正确使用，严格按照申报用途、规定范围和开支标准使用资金，不得无票据报销费用，不得用于向受益对象发放救助款、奖学金和补贴等款项、购买或修建楼堂馆所、缴纳罚款罚金、偿还债务、对外投资、购买汽车、开发软件、考察旅游、高风险户外活动等支出，不得以任何形式挤占、截留、挪用项目资金。任何单位不得以任何名义从项目资金中提取管理费。

（三）项目执行单位应规范资金审批流程、支付方式，不得使用大额现金支付，保证资金报销资料完整、规范。

（四）项目资金应当用于受益对象和社会服务活动，以服务受益对象和社会服务活动为基础编列预算。预算的金额和标准应当符合实际，并接受社会监督。

（五）A类项目可以列支电脑、打印机、传真机、复印机等必要的办公设备、服务设施，所购买设备和设施须在政府采购商品目录，列入社会组织固定资产名录，并须用于开展社会服务活动。

（六）项目活动确需召开会议的，应当列出会议天数、人数，会议所有经费控制在每人每天550元以内，应保留会议通知、议程、照片、签到表、发票和消费明细等备查，且在项目执行费用中列支会议费用。举办培训活动的，应保留培训通知、课程设置、教材讲义、会场照片、签到表、发票、消费明细等备查。项目活动确需专家费用的，专家费的开支一般参照高级专业技术职称人员500元／人·天、其他专业技术一般人员300元／人·天的标准执行。超过2天的，第3天及以后的费用标准按高级专业技术职称人员300元／人·天、其他专业技术一般人员200元／人·天的标准执行。如上述会议和培训活动不需要住宿，应在预算中相应扣减住宿费。

（七）项目执行单位应加强配套资金管理，保证项目配套资金及时到位、足额投入使用。

（八）项目执行单位均需履行受益对象确认程序，由受益对象或其监护人填写《受益对象确认书》，做到内容完整、程序规范、真实有效，妥善保管确认书以备评估、审计等监督检查。

（九）项目在执行过程中，执行单位如有名称、银行账号、开户行等重要信息变更，须及时向民政部报备。项目在执行过程中由于特殊原因需要终止、撤销、变更的，须按程序报批；全国性社会组织直接向民政部报批；地方性社会组织向项目实施地民政厅（局）报批，经项目实施地民政厅（局）同意后向民政部报批。项目终止、撤销后，民政部可视情按评审结果顺序递补其他项目。

（十）项目执行单位应当接受民政、财政、审计、纪检等部门的监督，配合第三方审计、评估和财政支出绩效评价。

四、宣传总结

（一）民政部、项目实施地民政厅（局）和项目执行单位要通过广播、电视、报刊、网络等新闻媒体宣传项目的意义、资助内容和申请办法，及时宣传报道项目开展情况和社会效益，引导社会组织参与社会服务，履行社会责任，为社会组织发挥积极作用创造良好的社会舆论氛围。同时，要强化社会监督，鼓励支持新闻媒体、社会公众对社会组织进行监督，通过"中国社会组织政务服务平台"的"全国社会组织投诉举报系统"提供涉嫌违规立项、执行等线索。项目实施地民政厅（局）视情树立项目典型，制定宣传总结方案，向民政部报送、转送项目执行情况。

（二）项目执行单位要及时收集视频、音频素材，建立专门的项目宣传档案，在开展项目宣传活动、发放资料及配发物品上要注明"中央财政支持社会组织示范项目（2023）"标识，并通过广播、电视、报刊、网络等新闻媒体宣传项目活动情况，接受社会监督。

附件 3：

2023 年中央财政支持社会组织参与
社会服务项目人员培训示范项目管理办法

一、项目目标

着力推进社区社会组织工作相关培训。通过人员培训示范项目，重点宣传党中央有关社区社会组织工作要求，普及社会组织法律法规，引导社区社会组织提升质量、优化结构、健全制度，在加强和创新基层社会治理中更好发挥作用。

二、培训对象

主要面向中西部、东北振兴相关省份，资助地方性社会组织为提供"一小一老"服务的社区社会组织负责人、骨干人才、入驻社会组织孵化基地的社会组织负责人和业务工作人员开展集中培训。各地可根据实际情况，合理安排培训对象。

三、培训内容和课程

1. 习近平新时代中国特色社会主义思想和党的二十大精神;

2. 党中央培育发展社区社会组织、推动社会组织健康有序发展相关决策部署;

3. 社区社会组织党的建设;

4. 社区社会组织筹资和财务管理;

5. 社区社会组织项目管理;

6. 社区社会组织内部治理和规范建设;

7. 社区社会组织发展和发挥作用案例分析;

8. 政府向社会组织购买服务制度;

9. 社会组织社会责任标准体系;

10. "五社联动"基层治理行动框架的实践分析;

11. 针对未成年人保护,孤儿、事实无人抚养儿童、被收养儿童、农村留守儿童和困境儿童关爱,老年人服务等专业社会工作服务能力建设。

各地可根据实际情况,设计、调整相关课程。

四、项目管理

(一)各项目实施地民政厅(局)应当指导项目执行单位制定培训计划,统筹安排培训任务,精心设计培训课程,组织师资力量,指导、监督做好具体培训工作。

(二)每期培训需进行培训总结,汇总学员意见和建议。应当保留培训通知、课程设置、教材讲义、会场照片、签到表、发票、消费明细等备查。师资费用按照《中央和国家机关培训费管理办法》的规定执行。如上述会议和培训活动不需要住宿,应在预算中相应扣减住宿费。

除组织线下培训外,各项目单位可以根据项目实施方案和财务管理规定,组织线上培训课程,提升培训频次和覆盖范围。

(三)支付标准:除师资费外,食宿、交通、会议室、材料等费用每人每天550元以内;线上课程在标准范围内按实际发生支付费用。

(四)培训应当厉行节约、反对浪费,规范简朴、务实高效,符合中央八项规定精神和实施细则有关要求。

(五)民政部将根据工作安排,组织人员对项目执行情况进行检查、指导。

民政部办公厅关于做好 2023 年社会组织助力高校毕业生就业工作的通知

民办函〔2023〕39 号   2023 年 5 月 27 日

各省、自治区、直辖市民政厅（局），新疆生产建设兵团民政局：

为深入贯彻落实党中央、国务院关于稳就业保就业的决策部署，推动社会组织在助力高校毕业生就业工作中发挥积极作用，根据《关于优化调整稳就业政策措施全力促发展惠民生的通知》《关于推动社会组织进一步助力高校毕业生等群体就业工作的通知》等工作要求，现就做好 2023 年社会组织助力高校毕业生就业工作通知如下：

一、推动社会组织开发就业岗位。各地要加大引导动员力度，广泛动员各级各类社会组织拓展服务空间、挖掘就业需求，通过面向高校毕业生开放就业岗位、设置见习岗位和提供灵活就业岗位等，扩大社会组织稳岗就业能力。要推动社区社会组织充分挖掘社区服务需求，开发社区服务岗位，鼓励和支持高校毕业生在社区内就业。要引导专业性社会组织挖掘教育、医疗、科技、文化、社会救助、养老服务、社会工作、托育等领域的服务空间，加大高校毕业生聘用力度。要支持基金会等慈善组织增加直接面向基层、面向群众的公益慈善项目和资金，带动开发相应岗位，吸纳更多高校毕业生就业。要指导社会组织结合高质量发展要求设置见习岗位，加强"校社合作"，积极参与"2023 年百万就业见习岗位募集计划"，积极申报就业见习基地，按规定落实就业见习补贴政策。

二、推动社会组织搭建就业对接平台。各地要推动社会组织发挥联系广泛、链接资源的特点优势，以优质精准服务搭建就业对接平台。要引导动员行业协会商会等社会组织发挥与行业、企业等联系紧密的优势，积极挖掘本地区、本领域岗位信息，推动高校毕业生与企业用人需求的精准对接。要引导社区社会组织收集、发布、对接便民服务岗位信息，方便高校毕业生在社区内就近就业。要支持社会组织联合会、慈善联合会、就业促进会、就业基金会等社会组织搭建业内就业信息平台，推动其会员单位、理事单位免费或低收费为社会组织提供招聘信息发布等就业服务。

三、推动社会组织做好就业服务。各地要推动社会组织发挥凝聚行业人才、具备专业能力、贴近基层群众的特点优势，积极开展形式多样、贴近需求的高校毕业生就业培训、就业指导、就业帮扶、心理咨询、法律援助等服务活动。要充分发挥职业教育类社会组织培训资源优势，积极开展行业、企业发展所需的职业技能培训服务。要引导慈善组织、志愿服务组织、社会工作机构等做好困难家庭高校毕业生就业帮扶服务。要推动城乡基层社会组织、培训机构等引导高校毕业生树立正确的职业观、就业观，增强服务基层的能力。要推动各类促进就业协会、社会工作机构等强化毕业生人文关怀与就业辅导，增强高校毕业生就业信心。要引导权益保护领域社会组织积极为毕业生提供普法宣传、法律咨询、纠纷调解、公益援助等权益维护服务，配合有关部门防范虚假招聘信息。

四、推动完善社会组织就业扶持政策。各地要将社会组织促进高校毕业生等群体就业工作纳入本地党委和政府社会组织工作协调机制范围予以统筹规划、协调指导和督促落实。要加强与教育、人力资源社会保障等部门的协调配合，积极会同业务主管单位、党建工作机构等建立社会组织稳岗就业工作机制，完善促进社会组织发展和用工的制度环境，构建常态化稳岗帮扶机制。要推动落实落细人力资源社会保障部门出台的稳岗扩就业政策，帮助解决社会组织运营负担，加大社会组织租金减免力度，积极争取社会组织享受与中小微企业同等扶持措施，确保符合条件的社会组织享受相关政策红利。要用足用好财政资金补助政策和政府购买服务政策，支持促进就业成绩突出的社会组织优先承接政府转移职能和服务项目。

五、推动加强服务对接和工作宣传。各地要结合高校毕业生就业工作特点，不断创新工作方法，为社会组织参与就业工作积极搭建服务平台。要主动参与就业职能部门、大中院校、招聘网站等开展的各类就业专项行动，及时组织动员本地区各类社会组织，积极参与招聘会、对接会等活动，推进社会组织与求职人员精准对接。要充分依托传统媒体和新兴媒介，加快信息平台建设，加强社会组织促进高校毕业生等群体就业典型案例宣传，展现工作亮点，突出工作实绩，回应社会关切，为社会组织助力就业工作营造良好氛围。

六、推动提升社会组织能力建设。要支持社会组织以助力就业工作为契机，加强人才队伍储备和自身能力建设，切实改善社会组织服务经济社会高质量发展的基础条件。各地要结合不同类型社会组织特点，组织专题培训，提升社会组织从业人员能力水平。要支持提高社会组织从业人员社会保障水平，鼓励有条件的社会组织建立企业年金、医疗补充保险，鼓励专职工作人员参加个人养老金制度。要引导社会组织健全薪酬合理增长和支付保障机制，推动实施好人才评价、继续教育制度，增强高校毕业生等就业人员发展后劲，确保人才引得进、留得住、有发展。

各地要高度重视高校毕业生就业工作，切实增强做好社会组织助力高校毕业生就业工作的责任感和紧迫感，把推动社会组织助力高校毕业生就业工作作为开展学习贯彻习近平新时代中国特色社会主义思想主题教育的重要举措，积极做好相关工作。各省份要及时摸排掌握社会组织助力高校毕业生就业工作情况，于 2023 年 7 月 10 日前将上半年工作开展情况和相关数据报送民政部社会组织管理局，并于年底报送全年工作情况和相关数据。

附件：

2023 年社会组织助力
高校毕业生就业工作情况统计表

填报省份/新疆生产建设兵团：　　　　　　　　统计期间：2023 年 1—6 月

序号	工作任务	进展情况	
1	社会组织招聘高校毕业生数量	面向高校毕业生发布招聘岗位数量	（岗位）
		实际招聘高校毕业生数量	（人）
2	社会组织设立就业见习岗位数量	面向高校毕业生发布就业见习岗位数量	（岗位）
		实际招收就业见习高校毕业生数量	（人）
3	社会组织开展各类就业服务活动数量	（场次）	
4	社会组织推动会员单位发布招聘岗位数量	发布岗位的会员单位数量	（个）
		会员单位发布的招聘岗位数量	（岗位）

民政部办公厅关于发布 2023 年 中央财政支持社会组织参与 社会服务项目立项名单的通知

民办函〔2023〕53 号   2023 年 6 月 29 日

各省、自治区、直辖市民政厅（局），新疆生产建设兵团民政局；各立项单位：

根据《财政部 民政部关于印发〈中央财政支持社会组织参与社会服务项目资金使用管理办法〉的通知》（财社〔2012〕138 号）和《民政部办公厅关于印发〈2023 年中央财政支持社会组织参与社会服务项目实施方案〉的通知》（民办函〔2023〕35 号，以下简称《实施方案》），经评审，2023 年中央财政支持社会组织参与社会服务项目共立项 91 个，现予发布。

各省（区、市）民政厅（局），新疆生产建设兵团民政局要高度重视项目立项和实施工作，督促本地区立项单位按照《实施方案》要求报送项目申报纸质材料，汇总后统一报送民政部。要加强对立项单位的指导和监督，指导立项单位认真贯彻项目实施方案，准确把握项目管理和财务要求；将项目实施情况纳入年检、评估、信用评价等监督管理体系，确保项目取得实效。

各立项单位要规范、高效、透明执行项目，确保执行进度，严格资金管理，通过项目执行进一步提升服务能力，为保障和改善民生、加强和创新社会治理作出积极贡献。

民政部将不定期对各立项单位项目实施、资金使用管理等情况进行检查，委托第三方专业机构对项目进行全面审计和重点评估，对项目资金使用情况和总体实施效果进行考评。审计、评估等考评结果将作为立项单位今后年度申请项目和资金安排的重要参考因素。

附件：1. 2023 年中央财政支持社会组织参与社会服务项目发展示范项目
　　　（A 类）立项名单（略）
　　　2. 2023 年中央财政支持社会组织参与社会服务项目承接社会服务
　　　试点项目（B 类）立项名单（略）

3. 2023 年中央财政支持社会组织参与社会服务项目社会工作服务
   示范项目（C 类）立项名单（略）
4. 2023 年中央财政支持社会组织参与社会服务项目人员培训示范
   项目（D 类）立项名单（略）

联系人：（略）

民政部办公厅关于开展行业协会商会
服务高质量发展专项行动的通知

民办函〔2023〕57 号　　　　　　　　　　　　　　2023 年 7 月 19 日

各省、自治区、直辖市民政厅（局），新疆生产建设兵团民政局：

近年来，我国行业协会商会发展迅速，在服务高质量发展中的作用日益显
著，已成为中国特色社会主义市场经济体系重要组成部分，加强和改善行业管
理与市场治理的重要支撑力量，以及联系政府、企业、市场的重要桥梁纽带。
为充分发挥行业协会商会服务优势和独特作用，以实际行动助推我国经济实现
质的有效提升和量的合理增长，民政部决定组织开展行业协会商会服务高质量
发展专项行动。现就有关事项通知如下：

一、总体要求

（一）指导思想

以习近平新时代中国特色社会主义思想为指导，深入贯彻党的二十大精神
和党中央关于经济工作的一系列重大决策部署，坚持稳中求进工作总基调，引
导和推动行业协会商会完整、准确、全面贯彻新发展理念，在着力扩大国内需
求、完善市场经济基础制度、建设现代化产业体系、提高全要素生产率、提升
产业韧性和安全水平、推进高水平对外开放等方面积极作为，助力加快构建新
发展格局和突出做好稳增长、稳就业、稳物价等工作，为实现经济运行持续整
体好转、推动高质量发展取得新突破，服务全面建设社会主义现代化国家开好
局起好步贡献力量。

（二）基本原则

坚持党建引领、服务大局。充分发挥行业协会商会党组织战斗堡垒作用和

党员先锋模范作用，积极宣传贯彻党的路线、方针、政策，深入践行高质量发展要求，稳妥应对新时代新征程上的机遇与挑战，引领广大会员始终坚持围绕中心、服务大局，持续助力经济社会高质量发展。

坚持系统观念、协同推进。充分发挥各级登记管理机关、业务主管单位、行业管理部门和行业协会商会的积极性、主动性、创造性，强化部门配合和政社协同，更好发挥行业协会商会的桥梁纽带作用、服务引领功能和专业协调优势，推动形成服务高质量发展的工作合力。

坚持服务发展、释放活力。持续提升行业协会商会专业水平和服务能力，推动行业协会商会聚焦高质量发展重点难点问题和突出薄弱环节，着力挖潜力、扩需求、促循环、增动能、稳预期、优环境，更好地为企业、行业、产业提供智力支撑和发展支持，助力经济运行总体回升和持续向好。

坚持探索创新、完善机制。结合各地区、各行业高质量发展实际情况，积极探索有效发挥行业协会商会作用的新政策、新路径、新举措、新载体，引导支持工作基础好、重视程度高的地区发挥引领示范作用，总结提炼可借鉴、可复制、可推广的经验做法和创新举措，建立健全专项行动长效落实机制。

二、时间安排

2023 年 8 月—2024 年 12 月。

三、重点任务

（一）形成一批高质量的调研报告和政策建议。鼓励引导行业协会商会以高质量发展为主题，聚焦着力扩大国内需求、加快建设现代化产业体系、切实落实"两个毫不动摇"、更大力度吸引和利用外资、有效防范和化解风险等重大问题，利用扎根行业、贴近企业和专家团队资源优势，通过调研走访、数据分析、问题研究、政策咨询、专家座谈、专题研讨等方式，形成一批高质量的调查研究报告和建言资政成果，为政府部门制定和实施法律法规、发展规划、产业政策、管理制度等提供决策咨询与专业支持。

（二）推动一批行业发展支持性政策落地见效。鼓励引导行业协会商会及时掌握、系统梳理、认真研究国家各项稳经济、促发展政策措施，加大联系和走访会员企业力度，通过座谈、培训、宣讲、研讨、论坛、编写指南等多种方式，指导和帮助会员企业第一时间知悉政策、吃透政策、用好政策，推动一批国家最新出台的行业发展支持性政策在本行业应知尽知、应享尽享，引导行业和会员企业凝聚共识，坚定信心，激发活力。

（三）壮大一批行业发展必需的人才人力队伍。鼓励引导行业协会商会在统筹国家政策、行业趋势和企业需求基础上，通过系统规划、供需衔接、跟踪培养、评价示范等工作，稳定和壮大一批高素质的行业党务人才、经营管理人才、专业技术人才和产业工人，积极构建行业人才支撑和储备体系，优化行业人才结构，为行业产业稳定持续发展提供充足的人才和人力支持。

（四）发布一批科学准确有效的经济发展指数。鼓励引导行业协会商会加强本地区本行业的经济运行监测预测和风险预警，创新统计信息采集和挖掘分析技术，持续提升统计数据和监测分析质量，及时准确掌握国内外宏观经济、产业发展、市场供需、质量管理、交通运输、现代物流、原材料供应等各项行业发展信息，编制、发布一批实时反映经济社会发展情况的指数，为政府决策、行业发展、企业投资和社会认知提供宏观指引和科学参照。

（五）建设一批推动行业产业发展的服务平台。鼓励引导行业协会商会发挥资源链接优势，积极建设一批行业共性技术研发、产学研合作、技术服务、创新成果转化、区域协同发展等交流合作平台和劳动力、原材料、能源、运输、物流服务等供需对接平台，加快集聚创新要素，促进上下游产业链合作，着力补强产业链薄弱环节，全面提升产业链现代化水平，实现创新链产业链资金链人才链深度融合，在强链补链延链上展现新作为。

（六）推出一批引领行业产业发展的先进标准。鼓励引导行业协会商会立足高质量发展实际需求，积极探索完善本行业领域的标准体系，配合推动有关行政主管部门制定（修订）一批本行业领域的国家标准、行业标准和地方标准，主动组织研制一批满足市场和创新需要的团体标准，支持行业内先进企业根据需要制定一批具有引领示范作用的企业标准，参与制定一批以中国标准为基础的国际标准，通过先进标准体系引领和推动行业产业实现高质量发展。

（七）培育一批服务行业产业发展的品牌项目。鼓励引导行业协会商会根据市场变化和行业需要，积极培育交易会、展览会、洽谈会、咨询、培训、考试、论坛、研讨、认定、鉴定、科技奖励等一批品牌服务项目，为行业企业发展搭建便捷、高效的公共服务平台，增强会员企业创新能力，改善会员企业经营管理，帮助会员企业特别是中小微企业、民营企业协调解决融资、市场、技术等实际困难，为会员企业开拓国内国际市场创造条件。

（八）完善一批维护行业发展秩序的自律规约。鼓励引导行业协会商会强化行业自律功能，根据行业发展需求和企业诉求，及时研究制定一批维护行业发展秩序的自律规约，制定并组织实施行业职业道德准则，大力推动行业诚信建设和行业质量建设，建立完善行业自律性管理约束机制，规范会员企业行为，协调会员企业关系，提升行业产品质量，积极维护公平竞争的市场环境和规范健康的行业发展秩序。

（九）服务一批促进经济布局优化的产业集群。鼓励引导行业协会商会积极承担为同业集群企业提供技术、信息、法律和管理咨询服务的责任，通过信息共享、资源聚集、标准引领、塑造集成产业链供应链、建设高水平协同创新平台、壮大互促共生的优质企业群体、强化集群综合服务保障等方式，服务推动一批优势产业集群发展壮大，助力打造自主可控、安全可靠、竞争力强的现代化产业体系，促进区域布局优化和区域经济协调发展。

（十）谋划一批服务高水平对外开放的新举措。鼓励引导行业协会商会立足自身民间性、非营利性和行业代表性优势，积极谋划一批服务高水平对外开放的新举措，引导会员企业参与"一带一路"高质量发展，服务会员企业"走出去"稳订单、拓市场，协助会员企业化解国际贸易纠纷，稳步扩大本行业规则、规制、管理、标准等制度型开放，推动会员企业深度参与全球产业分工和合作，为维护多元稳定的国际经济格局和经贸关系积极贡献力量。

四、阶段步骤

（一）动员部署阶段（2023 年 8 月上旬—9 月上旬）。制定实施方案，下发专门通知，对专项行动开展进行全面部署安排。

（二）组织实施阶段（2023 年 9 月中旬—2024 年 8 月底）。引导动员各级行业协会商会围绕重点任务贯彻落实形成具体行动方案，明确时间表、路线图、任务书、责任人，加快推进实施，确保取得实效。

（三）总结提高阶段（2024 年 9 月上旬—2024 年 12 月底）。全面总结成效与不足，系统梳理经验与做法，完善各项工作制度，积极推动互学互鉴，加大宣传推介力度，健全长效推进机制，切实提升服务高质量发展的能力本领。

五、工作要求

（一）提高政治站位。各地民政部门要高度重视专项行动开展，将其作为坚定拥护"两个确立"、坚决做到"两个维护"的具体体现，作为深入贯彻落实党的二十大精神的重要举措，进一步提高思想认识，提高政治站位，切实增强思想自觉、政治自觉、行动自觉，扎实推动专项行动各项重点任务在行业协会商会落实落细取得实效。

（二）加强组织领导。各地民政部门要将专项行动作为当前的一项重要政治任务和服务中心大局的一项重要工作，纳入重要议事日程，健全工作机制，强化统筹协调，认真履职尽责，精心组织实施。要建立主要负责同志亲自研究、分管负责同志具体抓，一级抓一级、层层抓落实的良好工作格局。要积极争取各业务主管单位、行业管理部门和相关职能部门的支持，加强协同配合，探索方法路径，进一步凝聚各部门在推动专项行动重点任务落实上的合力。要结合各地经济工作重心和不同层级行业协会商会特点，细化任务分工，明确主攻方向和重点内容，引导、支持、推动行业协会商会更好提升能力水平、更好发挥优势作用、更好展现风采形象，为完成当地经济社会发展各项目标任务、确保高质量发展取得实效作出新的更大贡献。

（三）狠抓工作落实。各地民政部门要按照"一会一策"的要求，部署推动各行业协会商会结合自身工作实际、优势项目和业务专长，拿出专项行动重点任务贯彻落实具体实施方案和有效推进举措，并加大后续跟踪督导和监督检查力度。要及时了解掌握行业协会商会在落实专项行动过程中遇到的问题困难，并积极帮助协调解决。要积极争取各有关部门支持，将专项行动落实情况纳入购买服务、税收减免、项目委托、职能转移、年度检查、等级评估、先进评选等工作考虑，加大政策激励力度。要通过工作交流、典型宣传、信息上报、成绩展示、通报表扬等多种方式，激励行业协会商会干事创业热情。对专项行动开展较好的地方，民政部将积极搭建平台，鼓励引导全国性行业协会商会积极支持地方经济高质量发展，进一步营造专项行动开展的良好环境。

（四）加强信息报送。各省级民政部门要于本通知下发后一周内反馈 1 名专项行动工作联络人信息（姓名、职务、联系电话、手机、微信号），并分别于 2023 年 12 月 15 日、2024 年 6 月 15 日、2024 年 12 月 15 日前将专项行动进展情况统计表（见附件）和书面总结报告（包括工作情况、取得成效、经验做法、问题困难和意见建议等）报送民政部；要积极挖掘专项行动中涌现出来的先进典型，形成 2～3 家典型案例素材（每家不超过 1500 字）与书面总结报告一起报送。工作开展过程中的相关部署、进展成效、工作经验、问题困难、意见建议等，各地可结合工作实际形成工作信息及时报送，我部将通过编发民政信息专报和民政部简报等形式进一步加大工作经验交流和典型宣传推广力度。

附件：××省（区、市）/新疆生产建设兵团行业协会商会服务高质量发展专项行动进展情况统计表（略）

民政部办公厅关于开展全国性行业协会 商会服务高质量发展专项行动的通知

民办函〔2023〕58 号 　　　　　　　　　　　　2023 年 7 月 19 日

各全国性行业协会商会：

近年来，我国行业协会商会发展迅速，在服务高质量发展中的作用日益显著，已成为中国特色社会主义市场经济体系重要组成部分、加强和改善行业管理与市场治理的重要支撑力量以及联系政府、企业、市场的重要桥梁纽带。为充分发挥全国性行业协会商会服务优势和独特作用，以实际行动助推我国经济实现质的有效提升和量的合理增长，民政部决定组织开展全国性行业协会商会服务高质量发展专项行动。现就有关事项通知如下：

一、总体目标

以习近平新时代中国特色社会主义思想为指导，深入贯彻党的二十大精神和党中央关于经济工作的一系列重大决策部署，坚持稳中求进工作总基调，引导和推动各全国性行业协会商会完整、准确、全面贯彻新发展理念，在着力扩大国内需求、建设现代化产业体系、提高全要素生产率、提升产业韧性和安全水平、推进高水平对外开放等方面积极作为，助力加快构建新发展格局和突出做好稳增长、稳就业、稳物价等工作，为实现经济运行持续整体好转、推动高质量发展取得新突破，服务全面建设社会主义现代化国家开好局起好步贡献力量。

二、时间安排

2023 年 8 月—2024 年 12 月。

三、重点任务

（一）形成一批高质量的调研报告和政策建议。全国性行业协会商会要以高质量发展为主题，聚焦着力扩大国内需求、加快建设现代化产业体系、切实落实"两个毫不动摇"、更大力度吸引和利用外资、有效防范和化解风险等重大问题，利用扎根行业、贴近企业和专家团队资源优势，通过调研走访、数据分析、问题研究、政策咨询、专家座谈、专题研讨等方式，形成一批高质量的调查研究报告和建言资政成果，为政府部门制定和实施法律法规、发展规划、产业政策、管理制度等提供决策咨询与专业支持。

（二）推动一批行业发展支持性政策落地见效。全国性行业协会商会要及时掌握、系统梳理、认真研究国家各项稳经济、促发展政策措施，加大联系和走访会员企业力度，通过座谈、培训、宣讲、研讨、论坛、编写指南等多种方式，指导和帮助会员企业第一时间知悉政策、吃透政策、用好政策，推动一批国家最新出台的行业发展支持性政策在本行业应知尽知、应享尽享，引导行业和会员企业凝聚共识，坚定信心，激发活力。

（三）壮大一批行业发展必需的人才人力队伍。全国性行业协会商会要在统筹国家政策、行业趋势和企业需求基础上，通过系统规划、供需衔接、跟踪培养、评价示范等工作，稳定和壮大一批高素质的行业党务人才、经营管理人才、专业技术人才和产业工人，积极构建行业人才支撑和储备体系，优化行业人才结构，为行业产业稳定持续发展提供充足的人才和人力支持。

（四）发布一批科学准确有效的经济发展指数。全国性行业协会商会要加强国家和行业经济运行监测预测和风险预警，创新统计信息采集和挖掘分析技术，持续提升统计数据和监测分析质量，及时准确掌握国内外宏观经济、产业发展、市场供需、质量管理、交通运输、现代物流、原材料供应等各项行业发展信息，编制、发布一批实时反映经济社会发展情况的指数，为政府决策、行业发展、企业投资和社会认知提供宏观指引和科学参照。

（五）建设一批推动行业产业发展的服务平台。全国性行业协会商会要发挥资源链接优势，积极建设一批行业共性技术研发、产学研合作、技术服务、创新成果转化、协同发展等交流合作平台和劳动力、原材料、能源、运输、物流服务等供需对接平台，加快集聚创新要素，促进上下游产业链合作，着力补强产业链薄弱环节，全面提升产业链现代化水平，实现创新链产业链资金链人才链深度融合，在强链补链延链上展现新作为。

（六）推出一批引领行业产业发展的先进标准。全国性行业协会商会要立足高质量发展实际需求，积极探索完善本行业领域的标准体系，配合推动有关行政主管部门制定（修订）一批本行业领域的国家标准、行业标准，主动组织研制一批满足市场和创新需要的团体标准，支持行业内先进企业根据需要制定一批具有引领示范作用的企业标准，参与制定一批以中国标准为基础的国际标准，通过先进标准体系引领和推动行业产业实现高质量发展。

（七）培育一批服务行业产业发展的品牌项目。全国性行业协会商会要根据市场变化和行业需要，积极培育交易会、展览会、洽谈会、咨询、培训、考试、论坛、研讨、认定、鉴定、表彰、科技奖励等一批品牌服务项目，为行业企业发展搭建便捷、高效的公共服务平台，增强会员企业创新能力，改善会员企业经营管理，帮助会员企业特别是中小微企业、民营企业协调解决融资、市场、技术等实际困难，为会员企业开拓国内国际市场创造条件。

（八）完善一批维护行业发展秩序的自律规约。全国性行业协会商会要强化行业自律功能，根据行业发展需求和企业诉求，及时研究制定一批维护行业发展秩序的自律规约，制定并组织实施行业职业道德准则，大力推动行业诚信建设和行业质量建设，建立完善行业自律性管理约束机制，规范会员企业行为，协调会员企业关系，提升行业产品质量，积极维护公平竞争的市场环境和规范健康的行业发展秩序。

（九）服务一批促进经济布局优化的产业集群。全国性行业协会商会要积极承担为同业集群企业提供技术、信息、法律和管理咨询服务的责任，通过信息共享、资源聚集、标准引领、塑造集成产业链供应链、建设高水平协同创新平台、壮大互促共生的优质企业群体、强化集群综合服务保障等方式，服务推动一批优势产业集群发展壮大，助力打造自主可控、安全可靠、竞争力强的现代化产业体系，从而在更大范围内整合力量、实现资源优化配置，促进区域布局优化和区域经济协调发展。

（十）谋划一批服务高水平对外开放的新举措。全国性行业协会商会要立足自身民间性、非营利性和行业代表性优势，积极谋划一批服务高水平对外开放的新举措，引导会员企业参与"一带一路"高质量发展，服务会员企业"走出去"稳订单、拓市场，协助会员企业化解国际贸易纠纷，稳步扩大本行业规则、规制、管理、标准等制度型开放，推动会员企业深度参与全球产业分工和合作，为维护多元稳定的国际经济格局和经贸关系积极贡献力量。

四、阶段步骤

（一）方案制定阶段（2023 年 8 月上旬—9 月上旬）。各全国性行业协会商会围绕重点任务贯彻落实，制定具体实施方案，明确时间表、路线图、任务书、责任人，对专项行动开展进行全面部署安排。

（二）组织实施阶段（2023 年 9 月中旬—2024 年 8 月底）。各全国性行业协会商会按照本协会制定的实施方案，加快推进实施，确保取得实效。

（三）总结提高阶段（2024 年 9 月上旬—2024 年 12 月底）。各全国性行业协会商会系统梳理经验与做法，全面总结成效与不足，积极开展互学互鉴，健全长效推进机制，切实提升服务高质量发展的能力本领。

五、工作要求

（一）提高政治站位。各全国性行业协会商会要高度重视专项行动开展，将其作为坚定拥护"两个确立"、坚决做到"两个维护"的具体体现，作为深入贯彻落实党的二十大精神的重要举措，进一步提高思想认识，提高政治站位，切实增强思想自觉、政治自觉、行动自觉，扎实推动专项行动各项重点任务落实落细取得实效。

（二）抓好工作落实。各全国性行业协会商会要结合本通知精神和（原）业务主管单位、行业管理部门要求，在认真分析本行业领域高质量发展实际情况基础上，结合自身实际、优势项目和业务专长，选择"十个一批"重点任务中的一项或者几项作为主攻方向，形成专项行动实施方案，抓好后续贯彻落实，确保专项行动取得实效。各自律服务小组牵头单位（见附件2）要做好通知精神传达、信息汇总、情况反映、组织联络以及推动落实等工作，动员引导更多的全国性行业协会商会积极参与到专项行动中来。

（三）探索长效机制。各全国性行业协会商会要立足新时代新征程自身职责使命和本行业本领域高质量发展着力点，结合专项行动开展和自身专长优势，探索完善服务本行业、本领域高质量发展的常态化、长效化落实举措，准确掌握、全面贯彻党中央关于本行业、本领域的路线、方针、政策，探索建立与（原）业务主管单位、行业管理部门常态化联系汇报机制。民政部将加大对工作突出全国性行业协会商会的典型宣传、信息上报、成绩展示和通报表扬力度，广泛宣传全国性行业协会商会好声音与正能量，进一步营造有利于全国性行业协会商会发挥作用的良好环境。

（四）加强工作总结。请各脱钩全国性行业协会商会分别于 2023 年 11 月 30 日、2024 年 6 月 30 日、2024 年 11 月 30 日前将专项行动进展情况统计表（附件1）送交至本自律服务小组牵头单位汇总，可同步形成专项行动总结报告（包括工作情况、取得成效、经验做法、问题困难和意见建议等）一并报送；对于原业务主管单位、行业管理部门作出专门安排部署的，要严格按要求开展专项行动并同步向原业务主管单位、行业管理部门报送相关情况。请双重管理全国性行业协会商会自觉按照业务主管单位要求开展相关工作，并按时将相关材料报送业务主管单位。工作开展过程中的相关部署、进展成效、问题困难、意见建议等，可及时向民政部社会组织管理局报送。

联系人（略）

附件1：

全国性行业协会商会服务
高质量发展专项行动进展情况统计表

填报单位：　　　　填报人：　　　手机：　　　　填报时间：　　年　月　日

序号	重点任务	工作成果
1	截至目前,企业会员数量(个)	
	——其中,规模以上会员企业数量(个)	
2	上年度期末资产总计(万元)	
3	上年度期末净资产合计(万元)	
4	上年度收入合计(万元)	
5	上年度费用合计(万元)	
6	本年度形成行业发展研究报告(篇)	
7	本年度向政府部门提出意见建议数(项)	
	——其中,被采纳数(项)	
8	本年度参与制定或者修改法律法规、发展规划、政策文件数(件)	
9	本年度通过宣讲、咨询和培训等工作在本行业落实政策文件数(件)	
10	本年度举办行业考试次数(次)	
	——累计参加考试人次数(人次)	
11	本年度举办行业培训次数(次)	
	——累计培训人次数(人次)	
12	本年度通过招聘会、对接会等方式帮助行业企业吸纳就业人员数(人)	
13	本年度开展行业调查和统计数(次)	
	——其中,编制和发布各类经济发展指数(个)	
14	本年度搭建交流合作平台和供需对接平台数(个)	
15	本年度组织评选科技奖励数(项)	

续表

序号	重点任务	工作成果
16	本年度参与制订或者修改国家标准、行业标准和地方标准数(件)	
17	本年度参与制订或者修改国际标准数(件)	
18	本年度牵头制定团体标准数(件)	
19	本年度指导行业企业制定企业标准数(件)	
20	本年度举办讲座、研讨、论坛、座谈会、交流会数(次)	
	——其中,累计参加人次数(人次)	
21	本年度举办交易会、展览会、博览会、洽谈会数(项)	
	——其中,累计达成意向金额(万元)	
22	本年度开展认定、鉴定和新技术、新产品推广数(项)	
23	本年度提供技术、经济、管理、法律、政策等咨询服务数(次)	
24	截至目前,累计制定职业道德准则、自律宣言倡议等自律规约数(项)	
25	本年度配合行业主管部门参加行业检查数(次)	
26	本年度协调行业内外纠纷数(次)	
27	截至目前,推动建立行业领域产业集群数(个)	
28	本年度反倾销、反补贴和保障措施应诉、申诉数(项)	
29	本年度组织国内外商务考察数(次)	
30	截至目前,参加行业领域国际组织数(个)	
31	本年度帮助招商引资落地项目数(个)	
	——其中,达成意向金额(万元)	

附件2：

全国性行业协会商会参考名单

一、双重管理全国性行业协会商会参考名单		
序号	行业协会商会	业务主管单位
1	中国电影发行放映协会	中央宣传部
2	中国印刷技术协会	
3	中国版权协会	
4	中国公共关系协会	
5	中国新华书店协会	
6	中华出版促进会	
7	中国音像与数字出版协会	
8	中国新闻文化促进会	
9	中国书刊发行业协会	
10	中国期刊协会	
11	中国电影制片人协会	
12	中国电影导演协会	
13	中国出版协会	
14	中国报业协会	
15	中国中学生体育协会	教育部
16	中国大学生体育协会	
17	中国教育电视协会	
18	中国保安协会	公安部
19	中华全国律师协会	司法部
20	中国兴华企业协会	
21	中国公证协会	
22	中国注册会计师协会	财政部
23	中国资产评估协会	

序号	行业协会商会	业务主管单位
24	中国农民体育协会	农业农村部
25	中国演出行业协会	文化和旅游部
26	中国文化娱乐行业协会	
27	中国文化馆协会	
28	中国对外文化交流协会	
29	中国医院协会	国家卫生健康委
30	中国医师协会	
31	中国银行间市场交易商协会	中国人民银行
32	中国支付清算协会	
33	中国互联网金融协会	
34	中国企业联合会	国务院国资委
35	中国企业家协会	
36	中国医药新闻信息协会	
37	中国注册税务师协会	税务总局
38	中华全国专利代理师协会	市场监管总局
39	中国保险行业协会	金融监管总局
40	中国银行业协会	
41	中国信托业协会	
42	中国融资担保业协会	
43	中国小额贷款公司协会	
44	中国精算师协会	
45	中国保险资产管理业协会	
46	中国财务公司协会	
47	中国证券业协会	中国证监会
48	中国期货业协会	
49	中国证券投资基金业协会	
50	中国上市公司协会	

序号	行业协会商会	业务主管单位
51	中国网络视听节目服务协会	广电总局
52	中国电视剧制作产业协会	
53	中国农业电影电视协会	
54	中华文化交流与合作促进会	
55	中华广播影视交流协会	
56	中华爱子影视教育促进会	
57	中国民族影视艺术发展促进会	
58	中国录音师协会	
59	中国广播电影电视社会组织联合会	
60	中国广播电影电视报刊协会	
61	中国电视艺术交流协会	
62	社会体育指导员协会	体育总局
63	中国棒球协会	
64	中国保龄球协会	
65	中国蹦床与技巧协会	
66	中国冰壶协会	
67	中国冰球协会	
68	中国车辆模型运动协会	
69	中国登山协会	
70	中国帆船帆板运动协会	
71	中国高尔夫球协会	
72	中国国际跳棋协会	
73	中国国际象棋协会	
74	中国航海模型运动协会	
75	中国航空运动协会	
76	中国滑冰协会	
77	中国花样滑冰协会	
78	中国滑雪协会	

序号	行业协会商会	业务主管单位
79	中国击剑协会	
80	中国极限运动协会	
81	中国健美操协会	
82	中国健身气功协会	
83	中国救生协会	
84	中国举重协会	
85	中国空手道协会	
86	中国篮球协会	
87	中国老年人体育协会	
88	中国垒球协会	
89	中国龙舟协会	
90	中国轮滑协会	
91	中国马术协会	
92	中国门球协会	体育总局
93	中国滑水潜水摩托艇运动联合会	
94	中国排球协会	
95	中国皮划艇协会	
96	中国乒乓球协会	
97	中国跳水协会	
98	中国桥牌协会	
99	中国曲棍球协会	
100	中国拳击协会	
101	中国柔道协会	
102	中国赛艇协会	
103	中国射击协会	
104	中国射箭协会	
105	中国手球协会	
106	中国摔跤协会	

序号	行业协会商会	业务主管单位
107	中国体操协会	体育总局
108	中国田径协会	
109	中国铁人三项运动协会	
110	中国网球协会	
111	中国围棋协会	
112	中国无线电和定向运动协会	
113	中国武术协会	
114	中国现代五项运动协会	
115	中国象棋协会	
116	中国游泳协会	
117	中国羽毛球协会	
118	中国掷球协会	
119	中国自行车运动协会	
120	中国橄榄球协会	
121	中国毽球协会	
122	中国跆拳道协会	
123	中华名人垂钓俱乐部	
124	中国雪橇协会	
125	中国雪车协会	
126	中国足球协会	
127	中国冬季两项运动协会	
128	中国网络空间安全协会	国家网信办
129	中国博物馆协会	国家文物局
130	中国翻译协会	中国外文局

续表

序号	行业协会商会	业务主管单位
131	中国茶叶流通协会	全国供销合作总社
132	中国食用菌协会	
133	中国果品流通协会	
134	中国农业生产资料流通协会	
135	中国再生资源回收利用协会	
136	中国棉花协会	
137	中国青少年新媒体协会	共青团中央
138	中国妇女报刊协会	全国妇联
139	中国女科技工作者协会	
140	中国企业文化促进会	中国文联
141	中国女摄影家协会	
142	中国国际标准舞总会	
143	华夏文化促进会	
144	中国科教电影电视协会	中国科协
145	中国国际商会	中国贸促会
146	中非民间商会	全国工商联
147	全联城市基础设施商会	
148	全联旅游业商会	
149	全联书业商会	
150	全联新能源商会	
151	全联科技装备业商会	
152	中国民营经济国际合作商会	
153	全联民间文物艺术品商会	
154	全联并购公会	
155	全联民办教育出资者商会	
156	全联环境服务业商会	
157	全联房地产商会	
158	全联冶金商会	

序号	行业协会商会	业务主管单位
159	全联农业产业商会	全国工商联
160	中国民营文化产业商会	
161	全联汽车摩托车配件用品业商会	
162	全联金银珠宝业商会	
163	全联纺织服装业商会	
164	全联美容化妆品业商会	
165	全联礼品业商会	
166	全联厨具业商会	
167	全联烘焙业商会	
168	全联女企业家商会	
169	全联家具装饰业商会	
170	全联五金机电商会	
171	全联石材业商会	
172	全联纸业商会	
173	全联石油业商会	
174	全联水产业商会	
175	全联医药业商会	
176	全联汽车经销商商会	

序号	行业协会商会	原业务主管单位/ 行业管理部门	自律服务小组 牵头单位
	二、脱钩全国性行业协会商会参考名单		
177	中国建筑业协会		
178	中国建筑装饰协会		
179	中国房地产业协会		
180	中国城市雕塑家协会		
181	中国建筑金属结构协会		
182	中国工程建设焊接协会		
183	中国市政工程协会		
184	中国出租汽车暨汽车租赁协会		
185	中国建设工程造价管理协会		
186	中国物业管理协会		
187	中国城市环境卫生协会		
188	中国城市公共交通协会		
189	中国工程建设标准化协会		
190	中国安装协会	住房城乡建设部	中国建筑业协会
191	中国动物园协会		
192	中国城市规划协会		
193	中国勘察设计协会		
194	中国建设监理协会		
195	中国建设教育协会		
196	中国建筑节能协会		
197	中国城镇供水排水协会		
198	中国风景名胜区协会		
199	中国建设文化艺术协会		
200	中国公园协会		
201	中国城市燃气协会		
202	中国电梯协会		
203	中国城镇供热协会		

序号	行业协会商会	原业务主管单位/ 行业管理部门	自律服务小组 牵头单位
204	中国机电产品进出口商会	商务部	中国机电产品 进出口商会
205	中国联合国采购促进会		
206	中国服务贸易协会		
207	中国商务广告协会		
208	中国国际投资促进会		
209	中国国际工程咨询协会		
210	中国国际民间组织合作促进会		
211	中国国际货运代理协会		
212	中国国际跨国公司促进会		
213	中国旅游协会	文化和旅游部	
214	中国旅游景区协会		
215	中国旅行社协会		
216	中国旅游饭店业协会		
217	中国旅游车船协会		
218	中国音乐著作权协会	中央宣传部	
219	中国电影著作权协会		
220	中国音像著作权集体管理协会		
221	中国文字著作权协会		
222	中国摄影著作权协会		
223	中国专利保护协会	国家知识产权局	
224	中华潮汕商会	民政部	
225	中国粮食行业协会	国家粮食和储备局	
226	中国气象服务协会	中国气象局	
227	中国书画收藏家协会	国家文物局	
228	中国收藏家协会		
229	全国报纸自办发行协会	中国记协	
230	中国电力报刊协会		
231	中国行业报协会		

续表

序号	行业协会商会	原业务主管单位/ 行业管理部门	自律服务小组 牵头单位
232	中国对外承包工程商会	商务部	
233	中国汽车改装用品协会		
234	中国石油流通协会		
235	中国对外贸易经济合作企业协会		
236	中国口岸协会	海关总署	
237	中国报关协会		
238	中国保税区出口加工区协会		
239	中国城乡发展国际交流协会	国务院发展研究中心	
240	中国企业评价协会		
241	中国计算机自动测量与控制技术协会	国家国防科工局	中国对外承包 工程商会
242	中国纤维素行业协会		
243	中国兵器工业建设协会		
244	中国同位素与辐射行业协会		
245	中国航空航天工具协会		
246	中国航空工业建设协会		
247	中国航空工业技术装备工程协会		
248	中国核工业勘察设计协会		
249	中国核仪器行业协会		
250	中国船舶工业行业协会		
251	中国遥感应用协会		
252	中国核能行业协会		
253	中国和平利用军工技术协会		
254	中国国防工业企业协会		
255	中国国防科技工业文化交流协会		
256	中国对外服务工作行业协会	中国贸促会	
257	中国高校校报协会	教育部	
258	中国兵器工业质量协会	市场监管总局	

序号	行业协会商会	原业务主管单位/行业管理部门	自律服务小组牵头单位
259	中国畜牧业协会	农业农村部	中国畜牧业协会
260	中国插花花艺协会		
261	中国小动物保护协会		
262	中国马业协会		
263	中国农垦经贸流通协会		
264	中国兽药协会		
265	中国农药发展与应用协会		
266	中国蔬菜协会		
267	中国渔业协会		
268	中国渔船渔机渔具行业协会		
269	中国农村能源行业协会		
270	中国农业国际交流协会		
271	中国鸵鸟养殖开发协会		
272	中国甜菊协会		
273	中国藻业协会		
274	中国苹果产业协会		
275	中国农业展览协会		
276	中国种子贸易协会		
277	中国乡镇企业协会		
278	中国人体健康科技促进会	科技部	中国人体健康科技促进会
279	中国医学装备协会	国家卫生健康委	
280	中国老年保健协会		
281	中国女医师协会		
282	中国生殖健康产业协会		
283	中国妇幼保健协会		
284	中国整形美容协会		

续表

序号	行业协会商会	原业务主管单位/行业管理部门	自律服务小组牵头单位
285	中国中药协会	国家卫生健康委	中国人体健康科技促进会
286	中国保健协会		
287	全国卫生产业企业管理协会		
288	中国输血协会		
289	中国医学救援协会		
290	中国医药生物技术协会		
291	中国卫生有害生物防制协会		
292	中国抗癫痫协会		
293	中国社区卫生协会		
294	中国农村卫生协会		
295	中国优生优育协会		
296	中国优生科学协会		
297	中国卫生监督协会		
298	中国控制吸烟协会		
299	中国健康促进与教育协会		
300	中国卫生摄影协会		
301	中国医疗保健国际交流促进会		
302	中国学生营养与健康促进会		
303	中国药物滥用防治协会		
304	中国医药卫生文化协会		
305	中国地方病协会		
306	中国人口文化促进会		
307	中国民间中医医药研究开发协会	国家中医药局	
308	中国中医药研究促进会		
309	中国麻醉药品协会	市场监管总局	
310	中国药师协会		

序号	行业协会商会	原业务主管单位/行业管理部门	自律服务小组牵头单位
311	中国工程咨询协会	国家发展改革委	中国工程咨询协会
312	中国中小企业协会		
313	中国产业海外发展协会		
314	中国价格协会		
315	中国设备管理协会		
316	中国招标投标协会		
317	中国信息协会		
318	中国施工企业管理协会		
319	中国产业发展促进会		
320	中国城市轨道交通协会		
321	中国投资协会		
322	中国开发区协会		
323	中国总会计师协会	财政部	
324	中国中小企业国际合作协会	国务院国资委	
325	中国民族民间工艺美术家协会	国家民委	
326	中国西部研究与发展促进会		
327	中国青少年宫协会	共青团中央	
328	中国青年企业家协会		
329	中国农村青年致富带头人协会		
330	中国国防邮电职工技术协会	全国总工会	
331	中国职工文化体育协会		
332	中国职工焊接技术协会		
333	中国职工技术协会		
334	中国机械冶金建材职工技术协会		
335	中国职工疗养协会		
336	中国投资发展促进会	国家统计局	
337	中国市场信息调查业协会		

续表

序号	行业协会商会	原业务主管单位/ 行业管理部门	自律服务小组 牵头单位
338	中国亚洲经济发展协会	外交部	中国工程咨询 协会
339	中国欧洲经济技术合作协会	商务部	
340	中国电子信息行业联合会	工业和信息化部	中国电子信息 行业联合会
341	中国电子音响行业协会		
342	中国化学与物理电源行业协会		
343	中国信息产业商会		
344	中国广播电视设备工业协会		
345	中国电子电路行业协会		
346	电信终端产业协会		
347	中国木材保护工业协会		
348	中国卫星通信广播电视用户协会		
349	中国通信企业协会		
350	中国电子商会		
351	中国电子元件行业协会		
352	中国工业节能与清洁生产协会		
353	中国光学光电子行业协会		
354	中国通信工业协会		
355	中国安全产业协会		
356	中国软件行业协会		
357	中国稀土行业协会		
358	中国无线电协会		
359	中国爆破器材行业协会		
360	中国通信体育协会		
361	中国半导体行业协会		
362	中国互联网协会		
363	中国移动通信联合会		
364	中国通信标准化协会		

序号	行业协会商会	原业务主管单位/ 行业管理部门	自律服务小组 牵头单位
365	中国电子工业标准化技术协会	工业和信息化部	中国电子信息 行业联合会
366	中国电子材料行业协会		
367	中国真空电子行业协会		
368	中国电子装备技术开发协会		
369	中国电子节能技术协会		
370	中国电子仪器行业协会		
371	中国电子视像行业协会		
372	中国雷达行业协会		
373	中国电子企业协会		
374	中国电子专用设备工业协会		
375	中国计算机用户协会		
376	中国计算机行业协会		
377	中国电子质量管理协会		
378	中国光伏行业协会		
379	中国道路运输协会	交通运输部	中国道路运输 协会
380	中国民航飞行员协会		
381	中国船东互保协会		
382	中国疏浚协会		
383	中国理货协会		
384	中国潜水打捞行业协会		
385	中国交通企业管理协会		
386	中国公路勘察设计协会		
387	中国汽车维修行业协会		
388	中国汽车保修设备行业协会		
389	中国交通建设监理协会		
390	中国水运建设行业协会		
391	中国船舶代理及无船承运人协会		

续表

序号	行业协会商会	原业务主管单位/ 行业管理部门	自律服务小组 牵头单位
392	中国公路建设行业协会	交通运输部	中国道路运输协会
393	中国船东协会		
394	中国港口协会		
395	中国快递协会		
396	中国集装箱行业协会		
397	中国引航协会		
398	中国水上交通安全协会		
399	中国交通报刊协会		
400	中国交通书画摄影协会		
401	中国油轮船东互保协会		
402	中国直邮协会		
403	中国交通运输协会	国家发展改革委	
404	中国蜂产品协会	供销合作总社	
405	中国合作贸易企业协会		
406	中国畜产品流通协会		
407	中国日用杂品流通协会		
408	中国农产品流通经纪人协会		
409	中国航空运输协会	中国民航局	
410	中国航空器拥有者及驾驶员协会		
411	中国民用航空维修协会		
412	中国民用机场协会		
413	中国开发性金融促进会	中国社科院	
414	中国西部开发促进会		
415	中国县镇经济交流促进会		
416	中国地方铁路协会	国铁集团	
417	中国铁道企业管理协会		
418	中国铁道工程建设协会		
419	中国智能交通协会	科技部	

序号	行业协会商会	原业务主管单位/行业管理部门	自律服务小组牵头单位
420	中国轻工工艺品进出口商会	商务部	中国轻工工艺品进出口商会
421	中国纺织品进出口商会		
422	中国医药保健品进出口商会		
423	中国藏毯协会		
424	中国民族经济对外合作促进会	国家民委	
425	妇女手工编织协会	全国妇联	
426	中国广告协会	市场监管总局	
427	中国出入境检验检疫协会		
428	中国医药质量管理协会		
429	中国节能协会		
430	中国特种设备检验协会		
431	中国锅炉与锅炉水处理协会		
432	中华商标协会		
433	中国技术监督情报协会		
434	中国营养保健食品协会		
435	中国食品药品企业质量安全促进会		
436	中国防伪行业协会		
437	中国设备监理协会		
438	中国国际旅行卫生保健协会		
439	中国特种设备安全与节能促进会		
440	中国计量协会		
441	中国认证认可协会		
442	中国航空工业质量管理协会		
443	中国航天工业质量协会		
444	中国自动识别技术协会		
445	中国条码技术与应用协会		
446	中国质量检验协会		

序号	行业协会商会	原业务主管单位/行业管理部门	自律服务小组牵头单位
447	中国教育装备行业协会	教育部	
448	中国大学出版社协会		
449	中国教育后勤协会		
450	中国语文报刊协会		
451	高校毕业生就业协会		
452	中国高校校办产业协会		
453	中国社会工作教育协会		
454	教育书画协会		
455	中国教育技术协会		
456	中国区域科学协会		
457	中国民办教育协会		
458	中国生产力促进中心协会	科技部	中国教育装备行业协会
459	中国科技产业化促进会		
460	中国国际科技促进会		
461	中国发明协会		
462	中国实验灵长类养殖开发协会		
463	中国分析测试协会		
464	中国国际科学技术合作协会		
465	中国新闻技术工作者联合会		
466	中国科技金融促进会		
467	中国民营科技实业家协会		
468	中国民营科技促进会		
469	中国高技术产业发展促进会		
470	中国科学器材产销联合会		
471	中国技术市场协会		
472	中国技术创业协会		
473	中国科技咨询协会		
474	中国灾害防御协会		

序号	行业协会商会	原业务主管单位/行业管理部门	自律服务小组牵头单位
475	中国标准化协会	中国科协	中国教育装备行业协会
476	中国国际经济技术合作促进会		
477	中国科学探险协会		
478	中国心理卫生协会		
479	中国演艺设备技术协会	文化和旅游部	中国演艺设备技术协会
480	中国旅游文化资源开发促进会	中国文联	
481	中国文化管理协会	文化和旅游部	
482	中国文化信息协会		
483	中国少数民族美术促进会		
484	中国文化产业协会		
485	中国文化产业促进会		
486	中国硬笔书法协会		
487	中国诗酒文化协会		
488	中国互联网上网服务行业协会		
489	中国文化旅游摄影协会		
490	中国画报协会		
491	中国合唱协会		
492	中国文献影像技术协会		
493	中国大众音乐协会		
494	中华文化促进会		
495	中国世界民族文化交流促进会		
496	中国社会艺术协会		
497	中国话剧协会		
498	中国传统文化促进会		
499	中华老人文化交流促进会		
500	中国文化艺术发展促进会		
501	中国乡土艺术协会		

续表

序号	行业协会商会	原业务主管单位/ 行业管理部门	自律服务小组 牵头单位
502	中国老摄影家协会	文化和旅游部	中国演艺设备 技术协会
503	中华儿童文化艺术促进会		
504	中国音乐剧协会		
505	中国艺术医学协会		
506	中国民俗摄影协会		
507	中国社会经济文化交流协会		
508	中国国际徐福文化交流协会		
509	中华妈祖文化交流协会		
510	中国女画家协会		
511	中国健康管理协会	民政部	中国健康管理 协会
512	中国殡葬协会		
513	中国工业摄影协会		
514	中国工业环保促进会		
515	中国非公立医疗机构协会		
516	中国企业财务管理协会		
517	中国电力设备管理协会		
518	中国老龄产业协会		
519	中国酒店用品协会		
520	中国城镇化促进会		
521	中国书画文化发展促进会		
522	长城书画协会		
523	中国康复技术转化及发展促进会		
524	中国职业经理人协会		
525	中国康复辅助器具协会		
526	中国抗衰老促进会		
527	中国社会福利与养老服务协会		
528	长江文化促进会		

序号	行业协会商会	原业务主管单位/行业管理部门	自律服务小组牵头单位
529	中国就业促进会	人力资源社会保障部	中国健康管理协会
530	中国人才交流协会		
531	中国职工教育和职业培训协会		
532	中国继续工程教育协会		
533	中华全国农民报协会	中国记协	
534	中国企业报协会		
535	中国体育用品业联合会	体育总局	中国体育用品业联合会
536	全国体育运动学校联合会		
537	中国汽车摩托车运动联合会		
538	中国体育舞蹈联合会		
539	中国体育场馆协会		
540	中国企业体育协会		
541	中国信鸽协会		
542	中国健美协会		
543	中国风筝协会		
544	中国龙狮运动协会		
545	中国飞镖协会		
546	中国台球协会		
547	中国拔河协会		
548	钓鱼运动协会		
549	中国少数民族体育协会		
550	中国体育集邮与收藏协会		
551	中国火车头体育协会		
552	中国消防协会	中国科协	
553	中国道路交通安全协会	公安部	
554	中国安全防范产品行业协会		

续表

序号	行业协会商会	原业务主管单位/ 行业管理部门	自律服务小组 牵头单位
555	中国化学品安全协会		
556	中国烟花爆竹协会		
557	中国索道协会	应急管理部	中国体育用品业 联合会
558	中国安全生产协会		
559	中国职业安全健康协会		
560	中国内部审计协会	审计署	
561	中国摩托车商会	商务部	
562	中国食品土畜进出口商会	商务部	
563	中华茶人联谊会		
564	中国农业产业化龙头企业协会		
565	中国盆景艺术家协会		
566	中国水产流通与加工协会		
567	中国农业机械化协会		
568	中国奶业协会		
569	中国天然橡胶协会		
570	中国渔业互保协会		
571	中国优质农产品开发服务协会		中国食品土畜 进出口商会
572	中国农产品市场协会	农业农村部	
573	中国村社发展促进会		
574	中国农业国际合作促进会		
575	中国农业技术推广协会		
576	中国种子协会		
577	中国农业生态环境保护协会		
578	中国饲料工业协会		
579	中国大豆产业协会		
580	中国农业科技国际交流协会		

序号	行业协会商会	原业务主管单位/行业管理部门	自律服务小组牵头单位
581	休闲垂钓协会	农业农村部	中国食品土畜进出口商会
582	中国绿色食品协会		
583	中国兽医协会		
584	中国五矿化工进出口商会	商务部	中国五矿化工进出口商会
585	中国矿业联合会	自然资源部	
586	中国观赏石协会		
587	中国探险协会		
588	中国珠宝玉石首饰行业协会		
589	中国海洋工程咨询协会		
590	中国土地估价师与土地登记代理人协会		
591	中国地质灾害防治与生态修复协会		
592	中国矿业权评估师协会		
593	中国林业与环境促进会		
594	中国林业工程建设协会		
595	中国林业机械协会		
596	中国经济林协会		
597	中国长城绿化促进会		
598	中国花卉协会		
599	中国林业产业联合会		
600	中国林产工业协会		
601	中国竹产业协会		
602	中国生态道德教育促进会		
603	中国林业生态发展促进会		
604	中国林场协会		
605	中国地理信息产业协会		
606	中国卫星导航定位协会		

序号	行业协会商会	原业务主管单位/行业管理部门	自律服务小组牵头单位
607	中国环境保护产业协会	生态环境部	
608	中华环保联合会		
609	中国水利水电勘测设计协会	水利部	中国五矿化工进出口商会
610	中国水利企业协会		
611	中国水利工程协会		
612	中国农业节水和农村供水技术协会		
613	中国土工合成材料工程协会		
614	中国灌区协会		
615	中国工业经济联合会	国务院国资委	中国工业经济联合会
616	中国展览馆协会		
617	中国化学制药工业协会		
618	中国医疗器械行业协会		
619	中国医药包装协会		
620	中国医药商业协会		
621	中国医药工程设计协会		
622	全国医药技术市场协会		
623	中国医药创新促进会		
624	中国非处方药物协会		
625	中国淀粉工业协会		
626	中国制药装备行业协会		
627	中国医药设备工程协会		
628	中国医药教育协会		
629	中国包装联合会		
630	中国集团公司促进会		
631	中国女企业家协会		
632	中国食品工业协会		
633	中国医药企业管理协会		

序号	行业协会商会	原业务主管单位/行业管理部门	自律服务小组牵头单位
634	中国疫苗行业协会	国务院国资委	中国工业经济联合会
635	中国广告主协会		
636	中国产学研合作促进会		
637	中国商业联合会		
638	中国百货商业协会		
639	中国美发美容协会		
640	中国纺织品商业协会		
641	中国城市商业网点建设管理联合会		
642	中国商业企业管理协会		
643	中国烹饪协会		
644	中国五金交电化工商业协会		
645	中国蔬菜流通协会		
646	中国民族贸易促进会		
647	中国家用电器商业协会		
648	全国城市工业品贸易中心联合会		
649	中国旧货业协会		
650	中国生化制药工业协会		
651	中国友谊外供商业协会		
652	全国城市农贸中心联合会		
653	中国肉类协会		
654	中国中小商业企业协会		
655	中国家用电器服务维修协会		
656	中国印章行业协会		
657	中国连锁经营协会		
658	中国商业技师协会		
659	中国饭店协会		
660	中国家庭服务业协会		

续表

序号	行业协会商会	原业务主管单位/ 行业管理部门	自律服务小组 牵头单位
661	中国副食流通协会		
662	中国商业股份制企业经济联合会		
663	中国仓储与配送协会		
664	中国酒类流通协会		中国工业 经济联合会
665	中国调味品协会		
666	全国商业消防与安全协会		
667	全国商报联合会		
668	中国植物油行业协会		
669	中国粮食商业协会		
670	中国物流与采购联合会		
671	中国农业机械流通协会		
672	中国汽车流通协会		
673	中国木材与木制品流通协会		
674	中国菱镁行业协会	国务院国资委	中国物流与采购 联合会
675	中国燃料流通协会		
676	中国建筑材料流通协会		
677	中国机电产品流通协会		
678	中国轮胎循环利用协会		
679	中国化工流通协会		
680	中国金属材料流通协会		
681	中国拆船协会		
682	中国医药物资协会		
683	中国煤炭城市发展联合促进会		
684	中国经济传媒协会		
685	中国水利电力物资流通协会		
686	中国散装水泥推广发展协会		
687	中国机械设备成套工程协会		

序号	行业协会商会	原业务主管单位/ 行业管理部门	自律服务小组 牵头单位
688	中国基建物资租赁承包协会	国务院国资委	中国物流与采购 联合会
689	中国铁道物资流通协会		
690	中国物资再生协会		
691	中国物资储运协会		
692	中国物流技术协会		
693	中国拍卖行业协会		
694	中国煤炭工业协会		中国煤炭工业 协会
695	中国煤炭运销协会		
696	中国煤炭建设协会		
697	中国煤炭加工利用协会		
698	中国煤炭机械工业协会		
699	中国煤矿体育协会	体育总局	
700	中国煤炭教育协会	教育部	
701	中国机械工业联合会	国务院国资委	中国机械工业 联合会
702	中国机床工具工业协会		
703	中国仪器仪表行业协会		
704	中国文化办公设备制造行业协会		
705	中国机械通用零部件工业协会		
706	中国模具工业协会		
707	中国轴承工业协会		
708	中国液压气动密封件工业协会		
709	中国通用机械工业协会		
710	中国制冷空调工业协会		
711	中国石油和石油化工设备工业协会		
712	中国食品和包装机械工业协会		
713	中国塑料机械工业协会		
714	中国印刷及设备器材工业协会		

续表

序号	行业协会商会	原业务主管单位/ 行业管理部门	自律服务小组 牵头单位
715	中国电器工业协会	国务院国资委	中国机械工业 联合会
716	中国重型机械工业协会		
717	中国农业机械工业协会		
718	中国内燃机工业协会		
719	中国工程机械工业协会		
720	中国汽车工业协会		
721	中国环保机械行业协会		
722	中国机械工业勘察设计协会		
723	中国机电一体化技术应用协会		
724	中国铸造协会		
725	中国锻压协会		
726	中国热处理行业协会		
727	中国表面工程协会		
728	中国焊接协会		
729	中国机械工业质量管理协会		
730	中国机械工业安全卫生协会		
731	中国机械工业标准化技术协会		
732	中国机械工业企业管理协会		
733	中国机电装备维修与改造技术协会		
734	中国机电工业价格协会		
735	中国机械工业教育协会		
736	中国机械工业金属切削刀具技术协会		
737	中国机械制造工艺协会		
738	中国钢铁工业协会		中国钢铁工业协会
739	中国炭素行业协会		
740	中国炼焦行业协会		
741	中国钢结构协会		

序号	行业协会商会	原业务主管单位/行业管理部门	自律服务小组牵头单位
742	中国耐火材料行业协会	国务院国资委	中国钢铁工业协会
743	中国铁合金工业协会		
744	中国模板脚手架协会		
745	中国特钢企业协会		
746	中国冶金建设协会		
747	中国废钢铁应用协会		
748	中国冶金矿山企业协会		
749	中国黄金协会		
750	中国石油和化学工业联合会		中国石油和化学工业联合会
751	中国化学试剂工业协会		
752	中国膜工业协会		
753	中国化工节能技术协会		
754	中国腐植酸工业协会		
755	中国化工企业管理协会		
756	中国磁记录材料工业协会		
757	中国监控化学品协会		
758	中国化学矿业协会		
759	中国化工装备协会		
760	中国纯碱工业协会		
761	中国氯碱工业协会		
762	中国腐蚀控制技术协会		
763	中国胶粘剂和胶粘带工业协会		
764	中国电石工业协会		
765	中国合成树脂协会		
766	中国工业气体工业协会		
767	中国氮肥工业协会		
768	中国磷复肥工业协会		

续表

序号	行业协会商会	原业务主管单位/行业管理部门	自律服务小组牵头单位
769	中国硫酸工业协会		
770	中国农药工业协会		
771	中国橡胶工业协会		
772	中国氟硅有机材料工业协会		
773	中国染料工业协会		
774	中国合成橡胶工业协会		
775	中国化工施工企业协会		
776	中国石油和化工勘察设计协会		
777	中国化工情报信息协会		
778	中国涂料工业协会	国务院国资委	中国石油和化学工业联合会
779	中国化工环保协会		
780	中国聚氨酯工业协会		
781	中国造纸化学品工业协会		
782	中国石油工程建设协会		
783	中国石油企业协会		
784	中国石油和化工自动化应用协会		
785	中国化工机械动力技术协会		
786	中国无机盐工业协会		
787	中国工业清洗协会		
788	中国循环经济协会		
789	中国化工教育协会	教育部	
790	中国石油体育协会	体育总局	
791	中国轻工业联合会		
792	中国工业合作协会		
793	中国文房四宝协会	国务院国资委	中国轻工业联合会
794	中国饮料工业协会		
795	中国缝制机械协会		

序号	行业协会商会	原业务主管单位/行业管理部门	自律服务小组牵头单位
796	中国陶瓷工业协会	国务院国资委	中国轻工业联合会
797	中国家用电器协会		
798	中国钟表协会		
799	中国洗涤用品工业协会		
800	中国日用化工协会		
801	中国口腔清洁护理用品工业协会		
802	中国照明电器协会		
803	中国眼镜协会		
804	中国日用玻璃协会		
805	中国香料香精化妆品工业协会		
806	中国塑料加工工业协会		
807	中国文教体育用品协会		
808	中国少数民族用品协会		
809	中国皮革协会		
810	中国日用杂品工业协会		
811	中国轻工企业投资发展协会		
812	中国制笔协会		
813	中国家具协会		
814	中国衡器协会		
815	中国盐业协会		
816	中国酒业协会		
817	中国乐器协会		
818	中国室内装饰协会		
819	中国食品添加剂和配料协会		
820	中国焙烤食品糖制品工业协会		
821	中国生物发酵产业协会		
822	中国乳制品工业协会		

序号	行业协会商会	原业务主管单位/ 行业管理部门	自律服务小组 牵头单位
823	中国罐头工业协会	国务院国资委	中国轻工业 联合会
824	中国糖业协会		
825	中国轻工业工程建设协会		
826	中国自行车协会		
827	中国轻工业企业管理协会		
828	中国搪瓷工业协会		
829	中国电池工业协会		
830	中国五金制品协会		
831	中国玩具和婴童用品协会		
832	中国造纸协会		
833	中国轻工机械协会		
834	中国羽绒工业协会		
835	中国工艺美术协会		
836	中国礼仪休闲用品工业协会		
837	中国工业设计协会	中国科协	
838	中国纺织工业联合会	国务院国资委	中国纺织工业 联合会
839	中国纺织工业企业管理协会		
840	中国针织工业协会		
841	中国化学纤维工业协会		
842	中国丝绸协会		
843	中国产业用纺织品行业协会		
844	中国纺织机械协会		
845	中国毛纺织行业协会		
846	中国家用纺织品行业协会		
847	中国长丝织造协会		
848	中国麻纺织行业协会		
849	中国印染行业协会		

序号	行业协会商会	原业务主管单位/行业管理部门	自律服务小组牵头单位
850	中国棉纺织行业协会	国务院国资委	中国纺织工业联合会
851	中国服装设计师协会		
852	中国服装协会		
853	中国纺织勘察设计协会		
854	中国纺织摄影协会		
855	中国流行色协会	中国科协	
856	中国建筑材料联合会	国务院国资委	中国建筑材料联合会
857	中国加气混凝土协会		
858	中国石材协会		
859	中国混凝土与水泥制品协会		
860	中国玻璃纤维工业协会		
861	中国砖瓦工业协会		
862	中国建筑玻璃与工业玻璃协会		
863	中国非金属矿工业协会		
864	中国建筑防水协会		
865	中国砂石协会		
866	中国建筑卫生陶瓷协会		
867	中国绝热节能材料协会		
868	中国建材工程建设协会		
869	中国建材机械工业协会		
870	中国摩擦密封材料协会		
871	中国建材市场协会		
872	中国建筑材料企业管理协会		
873	中国建筑砌块协会		
874	中国建筑装饰装修材料协会		
875	中国水泥协会		
876	中国石灰协会		
877	中国复合材料工业协会		

续表

序号	行业协会商会	原业务主管单位/ 行业管理部门	自律服务小组 牵头单位
878	中国有色金属工业协会		中国有色金属 工业协会
879	中国钨业协会		
880	中国有色金属建设协会		
881	中国有色金属加工工业协会	国务院国资委	
882	中国爆破行业协会		
883	中国游艺机游乐园协会		
884	中国电力企业联合会		中国电力企业 联合会
885	中国电力技术市场协会		
886	中国电力发展促进会		
887	中国电力建设企业协会		
888	中国电力规划设计协会		
889	电力体育协会		
890	中国电力教育协会	教育部	
891	中国水利电力质量管理协会	市场监管总局	
892	中国质量协会	国务院国资委	中国质量协会
893	中国企业国有产权交易机构协会		中国企业国有产权 交易机构协会

文化和旅游部　中央宣传部　中央网信办
中央外办　外交部　教育部　公安部
民政部　国务院国资委　市场监管总局
关于进一步加强论坛活动规范管理的通知

文旅办发〔2023〕81号　　　　　　　　　　　　2023年8月7日

各省、自治区、直辖市文化和旅游厅（局）、党委宣传部、党委网信办、外办、教育厅（教委）、公安厅（局）、民政厅（局）、国资委、市场监管局（厅、委）：

近年来，论坛活动在推动经济社会发展和思想文化交流等方面发挥了重要作用，但同时也存在一些假冒官方机构、正规组织举办"山寨"论坛活动，违规开展评比达标表彰活动，违规收费借机敛财，随意冠以高规格名号，主题交叉重复、内容空泛等问题，造成了经济社会资源的浪费，扰乱了市场秩序，损害了人民群众合法利益。为进一步打击整治违法违规行为，规范论坛活动管理，现就各类主体面向社会公开举办的论坛活动（包括论坛、峰会、年会以及其他具有论坛性质的会议活动）提出如下工作要求。

一、坚持正确导向。举办论坛活动必须坚持以习近平新时代中国特色社会主义思想为指导，践行社会主义核心价值观，遵守相关法律法规和政策规定。主办单位应切实履行主体责任，加强对活动内容的审核把关和活动全过程管理，确保论坛活动坚持正确政治方向、价值取向和舆论导向，着力提升论坛活动质量，充分发挥论坛活动在经济社会文化发展中的积极作用。

二、规范论坛活动举办主体、名称和内容。举办论坛活动的各类社会主体，应经依法登记、具有合法身份。未经合法登记的企业及社会组织或无实际承办主体不得面向社会公开举办论坛活动。论坛活动名称应准确、规范、名实相符，不得随意冠以"中国""中华""全国""国际""世界""峰会""高端""高峰""巅峰"等字样。论坛活动内容应围绕中心、服务大局，注重质量和实效，主题设置不得超出主办单位职责范围，设立分论坛、子论坛、平行论坛应紧紧围绕主论坛活动主题。

三、严厉打击各类违法违规行为。重点打击未经合法登记的主体面向社会公开举办的论坛活动、"山寨"论坛活动、以论坛活动名义进行诈骗敛财等违法违规行为。公安部门依法打击涉非法集资、非法经营、传销、诈骗等违法犯罪行为。市场监管部门严格查处论坛活动违规收费、虚假宣传等行为。民政部门严厉打击整治举办论坛活动的各类非法社会组织，依法查处在举办论坛活动中存在违反社会组织登记管理法律法规行为的社会组织。表彰奖励主管部门对借举办论坛活动违规设奖颁奖的，采取叫停活动、依法查处、责令整改、追究相关人员责任等措施。

四、规范社会组织举办论坛活动。社会组织举办论坛活动应按章程规定履行内部工作程序，并按其主管单位有关规定履行相关手续。论坛主题内容应符合章程规定的宗旨和业务范围；与其他单位合作举办论坛活动的，要加强对合作单位资质、能力的审核把关，加强对活动全过程的监督管理；不得只挂名、不参与管理，不得与非法主体合作开展活动。

五、规范管理党政机关及其直属单位举办论坛活动。除党中央国务院决定开展的论坛活动外，党政机关及其直属单位举办论坛活动，要严格履行报批程序。省部级党政机关、人民团体、经国务院批准免于登记的社会团体举办新的论坛活动应报党中央、国务院审批；各省（区、市）党委、政府负责审批本地区省级以下地区、部门和单位举办的论坛活动；中央和国家机关、人民团体、经国务院批准免于登记的社会团体负责审批所属机关、直属单位举办的论坛活动。分级分类建立论坛活动保留清单，对清单范围内的论坛活动实行备案管理。各级党政机关及其直属单位原则上不再举办保留清单以外的论坛活动。确有必要新增的，应从严审核论证，按程序报批后纳入清单管理。党政机关及其直属单位论坛活动的审批实行总量控制、严控规模、厉行节约、注重实效等原则，防止形式主义和铺张浪费。贯彻落实中央八项规定及其实施细则精神，规范党员领导干部出席论坛活动。涉外论坛活动按照有关外事管理规定办理，规范邀请党和国家领导人、其他领导干部及重要外宾出席论坛活动。

六、鼓励支持合法合规论坛活动开展。对于组织规范、导向正确、效果优良、影响力大的论坛活动，各地区各部门应通过加强宣传推介、提供业务指导、给予表扬奖励等方式予以支持，打造一批具有示范性引领性的品牌论坛活动，助推论坛活动在服务高质量发展中发挥积极作用。

七、落实主管主办责任和行业监管职责。论坛活动主办单位。要切实履行主体责任，加强对论坛活动的全过程管理，制定应急预案，确保活动健康有序开展。中央和国家机关要加强对所属单位举办论坛活动的规范管理，各省（区、市）论坛活动主管部门应切实履行论坛活动的属地管理职责，健全工作机制，完善管理制度，加强对本地区各类主体举办论坛活动的规范管理。各行业管理部门要加强对本行业、本领域论坛活动的业务指导和行业监管。

八、加强对场地提供主体的规范管理。论坛活动场地的主体不得为违法违规论坛活动提供便利，在签订合同、提供服务前，要对论坛活动举办主体的身份真实性、合法性予以核实，不得为未经合法登记的主体提供论坛活动场地。发现存在违法违规线索的，应及时通报相关部门。

九、规范媒体平台对论坛活动的宣传推广。新闻媒体、网站平台、公众账号不得对违法违规论坛活动进行宣传报道或为其刊登广告、提供传播渠道；要对论坛活动相关信息内容进行审核把关，不得不实宣传、夸大宣传。

十、加强信用管理和社会监督。对于违法违规举办论坛活动、造成不良社会影响的主体，除依据相关法律法规进行处理外，相关主管部门要将其纳入信用管理范畴。各相关部门要促进信息共享，对于有不良信用记录的论坛活动及举办主体予以重点监管。畅通举报投诉途径，鼓励广大群众积极参与打击违法违规论坛活动，鼓励合规论坛举办主体依法维护自身权益。

各地区各部门要进一步提高政治站位，认真落实本通知精神，强化责任担当，按照统筹协同、分级负责、分类管理、上下联动的要求，构建高效衔接、运转有序的工作机制，加强组织领导，层层压实责任，坚持问题导向、标本兼治、精准施策，推动论坛活动健康有序发展。

特此通知。

财政部　科技部　民政部　商务部 税务总局关于继续执行上海市浦东新区 有关研发机构适用采购设备增值税 政策资格认定事项的通知

财税〔2023〕32 号　　　　　　　　　　　　　　2023 年 8 月 31 日

上海市财政局、科学技术委员会、民政局、商务委员会，国家税务总局上海市税务局，财政部上海监管局，国家税务总局驻上海特派员办事处：

现将继续执行上海市浦东新区认定的研发机构（以下简称浦东新区研发机构）采购国产设备全额退还增值税有关事项通知如下：

一、适用采购国产设备全额退还增值税政策的浦东新区研发机构包括：

（一）浦东新区科技和经济委员会核定的本级政府所属从事科学研究工作的各类科研院所；

（二）浦东新区科技和经济委员会会同浦东新区民政局核定的科技类民办非企业单位；

（三）浦东新区商务委员会会同有关部门核定的外资研发中心。

二、浦东新区研发机构采购设备增值税政策的其他规定，按照《财政部商务部税务总局关于研发机构采购设备增值税政策的公告》（财政部商务部税务总局公告 2023 年第 41 号）和税务总局相关退税管理办法执行。

三、本通知执行至 2027 年 12 月 31 日，具体从浦东新区研发机构取得退税资格的次月 1 日起实施。

特此通知。

国务院办公厅转发民政部等单位
《关于加强低收入人口动态监测做好
分层分类社会救助工作的意见》的通知

国办发〔2023〕39号   2023 年 10 月 19 日

各省、自治区、直辖市人民政府，国务院各部委、各直属机构：

民政部、教育部、财政部、人力资源社会保障部、住房城乡建设部、农业农村部、国家卫生健康委、应急管理部、国家医保局、中国残联《关于加强低收入人口动态监测做好分层分类社会救助工作的意见》已经国务院同意，现转发给你们，请认真贯彻落实。

民政部　教育部　财政部　人力资源社会保障部住房城乡建设部　农业农村部　国家卫生健康委应急管理部　国家医保局　中国残联《关于加强低收入人口动态监测做好分层分类社会救助工作的意见》

社会救助是社会保障体系中兜底性、基础性的制度安排。为健全分层分类的社会救助体系，加大低收入人口救助帮扶力度，进一步织密扎牢民生兜底保障安全网，现就加强低收入人口动态监测、做好分层分类社会救助工作提出以下意见。

一、总体要求

以习近平新时代中国特色社会主义思想为指导，全面贯彻党的二十大精神，落实党中央、国务院关于改革完善社会救助制度、实现巩固拓展脱贫攻坚成果同乡村振兴有效衔接的决策部署，坚持以人民为中心的发展思想，坚持尽力而为、量力而行，坚持与经济社会发展水平相适应，健全以基本生活救助、专项社会救助、急难社会救助为主体，社会力量参与为补充的分层分类社会救助体系，实现救助资源统筹衔接、救助信息聚合共享、救助效率有效提升，让改革发展成果更多更公平惠及困难群众，切实兜住兜准兜好基本民生底线。

二、合理确定低收入人口范围

低收入人口包括最低生活保障对象、特困人员、防止返贫监测对象、最低生活保障边缘家庭成员、刚性支出困难家庭（刚性支出较大导致基本生活出现严重困难的家庭）成员，以及其他困难人员。最低生活保障对象、特困人员、防止返贫监测对象等低收入人口的认定，按照各地现有规定执行。对不符合最低生活保障条件，但家庭人均收入低于当地最低生活保障标准 1.5 倍，且家庭财产状况符合当地相关规定的家庭，认定为最低生活保障边缘家庭；最低生活保障边缘家庭收入、财产的具体界定、核查范围和核算方法以及认定程序等，可参照当地最低生活保障相关规定执行，对家庭中已实现就业的人员，在核算收入时可按规定适当扣减必要的就业成本。对家庭人均收入低于上年度当地居民人均可支配收入，家庭财产状况符合当地相关规定，且医疗、教育等必需支出占家庭总收入比例超过当地规定比例的家庭，认定为刚性支出困难家庭，具体认定办法和程序由各地根据实际情况制定。

三、加强低收入人口动态监测

（一）完善低收入人口动态监测信息平台。各级民政部门要充分依托"金民工程"全国社会救助信息系统及各级已有系统平台建设基础，逐步完善低收入人口动态监测信息平台，完善数据录入、数据共享、监测预警、数字监督、转办推送等基本功能，尽快实现覆盖全国、统筹城乡、上下联动、部门协同，对低收入人口开展常态化监测预警；深化拓展功能应用，科学设置预警指标，为快速预警、精准救助、综合帮扶提供支撑。民政部门要通过低收入人口动态监测信息平台为教育、人力资源社会保障、住房城乡建设、农业农村（乡村振兴）、卫生健康、应急管理、医保、残联等部门和单位分层分类开展救助帮扶提供信息查询、需求推送等服务支持。各相关单位原则上要依托全国一体化政务服务平台和国家数据共享交换平台，及时将救助帮扶信息反馈给民政部门，形成"一户（人）一条救助链"，避免救助遗漏或重复救助。

（二）完善低收入人口数据库。各地民政部门要以县（市、区、旗）为单位，通过申请人自主申报、入户走访、数据比对等方式，采集辖区内低收入人口相关数据信息并逐级上传，加强数据共享，做到定期更新、动态调整、不断完善。要畅通申报渠道，优化流程，方便申请人自主申报。要提高源头数据采集、核查、录入的准确性，确保信息完整、真实可靠。

（三）加强动态监测。各地要充分发挥"大数据比对＋铁脚板摸排"作用，线上线下相结合，及时、主动发现需要救助的困难群众。加强线上跨部门信息共享和数据比对，各级民政部门要将掌握的低收入人口数据与教育、人力资源社会保障、卫生健康、医保、残联等部门和单位掌握的家庭经济困难学生、登记失业人员、重病患者、重度残疾人等数据进行交叉比对，动态掌握低收入人口就业状况、家庭支出、困难情形等变化情况。加强线下核查，县级民政部门要依托基层力量，组织动员乡镇（街道）干部、村（社区）组织工作人员、村级社会救助协理员、社会工作者等经常性走访困难群众，发现家庭状况发生变化的，及时报告并将变化情况录入低收入人口数据库。积极推行政府购买社会救助服务，委托社会力量开展困难群众家庭状况随访、协助申请等工作。各地对已纳入社会救助范围的低收入人口，重点监测相关社会救助政策是否落实到位、是否还存在其他方面的生活困难；对未纳入社会救助范围的低收入人口，重点监测其家庭状况变化情况，发现符合救助条件的，应当告知相关救助政策，按规定及时启动救助程序。

（四）分类处置预警信息。各地民政部门发现社会救助政策落实不到位的，要尽快按规定落实或商请相关社会救助管理部门落实救助政策；发现低收入人口未纳入社会救助范围但可能符合救助条件的，要根据困难类型和救助需求，将信息分类推送至相关社会救助管理部门处理；发现困难情形复杂的，可适时启动县级困难群众基本生活保障工作协调机制，通过"一事一议"方式集体研究处理；发现低收入人口可能不再符合救助条件的，及时核查或商请相关社会救助管理部门核查有关情况，对符合终止条件的按规定终止救助。

四、做好分层分类社会救助工作

各地要根据低收入人口动态监测预警信息，按照低收入人口困难程度和困难类型，分层分类提供常态化救助帮扶。对防止返贫监测对象，同时按照现行防止返贫动态监测和帮扶机制给予针对性帮扶措施，切实防止规模性返贫。

（一）扎实做好基本生活救助。对符合最低生活保障、特困人员救助供养条件的低收入人口，给予相应的最低生活保障、特困人员救助供养等基本生活救助。对最低生活保障边缘家庭中的重病患者、重度残疾人等特殊困难人员，可单独纳入最低生活保障范围。对参照单人户纳入最低生活保障范围的成年无业重度残疾人等其他特殊困难人员，给予相应的基本生活救助。

（二）完善专项社会救助

1. 医疗救助（含疾病应急救助）。对特困人员参加城乡居民基本医疗保险的费用给予全额资助，对最低生活保障对象等其他符合资助参保条件的低收入人口给予定额资助。对最低生活保障对象、特困人员、最低生活保障边缘家庭、刚性支出困难家庭中符合条件的大病患者在定点医药机构发生的住院费用、因慢性病需要长期服药或患重特大疾病需要长期门诊治疗的费用，按规定给予相应医疗救助。对符合疾病应急救助条件的费用，由疾病应急救助基金按规定支付。

2. 教育救助。对最低生活保障对象、特困人员、最低生活保障边缘家庭、刚性支出困难家庭以及其他经济困难家庭中符合条件的在园幼儿、在校学生，按规定采取发放助学金、生活补助，提供勤工助学岗位、助学贷款以及减免相关费用等方式，给予教育救助。

3. 住房救助。对符合当地住房保障条件的城市最低生活保障家庭、城市分散供养特困人员、城市最低生活保障边缘家庭和刚性支出困难家庭，通过配租公租房或发放租赁补贴优先给予住房救助；对符合当地住房保障条件的农村最低生活保障家庭、农村分散供养特困人员、农村最低生活保障边缘家庭和刚性支出困难家庭，通过农村危房改造等方式优先给予住房救助。

4. 就业救助。对符合条件的最低生活保障对象、最低生活保障边缘家庭成员、刚性支出困难家庭成员，按规定落实贷款贴息、税费减免、培训补贴、社保补贴等政策。多渠道开发就业岗位，通过产业发展、劳务输出、车间吸纳、以工代赈等方式进行就业帮扶，引导就业救助对象积极就业。

5. 受灾人员救助。对遭遇自然灾害的最低生活保障对象、特困人员、最低生活保障边缘家庭成员、刚性支出困难家庭成员，按照自然灾害救助政策给予相应救助；加强与其他救助政策的有序衔接，推动形成救助合力。

（三）加强急难社会救助。对遭遇突发性、紧迫性、灾难性困难导致基本生活暂时出现严重困难的人员，取消户籍地、居住地申请限制，在急难发生地按规定通过临时救助或生活无着流浪乞讨人员救助，及时给予急难社会救助，可实行"小金额先行救助"，事后补充说明情况。发挥县级困难群众基本生活保障工作协调机制作用，及时化解困难群众急难愁盼问题。

（四）积极发展服务类社会救助。鼓励各地通过政府购买服务等方式，对低收入人口中生活不能自理的老年人、未成年人、残疾人等提供必要的访视、照料服务；积极开展社会工作服务，为低收入人口提供心理疏导、资源链接、能力提升、社会融入等服务，推动形成"物质＋服务"的救助方式。

（五）做好其他救助帮扶。对符合条件的最低生活保障对象、特困人员、最低生活保障边缘家庭成员、刚性支出困难家庭成员，可根据当地救助政策给予取暖补贴、殡葬费用减免等救助帮扶。鼓励有条件的地方将困难残疾人生活补贴、残疾儿童康复救助、困难重度残疾人家庭无障碍改造等帮扶措施延伸至最低生活保障边缘家庭成员等。

（六）鼓励开展慈善帮扶。促进社会力量参与社会救助，支持引导公民、法人和其他组织通过捐赠财产、开展慈善项目、创办服务机构、提供志愿服务等方式，面向低收入人口开展慈善帮扶活动。建立政府救助与慈善帮扶衔接机制，在政策、对象、信息、资源等方面进行救助需求与慈善供给的匹配对接，为低收入人口提供多样化救助帮扶。

五、强化组织实施

（一）加强组织领导。强化党委领导、政府负责、民政牵头、部门协同、社会参与的工作机制。各地要落实主体责任，在完善最低生活保障、特困人员救助供养政策措施基础上，结合实际进一步细化最低生活保障边缘家庭、刚性支出困难家庭以及其他困难人员的认定办法、程序和救助帮扶标准、措施等。深入实施基层社会救助能力提升工程，探索实行"一次申请、分类审核认定"等做法，进一步提高社会救助可及性、便捷性。

（二）落实部门责任。相关部门要各司其职、主动作为，协同配合、齐抓共管，打通数据壁垒、加强信息共享，加大政策宣传解读力度，鼓励引导更多困难群众通过勤劳改善生活，共同做好低收入人口动态监测和分层分类社会救助工作。民政部门要统筹低收入人口认定、监测和常态化救助帮扶工作，负责最低生活保障、特困人员救助供养、临时救助等相关工作。教育、人力资源社会保障、住房城乡建设、卫生健康、应急管理、医保等部门按照各自职责分别负责教育救助、就业救助、住房救助、受灾人员救助、医疗救助等相关工作。农业农村（乡村振兴）部门负责做好健全防止返贫动态监测和帮扶机制相关工作。残联组织协同做好残疾人救助帮扶相关工作。财政部门负责根据经济社会发展水平、财政状况、救助需求等因素，通过现有资金渠道合理安排相应社会救助资金，保障低收入人口救助帮扶工作持续开展。

（三）强化监督检查。各地要加强社会救助资金使用监管，确保按时足额发放，不得挤占、挪用、截留或者擅自扩大资金使用范围；杜绝"人情保"

"关系保"，严查优亲厚友、骗取套取等行为，确保资金真正用到困难群众身上。申请或已获得社会救助的家庭或人员应当按规定如实申报收入状况、财产状况。建立容错纠错机制，落实"三个区分开来"要求，对秉持公心、履职尽责但因客观原因出现失误偏差且能够及时纠正的经办人员依法依规免于问责，激励基层干部担当作为，切实兜牢基本民生底线。

民政部关于加强政府救助与
慈善帮扶有效衔接的指导意见

民发〔2023〕46 号　　　　　　　　　　　　　　　2023 年 9 月 4 日

各省、自治区、直辖市民政厅（局），各计划单列市民政局，新疆生产建设兵团民政局：

为深入贯彻党中央、国务院关于兜牢民生底线的决策部署，全面落实中共中央办公厅、国务院办公厅印发的《关于改革完善社会救助制度的意见》，进一步畅通公益慈善力量参与社会救助渠道，健全分层分类的社会救助体系，现就加强政府救助与慈善帮扶有效衔接提出以下意见。

一、总体要求

以习近平新时代中国特色社会主义思想为指导，深入贯彻党的二十大精神，全面贯彻落实党中央、国务院关于社会救助和公益慈善事业发展的决策部署，坚持以人民为中心的发展思想，探索构建再分配和第三次分配协调配套的制度体系。加强政府救助与慈善帮扶有效衔接，完善政策措施，健全工作机制，强化信息共享，推进融合发展，形成政府救助和慈善帮扶协调配合、资源统筹、优势互补、融合高效的新格局，合力解决困难群众急难愁盼问题，不断增强困难群众获得感、幸福感、安全感。

二、主要任务

（一）建立完善政府救助和慈善帮扶衔接工作机制。各地民政部门要加强与公益慈善力量合作，吸引更多公益慈善资源参与社会救助。要建立完善与公益慈善力量协调工作机制，全面加强政府救助与慈善帮扶在政策、对象、信息、资源等方面的有效衔接。要及时与慈善组织沟通会商，通报政府救助与慈善帮扶衔接情况，分析研判工作形势，协调解决工作中存在的困难和问题，促进救助需求与公益慈善力量精准对接，更好满足困难群众多层次、多样化、差异性救助需求。

（二）加强政府救助和慈善帮扶对象衔接。对暂不符合政府救助条件或政府救助后生活仍有困难的群众，各地民政部门可积极寻找公益慈善资源，在征得困难群众同意的前提下，向相关慈善组织提供有关信息，争取慈善帮扶。对于民政部门转介的对象，慈善组织可以简化程序，根据其困难情形、困难程度等，及时予以帮扶。慈善组织发现可能符合政府救助条件但未获得相应救助的困难群众，可及时告知当地民政部门、乡镇人民政府（街道办事处）或者协助提出救助申请。

（三）加强政府救助和慈善帮扶信息互通共享。建立健全民政部门与慈善组织信息互通、资源共享机制。依托全国低收入人口动态监测信息平台等业务信息系统，汇聚困难群众救助帮扶需求及其接受政府救助和慈善帮扶的相关信息。鼓励各地结合实际建立慈善组织参与社会救助信息对接服务平台，实现民政部门与慈善组织之间的信息交换与共享，促进公益慈善资源合理配置，提升慈善帮扶成效。各地民政部门要充分发挥乡镇（街道）民政服务站（原社工站）等在发现救助需求、链接慈善资源、促进供需对接中的积极作用，为公益慈善力量参与社会救助、精准高效帮扶困难群众提供有力支撑。

（四）创新公益慈善力量参与社会救助途径方法。各地民政部门要动员引导慈善组织依据章程、业务范围和自身专长优势，针对困难群众实际需求设立慈善项目，不断提高慈善帮扶的针对性和实效性。鼓励发达地区慈善组织对困难群众多、公益慈善力量薄弱的中西部地区，特别是国家乡村振兴重点帮扶县等开展点对点的慈善帮扶。积极创新慈善帮扶方式，聚焦低收入家庭中生活不能自理的老年人、未成年人、残疾人和重病患者等特殊困难人员，在加大物质帮扶力度的同时，通过政府购买服务等方式，支持慈善组织有针对性地提供访视照料、心理慰藉、康复训练、能力提升等服务。大力发展互联网慈善，不断拓宽资金筹集渠道。注重发挥慈善联合会、慈善会等行业性、枢纽型社会组织在培育慈善项目、协调慈善资源、引导慈善行为等方面的重要作用，倡导慈善组织创新工作方式，有序开展帮扶活动。每年9月5日"中华慈善日"主题宣传活动期间，各地民政部门要鼓励支持慈善组织围绕社会救助主题策划开展形式多样、特色鲜明的慈善帮扶活动，打造一批面向困难群众的特色慈善活动和品牌项目。引导慈善组织积极参与重大活动或者重要节假日期间困难群众基本生活保障有关工作。

（五）加强公益慈善力量参与社会救助的激励支持。鼓励有条件的地区通过公益创投、补贴奖励、提供场所、减免费用等多种方式，支持慈善组织的启动成立和初期运行。慈善组织开展的救助帮扶类慈善项目，按照有关规定享受税收优惠和费用减免。按照政府购买服务有关要求，通过政府购买慈善组织服务支持慈善组织发展。对在社会救助领域作出突出贡献、具有良好社会影响力的慈善组织等公益慈善力量以及具有创新性、示范性的慈善项目，通过"中华慈善奖"评选表彰、社会救助先进集体和先进个人评选等方式给予激励褒扬，并对相关慈善组织在等级评估等方面给予适当倾斜支持。

三、保障措施

（一）加强组织领导。各地要将加强政府救助与慈善帮扶有效衔接作为推动社会救助和公益慈善事业高质量发展的重点工作，充分发挥党委领导、政府负责、民政牵头、部门协同、社会参与的社会救助工作机制作用，加强与红十字会、共青团、妇联等群团组织以及其他社会组织的沟通协调，形成工作合力。加大经费支持力度，在建立专项基金、建设信息共享平台以及工作保障等方面给予必要的支持。鼓励引导公民、法人以及其他组织设立社会救助专项基金、慈善冠名基金等。

（二）加强监督管理。民政部门要依法履行监督管理职责，加强对慈善组织等公益慈善力量参与社会救助的指导、监督和管理。加大对相关人员的培训力度，提升慈善帮扶能力。加强廉政风险防控机制建设，严防以权谋私、优亲厚友等违规违纪问题发生。慈善组织要自觉接受审计监督和主管部门的日常监管，按照规定公开救助帮扶类慈善项目有关情况，接受社会监督。

（三）加强宣传引导。大力宣传中华民族乐善好施、扶危济困的传统美德和诚信友爱、互帮互助的公益慈善理念，营造浓厚慈善社会氛围，总结推广政府救助与慈善帮扶合力解决困难群众急难愁盼问题的典型案例和经验做法，鼓励引导公益慈善力量积极参与社会救助。民政部将开展公益慈善力量参与社会救助典型案例征集活动，选树一批社会救助领域的优秀慈善组织、品牌慈善项目，发挥示范引领作用。

本意见自 2023 年 9 月 4 日起施行。

民政部办公厅关于贯彻落实国务院部署 扎实做好分层分类社会救助工作的通知

民办函〔2023〕81号   2023 年 12 月 1 日

各省、自治区、直辖市民政厅（局），各计划单列市民政局，新疆生产建设兵团民政局：

近日，国务院办公厅转发民政部等单位《关于加强低收入人口动态监测做好分层分类社会救助工作的意见》（国办发〔2023〕39 号，以下简称《意见》），对进一步加强低收入人口动态监测、健全分层分类社会救助体系作出重要部署。现就贯彻落实《意见》通知如下：

一、抓紧细化实化落实举措

《意见》对合理确定低收入人口范围、加强低收入人口动态监测、做好分层分类社会救助工作等作出部署。各地民政部门要深入学习领会《意见》精神，结合本地区实际，研究制定贯彻落实的具体举措，细化实化相关政策安排，采取有力有效措施抓好落实。要在完善低保、特困人员救助供养政策措施基础上，结合实际进一步细化明确最低生活保障边缘家庭、刚性支出困难家庭以及其他困难人员的认定办法、程序和救助帮扶标准、措施等，为实施分层分类救助帮扶提供政策依据。要及时向当地党委和政府汇报贯彻落实国务院部署要求的工作考虑，提请党委和政府专题研究社会救助工作，协调解决面临的突出困难和问题，进一步加强组织领导，加大工作力度，将《意见》部署要求不折不扣落到实处。

二、抓好各项重点任务落实

各地民政部门要准确把握《意见》部署的重点任务，会同相关部门一项一项抓好落实，推动分层分类社会救助体系建设取得新成效。要加强低收入人口动态监测，完善拓展低收入人口动态监测信息平台功能应用，健全多部门联动的风险预警、综合研判和快速处置机制。全面开展低保边缘家庭认定，实施分层分类救助帮扶，将专项救助拓展至低保边缘家庭成员、刚性支出困难家庭成员等低收入人口，加快形成梯度救助格局。持续推进低保、特困人员救助供养等基本生活救助提质增效，做到应保尽保、应救尽救。进一步完善临时救助制度，全面推行由急难发生地实施临时救助，打通异地急难社会救助的"堵点"。探索完善服务类救助制度安排，为有需要的低收入人口提供稳定、可持续的访视、照料等服务和专业社会工作服务。建立健全政府救助与慈善帮扶衔接机制，合力解决困难群众急难愁盼问题。

三、加强部门协同和督促指导

各地要不断完善党委领导、政府负责、民政牵头、部门协同、社会参与的工作机制，充分发挥各级社会救助部门协调机制，尤其是县级困难群众基本生活保障工作协调机制作用，进一步加强部门协同，增强工作合力。各地民政部门要切实履行统筹推进社会救助体系建设牵头职责，主动加强与其他救助管理部门的政策衔接、信息共享、资源统筹，及时会商研究，共同抓好《意见》贯彻落实。要会同相关部门加强督促指导，建立定期调度机制，及时总结推广好的经验做法。建立完善容错纠错机制，制定具体举措，激励基层干部担当作为。完善社会救助绩效评价机制，合理运用评价结果，推动《意见》部署的各项任务落到实处。各地落实《意见》情况将纳入 2024 年度民政部、财政部困难群众基本生活救助工作绩效评价和民政重点工作综合评估。

四、强化救助资金保障和监管

各地民政部门要综合考虑低保等社会救助提质增效、实施分层分类救助帮扶和巩固拓展兜底脱贫成果等因素，精心测算困难群众救助资金需求，及时向当地党委和政府报告，积极争取财政部门支持，切实加大困难群众救助资金投入力度，保障《意见》贯彻落实，推动低收入人口救助帮扶工作持续开展。要进一步加强困难群众救助资金监管，做到拨付及时、使用规范、运行安全。严肃整治骗取套取、挤占挪用、贪污侵占困难群众救助资金等违纪违法行为，管好用好困难群众的每一分"保命钱"和每一笔"救助款"。

五、加大宣传培训力度

各地民政部门要认真组织开展业务培训，使各级社会救助工作人员全面准确掌握政策、吃透精神、领会要求。要采取多种形式广泛宣传《意见》要求和具体落实举措，利用"两微一端"等新媒体加强政策宣传、做好权威解读，切实提高政策知晓度。坚持正确舆论导向，大力宣传分层分类社会救助体系建设成效，讲好社会救助故事，积极营造全社会关心关爱低收入群众、支持参与社会救助的良好氛围。

各地贯彻落实《意见》的进展情况、重要事项和出台的政策文件、重要工作信息等，请及时报告民政部。

财政部 民政部关于印发《中央财政困难群众救助补助资金管理办法》的通知

财社〔2023〕88 号   2023 年 8 月 31 日

各省、自治区、直辖市、计划单列市财政厅（局）、民政厅（局），新疆生产建设兵团财政局、民政局：

为规范和加强中央财政困难群众救助补助资金管理，进一步做好困难失能老年人基本养老服务保障工作，财政部、民政部对现行管理办法进行了修订，现印发给你们，请遵照执行。

附件：

中央财政困难群众救助补助资金管理办法

第一条 为规范和加强中央财政困难群众救助补助资金（以下简称补助资金）管理，提高资金使用效益，支持地方做好困难群众救助工作，根据国家有关法律法规和财政部专项补助资金管理有关规定，制定本办法。

第二条 本办法所称补助资金，是指在最低生活保障（以下简称低保）、特困人员救助供养、临时救助、流浪乞讨人员救助、孤儿基本生活保障、困难失能老年人基本养老服务救助等困难群众救助和保障政策存续期间，中央财政安排用于补助各省（自治区、直辖市、计划单列市、新疆生产建设兵团，以下统称省）开展低保、特困人员救助供养、临时救助、流浪乞讨人员救助、孤儿、事实无人抚养儿童和艾滋病病毒感染儿童基本生活保障以及困难失能老年人基本养老服务救助的资金。

补助资金实施期限至 2025 年 12 月 31 日。期满前财政部会同民政部根据法律、行政法规和国务院有关规定及工作需要，组织开展绩效评估，根据评估结果确定是否延续补助政策及延续期限。

第三条 补助资金使用和管理要坚持公开、公平、公正的原则。

第四条 财政部负责会同民政部对补助资金实施全过程预算绩效管理。按照预算管理规定，省级民政部门商同级财政部门设定补助资金区域绩效目标，明确资金与工作预期达到的效果，报民政部审核。民政部在完成绩效目标审核后提出补助资金的分配建议及当年全国整体绩效目标和分区域绩效目标函报财政部，并负责提供相关测算因素数据，对其准确性、及时性负责；财政部根据规定的因素测算资金分配方案，于每年全国人民代表大会批准预算后 30 日内，会同民政部下达补助资金，同步下达区域绩效目标，抄送民政部和财政部各地监管局。年度执行中，民政部会同财政部指导省级民政部门、财政部门对绩效目标实现情况进行监控，确保绩效目标如期实现。

第五条 补助资金按因素法分配。

因素法分配主要参考各地救助需求因素（如相关保障对象数量）、财力因素和绩效因素等，重点向保障任务重、财政困难、工作绩效好的地区倾斜。测算公式为：

$$某地应拨付资金 = 资金总额 \times \frac{该地分配系数}{\Sigma 分配系数}$$

其中：某地分配系数 ＝ 该地需求因素 × 该地财力因素 × 该地绩效因素。

财政部、民政部在每年分配资金时，根据党中央、国务院的有关决策部署及管理改革要求，可对选取的具体分配因素及其权重等进行适当调整。同时，为高质量推进社会救助工作开展，提高使用数据的科学性，在具体测算时可根据实际情况适当引入审核调整机制，对相关对象数量等基础数据的年度增减幅度设定上下限、对异常或离散数据进行适当调整等；为保持对各地困难群众救助工作支持的相对合理性，可适当对分配测算结果进行增减幅控制。

第六条 省级财政部门收到补助资金后，应将其与省本级财政安排的资金统筹使用，商同级民政部门制定本省资金分配方案，并于 30 日内正式分解下达至本行政区域县级以上各级财政部门，并请参照中央做法，将本省绩效目标及时对下分解。同时将资金分配结果报财政部、民政部备案并抄送财政部当地监管局。

第七条 各级财政部门要会同民政部门优化财政支出结构，科学合理编制预算，加强补助资金统筹使用，积极盘活财政存量资金，加大结转结余资金消化力度，增加资金有效供给，发挥补助资金合力，提升资金使用效益。

有关结转结余资金管理按照《国务院办公厅关于进一步做好盘活财政存量资金工作的通知》（国办发〔2014〕70 号）、《财政部关于推进地方盘活财政存量资金有关事项的通知》（财预〔2015〕15 号）等规定执行。

第八条　财政部、民政部应当在每年 10 月 31 日前，根据预算管理相关规定，按当年补助资金实际下达数的一定比例，将下一年度补助资金预计数提前下达省级财政部门，并抄送财政部当地监管局。

各省级财政部门应建立相应的预算指标提前下达制度，在接到中央财政提前下达预算指标后，会同民政部门于 30 日内下达本行政区域县级以上各级财政部门，同时将下达文件报财政部、民政部备案，并抄送财政部当地监管局。

第九条　各级财政部门要会同民政部门采取有效措施，加快预算执行进度，提高预算执行的均衡性和有效性。

对于全年全省困难群众救助资金支出少于当年中央财政下达该省的补助资金的省份，中央财政将在下年分配补助资金时适当减少对该省的补助。

第十条　补助资金按照直达资金有关规定管理。属于政府采购管理范围的，应按照政府采购法律制度规定执行。鼓励各地按规定通过政府购买服务的方式引导社会力量参与提供救助服务。

补助资金支付按照国库集中支付制度有关规定执行。

低保金、分散供养特困人员救助供养金、临时救助金、困难失能老年人基本养老服务救助金原则上应支付到救助对象个人账户，集中供养特困人员救助供养金应统一支付到供养服务机构集体账户。孤儿基本生活费应支付到孤儿、事实无人抚养儿童和艾滋病病毒感染儿童本人或其监护人个人账户，集中养育的孤儿和艾滋病病毒感染儿童基本生活费应统一支付到福利机构集体账户。

县级民政、财政部门应当为救助家庭或个人在银行、信用社等代理金融机构办理接受补助资金的账户，也可依托社会保障卡、惠农资金"一卡通"等渠道发放补助资金，代理金融机构不得以任何形式向救助家庭或个人收取账户管理费用。

第十一条　补助资金要专款专用，用于为低保对象发放低保金，为特困人员提供基本生活条件、对生活不能自理的给予照料、提供疾病治疗、办理丧葬事宜，为临时救助对象发放临时救助金或实物，为孤儿、事实无人抚养儿童和艾滋病病毒感染儿童发放基本生活费，为生活无着的流浪乞讨人员实施主动救助、生活救助、医疗救治、教育矫治、返乡救助、临时安置并实施未成年人社会保护，为困难失能老年人提供基本养老服务等。补助资金使用后按支出方向单独记账，分别核算。

各级财政、民政部门和经办机构应严格按规定使用，不得擅自扩大支出范围，不得以任何形式挤占、挪用、截留和滞留，不得向救助对象收取任何管理费用。补助资金不得用于工作经费，不得用于机构运转、大型设备购置和基础设施维修改造等支出。

第十二条　地方各级财政、民政部门应建立健全资金监管机制，定期对补助资金的使用管理情况进行检查，及时发现和纠正有关问题，并对资金发放情况进行公示，接受社会监督。

财政部各地监管局在规定的职权范围内，依法对补助资金的使用管理情况进行监督。

第十三条　地方各级财政、民政部门应自觉接受审计、监察等部门的监督和社会监督。

第十四条　省级财政部门应会同同级民政部门组织市县做好补助资金绩效目标自评工作，将区域绩效自评结果报送财政部、民政部并抄送财政部当地监管局。年度执行结束后，财政部、民政部根据需要组织开展补助资金重点绩效评价，评价结果作为调整政策、督促指导地方改进工作、分配中央财政补助资金的重要依据。

第十五条　各级财政、民政部门应切实防范和化解财政风险，强化流程控制、依法合规分配和使用资金，实行不相容岗位（职责）分离控制。

各级财政、民政部门及其工作人员在补助资金的分配审核、使用管理等工作中，存在违反本办法规定的行为，以及其他滥用职权、玩忽职守、徇私舞弊等违法违规行为的，依法追究相应责任。涉嫌犯罪的，依法移送有关机关处理。

第十六条　各省财政、民政部门可参照本办法，结合当地实际，制定困难群众救助补助资金管理具体办法。

第十七条　本办法由财政部会同民政部负责解释。

第十八条　本办法自印发之日起开始施行，《财政部　民政部关于印发〈中央财政困难群众救助补助资金管理办法〉的通知》（财社〔2017〕58 号）、《财政部　民政部　住房城乡建设部　中国残联关于修改中央财政困难群众救助等补助资金管理办法的通知》（财社〔2019〕114 号）中关于中央财政困难群众救助补助资金部分内容，以及《财政部　民政部关于修改〈中央财政困难群众救助补助资金管理办法〉的通知》（财社〔2022〕38 号）同时废止。

区划地名

民政部关于增补藏南地区公开使用地名
（第三批）的公告

公告 548 号   2023 年 4 月 2 日

　　根据国务院地名管理的有关规定，我部会同有关部门对我国藏南地区部分地名进行了标准化处理。现正式公布第三批增补藏南地区公开使用地名（共 11 个）。

附件 1：

增补藏南地区公开使用地名（第三批）

序号	标准汉字名称	藏文名称	汉语拼音	地名类别	所属政区	经度	纬度
1	邦钦	ཤོང་ཆེན།	Bāngqīn	地片	错那县	91° 43′ 32″ E	27° 43′ 58″ N
2	江卡宗	ཁྱུང་ཕྱོགས་རྫོང་།	Jiāngkǎzōng	居民点	错那县	91° 51′ 52″ E	27° 34′ 02″ N
3	罗素日	ལོག་ཟུར་རི།	Luósùrì	山峰	错那县	92° 33′ 01″ E	27° 36′ 12″ N
4	叠普日	གདིབ་ཕུ་རི།	Diépǔrì	山峰	错那县	93° 35′ 54″ E	27° 17′ 24″ N
5	达东	རྟ་གདོང་།	Dádōng	居民点	墨脱县	94° 22′ 32″ E	28° 31′ 49″ N
6	齐布日河	ཆེན་བུ་རི།	Qíbùrì Hé	河流	墨脱县	具体位置见附图	
7	东孜拉峰	མདུང་རྫི་ལ།	Dōngzīlā Fēng	山峰	墨脱县	95° 20′ 19″ E	28° 28′ 51″ N
8	格多河	དགེ་མདོ་ཆུ་།	Géduō Hé	河流	察隅县	具体位置见附图	
9	古玉通	མགོ་གཡུ་ཐང་།	Gǔyùtōng	地片	察隅县	97° 01′ 05″ E	28° 17′ 55″ N
10	尼玛岗峰	ཉི་མ་སྒང་།	Nímǎgǎng Fēng	山峰	察隅县	97° 15′ 14″ E	27° 58′ 08″ N
11	久纽泽岗日	རྒྱུད་སྙུག་ཚེ་སྒང་རི།	Jiǔniǔzégǎngrì	山峰	错那县隆子县	93° 17′ 31″ E	28° 20′ 27″ N

附件 2：增补藏南地区公开使用地名（第三批）分布图（略）

民政部关于开展第五轮
省级行政区域界线联合检查的通知

民函〔2023〕26 号   2023 年 2 月 17 日

各省、自治区、直辖市民政厅（局）：

　　行政区域界线联合检查是毗邻人民政府联合组织对已勘定的行政区域界线管理情况进行检查，并对发现问题进行处理的一项法定工作制度。开展行政区域界线联合检查，对于巩固法定勘界成果，防范化解边界领域重大风险，促进边界地区和谐稳定具有重要意义。根据《行政区域界线管理条例》，从 2003 年至 2022 年，民政部组织开展了五年一轮共四轮的省级行政区域界线联合检查（以下简称省界联检）。2023 年至 2027 年将接续开展第五轮省界联检。为做好本轮省界联检，现就有关事项通知如下：

一、任务计划

　　本轮共安排 68 条省界进行联检，总长度约 62417 公里。其中，2023 年联检 14 条，总长度约 11982 公里；2024 年联检 14 条，总长度约 7874 公里；2025 年联检 14 条，总长度约 14468 公里；2026 年联检 13 条，总长度约 13629 公里；2027 年联检 13 条，总长度约 14464 公里。

　　与第四轮省界联检相比，本轮次序不变，牵头单位和配合单位相互轮换（详见附件）。三省（自治区、直辖市）行政区域界线交会点的联检，参照以往工作惯例，由毗邻各方协商后，与有关省界联检同步实施。因特殊原因，整条省界联检需要提前或者推后的，由毗邻双方民政厅（局）协商一致并报民政部同意后实施。

　　遇有影响省界实地位置和走向的自然灾害、河流改道、道路变化等特殊情况，毗邻双方可随时安排省界联检。联检的结果，由毗邻双方省级人民政府共同报送国务院备案。

二、进度安排

结合各地实际情况，对省界联检进度作如下安排：

（一）当年 3 月 31 日前，研究、制定实施方案，并由毗邻双方民政厅（局）联合报送民政部备案。

（二）当年 4 月 30 日前，完成内业工作。

（三）当年 10 月 31 日前，完成外业工作。

（四）当年 11 月 30 日前，完成工作验收和总结。

（五）当年 12 月 31 日前，向国务院报送工作报告，并抄送民政部备案。

（六）次年 3 月 31 日前，完成立卷、归档工作，并由牵头方将 1 份成果资料报送民政部存档。

三、有关要求

（一）加强组织领导。省级行政区域界线由毗邻省级人民政府共同管理，开展省界联检是毗邻省级人民政府的共同责任。各地要深入贯彻落实党的二十大精神，进一步提高政治站位，高度重视省界联检工作，切实加强组织领导，周密制定实施方案和保障措施，强化全流程管理监督，切实保障安全生产，特别要避免在外业工作中出现安全生产事故。

（二）确保质量效果。要按照《省级行政区域界线联合检查实施办法》规定的内容、方法、步骤和质量标准，细化工作方案，实化工作措施，积极探索省界联检新模式新方法。要重点关注界线标志物损毁情况，及时恢复、修复损毁的界桩和界线辅助标志物，严肃处理故意损毁界桩等行为。

（三）强化协同配合。牵头方应主动推动省界联检各项工作实施，切实起到省界联检牵头责任，配合方要支持牵头方开展工作。相关各地民政部门要认真组织协调边界沿线有关政府和职能部门，及时处理需要跨部门协调解决的问题。重大问题应及时报告省级人民政府和民政部。

（四）积极宣传引导。发挥传统媒体和网络新媒体优势互补作用，通过群众喜闻乐见的传播形式，积极开展普法宣传活动，广泛宣传行政区域界线管理法规政策和典型做法。加强信息公开，积极回应群众关切，讲好平安边界故事，营造崇法守信的良好氛围。

（五）深入推进平安边界建设。以"建设更高水平的平安中国"为引领，把开展省界联检和平安边界建设有机结合起来，丰富开展平安边界建设的内容和形式，提升平安边界建设效能。进一步加强跨区域、跨部门协作，坚持和发展新时代"枫桥经验"，着力防范化解边界地区风险。发挥好平安边界建设考评平台作用，抓好平安边界建设协议落实，进一步提高共建共治共享的边界治理能力和水平。

各地根据分级管理原则，参照省界联检方式，结合本地实际，自行组织新一轮县级行政区域界线联合检查。年度联合检查任务安排和工作总结，分别于当年 3 月 31 日和 12 月 31 日前报送民政部备案。

附件：

2023—2027 年各年度省界联检任务安排

2023 年	牵头单位	2024 年	牵头单位	2025 年	牵头单位	2026 年	牵头单位	2027 年	牵头单位
冀鲁线	山东	京津线	北京	津冀线	天津	冀晋线	山西	京冀线	河北
晋蒙线	内蒙古	冀辽线	河北	晋陕线	陕西	冀蒙线	河北	冀豫线	河南
蒙黑线	黑龙江	晋豫线	山西	蒙辽线	辽宁	蒙甘线	内蒙古	蒙陕线	内蒙古
辽吉线	辽宁	蒙吉线	吉林	蒙宁线	内蒙古	苏皖线	江苏	苏鲁线	江苏
沪苏线	上海	沪浙线	浙江	吉黑线	吉林	浙皖线	安徽	浙闽线	福建
浙赣线	浙江	皖鲁线	山东	苏浙线	浙江	赣鄂线	江西	皖鄂线	湖北
皖豫线	安徽	闽赣线	福建	皖赣线	安徽	鲁豫线	河南	赣粤线	江西
闽粤线	广东	鄂陕线	陕西	赣湘线	江西	湘粤线	湖南	鄂湘线	湖南
豫陕线	河南	湘渝线	重庆	豫鄂线	湖北	桂滇线	广西	湘黔线	贵州
鄂渝线	湖北	桂黔线	广西	粤桂线	广东	渝黔线	贵州	渝川线	重庆
湘桂线	湖南	川甘线	甘肃	渝陕线	重庆	川陕线	陕西	川滇线	四川
川藏线	西藏	滇藏线	云南	川黔线	四川	川青线	四川	藏青线	西藏
黔滇线	云南	陕宁线	宁夏	藏新线	新疆	陕甘线	甘肃	甘新线	甘肃
甘宁线	宁夏	青新线	青海	甘青线	青海				

民政部办公厅关于印发《中国·国家地名信息库更新维护评价指标》《中国·国家地名信息库群众意见建议办理工作规则》的通知

民办函〔2023〕28 号　　　　　　　　　　　　2023 年 4 月 18 日

各省、自治区、直辖市民政厅（局），新疆生产建设兵团民政局，北京、天津、上海市地名行政主管部门：

为贯彻落实《地名管理条例》有关精神，进一步加强中国·国家地名信息库建设，更好地发挥中国·国家地名信息库在公布标准地名，服务群众生活、社会治理、科学研究等方面的积极作用，我们研究制定了《中国·国家地名信息库更新维护评价指标》和《中国·国家地名信息库群众意见建议办理工作规则》，现印发你们，请遵照执行。

从 2023 年第二季度起，我部将以季度为单位，对中国·国家地名信息库中各省份数据的"量"与"质"以及日常更新维护情况进行评估，并采取适当方式向各地反馈评估结果。各地要充分认识加强中国·国家地名信息库建设的重要意义，将成果数据更新维护与群众意见建议办理答复作为重要工作任务，采取有效措施，压实各级管理维护责任，推动区划、地名和界线成果更新维护常态化、规范化，不断提升中国·国家地名信息库的权威性、及时性和准确性。

中国·国家地名信息库更新维护评价指标

一级指标	二级指标	评价标准	评价方法 （基础分为100分）
1. 数据采集更新	1.1 行政区划变更信息及时更新维护	行政区划的设立、撤销、隶属关系变更，行政区域界线的变更，人民政府驻地的迁移和行政区划名称的变更，应自行政区划变更信息向社会公告之日起 20 个工作日内，在中国·国家地名信息库中完成资料上传与信息变更	数据抽查与资料比对，未按时更新的，每发现一项扣 1 分
	1.2 备案公告	地名信息备案公告应符合《地名备案公告管理办法》有关要求	数据抽查与资料比对，未按时备案或公告的，每发现一项扣 0.1 分（备案公告制度出台后再行评估）
	1.3 地名信息及时采集入库	对新批准备案地名，除该地理实体尚未建设等客观原因外，应于备案后 30 个工作日内采集地名的属性、空间和多媒体信息等，审核录入中国·国家地名信息库	对照备案公告数据在库内核查，无客观原因未采集入库的，每发现一项扣0.1 分
	1.4 库内存量地名信息更新维护	已收录地名消亡的，及时在中国·国家地名信息库内进行历史化处理。已收录地名的书写拼写、类别位置、来历含义沿革、多媒体信息等发生变化的，应及时在中国·国家地名信息库内予以更新，保证地名信息的现势性、准确性	库内数据抽查，未及时进行更新的，每发现一项扣 0.1 分
	1.5 界线界桩数据更新维护	县级行政区域界线界桩发生变更的，应在行政区域界线勘定后 20 个工作日内，通过中国·国家地名信息库提交相关界线、界桩数据	数据抽查与资料比对，未及时更新的，每发现一项扣 1 分
	1.6 及时补充信息库缺失信息	及时采集补充中国·国家地名信息库缺失的地名信息，完善相关属性信息，及时处理入库	根据采集入库地名数量占上一年度库内总量的比重进行评估，每达到 0.5 个百分点加 1 分

一级指标	二级指标	评价标准	评价方法 （基础分为100分）
2. 数据质量控制	2.1 行政区划信息准确	行政区划名称书写、隶属关系、行政区划代码准确无误	数据抽查与资料比对,每发现一项错误扣1分
	2.2 地名书写拼写正确	地名书写用字正确,对生僻字、异体字、自造字、计算机字库未录入字的情况进行分别处理。地名罗马字母拼写正确,符合相关规定要求	库内数据抽查,每发现一项错误扣0.1分
	2.3 地名分类准确	地名类别划分正确,与地理实体特征相符,符合《地名分类与类别代码编制规则》(GB/T 18521—2001)	库内数据抽查,错误率以1%为界,每少0.1个百分点加1分,每多1个百分点扣1分
	2.4 地名图上位置准确	参照《第二次全国地名普查工作规程》,位置标注准确规范	库内数据抽查,错误率以1%为界,每少0.1个百分点加1分,每多1个百分点扣1分
	2.5 来历含义沿革信息规范	来历含义沿革信息表述完整、逻辑清晰、语句通顺。来历含义信息能够体现地名的命名理据及承载的人文发展变迁等背景内容;历史沿革信息能够反映地名的来龙去脉及所指代地理实体的变化情况	库内数据抽查,每发现一项明显或严重错误扣0.1分
	2.6 界线数据准确规范	界线的等级、名称、代码、走向等信息准确、规范,符合《行政区域界线数据交换格式》要求	数据抽查与资料比对等方式,每发现一项错误扣0.1分
	2.7 界桩数据准确规范	界桩的等级、编号、位置等信息准确,符合《行政区域界桩数据交换格式》要求	数据抽查与资料比对等方式,每发现一项错误扣0.1分

一级指标	二级指标	评价标准	评价方法 （基础分为100分）
3. 工作信息报送	3.1 及时报送工作动态信息	及时报送本地区地名工作成效、亮点做法等工作动态信息，内容及数据真实准确，主题鲜明、标题醒目、条理清晰、文字精练，具有典型性、代表性、时效性	根据信息采用情况评估，每采用一篇加0.5分，累计加分不超过5分
	3.2 及时报送地名故事、图录典志、视频展播等信息	及时报送本地区的地名故事，要求内容特色鲜明、丰富生动、可读性强，具有典型的地域特色；及时报送本地区已经出台的地名政策法规、已经出版的图录典志、已制作完成的视频片等信息，在中国·国家地名信息库相关板块中收录	根据信息采用情况评估，每采用一项加0.1分，累计加分不超过3分
4. 群众意见建议处理	4.1 及时处理群众反馈的意见建议	按照《中国·国家地名信息库群众意见建议办理工作规则》要求，及时核实处理群众通过信息库"地名新增与纠错""意见建议"模块提出的意见建议，并规范答复反馈	数据抽查，未按时、规范处理的，发现一项扣1分
5. 工作情况评估	5.1 负面及舆情处置	因中国·国家地名信息库中信息不规范、不准确而引发舆情热议的	每出现一例扣5分

中国·国家地名信息库群众意见建议办理工作规则

为贯彻落实《地名管理条例》有关规定，鼓励引导社会力量参与地名数据资源建设，规范群众意见建议办理答复工作，进一步提升中国·国家地名信息库（以下简称"地名信息库"）权威性和时效性，制定本工作规则。

一、职责分工。对群众通过地名信息库"地名新增与纠错""意见建议"等模块提出的意见建议，采取分级负责、多方参与的办理方式。部区划地名司负责综合性、政策性意见建议的办理，并对各地办理情况进行指导协调、评估检查。部信息中心负责意见建议的筛选分发、跟踪提醒与统计汇总等工作，部地名研究所配合做好业务指导与决策支持。各省级地名主管部门负责涉及本地区意见建议的办理，指导本地区各级地名主管部门做好核实、处理和答复等工作。

二、办理流程

（一）收集分发。部区划地名司、信息中心指导技术支持单位对群众意见建议进行整理，并按职责分工在地名信息库内进行分发。原则上，分发工作在收到群众意见建议的 2 个工作日内完成。意见建议涉及区划、地名和界线整体工作或地名信息库建设的，由部区划地名司核实处理；涉及具体地区、具体问题的，由相应省份进行处理；涉及不同地区的，同步分发各相关省份进行相应处理。省级地名主管部门根据地名管理权限，可具体分发给市、县级地名主管部门核实处理。

（二）核实处理。对接到的意见建议，承办单位应当通过实地调查、查阅资料、信息比对等方式进行核实。表述不够清晰的，应当通过联系电话、联系邮箱等方式进一步核准。经核属实的意见建议，通过"地名新增与纠错"模块下发的，在确认审核状态后可直接修改完善地名信息库收录的相关信息；通过"意见建议"模块下发的，应综合各方面情况起草答复内容并上传。对于审核不属实或不涉及本地区的意见建议，可视具体情况选择库内退回或作出相应处理。原则上，核实处理工作应当在意见建议分发后 10 个工作日内完成。

（三）审核把关。对拟订的群众意见建议答复内容，要按管理权限进行审核把关，并履行相应审批程序。部本级负责答复的，按有关规定执行。各地负责答复的，由省级地名主管部门履行最终审核责任。对地名标准读音、罗马字母拼写、来历含义沿革考证、沿边沿海争议地区地名等复杂敏感问题，省级地名主管部门在审核时需征求地名研究所专家组意见；必要时，还应征求部区划地名司意见。省级审核把关一般应在地方答复意见上传后 5 个工作日内完成。

（四）回复反馈。对批定的答复内容进行反馈。各地负责答复的，由省级地名主管部门统一回复。对一般性意见建议，可通过地名信息库公开进行回复；经研判认为不适宜公开的，可通过电子邮件、电话沟通等方式回复。

三、有关要求。群众意见建议答复工作是走好网上群众路线的具体体现。各地要高度重视，按照"事事有回应、件件有答复"的原则，组织专门人员，认真开展工作。省级地名管理部门要切实履行管理、指导和审核把关责任，严格落实意识形态责任制要求，确保回复精准科学。部信息中心将以月为单位对意见建议的收集分发、核实处理和答复反馈情况进行汇总统计和分析。部区划地名司将意见建议办理情况纳入《中国·国家地名信息库更新维护评价指标》，列入年度民政重点工作综合评估范畴，并将适时进行跟踪提醒和督促检查，对办理工作不认真、答复意见不规范的视情进行通报；对出现重大问题、引发严重负面舆情的，依法依规严肃追究责任。

民政部关于开展"乡村著名行动"
助力乡村振兴的通知

民函〔2023〕44 号   2023 年 5 月 11 日

各省、自治区、直辖市民政厅（局），新疆生产建设兵团民政局，北京、天津、上海市地名行政主管部门：

民族要复兴，乡村必振兴。实施乡村振兴战略是以习近平同志为核心的党中央作出的重大决策部署。为全面贯彻落实党的二十大精神，进一步发挥地名工作在全面推进乡村振兴中的积极作用，全面提升乡村地名建设水平，助力建设宜居宜业和美乡村，决定开展"乡村著名行动"。现将有关事项通知如下：

一、指导思想

以习近平新时代中国特色社会主义思想为指导，按照党的二十大擘画的以中国式现代化全面推进中华民族伟大复兴宏伟蓝图，坚持农业农村优先发展，坚持城乡融合发展，按照产业兴旺、生态宜居、乡风文明、治理有效、生活富裕的乡村振兴总要求，通过全面加强乡村地名管理把乡村精准治理基础夯实起来，通过繁荣地名文化使乡村文化活动活跃起来，通过深化地名信息服务把乡村与城市联通起来，通过挖掘地名内在价值把乡村资源要素释放出来，进而把地名在乡村振兴中的积极作用彰显开来，着力构建适应农业农村现代化的乡村地名管理服务体系，不断满足乡村建设需要和人民群众对美好生活的向往，助力实现农业强、农村美、农民富的目标。

二、基本原则

（一）坚持党的领导。毫不动摇坚持和加强党对地名工作的全面领导，将党的领导贯穿于"乡村著名行动"的全过程和各方面。自觉围绕中心、服务大局，主动融入地方各级党委、政府乡村建设工作全局，做到认识统一、步调一致，为各项工作的顺利开展提供坚强有力的政治保障。

（二）坚持依法治理。充分认识地名工作助力全面推进乡村振兴的重大意义和政治责任，以贯彻落实《地名管理条例》为统领，不断健全乡村地名管理制度机制，全面加强乡村地名管理服务标准化、规范化和法治化建设，用规范的乡村地名管理和便捷的乡村地名服务助力乡村振兴，推动城乡融合发展。

（三）坚持系统谋划。准确把握乡村振兴的科学内涵，深入挖掘地名工作价值和潜力，统筹考虑地名的政治功能、经济功能、文化功能和社会功能，聚焦群众急难愁盼问题，注重协同性、关联性，整体部署、协调推进，加快补齐乡村地名管理服务短板。

（四）坚持因地制宜。科学把握乡村差异性和发展走势分化特征，结合不同乡村地区的发展现状、资源禀赋、区位条件等，统筹优化行政区划设置现实需要，合理确定工作重点和目标任务，分类施策、体现特色，不搞齐步走、"一刀切"，努力创造符合实际、特色鲜明、务实有效的地名管理服务模式，扎实有序推进。

三、重点任务

以乡村地名采集上图标注为牵引，全面推进乡村地名命名管理、地名标志设置维护、地名文化保护弘扬、地名信息深化应用和地名赋能产业发展，助力乡村全面振兴。

（一）织密乡村地名网，助力乡村治理现代化

1. 加大乡村地名命名力度。全面贯彻落实《地名管理条例》，研究制定符合乡村特点的地名管理制度、规范和程序，严格乡村地名命名、更名管理。系统梳理排查有地无名、多地重名、地名不规范等问题，加大山水林田湖草沙等自然地理实体名称，乡村道路街巷名称，具有重要地理方位意义的农业产业、公共服务等设施名称的命名力度，按规定进行备案、公告，全面提升乡村地名精细度和规范化程度，有效服务乡村治理精细化、网格化需要。结合行政区划优化设置，加强相关地方的命名、更名工作。

2. 多起新时代乡村好地名。推广建设乡村地名命名采词库，提高新生乡村地名文化内涵，在命名、更名中注重体现社会主义核心价值观、中华优秀传统文化、革命文化、社会主义先进文化，弘扬民族精神和时代精神，坚决杜绝"大、洋、怪"等不规范地名在乡村地区滋生蔓延，用新时代的乡村好地名展示和提振美丽乡村精气神。

3. 规划乡村地名新风貌。结合乡村建设、村庄规模优化、行政区划调整等，科学编制县级地名方案，适时编制乡镇级地名方案，整体规划、通盘考虑，打造融乡土气、时代感、文化性于一体的现代乡村地名景观。健全完善乡村地名方案编制管理制度规范，强化地名方案对命名更名、标志设置、地名文化保护等事项的引导约束作用，注重地名方案与相应国土空间规划的衔接配

套、同步更新、并行实施。

（二）健全乡村地名标志体系，增强城乡公共服务均衡性

4. 推进乡村地名标志设置与维护。依据标准地名编制标准地址，规范设置村牌、街路巷牌、楼门（户）牌等标志，健全乡村地名标志导向体系。建立乡村地名标志巡检制度，加强地名标志管理，及时维护、更新，更好发挥地名标志导向作用。

5. 打造乡村特色地名标志。适应乡村建设、旅游发展等需要，探索创新地名标志形式，擦亮美丽乡村的地名"名片"。加强信息技术、数字技术运用，推广将地名标志与便民服务相结合的"智慧门牌"，丰富地名标志功能作用，提升乡村人居环境。

（三）推动地名文化进村入户，助力乡村文化繁荣兴盛

6. 讲好群众身边的地名故事。推进地名文化进村居，利用好乡村文化墙、电子显示屏、宣传栏、公告板等阵地，融合文化旅游、特色田园建设开展地名文化宣传活动，因地制宜建设地名文化展示设施，提升地名文化可见度。广泛开展乡村地名故事寻访活动，组织专业力量采编乡村地名故事，开展多种形式的乡村地名故事征集、宣讲、展演活动，用地名所承载的历史文脉滋润人心、德化人心、凝聚人心。

7. 加强优秀地名文化传承保护。建立地名保护名录，加大乡村地区地名文化遗产挖掘整理力度，将历史悠久、内涵丰富、特色鲜明、具有重要传承价值的乡村地名纳入保护范围，不随意更改老地名，守护好精神家园。充分认识乡村地区行政区划建制在传承保护历史文化中的重要作用，做好相关专项论证评估工作，加强乡镇行政区划名称历史文化传承保护利用。

8. 推动乡村地名文化创造性转化和创新性发展。盘活现有资源，注重创意设计，大力开发乡村地名文化产品，推动地名文化数字化、形象化，推动与文化旅游等项目深度融合，开展"大地有名""山水有名""家乡有名"等系列宣介活动，打造有影响力的乡村地名文化项目品牌，让地名成为乡愁乡忆的特色文化符号。

（四）深化地名信息服务，助力数字乡村大发展

9. 推进乡村地名信息采集上图。依托国家地名信息库和互联网地图，加大乡村地名信息采集汇集力度，对乡村地区自然地理实体、居民点、道路街巷、交通水利、公共服务、文化旅游、农业产业等地名信息实现应收尽收、常态更新、规范上图。积极发动群众依托图上地名自主上传村级寄递物流综合服务站、村邮站、农家乐、采摘园等兴趣点，提高图上地名感知度和活跃度。

10. 推动乡村标准地名规范使用。加强乡村标准地名信息资源共建共享，

推动在各类标志标识、涉农法律文书、身份证明、不动产权属证书等公文证件以及法律法规规定的其他情形，规范使用乡村标准地名信息。

11. 创新城乡区划地名"一张图"服务。整合县乡两级行政区划设置、已勘定的行政区域界线数据、各类型乡村地名数据、乡村标准地址数据等，以"一张图"模式为农业农村、自然资源、社会治理、文化旅游等领域提供标准、规范、详实的区划地名信息服务，切实发挥好数据底座作用。

（五）促进地名利农惠农，助力乡村产业振兴

12. 创新乡村地名应用场景。充分发挥"互联网＋地名服务"作用，持续提升国家地名信息库服务效能，推动地名服务与寄递物流下乡、工业品下乡、农村电商建设、在线旅游、智慧农业、乡村平台经济等深度融合，便利城乡资源要素双向流动。

13. 推动地名标识品牌建设。发挥地名的地理标识功能，支持鼓励在乡村产业品牌宣传塑造中融入地名元素，培育打造一批"乡字号""土字号"公共品牌，助力本地优质农副产品、旅游服务资源等推介推广。

14. 提升群众地名建设参与度。积极发动和引导群众参与命名设标、地名文化挖掘、地名采集上图等乡村地名建设，大力发展乡村地名志愿者，因地制宜开展地名志愿服务活动，鼓励社会组织参与地名文化挖掘保护利用等工作。鼓励将乡村地名建设有关事项纳入村级议事协商内容，切实把地名工作建设成为联谊乡情、热络感情、畅通民情的大舞台。

四、进度安排

2023 年，民政部组织动员部署，总结推广先进地区工作经验；各地深入开展调查研究，结合实际制定实施方案，细化目标任务、具体举措和步骤安排。利用 3—5 年时间集中开展工作，使工作模式基本定型、工作路径基本成熟，乡村地名及其标志的广度、密度、精细度适应乡村治理需要，乡村地名文化成为乡村文化建设的有机组成，乡村标准地名信息在各领域规范使用，乡村地名管理服务水平实现跃升，地名助力乡村振兴作用充分显现。在此基础上持续推进，到 2035 年，乡村地名管理服务全面适应中国式现代化需要，城乡地名公共服务实现一体化、均等化，优秀地名文化成为乡风文明的重要载体，地名助力乡村振兴取得重大成效。

五、保障措施

（一）提高思想认识，加强组织领导。"乡村著名行动"是新时代地名工作主动服务经济社会发展的重要举措，地方各级地名行政主管部门要深刻认识

地名助力乡村振兴战略的重要意义，高度重视、强力推进。要主动向本级党委、政府汇报，积极争取在工作统筹中优先安排，在资源配置、工作经费上重点保障；要结合本地区工作实际，细化优化落实措施，创造性开展工作；要充分发挥地名管理工作协调机制作用，将"乡村著名行动"作为地方各级地名管理工作协调机制统筹协调重大事项，调动汇集各方力量，充分发动人民群众，形成党委领导、政府主导、地名行政主管部门牵头、各有关部门密切协同、人民群众积极参与的生动局面。

（二）加强工作指导，强化示范引领。"乡村著名行动"是一项系统工程，需要绵绵用力、久久为功。各省级地名行政主管部门要加强调查研究，因地制宜找准工作方向、突出工作重点、把好工作节奏，力戒形式主义、形象工程，切实提高乡村地名建设水平。各地既可试点先行、逐步推广，也可统筹安排、全面推进，鼓励市县层面积极行动、争创标杆。民政部将对"深化乡村地名服务点亮美好家园"试点工作进行总结评估，选择部分试点成效显著、具有典型示范效果的地区作为"乡村著名行动"先行区，打造乡村地名建设"样板"，供各地学习借鉴。各地要深入总结前期试点经验，继续加强支持指导，确保工作力度不减、探索创新不停。

（三）加大宣传力度，营造良好氛围。各地要加大工作宣传力度，充分运用政府网站、政务融媒体、报纸杂志等媒体平台，宣传典型案例和工作成效，营造良好工作氛围，不断提高地名助力乡村振兴的知名度和影响力。各省级地名行政主管部门定期梳理工作进展、工作成效、存在问题和下一步打算，于每年 12 月 10 日前将工作总结报送民政部区划地名司。民政部将以年度为单位开展效果评估，及时总结梳理典型经验向全国复制推广。各地在实施过程中遇到的重要问题请及时向民政部报告。

民政部关于印发《地名备案 公告管理办法（试行）》的通知

民函〔2023〕47 号   2023 年 5 月 31 日

各省、自治区、直辖市民政厅（局），新疆生产建设兵团民政局，北京市、天津市、上海市地名行政主管部门：

为贯彻落实《地名管理条例》，规范标准地名备案公告工作，民政部制定了《地名备案公告管理办法（试行）》，已经 2023 年 5 月 18 日民政部部长办公会议审议通过，现印发给你们，请结合实际遵照执行。

地名备案公告管理办法（试行）

第一条 为加强地名工作统一监督管理，规范地名备案、公告工作，根据《地名管理条例》（以下简称条例），制定本办法。

第二条 本办法适用于地名命名、更名后的备案、公告工作。

法律、行政法规另有规定的，从其规定。

第三条 本办法所称地名，是指按照条例规定批准的标准地名。

第四条 县级以上人民政府地名行政主管部门根据条例规定的权限受理地名备案，负责备案审查和公告发布工作。

第五条 地名命名、更名后，应当按照条例第十三条规定报送备案。其中，其他有关部门批准的地名，根据批准机关行政级别，报送地名所在地同级人民政府地名行政主管部门备案。

第六条 地名批准机关在报送备案时，通过中国·国家地名信息库填写地名备案登记表，并提交以下备案材料扫描件或其他数字化格式文档：

（一）批准机关出具的备案报告；

（二）地名命名、更名批复文件；

（三）条例第十一条规定的申请书；

（四）申请地名命名、更名时提交的相关报告。

第七条 地名行政主管部门收到备案材料后，发现报送或者受理备案主体不正确、备案材料不符合本办法第六条规定的，应当及时通知地名批准机关重新报送备案或者补充备案材料；报送和受理备案主体正确、材料齐备合规的即为备案。

第八条 县级以上人民政府地名行政主管部门和其他有关部门应当依法加强对地名的命名、更名的监督检查，督促地名批准机关按时报送备案。有权受理备案的地名行政主管部门发现地名批准机关未按时报送备案的，应进行督促提醒。

经提醒仍不报送备案的，由国务院地名行政主管部门或者上一级人民政府地名行政主管部门通知该批准机关，限期报送。地名批准机关为其他有关部门的，有权受理备案的地名行政主管部门应及时报告上一级人民政府地名行政主管部门。

第九条　地名命名、更名后，应当按照条例第十四条规定进行公告。

对于需要重新报送备案或者补充备案材料的，公告时限自收到重新报送备案或者补充备案材料之日起计算。

第十条　根据工作需要，有权公告的地名行政主管部门可以与地名批准机关或地名审核承办部门联合发布公告。

第十一条　国务院批准的地名，地名审核承办部门应当主动联系国务院地名行政主管部门，根据国务院有关决定做好公告发布工作，并将地名信息录入中国·国家地名信息库。

第十二条　公告的内容应当包括地名的标准名称、罗马字母拼写、所属政区、位置描述、批准机关、批准时间等。

第十三条　地名公告通过政府网站、政务新媒体、政务服务平台、报刊、广播或者电视等途径发布，并在中国·国家地名信息库发布。

第十四条　县级以上人民政府地名行政主管部门应当按照地名档案管理有关规定做好地名备案公告档案管理工作。

第十五条　县级以上地方人民政府地名行政主管部门可以依据本办法制定具体的备案公告工作规范。

民政部办公厅关于全国流浪乞讨人员救助管理信息系统升级上线的通知

民电〔2023〕50 号 　　　　　　　　　　　　　　2023 年 7 月 5 日

各省、自治区、直辖市民政厅（局），各计划单列市民政局，新疆生产建设兵团民政局：

为贯彻落实党中央、国务院关于加强和改进生活无着的流浪乞讨人员救助管理工作决策部署，进一步提高救助管理工作的管理效能和服务水平，民政部针对全国流浪乞讨人员救助管理信息系统进行了优化升级，拓展并完善了安全检查、移动端街面救助、人脸识别等功能，进一步提升用户安全管理水平，更好满足业务工作需求。前期，已在部分地区试点运行，效果良好，现决定于 2023 年 7 月 19 日起全面启用新系统（访问地址 https：//mzzwxt. mca. gov. cn）。现就有关事宜通知如下：

一、做好系统应用切换工作

（一）做好用户账号实名认证。按照国办电子政务办关于政务系统用户身份管理有关要求，本次优化升级的信息系统在使用前需重新建立用户账号并进行实名认证，实现"一人一账号"管理。遵照"逐级授权、分级管理"原则（见附件 1），各级民政部门应指定在编在岗人员作为系统管理员、业务管理员，民政服务机构应指定在编在岗人员作为机构管理员，按职责分工（见附件 2）通过用户管理平台开展本单位的组织架构、用户通信录、用户账号和系统权限等管理和维护工作。请各省级民政部门于 7 月 13 日前向部信息中心报送本级系统管理员和业务管理员信息表（见附件 3），部信息中心将于 7 月 13

日至 14 日开通发放省级管理员账号并组织开展线上实操培训。7 月 17 日至 7 月 18 日，各级管理员按要求做好下级管理员和普通用户的账号创建与权限分配工作。

（二）做好系统规范化使用。各级民政部门及救助管理机构应按照《生活无着的流浪乞讨人员救助管理机构工作规程》等文件要求，依托信息系统实现救助管理信息的全链条规范化管理。要全面采集、准确录入受助人员基本信息，实现街面救助、站内照料、医疗救治、托养照护、救助寻亲、落户安置等工作的信息化管理，充分应用大数据、人脸识别技术帮助长期滞留人员寻亲返家；要健全完善易流浪走失人员信息库，做好定期回访、救助帮扶等回归稳固工作，提升跨区域协调与源头治理水平；要准确填写、动态更新消防安全重大风险隐患整改情况，落实好相关自查整改和监督检查工作要求，强化动态监管能力。

（三）稳步推开街面救助移动端应用。用户账号实名认证完成后，各级用户可以下载"民政易公众版"（访问地址：https：//wechat. mca. gov. cn/）并使用新建账号实名登录。救助管理机构街面巡查工作人员可以通过"工作台—流浪救助"模块进行"救助线索上报"和"街面巡查"业务办理，在"上报记录"一栏查询已办业务。通过通信录功能可查询各级民政部门工作人员与救助管理机构工作人员联系方式并发起语音、视频会话。

二、做好各项准备工作

（一）明确各方工作职责。民政部社会事务司牵头负责政策咨询、信息系统应用推广工作，民政部信息中心配合做好系统运维、安全防护等服务保障工作。省级民政部门应牵头建立省、市、县、救助服务机构四级联络员体系，各级联络员负责本区域系统应用指导、用户账户管理、信息审核等工作。

（二）开展系统使用培训。各级用户可以通过金民工程信息化培训平台（访问地址：https：//xxhpx. mca. gov. cn）下载用户使用手册、操作视频等辅导材料，掌握信息系统及其移动端应用的使用方法。系统正式启用后，民政部将在前期培训基础上，采取线上或线下方式持续开展培训。

（三）做好新旧系统切换后的数据校验。原系统将于 7 月 23 日停用，数据迁移工作将在系统切换前完成，各地民政部门和救助管理机构要配合做好数据校验工作，确保新旧系统数据完整一致。

（四）加强工作交流与信息反馈。各地救助管理机构工作人员作为信息系统的直接用户，应尽快熟悉系统各项功能，及时发现问题并积极反馈。省级民政部门可在"民政易公众版"中组建本省救助管理系统工作交流群，促进实时沟通和交流反馈。

三、联系方式（略）

附件：1. 民政组织架构管理规则（略）
　　　2. 管理员职责（略）
　　　3. 管理员信息表（略）

民政部办公厅关于扎实做好"寒冬送温暖"专项救助行动的通知

民电〔2023〕86号 　　　　　　　　　　　　　　2023 年 10 月 23 日

各省、自治区、直辖市民政厅（局），各计划单列市民政局，新疆生产建设兵团民政局：

党中央、国务院始终关心关爱流浪乞讨人员的安危冷暖。当前各地将陆续进入严寒季节，为确保流浪乞讨人员等各类临时遇困人员安全温暖过冬，从即日起启动 2023 年度"寒冬送温暖"专项救助行动（以下简称专项救助行动）。现就有关要求通知如下：

一、高度重视专项救助行动

开展专项救助行动是民政部门落实习近平总书记关于格外关注、格外关爱、格外关心困难群众的重要指示精神的重要举措，是履行兜底线、救急难职能的重要要求。民政部门已经连续 10 年开展专项救助行动，有效保障了流浪乞讨人员等各类临时遇困人员的基本生活和生命安全。据气象部门预测，今年入冬后可能出现大范围雨雪、大风、降温极端天气。为做好今冬明春救助管理工作，各地民政部门和救助管理机构要持续提高政治站位，强化大局意识、责任意识、风险意识，结合正在开展的第二批主题教育，将开展好专项救助行动作为践行初心使命和为民办实事、解难题的重要内容，早做计划、早做安排、早做部署，认真履行民生兜底保障职责，切实保障流浪乞讨人员等各类临时遇困人员合法权益，确保不发生冲击社会道德底线事件。

二、迅速开展动员部署安排

各地民政部门要主动向本地党委、政府报告，依托流浪乞讨人员救助管理领导协调机制，及时将专项救助行动列为现阶段重点工作进行动员部署。要结合地方实际制定工作方案、细化具体举措、完善应急预案，强化部门协同联动，健全联合巡查和快速响应工作机制，确保流浪乞讨、务工不着、寻亲不遇、被盗被抢等各类临时遇困人员及时得到有效救助服务，让困难群众在寒冬中感受到党和政府的温暖、社会的关爱。

三、合力加大街面巡查力度

各地民政部门和救助管理机构要主动与公安机关、城市管理执法等部门协调联动，以组建救助分队、开展联合巡查等形式，合力做好街面巡查和转介处置工作。要加大科技力量投入，充分利用数字平台，建立覆盖全面、协同到位、服务及时的救助应急响应工作机制，遇有紧急事项采取果断措施进行处理。要重点关注地下通道、桥梁涵洞、废弃房屋等区域，重点关注务工不着、露宿街头、流浪儿童、疑似精神障碍患者等人群，重点关注严寒天气、冰冻雨雪、气温骤降、夜间凌晨等时段，积极劝导、引导临时遇困人员到救助管理机构或临时救助场所接受救助。要密切关注天气变化和气象预警信息，及时启动应急预案，加强力量配备，加大巡查频次，民政部门负责同志要带队开展重点区域巡查，耐心劝导、引导各类临时遇困人员接受救助。可利用城市网络化管理平台和"民政易公众版"移动端应用，发动乡镇（街道）干部、村（居）民委员会成员等基层力量，动员环卫职工、公交出租司机、夜间安保人员等社会力量，做好发现报告、街面劝导和应急救助。

四、科学精准实施分类救助

各地民政部门和救助管理机构要前置救助关口、拓宽救助范围、延伸服务功能，分类施策积极主动做好救助服务。对以流浪乞讨为生活方式、不愿入站的人员，要提供御寒物资、留下求助方式。对务工不着、被盗被抢、遭受家暴等陷入临时生活困境的人员，要提供应急性、过渡性生活保障。对因老弱病残等原因无法提供个人信息的，要先行救助再查明情况。对疑似精神障碍流浪乞讨人员，要联合公安、卫生健康等部门及时送医诊治。对无法提供个人身份信息的受助人员，要及时发布寻亲公告，会同公安机关利用指纹、人像、DNA等数据甄别查询手段，加大"互联网＋"救助寻亲力度，帮助他们尽快回归家庭。各地可利用福利彩票站点、社区服务中心（站）等场所开辟临时救助场所，方便各类临时遇困人员就近就便求助、避寒。

五、层层压实救助管理责任

各地民政部门要认真落实有关文件精神，协助本地党委、政府履行属地责任，发挥省、市、县（区）、街道（乡镇）四级救助服务网络功能，确保守牢底线。要落实民政部门监管责任，发挥统筹协调作用，精心组织实施，以"时时放心不下"的责任感抓实抓细专项救助行动。要推动有关部门落实相关监管责任，在街面巡查、送医救治、救助寻亲、落户安置、源头治理、安全管理等环节形成完整链条。要落实救助管理机构主体责任，强化机构内部管理，严格落实入站安检、分类救助、分区管理、值班巡查、日常消毒、健康监测等制度，将求助救助等情况及时录入信息系统，统筹做好新冠疫情及其他各类传染病防控工作，建立健全安全事故、自然灾害等突发事件处置机制，确保机构安全有序运行。

六、营造良好社会氛围

各地要通过广播电视、报纸、微信公众号、公益短信、官方微博等多种方式，宣传救助管理政策和寒冬救助措施，发布救助热线电话，帮助各类临时遇困人员及时知悉求助渠道。要加强与新闻媒体和社会公众沟通，通过媒体报道、网络直播等方式，介绍专项救助行动进展和成效，展示救助典型案例，提升救助管理工作的社会关注度和知晓度。

专项救助行动期间，各地要严格执行领导带班和 24 小时值班制度，工作中遇到突发事件、特殊情况时要及时上报。省级民政部门于 2024 年 3 月 31 日前，将专项救助活动开展情况报送部社会事务司。

民政部办公厅关于扎实做好 2023 年
清明节祭扫工作的通知

民办函〔2023〕13 号   2023 年 3 月 14 日

各省、自治区、直辖市民政厅（局），新疆生产建设兵团民政局：

为扎实做好 2023 年清明节祭扫工作，营造平安、有序、文明的氛围，现就做好有关事项通知如下。

一、充分认识做好今年清明节祭扫工作的重大意义

今年的清明节是我国疫情防控取得重大决定性胜利、正式实施乙类乙管之后的第一个清明节，广大群众祭扫悼念、追思亲人的需求较为集中。各地要充分认识做好今年清明节祭扫工作的特殊重要性，切实将其作为维护社会大局稳定的重要举措，树立底线思维，增强忧患意识，毫不松懈地做好清明节各项风险隐患防范化解工作；将其作为服务和保障民生的重要举措，严禁随意限制、暂停殡葬服务，扎实细致做好平稳转段后的群众祭扫服务保障工作；将其作为改进工作作风的重要举措，始终坚持万无一失的标准，严格履职尽责，确保清明节祭扫安全文明有序。

二、抓实做细今年清明节祭扫工作的重点任务

（一）提升祭扫服务水平。各地要加强对清明节祭扫工作的形势研判和风险评估，制定具体工作方案，千方百计提升祭扫服务保障水平。各殡葬服务机构要通过移动客户端、微信公众号等服务渠道，及时发布祭扫相关信息，方便

群众及时掌握祭扫动态。要严格落实相关管理服务标准规范，做到服务项目、收费标准及惠民措施公开公示；要从方便群众祭扫出发，通过增设服务窗口、延长服务时间、优化服务流程、创新服务手段、强化人文关怀等，想方设法提供更加优质、高效、便捷、温馨的服务，不断提升公众满意度。要充分考虑不同群体特别是老年人运用智能技术困难的问题，保留线下服务传统模式，设立绿色便捷通道，保障特殊群体祭扫需求。要在充分论证的基础上采取预约、错峰、限流等方式，降低祭扫高峰期人流密度，防止各类安全事故发生。

（二）倡导文明低碳祭扫。各地要大力推广敬献鲜花、绿化植树、集体共祭、家庭追思等文明低碳祭扫方式，倡树移风易俗新风尚。要积极创新服务模式，推进"互联网＋殡葬服务"，积极开发推广网络祭扫、远程告别等在线服务项目。殡葬服务机构要大力推行绿色低碳祭扫，多组织开展"鲜花换纸钱""丝带寄哀思"等活动，引导群众抵制低俗祭祀用品和封建迷信行为。要将组织祭扫活动与传播中华优秀传统文化相结合，鼓励引导群众选择踏青遥祭、经典诵读等方式缅怀逝者，不断丰富清明节日内涵。要引导群众将追思缅怀逝者与弘扬优良家教家风有机结合起来，由实地实物祭扫转移到对逝者的精神文化传承上来。要充分发挥基层党组织、基层群众性自治组织以及红白理事会等社会组织作用，发挥党员干部模范带头作用，示范带动群众文明低碳祭扫。

（三）强化安全管理。各地要建立完善清明节应急保障机制，落实领导带班值守、带队督查、信息零报告等制度，提高突发事件应对处理能力，遇有重大情况，要及时向当地党委和政府、上级民政部门报告。要按照"全覆盖、零容忍、强整改、重实效"原则，全面开展祭扫安全隐患排查整治，确保无遗漏、无死角、无盲区。要做好祭扫场所及周边人员分流、交通疏导、火源管控等工作，配合有关部门加大野外祭扫用火巡查力度，严防拥挤踩踏、火患火灾等安全事故发生。殡葬服务机构要制定祭扫应急、人员车辆疏导和祭扫服务接待等方案，开展安全教育培训和应急处置演练，严格落实应急值守、监测预警、重特大事故报告制度。对较为分散的农村公益性墓地及历史埋葬点，要压实乡镇（街道）及村（社区）责任，加强祭扫活动安全管理。

（四）加强宣传引导。各地要加大殡葬改革政策宣传力度，积极组织开展骨灰海葬、树葬等节地生态安葬活动，鼓励引导更多群众选择节地生态安葬方式。要积极协调新闻媒体，挖掘和宣传当地殡葬工作好做法、新成效和移风易俗先进事迹，唱响殡葬改革主旋律，传播殡葬行业正能量。要通过举办网络微课堂、制作宣传橱窗、发放宣传单等方式，让清明节宣传工作走进社区、服务群众。要充分发挥殡葬服务机构宣传阵地作用，主动组织殡葬服务机构开展"开放日""服务体验日"等活动，让更多群众了解殡葬行业，体验生命文化教育。要加强舆情监测研判，积极稳妥做好舆情应对工作，及时回应社会关切，努力为清明节祭扫营造良好的舆论氛围。

三、着力加强今年清明节祭扫工作的组织领导

各地要加强组织领导，建立完善"党委领导、政府负责、部门协作、社会参与"的清明节祭扫工作机制，强化部门协作，压实属地责任和监管责任，确保清明节祭扫工作安全平稳有序。要强化服务意识，加强殡葬服务管理，督促指导殡葬服务机构认真查摆工作中存在的问题和差距，提升优质服务水平。要规范服务收费，坚决查处殡葬服务机构巧立名目收费、超标准收费、强制捆绑消费、趁机变相涨价等行为。要会同网信等部门加强对网络祭扫活动的监管。要持续巩固近年来殡葬领域突出问题整治成果，严肃查处侵害群众利益行为，不断提升殡葬治理水平。

民政部将继续在清明节期间设立清明节工作办公室，安排专人值守，统筹协调服务地方清明节祭扫工作。清明节期间（4 月 1 日至 7 日），各地要落实专人值班和祭扫情况日报告制度。各省级民政部门要在每日 15 时前上报《2023 年清明节祭扫情况日报表》（见附件），4 月 15 日前上报本地区清明节祭扫工作总结。

附件：2023 年清明节祭扫情况日报表（略）

中央网信办秘书局　民政部办公厅
印发《关于规范网络祭扫秩序
倡导文明新风尚的通知》

各省、自治区、直辖市党委网信办、民政厅（局），新疆生产建设兵团党委网信办、民政局：

近年来，网络祭扫已成为群众表达哀思的重要方式。为更好服务群众需求，营造健康、文明的网络祭扫氛围，现就有关要求通知如下：

1. 不得借机敛财和诱导充值。网络祭扫平台应积极倡导移风易俗、文明祭扫，合理设置祭扫用品和服务项目，不得打着"纪念亲人、祭奠先烈"的幌子，巧设名目收取高额服务费、售卖豪宅文玩等导向不良网络纪念品，严禁

设置"香火"排行榜等诱导充值的功能。

2. 规范祭扫流程管理。网络祭扫平台应依法依约做好用户账号注册、实名认证管理，建立健全账号管理制度规范，采取有效措施，严防"活人被祭拜""随意立网碑建网墓"等问题。完善认证管理流程，规范建立网上祭祀纪念馆、网上墓碑等行为。

3. 加强历史文化保护传承。清明等重要传统节日，具有丰富而独特的文化内涵。网站平台要充分重视传统节日历史传承和文化价值，积极宣传优秀传统文化，积极宣传优良民风习俗，不得发布传播歪曲历史、诋毁英烈等违法信息，不得传播低俗庸俗、封建迷信等不良信息。

4. 严管页面生态。网站平台要加强内容审核，严防借重要传统节日开展恶意营销，严禁利用网络祭扫恶搞、抹黑、攻击他人；强化对搜索呈现、热搜热榜等环节管理，不得为违规恶俗的网络祭扫平台提供导流引流服务，优先呈现正面、积极、健康的网络祭扫信息内容。

5. 优化访问和举报功能。网络祭扫平台要不断优化服务功能，设置便捷访问入口，方便群众使用。要建立健全投诉举报机制，及时处置回应群众投诉举报，积极维护群众合法权益。

6. 建立长效管理机制。指导属地网站平台履行主体责任、明确工作规范、健全管理制度，切实防范化解网络祭扫信息内容风险隐患。网站平台要进一步提高依法办网意识，切实增强社会责任感，完善社区规则，从严处置违法违规信息和账号。

各地网信、民政部门要牢牢坚持以人民为中心的理念，不断完善属地网络祭扫服务，治理行业乱象，督促属地网络祭扫平台做好备案。要加强统筹协调，强化信息互通共享，会同有关主管部门依法查处违法违规行为。要加强网络文明宣传引导，不断提升群众网络法治意识和文明素养，抵制网络祭扫歪风邪气，共建共享文明新风尚。

婚姻登记管理

国务院关于同意扩大内地居民婚姻登记"跨省通办"试点的批复

国函〔2023〕34 号 　　　　　　　　　　　　　　2023 年 5 月 12 日

民政部：

　　你部关于扩大内地居民婚姻登记"跨省通办"试点的请示收悉。现批复如下：

　　一、同意扩大内地居民婚姻登记"跨省通办"试点。调整后，在北京、天津、河北、内蒙古、辽宁、上海、江苏、浙江、安徽、福建、江西、山东、河南、湖北、广东、广西、海南、重庆、四川、陕西、宁夏等 21 个省（自治区、直辖市）实施结婚登记和离婚登记"跨省通办"试点。

　　二、在试点地区，相应暂时调整实施《婚姻登记条例》第四条第一款、第十条第一款的有关规定（目录附后）。调整后，双方均非本地户籍的婚姻登记当事人可以凭一方居住证和双方户口簿、身份证，在居住证发放地婚姻登记机关申请办理婚姻登记，或者自行选择在一方常住户口所在地办理婚姻登记。

　　三、试点期为自批复之日起 2 年。

附件：

国务院决定在内地居民婚姻登记
"跨省通办"试点地区暂时调整实施
《婚姻登记条例》有关规定目录

《婚姻登记条例》	调整实施情况
第四条第一款 内地居民结婚,男女双方应当共同到一方当事人常住户口所在地的婚姻登记机关办理结婚登记。 第十条第一款 内地居民自愿离婚的,男女双方应当共同到一方当事人常住户口所在地的婚姻登记机关办理离婚登记。	调整后,双方均非本地户籍的婚姻登记当事人可以凭一方居住证和双方户口簿、身份证,在居住证发放地婚姻登记机关申请办理婚姻登记,或者自行选择在一方常住户口所在地办理婚姻登记。 试点过程中,民政部要指导试点地区进一步加强婚姻登记管理信息系统升级改造,着力提升婚姻登记信息化水平;充分发挥全国一体化政务服务平台公共支撑作用,强化部门间信息共享,完善婚姻登记信息数据库,确保婚姻登记的准确性;编制婚姻登记办事指南,开展婚姻登记"跨省通办"实务培训,依法有序开展试点工作;加强宣传引导和政策解读,营造良好的社会氛围;加强调查研究,及时发现和解决突出问题,防范和化解各种风险。

民政部办公厅关于扩大内地居民
婚姻登记"跨省通办"试点的通知

民办发〔2023〕6号   2023年5月22日

各省、自治区、直辖市民政厅（局），新疆生产建设兵团民政局：

    为深入贯彻落实《国务院关于同意扩大内地居民婚姻登记"跨省通办"

试点的批复》（国函〔2023〕34 号）文件精神，现就进一步扩大内地居民婚姻登记"跨省通办"试点有关事项通知如下：

一、指导思想

以习近平新时代中国特色社会主义思想为指导，全面贯彻党的二十大和二十届一中、二中全会精神，进一步落实党中央、国务院关于深化"放管服"改革决策部署，坚持以人民为中心的发展思想，以人民群众需求为导向，主动适应经济社会发展新形势新要求，进一步扩大内地居民婚姻登记"跨省通办"试点，加快推进试点工作，更好满足群众就近就便办理婚姻登记服务需求，扎实推进中国式现代化。

二、扩大试点范围

（一）试点地区。调整后，试点地区为北京、天津、河北、内蒙古、辽宁、上海、江苏、浙江、安徽、福建、江西、山东、河南、湖北、广东、广西、海南、重庆、四川、陕西、宁夏等 21 个省（区、市），上述地区均实施内地居民结婚登记和离婚登记"跨省通办"试点。

（二）试点期限。试点期限为 2 年，自 2023 年 5 月 12 日起至 2025 年 5 月 11 日止。新纳入试点地区婚姻登记机关统一自 2023 年 6 月 1 日起受理内地居民婚姻登记"跨省通办"事项。

三、试点内容

（一）涉及调整实施的行政法规。在试点地区，暂时调整实施《婚姻登记条例》第四条第一款有关"内地居民结婚，男女双方应当共同到一方当事人常住户口所在地的婚姻登记机关办理结婚登记"的规定，第十条第一款有关"内地居民自愿离婚的，男女双方应当共同到一方当事人常住户口所在地的婚姻登记机关办理离婚登记"的规定。

（二）实施方式。在试点地区，将内地居民结（离）婚登记由一方当事人常住户口所在地的婚姻登记机关办理，扩大到一方当事人常住户口所在地或者经常居住地婚姻登记机关办理。调整后，双方均非本地户籍的婚姻登记当事人可以凭一方居住证和双方户口簿、身份证，在居住证发放地婚姻登记机关申请办理婚姻登记，或者自行选择在一方常住户口所在地办理婚姻登记。

（三）当事人需要提交的证件。按照试点要求，当事人选择在一方经常居住地申请办理婚姻登记的，除按照《婚姻登记条例》第五条和第十一条规定当事人需要提交的证件外，还应当提交一方当事人经常居住地的有效居住证。

一方或双方户籍地在本省（区、市）的，无需提供居住证，可以在本省（区、市）任意一个婚姻登记机关办理婚姻登记。

四、工作要求

（一）加强组织领导。各试点地区要高度重视，将内地居民婚姻登记"跨省通办"试点工作纳入主题教育民生项目清单，加大工作指导力度，加强过程管理，跟踪评估实施效果，建立协同联动机制，及时发现和解决突出问题。新纳入试点地区要成立试点工作领导小组，抓紧研究制定实施方案，积极争取将内地居民婚姻登记"跨省通办"试点工作纳入本地党委和政府的重要议事日程，落实好人员、场地、经费等保障。

（二）完善配套政策措施。各试点地区要及时总结推广内地居民婚姻登记"跨省通办"试点工作好做法好经验，将其上升为指导面上工作的政策措施和惠及群众的服务规范。新纳入试点地区要根据内地居民婚姻登记"跨省通办"试点工作要求，及时修订出台本地区的婚姻登记工作规范，编制婚姻登记办事指南，列明受理条件、证件材料要求、办理流程等内容，并及时在相关网站、婚姻登记场所公开，扩大试点工作社会知晓度，让群众广泛知悉。

（三）推进婚姻登记信息化建设。各省级民政部门要进一步完善婚姻登记信息系统功能，应用"互联网＋"服务模式，建立预约登记制度，开展婚姻登记智能咨询、网上预约、提前预审、婚姻家庭辅导等服务，实现线上线下数据融合、预约受理联动预审，提高婚姻登记的准确性和群众的满意度。积极提升婚姻登记智能化水平，统一配备高拍仪、身份证读卡器、人像采集、人脸识别等智能设备，实现婚姻登记所有窗口智能设备全覆盖。采取补发婚姻证件、补录核对历史婚姻登记档案数据、部门间信息比对共享等多种方法不断补齐、修正、完善全国婚姻登记信息数据库中的历史数据，实现所有现存纸质档案的电子化，切实提高婚姻登记数据质量，为试点工作提供更加有力的技术支撑和信息保障。依照民政部统一标准规范，积极推进婚姻登记电子证照的应用，推进婚育服务"一件事一次办"，以"数据跑路"代替"群众跑腿"，实现"信息惠民"。

（四）提高婚姻登记机关服务水平。在坚持严格依法登记基础上，拓展服务内容、创新服务方式，不断增强婚姻登记服务便捷性、可及性。加强窗口制度建设，认真落实窗口服务规范、工作纪律，打造高质量服务型婚姻登记机关。积极提升婚姻登记员的保障水平，加强人员配备，改善工作环境，保持婚姻登记员队伍的稳定性。健全以"首问负责制""责任追究制"为核心内容的婚姻登记员婚姻登记责任制度，提高婚姻登记员为民、便民、利民的责任感和使命感，促进依法登记、规范服务水平的不断提升。有条件的地方要支持和鼓励将婚姻登记机关设置在环境优美的公园等有纪念意义的标志性场所，努力将婚姻登记机关打造成一站式、综合性、人性化的公共服务场所和"网红打卡地"，打造成具有本地特色的婚姻文化传播平台。新纳入试点地区要及时开展内地居民婚姻登记"跨省通办"试点实务培训，确保婚姻登记员及时掌握各项规定和工作要求，确保婚姻登记工作依法依规开展。

（五）加强宣传引导。加强政策宣传和政策解读，引导公众全面、客观看待内地居民婚姻登记"跨省通办"试点工作，形成正确的社会预期。要积极协调新闻媒体加大对内地居民婚姻登记"跨省通办"试点工作实施情况的宣传报道，营造良好社会氛围。及时回应社会关切，正确引导舆论，为内地居民婚姻登记"跨省通办"试点工作创造良好舆论环境。

各地在执行过程中遇到的重大问题，及时报告民政部。

民政部关于发布《中国康复辅助器具目录（2023 年版）》的公告

公告 559 号   2023 年 11 月 30 日

　　为贯彻落实《国务院关于加快发展康复辅助器具产业的若干意见》（国发〔2016〕60 号），加强康复辅助器具行业管理，推动康复辅助器具产品、服务规范化建设，民政部组织修订了《中国康复辅助器具目录》，经加快发展康复辅助器具产业部际联席会议第六次全体会议审议通过，现予以发布。

中国康复辅助器具目录（2023 年版）

中华人民共和国民政部

2023 年 11 月

目　　录

01 矫形器和假肢

01 03 脊柱和颅部矫形器

代 码	名 称	产品描述	预期用途	品名举例	类别
01 03 03	骶髂矫形器	围绕躯干骶髂区域全部或部分的矫形器。主材质为高弹性纤维等	适用于骶髂处病变、骨折、损伤的外固定	模塑成型骶髂矫形器、骶髂带	I
			适用于大转子处病损的固定	大转子带	I
		围绕躯干骶髂区域全部或部分的矫形器。增材制造/3D 打印	适用于稳定骶髂关节及耻骨联合，促进骶髂相关疾患的康复，起支撑、保护作用	增材制造/3D 打印骶髂矫形器	I
01 03 04	腰部矫形器	围绕躯干腰部区域的矫形器。主材质为弹力拉带、铝合金支条等	适用于腰骶椎病及其软组织损伤保守治疗、术后康复的外固定	加强型弹力围腰、内置支条式弹力围腰	II
		围绕躯干腰部区域的矫形器。主材质为高弹性纤维等		弹力围腰	II
		围绕躯干腰部区域的矫形器。主材质为金属、塑料等		硬托式围腰、固定式围腰	II
		围绕躯干腰部区域的矫形器。主材质为皮质等	适用于腰部的外固定	皮围腰	II
		围绕躯干腰部区域的矫形器。主材质为帆布等		帆布围腰	II
		围绕躯干腰部区域的矫形器。主材质为弹性复合材料等		保温型围腰	II
		围绕躯干腰部区域的矫形器。增材制造/3D 打印		增材制造/3D 打印腰部矫形器	I
01 03 06	腰骶矫形器	围绕躯干腰椎、骶髂区域全部或部分的矫形器。主材质为高温热塑板材	适用于腰骶处病变、骨折、损伤的外固定	模塑成型腰骶矫形器	I
		围绕躯干腰椎、骶髂区域全部或部分的矫形器。主材质为金属等	适用于胸腰段压缩性病变、轻中度骨折的外固定	腰骶屈曲（伸展限制）矫形器	I
		围绕躯干腰椎、骶髂区域全部或部分的矫形器。主材质为高弹性复合材料等	适用于腰椎病牵引时的固定	腰椎牵引带	I
		围绕躯干腰椎、骶髂区域全部或部分的矫形器。增材制造/3D 打印	适用于腰骶的固定	增材制造/3D 打印腰骶矫形器、腰骶固定器	I

代　码	名　称	产品描述	预期用途	品名举例	类别
01 03 07	胸部矫形器	围绕躯干胸部区域全部或部分的矫形器。主材质为高弹性复合材料等	适用于治疗鸡胸	鸡胸矫形器	I
		围绕躯干胸部区域全部或部分的矫形器。主材质为高弹性复合材料等，通常由矫形板和固定板两部分组成	适用于治疗漏斗胸	漏斗胸矫形器	I
		围绕躯干胸部区域全部或部分的矫形器。增材制造/3D打印	适用于矫正预防胸椎变形或固定保护胸椎，促进胸段相关疾患的康复	增材制造/3D打印胸部矫形器	I
01 03 08	胸腰矫形器	围绕躯干胸椎和腰椎全部或部分的矫形器。主材质为合金钢支条等	适用于腰椎病防护及外固定治疗	内置支条弹力高腰围腰、内置支条帆布高腰围腰、内置支条皮革高腰围腰	II
		围绕躯干胸椎和腰椎全部或部分的矫形器。主材质为高弹性复合材料等	适用于胸腰椎病的牵引时的固定	腹背托式高腰围腰	II
		围绕躯干胸椎和腰椎全部或部分的矫形器。主材质为塑料等	适用于不良姿势的预防，轻度驼背患者姿势控制	背姿矫正带	II
		围绕躯干胸椎和腰椎全部或部分的矫形器。增材制造/3D打印	适用于矫正预防胸腰椎变形，固定保护胸腰椎	增材制造/3D打印胸腰矫形器	I
01 03 09	胸腰骶矫形器	围绕躯干胸椎、腰椎及骶髂区域全部或部分的矫形器。主材质为塑料等	适用于腰椎及其软组织损伤的保守治疗、术后外部固定	泰勒型胸腰骶矫形器、奈特—泰勒型胸腰骶矫形器	I
			适用于脊椎压缩性骨折保守治疗、术后的外固定，骨软骨炎和脊椎后突	脊柱过伸矫形器、可调夹克式胸腰骶矫形器	I
		围绕躯干胸椎、腰椎及骶髂区域全部或部分的矫形器。主材质为金属支条及复合材料等		支条固定式胸腰骶矫形器	I
		围绕躯干胸椎、腰椎及骶髂区域全部或部分的矫形器。主材质为高温热塑板材	适用于胸腰部位病变、骨折、损伤的外固定	模塑夹克式胸腰骶矫形器、带胸背托可调夹克式胸腰骶矫形器、带胸托围腰式胸腰骶矫形器、胸腰骶固定器	I
		围绕躯干胸椎、腰椎及骶髂区域全部或部分的矫形器。增材制造/3D打印	适用于矫正预防胸腰骶变形，固定保护胸腰骶椎	增材制造/3D打印胸腰骶矫形器	I

续表

代 码	名 称	产品描述	预期用途	品名举例	类别
01 03 12	颈部矫形器	围绕颈椎区域全部或部分的矫形器。主材质为高强度压缩弹性材料等	适用于颈椎病的预防和保守治疗	围领式颈托	I
		围绕颈椎区域全部或部分的矫形器。主材质为聚氨酯材料泡沫等	适用于颈椎（寰枢椎除外）损伤术后及保守治疗的外部固定	费城颈托、颈部固定器	I
		围绕颈椎区域全部或部分的矫形器。主材质为高温热塑板材	适用于颈部高位病变、骨折、损伤的外固定	模塑成型固定式颈托	I
			适用于颈部病变、骨折、损伤的外固定及牵引	高度可调式颈托、三片组合式颈托	I
		围绕颈椎区域全部或部分的矫形器。主材质为橡胶等	适用于颈椎病的防护及牵引治疗	充气式颈托	I
		围绕颈椎区域全部或部分的矫形器。增材制造/3D打印	适用于矫正预防颈椎的变形，固定保护颈椎	增材制造/3D 打印颈部矫形器	I
		围绕颈椎区域全部或部分的矫形器。主材质为金属等	适用于颈椎病的防护及牵引治疗	钢丝颈托	I
01 03 15	颈胸矫形器	围绕颈椎和胸椎区域全部或部分的矫形器。主材质为金属支架、聚丙烯材料等	适用于颈椎（寰枢椎除外）损伤术后或保守治疗的外部固定	索米型颈胸矫形器、头匪式颈胸矫形器、头环式颈胸矫形器	I
		围绕颈椎和胸椎区域全部或部分的矫形器。主材质为金属、塑料等	适用于颈部高位病变、骨折、损伤的外固定	支杆加强型颈椎矫形器、模塑成型颈胸矫形器、框架式颈胸矫形器	I
		围绕颈椎和胸椎区域全部或部分的矫形器。增材制造/3D打印	适用于矫正预防颈胸椎的变形，固定保护颈胸椎体	增材制造/3D 打印颈胸矫形器	I
01 03 18	颈胸腰骶矫形器	围绕颈椎、胸椎、腰椎和骶髂区域全部或部分的矫形器。主材质为金属、塑料等	适用于颈胸腰部位病变、骨折、损伤的外固定	模塑成型颈胸腰骶矫形器、框架式颈胸腰骶矫形器	I
		围绕颈椎、胸椎、腰椎和骶髂区域全部或部分的矫形器。增材制造/3D打印	适用于矫正预防颈胸腰骶的变形，固定保护颈胸腰骶椎体	增材制造/3D 打印颈胸腰骶矫形器	I
01 03 21	颅矫形器	围绕颅骨（头盖骨）的矫形器。主材质为高温热塑板材	适用于头部的保护、防护及矫形作用	保护性头盔、矫形头盔	I
		围绕颅骨（头盖骨）的矫形器。主材质为高弹性复合材料	适用于头部的保护、防护及矫形作用	颅骨护罩	I
		围绕颅骨（头盖骨）的矫形器。增材制造/3D打印	适用于保护头颅骨，预防矫正颅骨畸形	增材制造/3D 打印颅矫形器	I

续表

代码	名称	产品描述	预期用途	品名举例	类别
01 03 26	脊柱侧弯矫形器	用来阻止脊柱侧弯进展和矫治脊柱侧弯畸形的矫形器。主材质为高温热塑板材	适用于脊柱侧弯疾患,具有保护、固定、支撑、矫正脊柱作用	密尔沃基型侧弯矫形器、波士顿型侧弯矫形器、里昂型侧弯矫形器、色努型侧弯矫形器、色努—波士顿—威斯巴登(CBW)型侧弯矫形器、大阪医大(OMC)型侧弯矫形器、施罗特式(SCS)脊柱侧弯矫形器	I
		用来阻止脊柱侧弯进展和矫治脊柱侧弯畸形的矫形器。增材制造/3D打印		增材制造/3D打印脊柱侧弯矫形器	I

01 04 腹部矫形器

代码	名称	产品描述	预期用途	品名举例	类别
01 04 03	腹肌托	支撑腹部的装置。主材质为高弹性复合材料等	适用于腹部损伤术后的外部固定,腹腔闭式引流术后的外部固定	束腹带	I
01 04 04	胃(下垂)托	支撑并固定胃的装置。主材质为高弹性复合材料等	适用于对胃下垂等胃部的保护和托起固定	普通胃托、可调式胃托	I
01 04 05	肾(下垂)托	支撑并固定肾的装置。主材质为高弹性复合材料等	适用于对肾炎等肾部的保护和托起固定	单侧肾托、双侧肾托	I
01 04 06	腹疝托	支撑并固定疝气位置的装置。主材质为高弹性复合材料等	适用于对疝气坎墩等疝部的保护和托起固定	单侧疝气带、双侧疝气带	I

01 06 上肢矫形器

代码	名称	产品描述	预期用途	品名举例	类别
01 06 03	指矫形器	围绕手指全部或部分的矫形器。主材质为低温热塑板材等	适用于单指间关节骨折的外固定	指间关节固定托、指护托、拇指固定器	I
			适用于琴槌指、鹅颈变形指、扣眼变形指矫正及外固定	琴槌指矫正托、鹅颈变形指矫正托、扣眼变形指矫正托	I
		围绕手指全部或部分的矫形器。主材质为硅胶等	适用于单指间关节炎症,变形的矫正及外固定	硬胶指套	I
		围绕手指全部或部分的矫形器。主材质为金属等	适用于近节指间关节僵直或屈曲挛缩的关节活动度训练	弹力屈指器、弹力伸指器	I
		围绕手指全部或部分的矫形器。增材制造/3D打印	适用于矫正预防指间关节(IP)的伸展、屈曲挛缩,以及固定保护指间关节(IP),促进指间关节(IP)相关疾患的康复	增材制造/3D打印指矫形器	I

续表

代码	名称	产品描述	预期用途	品名举例	类别
01 06 06	手矫形器	围绕手部全部或部分的矫形器，多用热塑性塑料和一些弹性材料制成。主材质为高温热塑板材	适用于手的掌指关节的矫正及外固定	掌指关节固定矫形器、短对掌矫形器	I
			适用于掌指关节屈曲挛缩的关节活动度训练	掌指关节伸展辅助矫形器	I
			适用于前臂尺神经麻痹矫正及外固定	尺神经麻痹矫形器	I
			适用于手关节的外固定	手固定器	I
		围绕手部全部或部分的矫形器，多用热塑性塑料和一些弹性材料制成。增材制造 /3D 打印	适用于矫正预防手部各关节的伸展、屈曲挛缩，以及固定保护手部各关节	增材制造 /3D 打印手矫形器	I
01 06 07	手—指矫形器	围绕手部全部或部分，单个或多个手指全部或部分的矫形器。主材质为 ABS 树脂、木质等	适用于手 5 指分离位或单指手指固定和保护	可调分指板、分指板、手指固定器	I
		围绕手部全部或部分，单个或多个手指全部或部分的矫形器。主材质为高温热塑板材	适用于手掌肌膜挛缩矫正及保护	手掌肌膜挛缩矫形器	I
			适用于前臂正中神经麻痹矫正及外固定	正中神经麻痹用矫形器	I
		围绕手部全部或部分，单个或多个手指全部或部分的矫形器。增材制造 /3D 打印	用于矫正预防手部及指间关节（IP）的伸展、屈曲挛缩，以及固定保护手部及指间关节（IP），促进手部及指间关节（IP）相关疾患的康复	增材制造 /3D 打印手指矫形器	I
01 06 12	腕手矫形器	围绕腕关节和全部或部分手部的矫形器。主材质为高弹性复合材料等	适用于腕部的外伤和骨折的保护及外固定	弹力护腕	I
		围绕腕关节和全部或部分手部的矫形器。主材质为合金钢支条等		加固型护腕	I
		围绕腕关节和全部或部分手部的矫形器。主材质为加厚弹性材料、金属支条等	适用于腕关节拉伤、损伤的保守治疗或术后的限位保护	腕关节定位托板	I
		围绕腕关节和全部或部分手部的矫形器。主材质为高温热塑板材	适用于手腕部的外伤及骨折的保护及外固定	模塑成型腕手固定矫形器	I
		围绕腕关节和全部或部分手部的矫形器。主材质为合金钢支条、塑料	适用于手掌功能障碍或丧失动态矫正	抗痉挛腕手矫形器、动态腕手矫形器、腕手固定器	I
		围绕腕关节和全部或部分手部的矫形器。主材质为低温热塑板材	适用于手的掌指关节功能位的矫正及外固定	长对掌矫形器	I
		围绕腕关节和全部或部分手部的矫形器。增材制造 /3D 打印	适用于矫正预防手部及腕关节的伸展、屈曲挛缩，以及固定保护手部及腕关节	增材制造 /3D 打印腕手矫形器	I

续表

代码	名称	产品描述	预期用途	品名举例	类别
01 06 13	腕手手指矫形器	围绕腕关节、手和一个或多个手指的矫形器。主材质为钢丝、低温热塑板等	适用于掌指关节（MP）伸展限位的或屈曲辅助的长对掌矫正及功能位的固定	带掌指关节（MP）伸展限位的长对掌矫形器、带掌指关节（MP）屈曲辅助的长对掌矫形器、带掌指关节（MP）伸展辅助的长对掌矫形器	I
			适用于指间关节（IP）伸展辅助和掌指关节（MP）伸展限位的长对掌矫正	带指间关节（IP）伸展辅助和掌指关节（MP）伸展限位的长对掌矫形器	I
			适用于指间关节（IP）伸展辅助的长对掌矫正及固定	带指间关节（IP）伸展辅助的长对掌矫形器	I
		围绕腕关节、手和一个或多个手指的矫形器。增材制造/3D打印	适用于矫正预防腕—手—手指各关节的伸展、屈曲挛缩，以及固定保护腕—手—手指各关节，促进腕—手—手指各关节相关疾患的康复	增材制造/3D打印腕手手指矫形器	I
01 06 14	夹持矫形器	将拇指固定在对掌位，用带轴的支杆对第2、3指进行支撑的同时保持掌指关节（MP）的可动性，再利用驱动装置带动2、3指与拇指闭合，从而实现三指捏取、夹持动作的矫形器。主材质为高温热塑板材	适用于手腕部的外伤及骨折功能位保护及外固定	恩根型夹持矫形器、兰乔型夹持矫形器	I
			适用于稳定关节、矫正畸形，辅助或替代手的功能	增材制造/3D打印夹持矫形器	I
01 06 15	肘矫形器	围绕肘关节的矫形器。主材质为高弹性复合材料等	适用于肘关节损伤保守治疗或术后康复期的运动防护	弹力护肘、网球肘护肘	I
		围绕肘关节的矫形器。主材质为合金钢支条复合材料等	适用于肘关节外伤后过伸位的固定和保护	肘过伸限制矫形器、肘固定矫形器、可调肘矫形器、肘固定器	I
		围绕肘关节的矫形器。增材制造/3D打印	适用于矫正预防肘关节的伸展、屈曲挛缩，以及固定保护肘关节	增材制造/3D打印肘矫形器	I
01 06 19	肘腕手矫形器	围绕肘关节、腕关节、全部或部分手部的矫形器。主材质为高温热塑板材	适用于矫正预防肘腕手各关节的伸展、屈曲挛缩，以及固定保护肘腕手各关节	模塑成型肘腕矫形器	I
		围绕肘关节、腕关节、全部或部分手部的矫形器。增材制造/3D打印		增材制造/3D打印肘腕手矫形器	I

代 码	名 称	产品描述	预期用途	品名举例	类别
01 06 20	前臂矫形器	围绕前臂，有或无肘、腕铰链的矫形器，即骨折治疗用矫形器。主材质为高温热塑板材	适用于前臂损伤及骨折的外固定	前臂固定护托、模塑成型前臂固定托	I
		围绕前臂，有或无肘、腕铰链的矫形器，即骨折治疗用矫形器。增材制造 /3D 打印	适用于前臂固定保护，以及前臂相关疾患	增材制造 /3D 打印前臂矫形器	I
01 06 21	肩矫形器	围绕肩关节的矫形器。主材质为加厚弹性材料等	适用于肩关节软组织损伤及慢性损伤保守治疗和急性处理	弹力护肩	I
			适用于锁骨骨折的急性制动，保守治疗或者术后的外部固定；姿势不良需要矫正的患者	锁骨带	I
			适用于上肢骨性及软组织损伤、肩关节脱位或者复位后的急性固定	臂吊带	I
		围绕肩关节的矫形器。主材质为高弹性复合材料等	适用于肩关节的骨性损伤、肩关节轻度脱位复位后及肩袖肌群损伤及肌腱断裂的保守治疗的外部固定	肩关节固定矫形器、肩外展矫形器	I
			适用于肩关节、肩锁关节脱位复位后的固定和保护	肩关节脱位矫形器、肩锁关节脱位矫形器、肩部固定器	I
		围绕肩关节的矫形器。增材制造 /3D 打印	适用于矫正预防肩关节挛缩畸形，以及固定保护肩关节	增材制造 /3D 打印肩矫形器	I
01 06 24	肩肘矫形器	围绕肩关节和肘关节的矫形器。主材质为高弹性复合材料等	适用于肩肘关节脱位复位后的固定和保护	肩肘固定垫	I
		围绕肩关节和肘关节的矫形器。主材质为金属支条、塑料等	适用于固定或限制肘关节的运动，使肩部处于功能位，起固定和减免负荷的作用	屈肘辅助铰链式动态肩肘矫形器	I
		围绕肩关节和肘关节的矫形器。增材制造 /3D 打印		增材制造 /3D 打印肩肘矫形器	I
01 06 25	上臂矫形器	围绕上臂，包含或不含肩关节、肘关节的矫形器，即骨折治疗用矫形器。主材质为低温热塑板材等	适用于上臂损伤及骨折的外固定	上臂固定护托	I
		围绕上臂，包含或不含肩关节、肘关节的矫形器，即骨折治疗用矫形器。主材质为高温热塑板材	适用于上臂外伤及骨折后的固定和保护	模塑成型上臂固定托	I
		围绕上臂，包含或不含肩关节、肘关节的矫形器，即骨折治疗用矫形器。增材制造 /3D 打印	适用于手臂骨折的固定保护，以及手臂相关疾患	增材制造 /3D 打印手臂矫形器	I

续表

代 码	名 称	产品描述	预期用途	品名举例	类别
01 06 30	肩肘腕手矫形器	围绕肩关节、肘关节、腕关节和全部或部分手部的矫形器。主材质为高温热塑板材，增材制造/3D打印	适用于上臂外伤及骨折后功能位的固定和保护	功能性上肢矫形器、平衡式前臂矫形(BFO)	I
			适用于肩肘腕手关节功能位，预防肩肘腕手关节周围肌肉及软组织的病变	增材制造/3D打印肩肘腕手矫形器	I

01 12 下肢矫形器

代 码	名 称	产品描述	预期用途	品名举例	类别
01 12 03	足矫形器	围绕足部全部或部分的矫形器。主材质为硅胶等	适用于拇外翻的保守治疗或术后外部固定	拇指外翻矫正器(垫)	II
			适用于减轻相邻脚趾或重叠脚趾之间的摩擦、磨损	硅胶分趾垫	II
			适用于各种原因导致的琴槌趾患者	琴槌趾垫	II
			适用于足部炎症及变形的矫正和保护	鸡眼垫、足掌垫	II
			适用于跖骨头部位疼痛缓解及预防	跖骨垫	II
			适用于缓解因跟骨骨刺及脂肪垫无菌性炎症而产生跟骨疼痛的症状	跟骨骨刺垫	II
			适用于足部横弓部位、平足位、下榻位、内/外翻扁平足、下肢短的补高、内翻位矫正及固定	横弓垫、平足垫、弓形足垫、足内/外翻矫正垫、足弓托、补高垫、足外侧楔形垫	II
			适用于足部疼痛的缓冲和保护	跟骨垫、缓冲性鞋垫、本体感受鞋垫	II
		围绕足部全部或部分的矫形器。主材质为高温热塑板材	适用于骨折固定时夹持骨骼固定或支撑	足固定器	I
			用于跟腱炎，急性和慢性足底筋膜炎疼痛，足跟骨刺和发炎患者	足底筋膜炎护具	I
		围绕足部全部或部分的矫形器。增材制造/3D打印	适用于预防矫正足部畸形，缓解足部疼痛，补偿足部缺陷	增材制造/3D打印足矫形器	I
01 12 06	踝足矫形器	围绕踝关节及全部或部分足部的矫形器。主材质为高弹性复合材料等	适用于踝关节及其软组织损伤的保守治疗时的外部固定，康复后期的运动防护	弹力护踝、韧带型护踝	I

代 码	名 称	产品描述	预期用途	品名举例	类别
01 12 06	踝足矫形器	围绕踝关节及全部或部分足部的矫形器。主材质为高温热塑板材	适用于小腿周围神经损伤、挤压伤的保守治疗或术后功能位的外部固定	踝足固定矫形器、踝足固定器、提足（足背屈）矫形器	I
			适用于足部近端、踝关节、胫骨远端损伤的急性固定	靴型踝足矫形器、动态踝足矫形器	I
			适用于各种原因引起的单纯性足下垂的防治，足内/外翻及下垂的矫正和固定	塑料踝足矫形器、螺旋式踝足矫形器、半螺旋式踝足矫形器	I
			适用于下肢全免荷骨折的固定和保护，各种原因引起的足趾跖面皮肤破溃患者的减压处理	全免荷 PTB（髌韧带负重）踝足矫形器、部分免荷 PTB 踝足矫形器	I
		围绕踝关节及全部或部分足部的矫形器。主材质为金属支条、塑料等	适用于预防矫正踝足部畸形，控制足踝活动，保持功能位置	丹尼斯·布朗支架、铰链式踝足矫形器	I
		围绕踝关节及全部或部分足部的矫形器。增材制造/3D打印	适用于预防矫正踝足部畸形，控制足踝活动，保持功能位置	增材制造/3D 打印踝足矫形器	I
01 12 09	膝矫形器	围绕膝关节的矫形器。主材质为高弹性复合材料等	适用于膝关节及其周围软组织的损伤、肿痛、功能障碍及炎症的缓解	弹性护膝	I
			适用于膝部髌骨骨折的固定和保护	髌骨护托	I
			适用于膝部髌骨脱臼复位后的固定和保护	髌骨脱臼矫形器	I
			适用于矫正预防膝关节的变形，固定保护膝关节，补偿膝关节功能，以及膝关节相关疾患的治疗康复	模塑膝矫形器、膝关节炎用矫形器、膝固定器	I
		围绕膝关节的矫形器。主材质为金属支条制、塑料等	适用于膝关节侧副韧带损伤患者的保守治疗及挛缩的预防	带膝铰链护膝	I
			适用于膝反屈变形的矫正及固定	瑞典式膝反屈矫形器	I
			适用于膝关节骨性及软组织损伤的保守治疗时或术后的外部固定	前（后）十字韧带损伤用矫形器、内外侧副韧带损伤用护膝、膝关节固定矫形器、可调膝矫形器、带膝压垫金属支条型膝矫形器	I
		围绕膝关节的矫形器。增材制造/3D打印	适用于矫正预防膝关节的变形，固定保护膝关节，补偿膝关节功能，以及膝关节相关疾患的治疗	增材制造/3D 打印膝矫形器	I

续表

代码	名称	产品描述	预期用途	品名举例	类别
01 12 12	膝踝足矫形器	围绕膝关节、踝关节及足部的矫形器。主材质为合金钢支条、塑料等	适用于膝关节及胫腓骨损伤的急性制动及保护，膝关节外伤及骨折的固定和保护	膝踝足固定矫形器、金属支条式膝踝足矫形器	I
			适用于膝外翻的矫正固定和保护	X形腿（膝外翻）矫形器、O形腿（膝内翻）矫形器	I
			适用于下肢外伤、骨折及下肢关节变形的固定和保护	全免荷坐骨承重大腿矫形器、部分免荷坐骨承重大腿矫形器、佩特兹病用矫形器	I
		围绕膝关节、踝关节及足部的矫形器。增材制造/3D打印	适用于矫正预防膝踝足的变形，固定保护膝踝足关节	增材制造/3D打印膝踝足矫形器	I
01 12 13	小腿矫形器	围绕小腿的矫形器，即骨折治疗用矫形器。主材质为高弹性复合材料等	适用于小腿炎症、损伤、骨折的固定和保护	弹力小腿护腿、小腿固定护套	I
		围绕小腿的矫形器，即骨折治疗用矫形器。主材质为塑料	适用于小腿损伤、骨折的矫正及固定	模塑成型小腿固定托	I
		围绕小腿的矫形器，即骨折治疗用矫形器。增材制造/3D打印	用于小腿骨折的固定，有助于改善下肢运动功能、异常步态等，提高生活能力	增材制造/3D打印小腿矫形器	I
01 12 15	髋矫形器	围绕髋关节的矫形器。主材质为金属支条、塑料等	适用于髋关节及其周围软组织损伤保守治疗时或者髋关节置换术后的外部固定	髋固定矫形器	I
			适用于保持髋关节外展位；限制髋关节活动范围，稳定髋关节	锁定式髋外展矫形器、可调内收外展的髋固定矫形器	I
			适用于保持髋关节外展位、防止再脱位、促进髋关节正常发育	蛙式支架、儿童先天性髋脱位矫形器	I
01 12 17	大腿矫形器	用于大腿的矫形器，即骨折治疗用矫形器。主材质为纤维材料等	适用于大腿术后、固定稳定大腿部分	弹力大腿护腿	I
		用于大腿的矫形器，即骨折治疗用矫形器。主材质为高温热塑板材	适用于大腿术后、固定稳定大腿部分	大腿固定护套、模塑成型大腿固定托	I
01 12 18	髋膝踝足矫形器	围绕髋关节、膝关节、踝关节和足部的矫形器。主材质为金属支条、塑料等	适用于髋部固定、高度可调	金属支条式髋大腿矫形器	I
			适用于大腿损伤、骨折功能位的固定和保护	坐骨承重髋大腿矫形器	I
		围绕髋关节、膝关节、踝关节和足部的矫形器。主材质为高温热塑板材	适用于髋部固定	塑料制髋大腿矫形器	I

续表

代 码	名 称	产品描述	预期用途	品名举例	类别
01 12 19	胸腰（腰）骶髋膝踝足矫形器（截瘫矫形器）	围绕躯干腰椎、髋关节、膝关节、踝关节和足部，有或无脊柱胸椎部分的矫形器。主材质为金属支条、塑料等	适用于腰骶、胸腰骶及下肢损伤骨折固定及步行训练	带腰骶矫形器的髋大腿矫形器、带胸腰骶矫形器的髋大腿矫形器	I
			适用于双下肢内旋的矫正及保护	下肢扭转矫形器	I
			适用于截瘫、高位截瘫的站立及步行训练	交替摆动式截瘫行走矫形器（RGO）、高位截瘫行走矫形器（ARGO）	I
		围绕躯干腰椎、髋关节、膝关节、踝关节和足部，有或无脊柱胸椎部分的矫形器。主材质为金属等，人体力源驱动方式	适用于下肢偏瘫、小脑萎缩、身体机能下降等导致的下肢功能障碍	下肢外骨骼行走辅助器	I
		围绕躯干腰椎、髋关节、膝关节、踝关节和足部，有或无脊柱胸椎部分的矫形器。主材质为金属等。电动驱动装置		电动下肢外骨骼行走器	I

01 18 上肢假肢

代 码	名 称	产品描述	预期用途	品名举例	类别
01 18 03	部分手假肢	腕关节远端截肢后或先天肢体缺失，上肢该部分的替代装置。主材质为硅胶等	适用于掌指截肢、手指截肢、装饰用，生活功能辅助	掌骨截肢假手、装饰性部分手假肢、装饰性假手指	I
		腕关节远端截肢后或先天肢体缺失，上肢该部分的替代装置。主材质为合金内件、硅胶等	适用于掌腕截肢、生活功能辅助	掌骨截肢肌电手、掌骨截肢智能仿生手	I
01 18 06	腕离断假肢	腕关节部位截肢后或先天肢体缺失，上肢该部分的替代装置。主材质为树脂等	适用于补偿腕关节缺失，生活功能辅助	索控式腕离断假肢	I
		腕关节部位截肢后或先天肢体缺失，上肢该部分的替代装置。主材质为合金内件、硅胶等		腕离断肌电手、腕离断智能仿生手	I
		腕关节部位截肢后或先天肢体缺失，上肢该部分的替代装置。主材质为合金、树脂等	适用于补偿腕关节缺失，专业作业	工具手腕离断假肢	I
			适用于补偿腕关节缺失，装饰用	装饰性腕离断假肢	I

代码	名称	产品描述	预期用途	品名举例	类别
01 18 09	前臂假肢	肘关节和腕关节之间截肢后或先天肢体缺失，上肢该部分的替代装置。主材质为合金内件、硅胶等	适用于补偿前臂缺失，生活功能辅助	索控式前臂假肢、硅胶套前臂假肢、被动抓握前臂假肢	I
		肘关节和腕关节之间截肢后或先天肢体缺失，上肢该部分的替代装置。通常由电子设备、合金组件等构成。主材质为合金件内件、硅胶等		单自由度肌电手前臂假肢、多自由度肌电手前臂假肢、智能仿生前臂假肢、防水肌电前臂假肢	I
		肘关节和腕关节之间截肢后或先天肢体缺失，上肢该部分的替代装置。主材质为合金件内件、树脂、硅胶等	适用于补偿前臂缺失，专业作业	工具手前臂假肢	I
		肘关节和腕关节之间截肢后或先天肢体缺失，上肢该部分的替代装置。主材质为硅胶、聚氨酯软泡等	适用于补偿前臂缺失，装饰用	装饰性前臂假肢	I
01 18 12	肘离断假肢	肘关节部位截肢后或先天肢体缺失，上肢该部分的替代装置。主材质为合金内件、硅胶等	适用于补偿肘离断肢体，生活功能辅助	索控式肘离断假肢、硅胶套肘离断假肢、被动抓握肘离断假肢	I
		肘关节部位截肢后或先天肢体缺失，上肢该部分的替代装置。通常由电子设备、合金组件等构成。主材质为合金内件、硅胶等		单自由度肌电手肘离断假肢、多自由度肌电手肘离断假肢、智能仿生肘离断假肢	I
		肘关节部位截肢后或先天肢体缺失，上肢该部分的替代装置。主材质为合金内件、树脂等	适用于补偿肘离断肢体，专业作业	工具手肘离断假肢	I
		肘关节部位截肢后或先天肢体缺失，上肢该部分的替代装置。主材质为合金内件、硅胶等	适用于补偿肘离断肢体，装饰用	装饰性肘离断假肢	I
01 18 15	上臂假肢	肩关节和肘关节之间截肢后或先天肢体缺失，上肢该部分的替代装置。主材质为合金内件、硅胶等	适用于补偿上臂缺失，生活功能辅助	索控式上臂假肢、硅胶套上臂假肢、被动抓握上臂假肢	I
		肩关节和肘关节之间截肢后或先天肢体缺失，上肢该部分的替代装置。通常由电子设备、合金组件等构成。主材质为合金内件、硅胶等		单自由度肌电手上臂假肢、多自由度肌电手上臂假肢、多自由度混合式电动手上臂假肢、三自由度肌电手上臂假肢、智能仿生上臂假肢、单自由度开关控制电动手上臂假肢、多自由度开关控制电动手上臂假肢	I

续表

代 码	名 称	产品描述	预期用途	品名举例	类别
01 18 15	上臂假肢	肩关节和肘关节之间截肢后或先天肢体缺失，上肢该部分的替代装置。主材质为合金内件、树脂等	适用于补偿上臂缺失，专业作业	工具手上臂假肢	I
		肩关节和肘关节之间截肢后或先天肢体缺失，上肢该部分的替代装置。主材质为金属合金、硅胶等	适用于补偿上臂缺失，装饰用	装饰性上臂假肢	I
01 18 18	肩离断假肢	肩关节部位截肢后或先天肢体缺失，上肢该部分的替代装置。主材质为金属合金、硅胶等	适用于补偿上肢肩离断肢体，生活功能辅助	索控式肩离断假肢、多自由度肌电手肩离断假肢、智能仿生肩离断假肢、被动抓握肩离断假肢	I
			适用于补偿上肢肩离断肢体，装饰用	装饰性肩离断假肢	I
01 18 21	肩胛胸廓假肢 / 肩胛带假肢	肩胛胸廓关节和胸锁关节部位截肢后或先天肢体缺失，上肢该部分的替代装置。主材质为金属合金、硅胶等	适用于补偿肩胛胸廓缺失，生活功能辅助	多自由度肌电肩胛胸廓假肢、智能仿生肩胛胸廓假肢、被动抓握肩胛胸廓假肢	I
			适用于补偿肩胛胸廓缺失，装饰用	装饰性肩胛胸廓假肢 / 肩胛带假肢	I
01 18 24	假手	替代正常手外观和部分功能的上肢假肢部件。主材质为金属合金内件、硅胶等	适用于上臂截肢的假手，生活功能辅助	壳式索控手、骨架式索控手	I
		替代正常手外观和部分功能的上肢假肢部件。通常由电子设备、合金组件等构成。主材质为金属合金内件、硅胶等		单自由度肌电手、多自由度肌电手、掌骨截肢肌电手、智能灵巧手、智能半掌仿生手	I
		替代正常手外观和部分功能的上肢假肢部件。主材质为金属合金内件、硅胶、树脂等	适用于上臂截肢的假手，装饰用	装饰手	I
		替代正常手外观和部分功能的上肢假肢部件。增材制造 /3D 打印		增材制造 /3D 打印装饰手	I
01 18 25	钩状手	替代正常手的部分功能的上肢假肢部件。主材质为金属合金等	适用于所有索控式上肢假肢	万能型钩状手、侧钩型钩状手	I
01 18 26	特殊功能假手用器械或工具	特殊用途或替代假手的器具。主材质为金属合金等	为上肢假肢的工具手头	劳动用钩状工具手、劳动用夹持工具手、专用工具	II
01 18 42	上肢内衬套	提供一种或多种界面功能，包括调整容积、分散压力、减少摩擦或（吸着式）悬吊的装置。主材质为硅胶，有锁	适用于上肢与假肢直接接触，提高舒适度	上肢有锁硅胶残肢套、上肢运动锁具硅胶套	I

01 24 下肢假肢

代　码	名　　称	产品描述	预期用途	品名举例	类别
01 24 03	部分足假肢	踝关节远端部位截肢后或先天肢体缺失，下肢该部分的替代装置。主材质为皮革、塑料等	适用于足趾、部分足缺失者	皮套式假足趾、皮套式半足假肢	I
		踝关节远端部位截肢后或先天肢体缺失，下肢该部分的替代装置。主材质为硅胶等		硅胶套式假足趾、硅胶足套式假半足	I
		踝关节远端部位截肢后或先天肢体缺失，下肢该部分的替代装置。主材质为树脂、发泡材料等	适用于部分足缺失者	树脂成型小腿式假半足	I
		踝关节远端部位截肢后或先天肢体缺失，下肢该部分的替代装置。增材制造/3D打印	适用于下肢踝关节的远端部分缺失后的补偿	增材制造/3D打印部分足假肢	I
01 24 06	踝部假肢	踝关节部位截肢后或先天肢体缺失，下肢该部分的替代装置。主材质为皮革、金属支条等	适用于踝部以下缺失者	皮制赛姆假肢	I
		踝关节部位截肢后或先天肢体缺失，下肢该部分的替代装置。主材质为树脂等		树脂成型赛姆假肢	I
		踝关节部位截肢后或先天肢体缺失，下肢该部分的替代装置。主材质为碳纤板等		碳纤板型赛姆假肢	I
		踝关节部位截肢后或先天肢体缺失，下肢该部分的替代装置。增材制造/3D打印	适用于下肢踝关节离断缺失后的补偿	增材制造/3D打印踝部假肢	I
01 24 09	小腿假肢	膝关节和踝关节之间截肢后或先天肢体缺失，下肢该部分的替代装置。主材质为树脂等	适用于小腿缺失者	壳式小腿假肢	I
		膝关节和踝关节之间截肢后或先天肢体缺失，下肢该部分的替代装置。主材质为金属合金、树脂等		组件式单轴脚小腿假肢	I
		膝关节和踝关节之间截肢后或先天肢体缺失，下肢该部分的替代装置。主材质为金属合金、树脂、硅胶等		组件式定踝软跟（SACH）脚小腿假肢	I
		膝关节和踝关节之间截肢后或先天肢体缺失，下肢该部分的替代装置。主材质为金属合金等		组件式万向踝单轴脚小腿假肢、组件式储能脚小腿假肢、组件式仿生智能小腿假肢	I
		膝关节和踝关节之间截肢后或先天肢体缺失，下肢该部分的替代装置。增材制造/3D打印		增材制造/3D打印一体化小腿假肢、分体式小腿假肢	I

续表

代 码	名 称	产品描述	预期用途	品名举例	类别
01 24 12	膝离断假肢	膝关节部位截肢后或先天肢体缺失，下肢该部分的替代装置。主材质为不锈钢等	适用于大腿极长或膝关节离断者	不锈钢组件膝离断假肢	I
		膝关节部位截肢后或先天肢体缺失，下肢该部分的替代装置。主材质为铝合金等		铝合金组件膝离断假肢	I
		膝关节部位截肢后或先天肢体缺失，下肢该部分的替代装置。主材质为钛合金等		钛合金组件膝离断假肢、智能控制膝离断假肢	I
		膝关节部位截肢后或先天肢体缺失，下肢该部分的替代装置。主材质为金属合金等。气压式		气压控制膝离断假肢	I
		膝关节部位截肢后或先天肢体缺失，下肢该部分的替代装置。主材质为金属合金等。液压式		液压控制膝离断假肢	I
01 24 15	大腿假肢	髋关节和膝关节之间截肢后或先天肢体缺失，下肢该部分的替代装置。主材质为不锈钢等	适用于大腿部缺失者	不锈钢组件大腿假肢	I
		髋关节和膝关节之间截肢后或先天肢体缺失，下肢该部分的替代装置。主材质为铝合金等		铝合金组件大腿假肢	I
		髋关节和膝关节之间截肢后或先天肢体缺失，下肢该部分的替代装置。主材质为钛合金等		钛合金组件大腿假肢、智能控制大腿假肢	I
		髋关节和膝关节之间截肢后或先天肢体缺失，下肢该部分的替代装置。主材质为金属合金等。气压式		气压控制大腿假肢	I
		髋关节和膝关节之间截肢后或先天肢体缺失，下肢该部分的替代装置。主材质为金属合金等。液压式		液压控制大腿假肢	I

代 码	名 称	产品描述	预期用途	品名举例	类别
01 24 18	髋离断假肢	髋关节部位截肢后或先天肢体缺失，下肢该部分的替代装置。主材质为不锈钢等	适用于髋离断缺失或大腿极短截肢者	不锈钢组件髋离断假肢	I
		髋关节部位截肢后或先天肢体缺失，下肢该部分的替代装置。主材质为铝合金等		铝合金组件髋离断假肢	I
		髋关节部位截肢后或先天肢体缺失，下肢该部分的替代装置。主材质为钛合金等		钛合金组件髋离断假肢	I
		髋关节部位截肢后或先天肢体缺失，下肢该部分的替代装置。主材质为金属合金等。气压式		气压控制髋离断假肢	I
		髋关节部位截肢后或先天肢体缺失，下肢该部分的替代装置。主材质为金属合金等。液压式		液压控制髋离断假肢	I
01 24 21	半骨盆假肢	下肢连同部分或全部半骨盆截肢后或先天肢体缺失，下肢该部分的替代装置。主材质为金属合金等	适用于半骨盆切除者的肢体补偿，具有装饰和代替髋、膝、踝、足的部分功能的作用	半骨盆切除假肢、特制半骨盆切除假肢	I
01 24 24	半体假肢	双下肢连同骨盆截肢后安装的替代装置。主材质为金属合金等	适用于双侧髋部以下缺失者	短桩半体假肢、特制半体假肢	I
01 24 27	踝足装置	替代踝、足部分功能的下肢假肢部件。单轴，通常由踝座、踝头、垫和轴等部件组成。主材质为金属合金等	适用于踝关节以上的截肢者	单轴脚、单轴低踝脚、静踝脚、储能脚、方锥静踝、单轴动踝	I
		替代踝、足部分功能的下肢假肢部件。多轴，通常由踝座、踝头、垫和轴等部件组成。主材质为金属合金等		多轴脚	I
		替代踝、足部分功能的下肢假肢部件。自由调整角度，通常由踝座、踝头、垫和轴等部件组成。主材质为金属合金等		万向踝	I

续表

代 码	名 称	产品描述	预期用途	品名举例	类别
01 24 40	下肢内衬套	提供一种或多种界面功能，包括调整容积、分散压力、减少摩擦或（吸着式）悬吊的装置。主材质为软板材等	适用于假肢接受腔内衬，起到保护残肢作用	接受腔内衬套	I
		提供一种或多种界面功能，包括调整容积、分散压力、减少摩擦或（吸着式）悬吊的装置。主材质为硅胶，无锁	适用于与假肢直接接触，提高舒适度	无锁硅胶残肢套、小腿硅胶套、大腿硅胶套	I
		提供一种或多种界面功能，包括调整容积、分散压力、减少摩擦或（吸着式）悬吊的装置。主材质为硅胶，有锁		有锁硅胶残肢套、运动锁具硅胶套	I
		提供一种或多种界面功能，包括调整容积、分散压力、减少摩擦或（吸着式）悬吊的装置。主材质为凝胶，无锁		无锁凝胶残肢套	I
		提供一种或多种界面功能，包括调整容积、分散压力、减少摩擦或（吸着式）悬吊的装置。主材质为凝胶，有锁		有锁凝胶残肢套	I
01 24 48	下肢截肢者临时假肢	交付最终确定的假肢前，下肢截肢者早期移动用的装置。主材质为石膏等	适用于下肢截肢者术后伤口完全愈合时，训练早期行走，待残肢萎缩定型后方可安装永久假肢	石膏接受腔临时假肢	I
		交付最终确定的假肢前，下肢截肢者早期移动用的装置。主材质为树脂等		树脂接受腔临时假肢	I
				采用接受腔调节架的临时假肢、短桩临时假肢	I

01 30 不同于假肢的假体

代 码	名 称	产品描述	预期用途	品名举例	类别
01 30 03	假发	人整体头发的替代物。主要材质为化学纤丝和真人头发等	适用于秃头或头发稀少或有装束、装饰需求的人群	假头发套及头饰	I
01 30 18	假乳房	仿制全部或部分乳房外观的装置。主材质为硅胶等	适用于有丰胸需求的女性及乳房切除后装饰性假体	胸罩式假乳房、仿真假乳房	I

代码	名称	产品描述	预期用途	品名举例	类别
01 30 21	假眼	仿制眼睛外观的装置。主材质为有机玻璃高分子聚合物等	适用于眼球障碍、缺失者	配制硬性假眼、软性假眼	I
		仿制眼睛外观的装置。主材质为水凝胶等		薄体假眼	I
		仿制眼睛外观的装置。主材质为玻璃等	适用于恶疾、外伤等原因不得不摘除眼球的患者，起到修复容貌的作用	定制硬性假眼、特制活动假眼	I
01 30 24	假耳	仿制耳朵外观的装置。主材质为硅胶等	适用于耳部缺损，弥补耳部缺陷	硅胶假耳	I
		仿制耳朵外观的装置。增材制造/3D 打印		增材制造/3D 打印假耳	I
01 30 27	假鼻	仿制鼻子外观的装置。主材质为硅胶等	适用于鼻部缺损，弥补鼻部缺陷	硅胶假鼻	I
		仿制鼻子外观的装置。增材制造/3D 打印		增材制造/3D 打印假鼻	I
01 30 30	面部合成假体	仿制全部或部分面部外观的装置。主材质为金属、塑料等	适用于面部缺损，弥补面部缺陷	面部赝复体	I
01 30 36	假牙	代替牙齿外观及功能的装置。主材质为陶瓷、金属等	适用于牙齿缺损者的代偿	单颗牙、全口牙	I

01 33 矫形鞋

代码	名称	产品描述	预期用途	品名举例	类别
01 33 07	控制畸形的矫形鞋	以生物力学手段将矫正力施加于足跟部位的鞋。主材质为皮革等	适用于跟骨刺、跟骨痛、跟骨畸形、距骨塌陷	带有各种矫形跟的矫正鞋、带有各种矫形掌的矫正鞋	II
		以生物力学手段将矫正力施加于足跟部位的鞋。主材质为皮革、聚氨酯等	适用于扁平足	扁平足矫正鞋	II
			适用于弓形足	弓形足矫正鞋	II
			适用于内翻足、外翻足	内（外）翻足矫正鞋	II
			适用于马蹄内翻足	马蹄足矫正鞋	II
01 33 18	补高鞋	用于补偿下肢短缩的矫形鞋。主材质为复合布、皮革、橡胶等	适用于矫正 3cm 以下的双下肢不等长	内补高鞋	II
			适用于矫正 3cm 以上的双下肢不等长	外补高鞋	II
			适用于矫正 5cm 以上的双下肢不等长	内外补高鞋	II
			适用于矫正 10cm 以上的双下肢不等长	二层楼式补高鞋	II
01 33 21	补缺鞋	用于补偿足部缺损的矫形鞋。主材质为皮革、聚氨酯等	适用于足部截肢，保持身体平稳	低腰补缺鞋、中腰补缺鞋	II

续表

代 码	名 称	产品描述	预期用途	品名举例	类别
01 33 30	免荷鞋	用于减少或分散局部或全足组织受力的矫形鞋。主材质为皮革、聚氨酯等	适用于跟骨小头疼痛、跟骨刺、跟骨痛	跟骨小头免荷鞋、跟骨刺免荷鞋	Ⅱ
01 33 33	保护用矫形鞋	对足踝有保护作用的矫形鞋。主材质为棉质面料等	适用于外科术后护理用	外科鞋	Ⅱ
		对足踝有保护作用的矫形鞋。主材质为皮革、橡胶等	适用于糖尿病患者	糖尿病鞋	Ⅱ

02 个人移动辅助器具

02 03 单臂操作助行器

代 码	名 称	产品描述	预期用途	品名举例	类别
02 03 03	手杖	为行走提供支撑和平衡的手持器具。主材质为铝合金、木质等	适用于上肢功能正常、下肢功能障碍者，对承重要求不高的行动不便者	直柄手杖、弯柄手杖、S形手杖、多脚手杖、定制手杖	Ⅱ
			登山、徒步、远行、野外旅行活动	折叠手杖、登山杖	Ⅱ
02 03 06	肘拐	为行走提供支撑和平衡的肘部器具。主材质为铝合金、木质	适用于行动不便者	固定式肘拐、臂套式肘拐、多脚肘拐	Ⅱ
02 03 09	前臂支撑拐	为行走提供支撑和平衡的前臂器具，通过前臂支撑辅助行走。主材质为铝合金、木质	适用于下肢功能中度障碍者，且手腕不能承重的人士	前臂托板拐、前臂托板多脚拐	Ⅱ
02 03 12	腋杖	为行走提供支撑和平衡的腋下器具，通过上臂、前臂和手共同支撑辅助行走。主材质为金属、木质等	适用于下肢功能严重障碍者，可单侧用也可双侧用	单脚腋拐、多脚腋拐、肘支撑腋拐、前臂托板腋拐	Ⅱ
02 03 18	带座手杖	行走时提供支撑的器具，单侧用辅助行走，打开即成为有三或四只脚的椅子。主材质为铝合金、橡胶、发泡海绵等	适用于下肢功能轻度障碍或体力欠佳者	带座三脚手杖	Ⅱ
02 03 20	多功能手杖	行走时提供支撑的多功能器具。通常由手杖和照明灯等组成。主材质为铝合金、橡胶、发泡海绵等	适用于下肢功能障碍者，助力、便于行走	带手电筒的手杖、照明杖	Ⅱ

02 06 双臂操作助行器

代码	名称	产品描述	预期用途	品名举例	类别
02 06 03	框架式助行器	用手柄抬起来移动的框架，能保持行走或站立时的稳定性和平衡以及支撑体重。主材质为铝合金、橡胶、塑料等	适用于辅助行走、康复锻炼	可调式助行器、手撑座椅式助行器	Ⅱ
02 06 06	轮式助行器	助行辅助器具，可以通过推或拉来移动，使人行走时保持稳定和平衡，有手柄和轮子。主材质为铝合金等。可调节整体高度、可折叠	适用于辅助双下肢功能轻度障碍或平衡能力较差者，双手支撑辅助步行	手扶二轮助行器、手扶三轮助行器、手扶四轮助行器、手扶多功能轮式助行器、两轮带座助行器、两轮带座折叠助行器	Ⅱ
			适用于休闲购物、外出散步	四轮带刹带购货框助行器	Ⅱ
02 06 09	座式助行器	行走时支撑身体的座位或吊带的器具。主材质为铝合金、复合布等	适用于辅助双手支撑辅助站立及步行，并可以随时坐下休息	固定支撑座式助行器、吊带支撑座式助行器	Ⅱ
02 06 12	台式助行器	有轮子和支脚，以及支撑平台或前臂支撑托架的器具，靠双臂或与上身一起向前推进。主材质为不锈钢、高密度海绵、皮革等	适用于增加上肢支撑面积、辅助行走、康复锻炼	固定式助行器、可调式助行器	Ⅱ
02 06 15	电动助行器	通过电机助动系统推或拉移动，使人在行走时保持稳定和平衡的助行装置。主材质为金属等	适用于步行功能障碍人群进行步行训练	站立式电动助行器	Ⅱ

02 07 助行器配件

代码	名称	产品描述	预期用途	品名举例	类别
02 07 05	助行器支脚	置于手杖、腋杖底部，或框式助行器、轮式助行器腿部末端的产品。主材质为橡胶等	适用于提高助行器稳定性	加防滑材料的支脚、软性支脚、支脚垫	Ⅱ
02 07 12	握持助行器的器具	辅助人牢固抓握手杖、腋杖、框式助行器或轮式助行器的装置。主材质为塑料等	适用于防止手部湿滑以及保持平衡	可调把手、防滑把手、手柄杆、调节装置	Ⅱ
02 07 15	支撑身体特定部位的助行器配件	加在助行器上，支撑身体一个或多个部位的配件。主材质为弹性复合材料等	适用于支持特定身体部位，以便使用者在使用助行器时身体处于正确姿势	腋托、背托、头托、安全带	Ⅱ
		加在助行器上，支撑身体一个或多个部位的配件。通常由主机和运动支架组成。主材质为金属、塑料等	适用于髋关节功能障碍患者做功能康复辅助训练	髋关节持续被动活动仪	Ⅱ

续表

代码	名称	产品描述	预期用途	品名举例	类别
02 07 18	防止擦伤或皮肤损伤的垫子、衬垫和其他助行器配件	加在手杖、腋杖、框式助行器、轮式助行器、台式助行器上的产品。主材质为橡胶等	适用于保护使用者因反复接触助行器特定部分擦伤或损伤皮肤	拐杖垫、助行架垫	II
02 07 21	助行器座椅	可加装在手杖、框式助行器或轮式助行器和台式助行器上的座椅。主材质为金属等	适用于支撑肢体功能障碍者体重	肢体障碍者硬质座椅、肢体障碍者可折叠座椅	II
		可加装在手杖、框式助行器、轮式助行器或台式助行器上的座椅。主材质为弹性复合材料等		吊兜类座椅	II
02 07 24	固定或携带物品的助行器配件	固定或支撑、放置物品的器具。主材质为金属、塑料、橡胶等	适用于肢体功能障碍者放置、取拿物品	肢体障碍者储物筐、肢体障碍者挂钩、肢体障碍者搁板、肢体障碍者伞固定架、拐杖固定架	II
		固定或支撑、放置物品的器具。主材质为木板、海绵、针织布等	适用于限制已整复固定的前臂旋转及下垂，使患肢保持于功能位置	前臂托板	II
		固定或支撑、放置物品的器具。主材质为弹性复合材料等	适用于肢体功能障碍者功能部位的固定	支撑吊带	II
02 07 27	停放助行器的固定器具	用于助行器的固定装置或停放制动装置等。主材质为橡胶等	适用于固定手杖、腋杖、框式助行器或停放轮式助行器	助行器停放制动装置	II
02 07 30	帮助操纵助行器的配件	加装在助行器上的配件。主材质为金属等	适用于身体功能障碍者控制方向和速度	助推杆、过门槛和路沿的装置、连续制动器	II
		加装在助行器上的配件。主材质为金属、橡胶等	适用于身体功能障碍者控制方向时防翻转	防翻转轮	II
02 07 33	轮式助行器和框式助行器调节高度的配件	加装在轮式助行器和框式助行器的增加助行器高度的装置。主材质为金属等	适用于调节助行器的高度	高度伸缩杆	II
02 07 36	助行器的灯和安全信号装置	加装在助行器上，助行器四周照明或标识助行器位置的装置。主材质为玻璃等	适用于身体功能障碍者步行时照亮周围环境或标记其位置	照明灯、安全信号装置、反光镜	II
02 07 39	助行器的轮胎和轮子	加在助行器上的轮胎和轮子。主材质为金属、橡胶等	适用于肢体功能障碍者使用助行器时，提高安全性、灵活性、稳定性	小脚轮	II

02 12 车辆配件和车辆适配件

代 码	名 称	产品描述	预期用途	品名举例	类别
02 12 07	操纵驾驶系统的车辆配件和适配器	加装在机动车上帮助驾驶员操纵车辆的装置或改装件。主材质为金属等	适用于在汽车驾驶系统上安装适配器，辅助上肢功能障碍者独立驾车	驾车辅助装置	II

02 17 替代机动车

代 码	名 称	产品描述	预期用途	品名举例	类别
02 17 03	爬楼梯器具	通过爬上、爬下楼梯运送人或坐着人的轮椅车，但不固定在楼梯上的装置。主材质为金属合金等。电动驱动装置	适用于肢体功能障碍者，便于上下楼梯	爬楼梯座椅、爬楼梯轮椅运载工具、爬楼机	II

02 18 自行车

代 码	名 称	产品描述	预期用途	品名举例	类别
02 18 06	单人脚踏三轮车和四轮车	脚踏板驱动的单人用三轮或多轮自行车。主材质为不锈钢等	适用于代步，方便外出，较两轮车安全和稳定，省时省力	带手摇的脚踏三轮车	II
02 18 09	手摇三轮车	三个轮子的手动驱动自行车。主材质为不锈钢等	适用于下肢功能障碍者通过手摇来驱动三轮车行驶，方便使用者锻炼行走	前驱动手摇三轮车、后驱动手摇三轮车、平摇式手摇三轮车、推拉式手摇三轮车、链条拉杆式三轮车、链条手摇式三轮车	II

02 22 手动轮椅车

代 码	名 称	产品描述	预期用途	品名举例	类别
02 22 03	双手驱动轮椅车	为使用者推动和操纵而设计的轮椅车，通过双手推进车轮或手轮圈。主材质为金属合金等	适用于下肢功能障碍者，由双手驱动手轮圈移动	双侧手轮驱动轮椅车、后轮驱动轮椅车、前轮驱动轮椅车、多功能手动轮椅车、站立式手动轮椅车	II
		为使用者推动和操纵而设计的轮椅车，通过双手推进车轮或手轮圈。主材质为金属合金等。定制型	适用于下肢功能障碍者尺寸量身定制	定制轮椅车	II
		为使用者推动和操纵而设计的轮椅车，通过双手推进车轮或手轮圈。主材质为金属合金、木质、塑料等	适用于下肢功能障碍者日常如厕、洗浴需求，具有轮椅、浴椅、坐厕椅功能	带坐便轮椅车、洗浴轮椅车	II

续表

代码	名称	产品描述	预期用途	品名举例	类别
02 22 03	双手驱动轮椅车	为使用者推动和操纵而设计的轮椅车，通过双手推进车轮或手轮圈。主材质为金属合金、复合材料等	适用于截瘫、长期坐轮椅、身体素质好的下肢功能障碍者	斜躺式手动轮椅车、高靠背轮椅车	II
02 22 06	摆杆驱动轮椅车	使用者用手操作摆动杆驱动的轮椅车。主材质为铝合金等	适用于双下肢功能障碍，但双上肢功能较好，能用摆杆驱动轮椅者	双手摆杆驱动轮椅、杠杆驱动型轮椅	II
02 22 09	单手驱动轮椅车	使用者仅用一只手驱动的轮椅车。主材质为铝合金等	适用于偏瘫人群使用	单手轮驱动轮椅车、单手摆杆驱动轮椅车	II
02 22 18	护理者操控手动轮椅车	由护理者双手推动轮椅手柄来推进和操纵的轮椅车。主材质为金属合金等	适用于双上肢功能严重障碍者，有助推作用，可站立	助推式轮椅车、站立式轮椅车	II
			适用于双上肢功能严重障碍者，便于如厕、就餐	高靠背带坐便轮椅车、带坐便或餐桌轮椅车	II
			适用于截瘫、偏瘫、脑瘫功能障碍者	可躺式轮椅车、脑瘫轮椅车、偏瘫轮椅车	II
			适用于有办公需求的肢体功能障碍者	便携办公轮椅车	II
			适用于乘坐飞机的肢体功能障碍者	飞机轮椅车	II
			适用于肢体功能障碍儿童	儿童轮椅车	II
02 22 19	手动轮椅附加小型电动牵引装置	以可重复充电的电池组（容量小于等于 500Wh）为动力单元，最高时速不超过 25 公里／小时，最大输出功率不超过 480W，总重量小于等于 16 公斤的轮式手把控制方向的手动轮椅附加牵引设备。主材质为金属合金等	适用于下肢功能障碍者，通过手动将牵引车头与手动轮椅车进行连接，以手为转向操作方式，进行室内、室外及道路的低速通行活动	配合手动轮椅使用的电动牵引车头	II

02 23 动力轮椅车

代码	名称	产品描述	预期用途	品名举例	类别
02 23 03	手动转向电动轮椅车	控制方向是借助机械来改变轮轴方向，而不需要动力。主材质为金属合金等。手动转向，室内型	适用于下肢功能障碍者，通过手动转向来操作电动轮椅车进行室内活动	室内型手动转向电动轮椅车	II
		控制方向是借助机械来改变轮轴方向，而不需要动力。主材质为金属合金等。手动转向，室外型	适用于下肢功能障碍者，通过手动转向来操作电动轮椅车进行室外（非道路）活动	室外型手动转向电动轮椅车	II
		控制方向是借助机械来改变轮轴方向，而不需要动力。主材质为金属合金等。手动转向，道路型	适用于下肢功能障碍者，通过手动转向来操作电动轮椅车进行日常户外、购物等活动	道路型手动转向电动轮椅车、电动代步车	II

续表

代 码	名 称	产品描述	预期用途	品名举例	类别
02 23 06	动力转向电动轮椅车	肢体功能障碍者使用电子控制器启动轮椅。主材质为金属合金等。动力转向，室内型	适用于三肢或四肢功能障碍者，通过动力操纵来驱动轮椅车进行室内活动	室内型动力转向电动轮椅车	Ⅱ
		肢体功能障碍者使用电子控制器启动轮椅。主材质为金属合金等。动力转向，室外型	适用于三肢或四肢功能障碍者，通过动力操纵来驱动轮椅车进行室外（非道路）活动	室外型动力转向电动轮椅车	Ⅱ
		肢体功能障碍者使用电子控制器启动轮椅。主材质为金属合金等。动力转向，道路型		道路型动力转向电动轮椅车、折叠式电动轮椅车、多功能电动轮椅车、遥控折叠电动轮椅车	Ⅱ
		肢体功能障碍者使用电子控制器启动轮椅。主材质为不锈钢等。动力转向，可站立，道路型	适用于三肢或四肢功能障碍者，通过动力操纵来驱动轮椅车进行户外道路性活动	电动三姿态轮椅车	Ⅱ
		肢体功能障碍者使用电子控制器启动轮椅。主材质为铝镁合金等。动力转向，道路型		铝镁合金电动轮椅车	Ⅱ
02 23 07	智能电动轮椅车	具备人机交互、避障、自平衡、卫星定位等智能功能的电动轮椅车。主材质为金属合金等。动力转向，道路型	适用于肢体功能障碍者使用的移动辅助器具	智能多功能电动轮椅车、智能代步车	Ⅱ
02 23 09	机动轮椅车	由内燃机提供动力的轮椅车。主材质为金属合金等。燃油发动机驱动	适用于下肢功能障碍者，但上肢功能基本正常者，通过内燃机提供动力的轮椅车进行室内外活动	三轮机动轮椅车、四轮机动轮椅车	Ⅱ
02 23 15	爬楼梯轮椅车	电动轮椅车可以在乘坐者操作的同时安全地爬上和爬下楼梯。主材质为金属合金等。行星轮式	适用肢体功能障碍者上下楼梯及路面驾驶	行星轮式爬楼梯轮椅车	Ⅱ
		电动轮椅车可以在乘坐者操作的同时安全地爬上和爬下楼梯。主材质为不锈钢等。履带式		履带式爬楼梯轮椅车	Ⅱ

02 27 替代人力车

代 码	名 称	产品描述	预期用途	品名举例	类别
02 27 07	轻便手推车	用于携带功能障碍者的轮式辅助器具。主材质为不锈钢等	适用于下肢功能障碍者，由他人推动，进行室内外移动	移动推车	Ⅱ
02 27 24	手动站立式移动工具	由站姿乘坐者用手臂推动的装置。主材质为不锈钢等	适用于下肢功能障碍者，进行室内外移动	手动移位车	Ⅱ

续表

代 码	名 称	产品描述	预期用途	品名举例	类别
02 27 26	电动站立式移动工具	通过配以各种形状的吊兜将移动对象吊起后移位的电动辅助器具。主材质为金属合金等	适用于肢体功能障碍者进行床、椅或轮椅、汽车之间的移位，方便护理者	电动站立移动车	Ⅱ

02 31 转移和翻身辅助器具

代 码	名 称	产品描述	预期用途	品名举例	类别
02 31 03	滑板和滑垫及翻身床单	用滑动技术来改变人体位置或方向的器具。主材质为树脂等	适用于肢体功能障碍者进行床、椅或轮椅、汽车之间的移位，方便护理者	移乘板	Ⅱ
		用滑动技术来改变人体位置或方向的器具。主材质为无纺布等	适用于搬运肢体功能障碍者	移位滑垫	Ⅱ
		用滑动技术来改变人体位置或方向的器具。主材质为高弹性纤维等	适用于瘫痪老人换尿布、卧床翻身、移位、搬运	移乘带、移位带	Ⅱ
02 31 06	转台	辅助人体做转动的器具，转动时脚放在该器具上。主材质为钢珠、泡棉等	适用于转身困难者，使用者站在转台上，通过转动转台进行不同方位的旋转和移位	移位转盘	Ⅱ
02 31 09	用于起身的自立式扶手	支撑人体从坐位或卧位（从床或椅子）起来的器具。主材质为金属合金等	适用于体位变换困难者，安装在床、椅或坐便器旁，提供稳固的支撑，辅助使用者站起	床边扶手	Ⅱ
02 31 12	抓梯	一端固定，用于辅助人逐步改变体位的器具。主材质为木质、合成纤维等	适用于起身困难者，一端固定在床的末端，使用者抓住另一端来完成坐起或躺下	抓梯	Ⅱ
02 31 15	抬身用的带子和背带	帮助一个人手工移动他人的器具。主材质为牛津布、聚丙烯等	适用于移位困难者，将带子套在残疾者身上，护理者抓住带子辅助抬起并移位	安全背带	Ⅱ

02 36 升降人的辅助器具

代 码	名 称	产品描述	预期用途	品名举例	类别
02 36 03	带吊索座转移坐着的人的移动移位机	用于升降和自由移动一个坐姿、半坐姿或半卧姿者的地面转移装置。通常由吊索、吊兜、金属支架、电动驱动装置、脚轮等组成。主材质为金属合金等	适用于肢体功能障碍者，从卧位到坐姿的调整，将其从地上或床上安全地移动至轮椅、卫生间或其他位置	地面吊兜式移位机、吊兜式移位车、便携式电动移位机、直立式移位机	Ⅱ
		用于升降和自由移动一个坐姿、半坐姿或半卧姿者的导轨转移装置。通常由导轨、吊索、吊兜、电动驱动装置等组成。主材质为金属合金等	适用于肢体功能障碍者，从卧位到坐位的调整，将其从地上或床上安全地移动至轮椅、卫生间或其他位置	带导轨装置的吊兜式移位机	Ⅱ

代 码	名 称	产品描述	预期用途	品名举例	类别
02 36 04	带吊索座转移躺着的人的移动移位机	用于升降和自由移动一个平躺的,以及起固定支撑平台作用的地面转移装置。通常由吊索、支持平台、电动驱动装置、脚轮等组成。主材质为不锈钢等	适用于肢体功能障碍者平躺移位、多姿态移位、康复训练等	电动平躺移位机	II
02 36 06	带硬座转移坐着的人的移动移位机	用于把一个人从坐位提升和自由移动的转移装置;支持身体的部件包括一个坚实的座位,一个铲形座或类似座位。主材质为金属合金等	适用于肢体功能障碍者,帮助瘫痪、腿脚受伤的患者或行动不便的老年人在床、轮椅、座椅、坐便器等之间安全移位	硬座式移位机、便携式手动移位机、多功能升降移位车	II
02 36 12	安装在墙上、地板或天花板上的固定移位机	升降和移动一个人的转移装置,其范围局限在系统内;包括用于游泳池的升降架。主材质为金属合金等。置顶式天轨	适用于肢体功能障碍者,由护理者在系统移动范围内进行升降和移动位置。帮助其移位、如厕、步行训练、沐浴等	顶置式移位机、置顶式天轨移位机、天轨移位机、遥控式智能天轨移位机、吊式电动移位机	II
02 36 15	固定、安置在另一个产品上的固定移位机	升降一个人的转移装置,其范围局限在系统内。主材质为金属合金等	适用于肢体功能障碍者,在固定范围内的升降和移动位置,便于洗浴时移位,以及用于水疗时安全转移	浴缸移位机、水疗提升装置	II
02 36 18	固定自立式移位机	升降和移动一个人的转移装置,其范围局限在系统内。主材质为不锈钢、海绵等	适用于肢体功能障碍者坐姿及仰卧姿势的训练,由护理者在升降架范围内操作	垂直平台、旋转摇臂移动装置、升降柱移动装置	II
			适用于肢体功能障碍者在池边自动转运到康复训练池里,人体式座式,90度旋转	池边升降器移动装置	II
02 36 21	移位机的身体支撑部件	对升降架中正在升降的人提供支撑的器具。主材质为钢丝绳、合成纤维等	适用于连接起重机吊钩,搬移肢体功能障碍者	吊索	II
		对升降架中正在升降的人提供支撑的器具。主材质为无纺布等	适用于残疾瘫痪、行动不便等严重肢体功能障碍者的日常移位和如厕	吊兜	II

02 39 导向辅助器具

代 码	名 称	产品描述	预期用途	品名举例	类别
02 39 03	盲杖	为视力功能障碍者导向或辨明环境的器具。主材质为铝合金等	适用于视力功能障碍者,行走时帮助提示障碍物,防止撞倒	盲(白色)杖、铝合金盲杖、折叠盲杖	II
		为视力、听力功能障碍者导向或辨明环境的器具。主材质为铝合金等	适用于视力、听力功能障碍者,行走时帮助提示障碍物,防止撞倒	盲聋(红白色)杖	II

续表

代　码	名　称	产品描述	预期用途	品名举例	类别
02 39 06	电子定位辅助器具	电子导向器具，用于在一定范围内提供信息来确定相对位置。主材质为金属合金等。具有卫星定位、导航功能	适用于视力功能障碍者定位、位置导航，方便出行	语音导航装置	Ⅱ
		电子导向器具，用于在一定范围内提供信息来确定相对位置。主材质为金属合金等。具有语音指示方向功能	适用于视力功能障碍者确定所处的相对位置及障碍物，方便外出活动	电子导盲器、盲用指南针	Ⅱ
		具有卫星定位、语音导航功能的器具。主材质为塑料、电子元器件等		智能助盲帽、视力功能障碍者智能眼镜	Ⅱ

03 个人生活自理和防护辅助器具

03 03 肢体功能障碍者衣服和鞋

代　码	名　称	产品描述	预期用途	品名举例	类别
03 03 05	肢体功能障碍者外衣	穿在其他衣服外面抵御寒冷、风和各类降水的室外衣服。主材质为棉质面料、复合布等	适用于肢体功能障碍者户外穿用的衣服	乘坐轮椅的雨衣、肢体障碍者裹身式雨衣	Ⅲ
03 03 15	肢体功能障碍者短外套和衬衫	便于上肢功能障碍者穿脱短外套和衬衫。主材质为棉质面料、复合布等	适用于上肢功能障碍者，穿脱方便、舒适	肢体障碍者侧开拉链式或侧开搭扣式衬衫、肢体障碍者侧开拉链式或侧开搭扣式外套	Ⅲ
03 03 18	肢体功能障碍者夹克衫和长裤	便于上肢体功能障碍者穿脱夹克衫和长裤。主材质为棉质面料、复合布等	适用于上肢功能障碍者，穿脱方便、舒适	肢体障碍者侧开拉链式夹克衫、肢体障碍者侧开搭扣式夹克衫	Ⅲ
		便于下肢体功能障碍者穿脱夹克衫和长裤。主材质为棉质面料、复合布等	适用于下肢功能障碍者，穿脱方便、舒适	肢体障碍者侧开拉链式长裤、肢体障碍者侧开搭扣式长裤	Ⅲ
03 03 24	肢体功能障碍者内衣	便于女性上肢功能障碍者穿着用的文胸。主材质为棉质面料、复合布等	适用于上肢功能障碍者，贴身穿脱方便、舒适	带假乳的文胸	Ⅲ
		便于身体功能障碍者穿着用的内裤。主材质为棉质面料、复合布等	适用于身体功能障碍者，贴身穿脱方便、舒适	身体功能障碍者一次性内裤	Ⅲ
03 03 42	肢体功能障碍者鞋和靴	便于下肢功能障碍者穿着用的鞋和靴。主材质为棉质面料、复合布等	适用于下肢功能障碍者，穿脱方便	肢体障碍者防护鞋、肢体障碍者轻便健步鞋	Ⅲ

03 06 穿着式身体防护辅助器具

代　码	名　称	产品描述	预期用途	品名举例	类别
03 06 03	头部防护辅助器具	防护头部的辅助器具。主材质为纤维复合材料等	适用于平衡功能差的肢体功能障碍者，保护头部防止摔伤	保护头盔、防摔帽	III
03 06 06	眼睛防护和面部防护辅助器具	防护眼睛和面部的辅助器具。主材质为塑料等	适用于视力功能障碍者，保护眼睛和面部，防止损伤	防护面罩、护目镜	III
03 06 09	耳防护和听觉防护辅助器具	防护耳朵和听力的辅助器具。主材质为塑料等	适用于听力功能障碍者，保护耳部及听力	防护性耳套、防护性耳塞、防护性降噪耳机	III
03 06 15	手部防护辅助器具	防护手部的辅助器具。主材质为棉质面料、复合布等	适用于下肢功能障碍者，保护手部，防止损伤	操纵轮椅的手套	III
03 06 18	膝防护或腿防护辅助器具	防护膝部或腿的辅助器具。主材质为棉质面料等	适用于保护下肢功能障碍者的下肢皮肤和膝关节，防止损伤	防护膝部的加厚长筒袜	III
03 06 21	足跟防护或足趾防护或足部防护辅助器具	防护足或部分足的辅助器具。主材质为棉质面料等	适用于长期卧床者，可以保护足部骨凸出部位，防止长时间压迫导致的压疮	防护足部的硬帮鞋、防护足部的加厚袜	III
03 06 24	躯干防护或全身防护辅助器具	防护全身或躯干的辅助器具。主材质为复合布、橡胶等。用于上肢或躯干	适用于上肢功能障碍者，保护上肢或躯干的皮肤或关节，防止损伤	智能防护腰带、智能防摔马甲	III
		防护全身或躯干的辅助器具。主材质为复合布、橡胶等。用于下肢	适用于下肢功能障碍者，保护下肢的皮肤或关节，防止损伤	髋部防护裤	III
		防护全身或躯干的辅助器具。主材质为复合布、橡胶等。用于全身	适用于肢体功能障碍者，保护全身的皮肤或关节，防止损伤	智能防摔气囊服	III
03 06 27	气道防护辅助器具	防止呼吸道受到外部有害气流侵袭的装置。主材质为塑料等	适用于保护呼吸道免受外部有害气流的侵袭	导气管	III

03 07 稳定身体的辅助器具

代　码	名　称	产品描述	预期用途	品名举例	类别
03 07 03	稳定体位的辅助器具	固定身体位置的装置。主材质为塑料等	适用于肢体功能障碍者固定和支撑身体	体位垫	III
03 07 06	坐姿保持辅助器具	保持坐姿的装置，与轮椅配合使用。主材质为硬性泡沫、皮革等	适用于肢体功能障碍者身体躯干、上肢、头颈等部位保持在一个有利于身体稳定的姿势	姿势保持用坐垫、坐姿保持用靠背、坐姿保持用扶手、头颈部定位箍	III

03 09 穿脱衣服的辅助器具

代码	名称	产品描述	预期用途	品名举例	类别
03 09 03	穿短袜和连裤袜的辅助器具	帮助人穿短袜、长筒袜和紧身衣的器具。主材质为塑料等	适用于肢体功能障碍者穿脱袜子	肢体障碍者穿袜器	Ⅲ
03 09 06	肢体功能障碍者鞋拔和脱靴器	帮助穿、脱鞋的器具。主材质为塑料等	适用于肢体功能障碍者穿脱鞋和靴	肢体障碍者长柄鞋拔子	Ⅲ
03 09 12	肢体功能障碍者穿脱衣钩或穿脱衣杆	穿、脱衣服时固定或夹持衣物的器具。主材质为金属等	适用于上肢关节活动受限者穿脱衣服	穿衣钩、穿衣杆	Ⅲ
03 09 18	系扣钩	帮助系、解纽扣的装置。主材质为金属等	适用于手功能障碍者系和解纽扣	系扣器	Ⅲ

03 12 如厕辅助器具

代码	名称	产品描述	预期用途	品名举例	类别
03 12 03	坐便椅	内置贮存箱在远离洗手间外大、小便的椅子，带或不带脚轮。主材质为金属、塑料、皮革、木质等	适用于移动困难或蹲起困难的肢体功能障碍者，便于如厕、移动	折叠坐便椅、轮式坐便椅	Ⅲ
		内置贮存箱在远离洗手间外大、小便的椅子，带或不带脚轮。主材质为木质	适用于移动困难或蹲起困难的肢体功能障碍者，便于如厕	木制坐便椅	Ⅲ
03 12 06	坐便器	通常由进水管、出水管、渗水管、水塞、浮球、放水旋钮、杠杆等部件组成。主材质为陶瓷等	适用于肢体功能障碍者	低座坐便器、高座坐便器	Ⅲ
		通常由进水管、出水管、渗水管、水塞、浮球、放水旋钮、杠杆等部件组成。主材质为陶瓷等。内置冲洗器		内置冲洗器的坐便器	Ⅲ
03 12 15	安装在坐便器上加高的可调式坐便器座	安装在便池上，高度可调，用于增加座位高度，便于坐下、起身的装置。主材质为金属合金等	适用于肢体功能障碍者，根据自身需求调整至最佳舒适高度，方便起坐	可移动的马桶增高器	Ⅲ
03 12 18	永久安装在坐便器上加高的坐便器座	永久安装在便池上，用于增加座位高度，便于坐下、起身的装置。主材质为金属合金等	适用于肢体功能障碍者，永久固定在坐便器上以增高坐便器，方便起坐	马桶增高器	Ⅲ

代码	名称	产品描述	预期用途	品名举例	类别
03 12 21	内置帮助起身、坐下的升降机构的坐便器座	内置帮助人在坐便器上起身、坐下的升降机构的坐便器座。主材质为金属合金等。电动驱动装置	适用于下肢功能障碍者，根据需要随时升降坐便器座，辅助起身、如厕	带升降椅的坐便器座、助力式坐便椅座、坐便器起身辅助器	Ⅲ
		内置帮助人在坐便器上起身、坐下的升降机构的坐便器座。主材质为金属合金等	适用于截瘫、偏瘫、行动不便或下肢无力不能站立者	马桶起身助力架	Ⅲ
03 12 24	装配在坐便器上的扶手和靠背	安装在坐便器上便于坐下、起身的支撑装置。主材质为金属合金等	适用于下肢功能障碍者，装在坐便器上或两旁，辅助起坐及保持坐位平衡	固定在坐便器上的身体支撑架、坐便用扶手（架）	Ⅲ
03 12 25	落地式坐便器的扶手和靠背	安装在坐便器旁便于坐下、起身的落地支撑装置。主材质为航钛铝、树脂等	适用于下肢功能障碍者，装在坐便器旁，辅助起坐及保持坐位平衡	坐便用安全扶手	Ⅲ
03 12 27	肢体功能障碍者手纸夹	夹持手纸便于肢体功能障碍者擦拭下身的器具。主材质为金属合金等	适用于肢体功能障碍者，辅助夹持手纸并帮助擦拭臀部	肢体障碍者短柄手纸夹、肢体障碍者长柄手纸夹	Ⅲ
03 12 33	便盆	收集人体排泄物的容器；便于人在床上等地方大小便。主材质为塑料等	适用于成人男性下肢功能障碍者，收集人体排泄物的容器	男用便盆	Ⅲ
			适用于成人女性下肢功能障碍者，收集人体排泄物的容器	女用便盆	Ⅲ
03 12 36	作为坐便器附件的冲洗器和风干器	连接在坐便器上，可喷射水柱，坐在坐便器上时，冲洗和有或无吹风吹干人体下身的器具。主材质为塑料等	适用于肢体功能障碍者便后清洗和烘干	坐便器冲洗器、坐便器热风干燥器	Ⅲ

03 15 气管造口护理辅助器具

代码	名称	产品描述	预期用途	品名举例	类别
03 15 03	气管造口套管	放入气管造口术患者的气管切口处的管子，以使患者能够呼吸。主材质为塑料等	适用于呼吸困难者，插在气管切开处，确保呼吸道畅通，方便排痰	普通型气管插管、加强型气管插管	Ⅰ
03 15 06	气管造口保护器	保护患者气管切口处免受外部有害感染的器具。主材质为塑料等	适用于气管插管者，固定和保护气管切口处免受外部有害感染	气管切开护理保护器、气管插管加湿保护器、气管插管防喷保护器	Ⅰ

03 18 肠造口护理辅助器具

代码	名称	产品描述	预期用途	品名举例	类别
03 18 21	造口袋的护套	通常包括软质套体，能妥善收纳各类造口袋，减少造口袋渗漏。主材质为塑料等	适用于造口处收集排泄物袋子的器具	条形封口夹、圆形封口夹	II
03 18 24	灌肠辅助器具	清肠、灌肠的辅助器具。主材质为塑料等。人工驱动	适用于肠道造瘘者，人工清洗肠道，排出肠内容物	筒式灌肠器、球式灌肠器、手摇灌肠器、一次性灌肠器	I
		清肠、灌肠的辅助器具。主材质为塑料等。电动驱动装置	适用于肠道造瘘者，全自动清洗肠道，排出肠内容物	全自动灌肠器	I
03 18 30	造口防护罩	保护肠排泄物出口免受外部有害感染的器具。主材质为塑料等	适用于保护肠排泄物出口免受外部有害感染的器具	通用型防护罩、铠甲型防护罩、卷帘型防护罩	II
03 18 39	一件式开口造口袋	从造口收集人体排泄物、从开口可倒空的柔软容器。主材质为无纺布、水胶等	适用于造口收集人体排泄物	成人一件式造口袋、儿童一件式造口袋、带防回流阀的一件式造口袋	II
03 18 42	两件式开口造口袋	造口周围有一个用于附着的装置，以及另一个可移走的造口袋。主材质为塑料等。内附活性炭过滤片	适用于造口清洗、护理和排泄物的收集及造口周围皮肤护理	嵌入式两件式造口袋、粘贴式两件式造口袋、带防回流阀的两件式造口袋	II

03 21 身体功能障碍者护肤和洁肤产品

代码	名称	产品描述	预期用途	品名举例	类别
03 21 06	身体功能障碍者洁肤剂	清洁皮肤的物质。外包装主材质为塑料等，液体材质为相关中药提取液	适用于清洁皮肤上的残留物质，预防皮肤问题	身体障碍者免洗沐浴护理剂	III
03 21 12	伤口覆盖材料	通常为降低伤口粘连现象、造成二次伤害的材料。主材质为棉质面料等	适用于一般外伤、擦伤、手术后伤口及糖尿病、压疮等慢性伤口	纱布敷料	I
		通常为降低伤口粘连现象、造成二次伤害的材料。主材质为塑料等		薄膜敷料	I
		通常为降低伤口粘连现象、造成二次伤害的材料。主材质为水凝胶、合成橡胶、黏性混合物等		水胶体敷料	I
		通常为降低伤口粘连现象、造成二次伤害的材料。主材质为木质、黏性混合物等		胶布	I

03 24 排尿装置

代 码	名 称	产品描述	预期用途	品名举例	类别
03 24 03	长期留置导尿管	插入尿道长期导尿、冲洗膀胱的管状器具。主材质为塑料等	适用于成人男性排尿障碍者，用来引流尿液，向气囊内注入盐水防止导尿管脱落，多在留置导尿时使用	男性留置导尿管	I
			适用于成人女性排尿障碍者，用来引流尿液，向气囊内注入盐水防止导尿管脱落，多在留置导尿时使用	女性留置导尿管	I
			适用于儿童排尿障碍者，用来引流尿液，向气囊内注入盐水防止导尿管脱落，多在留置导尿时使用	小儿留置导尿管	I
03 24 06	间歇性导尿管	插入尿道，单纯引流和冲洗膀胱的一次性管子。主材质为塑料等	适用于成人男性排尿障碍者，用来引流尿液，多为一次性使用	男性间歇性导尿管	II
			适用于成人女性排尿障碍者，用来引流尿液，多为一次性使用	女性间歇性导尿管	II
			适用于儿童排尿障碍者，用来引流尿液，多为一次性使用	小儿间歇性导尿管	II
03 24 09	阴茎尿套	适合并固定在阴茎上的软护套，通过出口管可以排出尿液并连接到尿液收集袋。主材质为塑料等	适用于成人男性尿失禁障碍者，套在阴茎上收集漏出的尿液，避免污染衣物，方便卫生	成人用阴茎尿套	I
			适用于儿童尿失禁障碍者，套在阴茎上收集漏出的尿液，避免污染衣物，方便卫生	小儿用阴茎尿套	I
03 24 12	尿引流器	将尿直接从身体引流至卫生间等的器具。主材质为塑料等	适用于男性身体功能障碍者，用来将尿液引流到坐便器内，防止玷污坐便器	男性导尿斜管	II
			适用于女性身体功能障碍者，用来将尿液引流到坐便器内，防止玷污坐便器	女性导尿斜管	II
		将尿直接从身体引流至卫生间等的器具。主材质为棉质面料、涤纶等	适用于身体功能障碍者，无需人工干预，自行解决排便	清尿裤	I
03 24 15	女用穿戴式软尿壶	穿戴式尿壶和贮尿瓶。主材质为塑料等	适用于女性排尿障碍者体外收集尿液	普通女用尿壶、带盖女用尿壶、带刻度女用尿壶	II
03 24 18	自我导尿辅助器具	辅助自我导尿的器具。主材质为金属、塑料、玻璃等	适用于女性自我导尿	导管插入和冲洗的镜子、唇扳开器	I
		辅助自我导尿的器具。主材质为塑料等	适用于自我导尿	膝打开垫	II

续表

代码	名称	产品描述	预期用途	品名举例	类别
03 24 21	男用穿戴式软尿壶	戴在阴茎上，用带子牢牢固定在耻骨上并与集尿袋连在一起的器具。主材质为塑料等	适用于男性排尿障碍者体外收集尿液	普通男用尿壶、带盖男用尿壶、带刻度男用尿壶	II

03 27 尿便收集器

代码	名称	产品描述	预期用途	品名举例	类别
03 27 04	封口贮尿袋	没有排尿口的柔性封口集尿器。主材质为塑料等	适用于男性排尿障碍者，用来收集尿液，贮尿袋和导尿管可固定在身体上，安全隐蔽，方便外出	穿着式柔性封口集尿器、与导尿管一同使用的袋子	III
03 27 05	开口贮尿袋	有排尿口的柔性开口集尿器。主材质为塑料等	适用于男性排尿障碍者，用来收集尿液，下端随时可打开放出尿液，贮尿袋和导尿管可固定在身体上，安全隐蔽，方便外出	穿着式柔性开口集尿器、与导尿管一同使用的袋子	III
03 27 13	集尿器悬吊架和固定装置	在人体、轮椅、床固定集尿袋的器具。主材质为复合布等	适用于排尿障碍者，悬挂和固定贮尿袋，方便收集尿液	集尿器吊带、集尿器紧固带	III
03 27 18	尿收集系统	用于集尿器上的组件和附件。主材质为塑料等	适用于排尿障碍者，用来收集尿液、排尿	尿袋、尿套、导尿管、排尿管	III
		由智能主机、智能尿管、尿套胶、专制裤、医用尿袋等部分组成的穿戴式结构。主材质为树脂、塑料、硅胶等	适用于排尿障碍者，自动体外收集尿液	智能穿戴式集尿器	III
03 27 21	粪便收集袋	收集直肠粪便的贴身用柔软容器。主材质为塑料等	适用于排便障碍者，用来收集粪便	一次性粪便收集袋、可冲洗粪便收集袋	III
03 27 23	二便吸收系统	吸收粪、尿的器具。主要由功能主机、卧便器构成。主材质为塑料等，电动驱动装置	适用于吸收来自膀胱的尿和来自直肠的尿便的器具。自动清洗、烘干排便部位	智能排泄护理机、穿戴式大小便护理机器人、穿戴式智能大小便处理系统、全自动卧床排泄处理系统	III

03 30 尿便吸收辅助器具

代码	名称	产品描述	预期用途	品名举例	类别
03 30 12	儿童用一次性失禁用品	儿童专用的由紧身或弹性网面短裤固定的吸收垫。主材质为棉质面料、塑料等	适用于儿童排尿障碍者，一次性使用，更换方便	儿童一次性尿布	III
		儿童专用的由紧身或弹性网面短裤固定的吸收垫。主材质为高吸水性树脂等		排尿障碍者尿不湿	III

代 码	名 称	产品描述	预期用途	品名举例	类别
03 30 18	排尿功能障碍者成人一次性衬垫	用紧身内衣或弹性网面短裤固定的吸收垫，称为衬里或护垫。主材质为棉质面料、PU（聚氨基甲酸酯）等	适用于预防成人排尿障碍者感染，防止细菌传播	排尿障碍者纸质尿衬垫	Ⅲ
03 30 21	排尿功能障碍者成人一次性尿布	成人尺寸的尿布。主材质为棉质面料、PU（聚氨基甲酸酯）等	适用于成人排尿障碍者日常排尿的护理、清洁。吸收性好，一次性使用，更换方便	成人一次性尿布	Ⅲ
		成人尺寸的尿布。主材质为高吸水性树脂等		成人尿不湿	Ⅲ
03 30 24	身体功能障碍者成人一次性防护内衣	训练排便用的短衬裤的辅助器具。主材质为棉质面料等	适用于身体功能障碍者，侧开或前开，方便护理人员替换	成人一次性布内衣、成人尿布内裤	Ⅲ
		类似训练儿童排便用的短衬裤的辅助器具。主材质为纸质等		成人一次性纸内衣	Ⅲ
03 30 27	男性一次性失禁用品	套在其阴茎或阴囊上的男性失禁用辅助器具。主材质为塑料等	适用于由各种原因引起的男性尿失禁人群	阴茎集尿器	Ⅲ
03 30 39	尿便吸收贴身用品固定辅助器具	吸收尿便的辅助器具。通常由主机系统、吸收系统构成。主材质为凝胶、活性炭等。电动驱动装置	适用于身体功能障碍者尿便收集、清洁及对其主要指标进行监测，自动清洗、自动烘干	智能便洁器	Ⅲ
		吸收尿便的辅助器具。主材质为树脂、304 不锈钢、硅胶等	适用于身体功能障碍者尿便收集、清洁	便洁器	Ⅲ
03 30 42	身体功能障碍者非贴身一次性尿便吸收用品	身体功能障碍者用非贴身一次性尿便吸收的物品。主材质为棉质面料、PU（聚氨基甲酸酯）等	适用于身体功能障碍者，用来吸收尿便，一次性使用	一次性布尿布、一次性卫生垫	Ⅲ
		身体功能障碍者用非贴身一次性尿便吸收的物品。主材质为棉质面料等		一次性床单、一次性床罩	Ⅲ
03 30 45	身体功能障碍者非贴身可洗尿便吸收用品	身体功能障碍者用非贴身可清洗的尿便吸收的物品。主材质为塑料等	适用于身体功能障碍者，用来吸收尿便，可清洗	身体障碍者卫生垫	Ⅲ
		身体功能障碍者用非贴身可清洗的尿便吸收的物品。主材质为棉质面料等		身体障碍者床单、身体障碍者床罩	Ⅲ
		身体功能障碍者用非贴身可清洗的尿便吸收的物品。通常由手持式臀部护理振动机、专用护臀膏、成人尿布、腹部绑带、端坐支架、远红外热像仪组成。主材质为塑料、棉质面料等	适用于身体功能障碍者，用于尿便后的护理工作，通过穴位按摩辅助排便	二便护理套装	Ⅲ

03 31 防止大小便失禁（不自主流出）的辅助器具

代 码	名 称	产品描述	预期用途	品名举例	类别
03 31 03	阻尿器	防止小便不自主流出的辅助器具的配件。主材质为塑料等	适用于尿失禁患者，用来控制尿流，防止随意漏出	尿壶控制插闩	I
		防止小便不自主流出的辅助器具。主材质为塑料等		尿道插塞、阴道阀、阴茎夹、可膨胀的夹紧导尿管的气球	I
03 31 06	阻便塞	防止大便不自主流出的辅助器具。主材质为塑料等	适用于大便失禁者，防止大便漏出	肛门插闩、肛门插塞	I

03 33 清洗、盆浴和淋浴辅助器具

代 码	名 称	产品描述	预期用途	品名举例	类别
03 33 03	肢体功能障碍者盆浴或淋浴椅（有轮和无轮）、浴缸坐板、凳子、靠背和座	沐浴时支撑上肢或躯干的器具。主材质为塑料等	适用于肢体功能障碍者，辅助沐浴	沐浴靠背	Ⅲ
		在坐着进行盆浴或淋浴时用的支撑器具。主材质为铝合金、塑料、木质等		沐浴扶手、淋浴椅、沐浴凳、无轮盆浴椅、折叠沐浴凳、沐浴座椅	Ⅲ
		在坐着进行盆浴或淋浴时用的支撑器具。带脚轮。主材质为铝合金等	适用于肢体功能障碍者，辅助盆浴、淋浴	有轮盆浴椅、带轮淋浴椅	Ⅲ
		在坐着进行盆浴或淋浴时用的支撑器具。主材质为塑钢等。电动驱动装置	适用于站立不方便的下肢功能障碍者淋浴	多功能电动卫生椅	Ⅲ
		在坐着进行盆浴或淋浴时用的支撑器具。主材质为塑钢等。挂墙式		挂墙式升降沐浴椅	Ⅲ
		在坐着进行盆浴或淋浴时用的支撑器具。带脚轮。主材质为塑胶等	适用于下肢功能障碍者，辅助沐浴	可移动多功能洗澡椅	Ⅲ
		在坐着进行盆浴或淋浴时用的支撑器具。主材质为塑钢等	适用于儿童下肢功能障碍者，辅助沐浴	特殊儿童洗澡椅	Ⅲ
03 33 09	肢体功能障碍者淋浴器及其元件	有助于肢体功能障碍者沐浴时的固定装置等。主材质为金属、玻璃等	适用于肢体功能障碍者，淋浴时使用的门	肢体障碍者浴门	Ⅲ
		有助于肢体功能障碍者沐浴时的固定装置等。主材质为塑料、棉质面料等	适用于肢体功能障碍者，淋浴时使用的浴帘	肢体障碍者浴帘	Ⅲ
		有助于肢体功能障碍者沐浴时的固定装置等。主材质为金属等	适用于肢体功能障碍者，淋浴时使用的固定元器件	肢体障碍者淋浴器、肢体障碍者调节淋浴头位置的固定元件	Ⅲ

代 码	名 称	产品描述	预期用途	品名举例	类别
03 33 12	洗浴床、淋浴桌和更换尿布桌	盆浴、淋浴或更换尿布时用于人躺卧的固定的或便携的桌子。主材质为不锈钢等。带脚轮	适用于肢体功能障碍者，辅助卧床者躺着沐浴	洗浴床、可翻身淋浴推车	Ⅲ
		帮助肢体功能障碍者助浴、洗澡的器具。主材质为不锈钢、硅胶、塑料等。电动驱动装置。带脚轮		多功能洗浴机、智能洗澡机、全自动洗澡机、移动助浴洗澡机、智能卧床洗澡机、温泉机、洗发擦澡一体机、智能助浴器、智能卧床沐浴器	Ⅲ
		帮助肢体功能障碍者助浴、洗澡的器具。主材质为 ABS 树脂等		智能淋浴机	Ⅲ
03 33 15	身体功能障碍者洗盆	清洗身体各部位时，固定或便携的水盆。主材质为塑料等。固定式	适用于身体功能障碍者使用固定式洗盆清洗身体各部位	固定式洗盆	Ⅲ
		清洗身体各部位时，固定或便携的水盆。主材质为塑料等。可携带式	适用于身体功能障碍者使用便携式洗盆清洗身体各部位	便携式洗盆	Ⅲ
		清洗身体各部位时，固定或便携的水盆。主材质为金属等。可调节高度	适用于身体功能障碍者，通过调节支架来使用清洗器具	高度可调节的洗盆支架、高度可调节的洗盆底座和支架	Ⅲ
		清洗身体各部位时，固定或便携的水盆。主材质为金属。电离子式	适用于身体功能障碍者病后康复训练、亚健康调理、家庭保健	充气式电离子足浴盆	Ⅲ
03 33 18	肢体功能障碍者坐浴盆	固定或便携的，主要用于清洗下身的水盆。主材质为塑料等。固定式	适用于肢体功能障碍者，方便清洗会阴部，确保卫生、舒适	固定坐浴盆	Ⅲ
		固定或便携的，主要用于清洗下身的水盆。主材质为塑料等。可携带式		便携式坐浴盆	Ⅲ
03 33 21	肢体功能障碍者浴缸	供肢体功能障碍者洗浴的装置。主材质为陶瓷、树脂、金属等。电动驱动装置	适用于肢体功能障碍者，方便在坐位或卧位时沐浴	侧开门浴缸、轮椅式浴缸	Ⅲ
		供肢体功能障碍者洗浴的装置。主材质为玻璃钢等。电动驱动装置	适用于肢体功能障碍者沐浴	水疗护理浴缸	Ⅲ
		供肢体功能障碍者洗浴的装置。主材质为铝合金、钢化玻璃等		无障碍康复气泡浴槽	Ⅲ
		供肢体功能障碍者洗浴的装置。主材质为金属等。纳米氢气机		富氢泡浴机	Ⅲ

续表

代 码	名 称	产品描述	预期用途	品名举例	类别
03 33 30	带有把手、手柄和握把的洗澡布、海绵和刷子	沐浴清洁身体的器具。主材质为塑料等	适用于肢体功能障碍者，辅助擦洗身体，尤其是背部	带有把手的海绵、带有把手的洗澡刷子、带有把手的洗澡布、弯柄洗澡刷	Ⅲ
03 33 33	肢体功能障碍者肥皂盘、肥皂架和给皂器	容纳或分发肥皂或洗涤剂的器具。主材质为塑料等	适用于肢体功能障碍者摆放或分割肥皂、清洗液，方便使用	肢体障碍者肥皂盒、肢体障碍者肥皂架、肢体障碍者肥皂液压送器	Ⅲ

03 36 修剪手指甲和脚指甲的辅助器具

代 码	名 称	产品描述	预期用途	品名举例	类别
03 36 09	视力功能障碍者指甲剪和指甲刀	为肢体功能障碍者修剪指甲的工具。主材质为金属等	适用于视力功能障碍者修剪指甲	带放大镜的指甲剪、带放大镜的指甲刀	Ⅲ
03 36 12	肢体功能障碍者磨茧锉	为肢体功能障碍者打磨茧子的工具。主材质为金属等	适用于肢体功能障碍者，用来祛掉死皮、老茧	肢体障碍者手动茧皮修剪器	Ⅲ

03 39 护发辅助器具

代 码	名 称	产品描述	预期用途	品名举例	类别
03 39 03	用洗发水洗头发的辅助器具	为肢体功能障碍者洗头发用的器具。主材质为 ABS 树脂、塑料等。电动驱动装置	适用于肢体功能障碍者清洗头发	洗头机、智能洗头机	Ⅲ
03 39 06	肢体功能障碍者用梳子和头发刷	为肢体功能障碍者整饰头发的用具。主材质为塑料、木质等	适用于肢体功能障碍者梳理头发	肢体障碍者长柄梳子、肢体障碍者头发刷	Ⅲ

03 42 牙科护理辅助器具

代 码	名 称	产品描述	预期用途	品名举例	类别
03 42 09	牙科护理辅助器具	牙科护理器具的各种辅助装置或元件。通常由口镜、牙科用镊、牙探针、牙科洁治器、镰状形洁治器等组成。主材质为不锈钢等	适用于牙齿疾患，辅助牙齿护理、清洁的器具	口腔护理套装	Ⅰ

03 45 面部护理和皮肤护理辅助器具

代 码	名 称	产品描述	预期用途	品名举例	类别
03 45 03	肢体功能障碍者修胡刷、剃刀和（电动）剃须刀	剃刮胡须的用具。主材质为金属等	适用于肢体功能障碍者修饰和剃掉胡须	肢体障碍者修面刷、肢体障碍者剃刀、肢体障碍者手动剃须刀、肢体障碍者电动剃须刀	Ⅲ

03 54 性活动辅助器具

代 码	名 称	产品描述	预期用途	品名举例	类别
03 54 03	性活动仿造性器官	在性活动中起训练和辅助作用的仿造器具。主材质为塑料、硅胶等	适用于性功能障碍者，辅助完成性活动	仿造阴茎、仿造阴道、仿造人体	Ⅰ
03 54 09	性活动用振动器和按摩器具	性活动、性高潮、射精、勃起的器具。主材质为塑料等。电动驱动装置	适用于性功能障碍者，辅助完成性活动，提高性能力	性障碍者振动器、性障碍者按摩器	Ⅰ

04 家庭和其他场所的家具和适配件

04 03 肢体功能障碍者桌

代 码	名 称	产品描述	预期用途	品名举例	类别
04 03 15	肢体功能障碍者床桌	肢体功能障碍者使用，用于床上或床旁的小桌。主材质为金属、木质等	适用于肢体功能障碍者坐在床上进食、阅读和书写	肢体障碍者床用桌	Ⅲ

04 09 肢体功能障碍者坐具

代 码	名 称	产品描述	预期用途	品名举例	类别
04 09 21	肢体功能障碍者特殊坐具	为满足对座位有特殊要求的人而设计的椅子。主材质为木质、皮革、高弹性海绵等	适用于脑瘫、偏瘫的儿童进行坐位保持，坐姿矫正，防止畸形的训练	儿童姿势矫正椅、坐姿保持装置、儿童坐姿椅	Ⅲ
		为满足对座位有特殊要求的人而设计的椅子。主材质为木质、高弹性海绵、塑料等	适用于肢体功能障碍者，可根据身体功能状况来调整合适坐姿	儿童用的高椅、儿童安全椅、儿童梯背训练椅、儿童鞍形可调式座椅、儿童船形摇椅	Ⅲ

04 10 肢体功能障碍者坐具配件

代 码	名 称	产品描述	预期用途	品名举例	类别
04 10 03	肢体功能障碍者靠背	背部支撑用的部件，可以附加或并入椅子或椅座中。主材质为棉质面料、海绵等	适用于肢体功能障碍者，支撑腰椎，减轻腰椎压力	普通靠背、可调式靠背	Ⅲ
		支撑背部的部件，可以附加或并入椅子或椅座中。主材质为碳纤维、泡棉、棉质面料等		碳纤维靠背	Ⅲ
		背部支撑用的部件，可以附加或并入椅子或椅座中。主材质因需求而定	适用于肢体功能障碍者量身定做，支撑腰椎，减轻腰椎压力	定制型靠背	Ⅲ
04 10 06	肢体功能障碍者坐垫和衬垫	放在座位上以矫正和保持稳定坐姿的垫子和其他器具。主材质为复合海绵等	适用于肢体功能障碍者，增加舒适度、改善减压性能	蛋篓型泡沫坐垫、复合式坐垫、靠背垫、腰椎垫、助力坐垫	Ⅲ
		放在座位上以矫正和保持稳定坐姿的垫子和其他器具。主材质为聚酯化物等		蜂巢型聚酯化物坐垫	Ⅲ
		放在座位上以矫正和保持稳定坐姿的垫子和其他器具。主材质为凝胶等		液态型凝胶坐垫、凝胶款坐垫、便携式保护垫	Ⅲ
		放在座位上以矫正和保持稳定坐姿的垫子和其他器具。主材质为泡棉等。单区气囊		单区气囊款坐垫、气囊式坐垫	Ⅲ
		放在座位上以矫正和保持稳定坐姿的垫子和其他器具。主材质为泡棉等。双区气囊		双区气囊款坐垫	Ⅲ
04 10 09	肢体功能障碍者扶手	支撑或固定手臂的器具。主材质为塑料等	适用于上肢功能障碍者，用来支撑或固定手臂，增加舒适性，预防并发症	椅子托臂槽、固定式前臂扶手、可卸式前臂扶手	Ⅲ
04 10 12	头托和颈托	支撑颈部的器具。主材质为塑料、高弹性布等	适用于上肢功能障碍者，用来支撑颈部，增加舒适性	椅座上头托、椅座上颈托、椅座上颈枕	Ⅲ
		支撑颈部的器具。主材质为塑料等	适用于上肢功能障碍者，释放颈椎及头部压力	颈椎释压枕	Ⅲ
04 10 15	腿托和足托	支撑或固定腿、足的器具。主材质为塑料等	适用于下肢功能障碍者，支撑腿或脚，用来维持舒适的坐位	椅座上腿托、椅座上足托、椅座上限位搁脚板	Ⅲ
04 10 18	躯干托和骨盆托	附加或并入椅子或椅座中的器具，支撑或固定身体躯干和骨盆。主材质为塑料等	适用于下肢功能障碍者，使坐姿障碍的轮椅乘坐者保持良好坐姿	椅座上骨盆托、椅座上躯干托	Ⅲ
04 10 24	可安装在座椅上的膝上托盘和桌子	可以连接到椅子（包括轮椅）上或放在膝上有一个平面的产品，可以在其上放物品或从事活动。主材质为塑料等	适用于轮椅乘坐者在轮椅上放置物品或从事活动	轮椅桌	Ⅲ

04 12 身体功能障碍者床

代　码	名　称	产品描述	预期用途	品名举例	类别
04 12 07	手工调节的床和可拆分的床板或床垫支撑台	有一个或多个可调整高度或角度的床垫支撑台，调整部分由使用者或护理者手动调整。主材质为金属等	适用于身体功能障碍者，根据使用者的需要可以手动调节床垫支撑台的高度和角度，方便休息和护理，增加舒适性	手动多功能护理床、手动双摇护理床、ABS双摇床、手动护理床	Ⅱ
04 12 09	电动调节的多功能护理床	有一个或多个可调整高度或角度的床垫支撑台，调整部分由使用者或护理者电动调整。通常由支架、电机、脚轮、底座支腿、控制器组件和扶手等组成。主材质为金属等	适用于失能、半失能等身体功能障碍者，方便调整床垫、移位、休息和护理，增加舒适性	多功能电动护理床、多功能护理床、电动护理床、多驱动护理床	Ⅱ
04 12 10	电动调节的床和可拆分的床板或床垫支撑台	有一个或多个可调整高度或角度的床垫支撑台，调整部分由使用者或护理者电动调整。主材质为金属等	适用于身体功能障碍者，根据使用者的需要可以电动调节床垫支撑台的高度和角度，方便休息和护理	电动多功能升降床、轻便护理辅助床	Ⅱ
		有一个或多个可调整高度或角度的床垫支撑台，调整部分由使用者或护理者电动调整。主材质为金属等。具有翻身功能	适用于身体功能障碍者，便于其移动、翻身	可旋转护理床、多功能翻身护理床	Ⅱ
		有一个或多个可调整高度或角度的床垫支撑台，调整部分由使用者或护理者电动调整。主材质为金属等。具有一定治疗辅助功能	适用于脑卒中、脑损伤等患者的康复训练，关节的牵拉及肌肉放松的训练等	电动康复训练床	Ⅱ
		有一个或多个可调整高度或角度的床垫支撑台，调整部分由使用者或护理者电动调整。主材质为金属等。儿童护理床	适用于儿童身体功能障碍者，便于其日常康复护理	多功能儿童康复护理床	Ⅱ
04 12 11	床椅一体机	由床椅形态可转换的移动床椅和固定床体两部分组成的，可自动或手动实现两部分对接和分离的装备。主材质为金属等。电动驱动装置	适用于身体功能障碍者，根据使用者的需要可以电动调节床垫支撑台的高度和角度，从躺姿到坐姿，具有轮椅功能	智能多功能床椅一体机、半自动一体化床椅、轮椅式护理床	Ⅱ
		有一个或多个可调整高度或角度的床垫支撑台，调整部分由使用者或护理者电动调整。主材质为金属等。电动驱动装置，具有清二便功能	适用于大小便失禁及其他身体功能障碍者，收集二便及臀部护理	自动清便床	Ⅱ
04 12 15	身体功能障碍者床上用品	身体障碍者使用，床单和被固定在所需位置的用品。主材质为塑料、硅胶等	适用于身体功能障碍者，增加躺姿舒适性	枕型体位垫、身体障碍者生物力学枕	Ⅲ

04 18 支撑手栏杆和扶手杆

代 码	名 称	产品描述	预期用途	品名举例	类别
04 18 06	固定抓握栏杆和拉手	牢固连接到墙壁，或连接墙壁和地板，或墙壁与天花板和地板之间的装置，通常是直的或成角度的杆，以便对站立或更换位置时的个人提供支撑。主材质为不锈钢、铝合金、树脂等	适用于身体功能障碍者，固定在墙上或家具上使人在变换体位时抓握，辅助移位	扶手	Ⅱ

04 24 家庭和其他场所的结构构件

代 码	名 称	产品描述	预期用途	品名举例	类别
04 24 09	身体功能障碍者门	身体功能障碍者使用的门类器具。主材质为金属等	适用于身体功能障碍者独立进出门	身体障碍者滑动门、身体障碍者卷帘门、身体障碍者折叠门、身体障碍者双向转动门	Ⅲ
04 24 12	身体功能障碍者门槛	置入门中或门边的器具。主材质为硅胶等	辅助身体功能障碍者，根据需要特别设计，方便出入	身体障碍者浴室门槛橡胶封条、桥式过槛坡道	Ⅲ

04 30 垂直运送辅助器具

代 码	名 称	产品描述	预期用途	品名举例	类别
04 30 05	固定式升降台	借助平台在两个或更多垂直平面之间移动人员或货物的起重装置，没有顶篷且不能在竖井内升降，并永久地连接到建筑物或地面上。主材质为金属等	适用于移动困难的肢体功能障碍者垂直式升降	轮椅升降台、固定式升降台、平台升降机、垂直式轮椅升降平台、电梯式升降平台	Ⅲ
			适用于移动困难的肢体功能障碍者斜挂式升降	斜挂式轮椅升降平台	Ⅲ
04 30 08	便携式升降台	该起重装置具有一个可移动的自支撑结构，该结构不可连接到建筑物或地面上。主材质为金属、泡棉等	适用于移动困难的肢体功能障碍者升降	便携式轮椅升降机、可移式升降轮椅装置	Ⅲ
04 30 10	楼梯升降椅	带有座位的升降装置，附在楼梯形状和角度的轨道上。主材质为金属等。电动驱动装置	适用于移动困难的肢体功能障碍者，使人能连同座位一起沿轨道上下楼	座椅式楼梯机	Ⅲ
04 30 11	楼梯升降台	带有一个平台的升降装置，它附在一个或多个沿着楼梯形状和角度的轨道上。主材质为金属等。电动驱动装置	适用于移动困难的肢体功能障碍者，可以连同轮椅或椅子一起上下楼梯	轮椅用楼梯升降机、轮椅用滚梯	Ⅲ
04 30 15	可移动坡道	可移动的倾斜平面，为在有限间隔的两个平面间搭桥。主材质为金属、树脂等	适用于肢体功能障碍者，使轮椅乘坐者沿可移动的坡道，从一个平面升降到另一个平面	可调节可拆装移动坡道、便携式斜坡板	Ⅲ

代码	名称	产品描述	预期用途	品名举例	类别
04 30 18	固定坡道	固定的倾斜平面，为在有限间隔的两个平面间搭桥。主材质为树脂等	适用于肢体功能障碍者，方便乘坐轮椅者出入，多建在建筑物的出入口	普通固定坡道、轮椅缓冲地带、安全挡台	III

04 33 家庭和其他场所的安全设施

代码	名称	产品描述	预期用途	品名举例	类别
04 33 15	地面和楼梯用触感材料	用于室外为盲人导向的触感材料。主材质为砂、石、水泥等	适用于视力功能障碍者通过铺在地上的触感材料来为行走导向	地面盲道砖	III
		用于室内为盲人导向的触感材料。主材质为硅胶等	适用于防护视力功能障碍者在拐角时的碰撞	盲用转角防护垫	III
		用于室内为盲人导向的触感材料。主材质为树脂等	适用于防护视力功能障碍者与墙壁之间的碰撞	盲用墙壁防护板	III
04 33 16	防滑材料	用于身体功能障碍者或其使用的康复辅助器具与地面增加摩擦系数的防滑材料	适用于身体功能障碍者行走、出行，防止滑倒	防滑地漆、防滑地胶	III

04 36 辅助肢体功能障碍者储藏用家具

代码	名称	产品描述	预期用途	品名举例	类别
04 36 09	身体功能障碍者床头柜	置于床边的存储器具。主材质为木质等	适用于身体功能障碍者在床边放置日常用品	身体障碍者带床桌的床头柜	III

05 沟通和信息辅助器具

05 03 助视器

代码	名称	产品描述	预期用途	品名举例	类别
05 03 03	滤光器（吸收滤光器）	滤光器是仅透射入射光中具有预定特性的光（例如，特定波长范围的光）而不透射其他光的光学元件。主材质为玻璃等	适用于视力功能障碍者及特殊职业者，减少炫目，吸收部分对视力功能有副作用的可见光	滤光镜片	II
05 03 09	具有放大功能的眼镜、镜片、助视系统	放大物体图像的器具。主材质为塑胶、玻璃、金属等	适用于视力功能障碍者，放大倍数：3 倍~5 倍	手持式放大镜	II
			适用于视力功能障碍者，可折叠携带方便	折叠式放大镜	II
		放大物体图像的器具。主材质为塑胶、玻璃、金属等，有灯源	适用于视力功能障碍者，光学放大三倍，可腾出双手阅读或书写	台灯式放大镜	II

代码	名称	产品描述	预期用途	品名举例	类别
05 03 09	具有放大功能的眼镜、镜片、助视系统	放大物体图像的器具。主材质为金属等	适用于视力功能障碍者，多种度数放大，使用方便	台式电子助视器	II
			适用于视力功能障碍者，多种倍数循环放大，多种模式更换，携带方便	便携式电子助视器	II
		放大物体图像的器具。通常由摄像头、处理器和显示器等构成，主材质为玻璃等	适用于视力功能障碍者，手持摄像系统，手动聚焦，专用鼠标控制	手持式电子助视器	II
		放大物体图像的器具。主材质为树脂等	适用于视力功能障碍者，视野较宽，佩戴方便	低视力眼镜	II
		放大物体图像的器具。通常由摄像头、处理器和显示器等构成，主材质为玻璃等。多种倍数放大	适用于看远和近，电子放大自动对焦	远近两用电子助视器	II
		通过智能硬件和软件结合，发射特有的正旋磁波改善眼部视力的器具。通常由主机、系统软件构成。主材质为 ABS 树脂	适用于视力功能障碍者，促进眼部巩膜胶原纤维弹性恢复，改善眼部视力	视力矫正辅助仪	II
05 03 12	双筒望远镜和单筒望远镜	使用单眼或双眼观看远处物体的放大图像的器具。主材质为金属、塑料等。单筒	适用于视力功能障碍者外出时借助其看清路牌标识	单筒望远镜	II
		使用单眼或双眼观看远处物体的放大图像的器具。主材质为金属、塑料等。双筒		双筒望远镜	II
		使用单眼或双眼观看远处物体的放大图像的器具。主材质为金属、塑料等	适用于视力功能障碍者通过佩戴眼镜式望远镜望远	眼镜式望远镜	II
05 03 15	扩大和调整视野范围和视觉角度的辅助器具	通过搭载摄像系统，采用机械学习、深度学习和计算机视觉等前沿人工智能算法，结合物体凸显和背景模糊化处理降低边缘层次的技术，让光感极低的视障人群能够识别附近的对象并进行互动的器具。主材质为金属、塑料、玻璃、电子元器件等	适用于青光眼、黄斑病变或糖尿病等疾病导致的周边视野缺失者，中心视野缺失和一般视野缺失的患者	智能仿生眼镜	II
		采用激光成像技术，将影像投射到视网膜上，利用弱激光将影像投影到视网膜，智能融入用户的视野的器具。主材质为光学、力学材料等	适用于视力功能障碍者，始终自动与眼睛的视野聚焦，从而使眼底完整的失明人群重见光明	激光反射视力重建智能眼镜	II
		可以进行语音操作、视力控制的眼镜。主材质为金属、塑料、玻璃、电子元器件等	适用于身体功能障碍者，实现三种交互方式，即语音控制、手势识别和眼动跟踪	身体障碍者智能眼镜	II

05 06 助听器

代 码	名 称	产品描述	预期用途	品名举例	类别
05 06 06	穿戴式（盒式）助听器	戴在个人衣服或挂在颈部用于放大声音的装置。通常由麦克风、受话器、放大器等组成。主材质为电子元器件、塑料等	适用于补偿轻度听力损失	低功率盒式助听器	II
			适用于补偿中度听力损失	中功率盒式助听器	II
			适用于补偿重度听力损失	大功率盒式助听器	II
05 06 09	眼镜式助听器	内置放大声音的电子装置的眼镜框。主材质为电子元器件、玻璃等。眼镜式	适用于双侧听力轻度损失	低功率眼镜式助听器	II
			适用于双侧重度听力损失或一侧听力中度以内损失，另一侧听力重度、极重度损失或全聋	中功率眼镜式助听器	II
			适用于双侧极重度听力损失或一侧听力重度以内损失，另一侧极重度损失或者全聋	大功率眼镜式助听器	II
05 06 12	耳内助听器	戴在耳内，用于放大声音的装置。主材质为电子元器件、硅胶等。耳内式	适用于补偿轻度听力损失	低功率耳内式助听器	II
			适用于补偿中度听力损失	中功率耳内式助听器	II
			适用于补偿重度听力损失	大功率耳内式助听器	II
		戴在耳道，用于放大声音的装置。主材质为电子元器件、硅胶等。耳道式	适用于补偿轻度听力损失	低功率耳道式助听器	II
			适用于补偿中度听力损失	中功率耳道式助听器	II
			适用于补偿重度听力损失	大功率耳道式助听器	II
			适用于补偿各种程度听力损失	深耳道式助听器	II
05 06 15	耳背助听器	戴在耳背，用于放大声音的装置。主材质为电子元器件、硅胶等。耳背式	适用于补偿轻度听力损失	低功率耳背式助听器	II
			适用于补偿中度听力损失	中功率耳背式助听器	II
			适用于补偿重度听力损失	大功率耳背式助听器	II
			适用于气导性听力损失患者的听力补偿，尤其便于老年患者的使用	智能耳背式助听器	II
05 06 18	骨导式助听器	用于接收、放大和转换声音成为触觉信号的装置。主材质为电子元器件、塑料等。骨导式	适用于补偿轻度听力损失	低功率骨导式助听器	II
			适用于补偿中度听力损失	中功率骨导式助听器	II
			适用于补偿重度听力损失	大功率骨导式助听器	II
05 06 27	助听器配件	通过 2.4GHz 无线信号转换，将讲话者的声音转换为该无线信号并传输到使用者的助听器具。主材质为电子元器件、塑料等	适用于听力功能障碍者在远距离或有噪声背景下的聆听	延伸助听距离提升清晰度的辅件	II

05 09 发声辅助器具

代 码	名 称	产品描述	预期用途	品名举例	类别
05 09 03	语音发生器	在喉部产生空气振动的装置，可通过软腭、舌和嘴的运动将振动转换成语言。主材质为橡胶、电子元器件等	适用于言语障碍者，通过语音发声器可将喉部振动转换成语言，达到与外界交流的目的	电子人工喉	I

05 12 视力功能障碍者绘画和书写辅助器具

代 码	名 称	产品描述	预期用途	品名举例	类别
05 12 03	盲用手动式绘画和书写器具	视力功能障碍者手动绘画的器具。主材质为塑料等	适用于辅助视力功能障碍者画线	盲人用直尺	Ⅲ
		视力功能障碍者手动绘画和书写的器具。主材质为纸质等	适用于视力功能障碍者手工绘画及书写	盲文记事本	Ⅲ
		盲人文具套装，标有字符和画线缺口。主材质为塑料等		盲用文具	Ⅲ
05 12 06	盲用书写板、绘图板和绘画板	视力障碍者学习的工具。主材质为塑料等	适用于视力功能障碍者学习	低视力助写板	Ⅲ
		辅助盲人进行绘画的工具，可在绘图塑膜或麦拉纸上绘制盲文凸图。主材质为塑料等	适用于视力功能障碍者书写、制图和绘画	低视力绘图板、低视力绘画板	Ⅲ
		工具包含：线锐化工具、制孔器、木质修改器、阴影面积铝板、盲字板及盲字笔、绘图尺、橡胶垫板、铝膜、工具袋。主材质为塑料、金属等		低视力绘图工具包	Ⅲ
05 12 09	盲用签字导向槽、印章和书写框	视力功能障碍者在正确位置签字或手写字符的装置，或用印章产生印刷的签名。主材质为塑料等	适用于盲人和低视力患者辅助书写	盲人用签字导向槽、盲人用书写框	Ⅲ
		视力功能障碍者在正确位置签字或手写字符的装置，或用印章产生印刷的签名。主材质为石质等	适用于视力功能障碍者指纹触摸使用的印章	盲人用印章	Ⅲ
05 12 12	手写盲文书写装置	用特制尖笔或杆在纸上产生凸起盲文点字符号的器具。主材质为塑料等。带盲文凹槽	适用于视力功能障碍者用手写盲文	盲文写字板	Ⅲ
05 12 15	盲用打字机	视力功能障碍者打字用的器具。主材质为金属等。手动打印	适用于视力功能障碍者打字	盲文手动打字机	Ⅲ
		视力功能障碍者打字用的器具。主材质为金属等。自动打印		双面盲文刻印机	Ⅲ
05 12 24	身体功能障碍者文字处理软件	视力功能障碍者用于编写、组织和存储文本的软件	适用于视力功能障碍者，提供盲汉对照文本的同步编辑修改功能，为不懂盲文的人提供编印盲文的条件，为学习盲文的人提供学习条件	盲文计算机编辑排版软件	Ⅲ
		言语障碍者用于编写、组织和存储文本的软件	适用于言语障碍者，为其提供学习机会	视觉控制系统软件	Ⅲ

续表

代 码	名 称	产品描述	预期用途	品名举例	类别
05 12 27	盲用绘图和绘画软件	视力功能障碍者用计算机进行制图和绘画活动的软件	适用于视力功能障碍者在计算机上制图和绘画	盲文绘图软件	III

05 15 视力功能障碍者计算辅助器具

代 码	名 称	产品描述	预期用途	品名举例	类别
05 15 03	视力功能障碍者手动计算器	手动计算数值的设备。主材质为木质等	适用于视力功能障碍者手工计算	盲人用算盘	III
05 15 06	视力功能障碍者计算设备	计算数值的设备。主材质为塑料、电子元器件等	适用于视力功能障碍者进行数字运算	视力障碍者语音计算器	III
05 15 09	视力功能障碍者计算软件	计算数值的电脑软件	适用于视力功能障碍者用电脑进行数学计算	视力障碍者语音计算软件	III

05 18 记录、播放和显示视听信息的辅助器具

代 码	名 称	产品描述	预期用途	品名举例	类别
05 18 03	身体功能障碍者声音记录和播放设备	录制和回放声音的设备。主材质为塑料、电子元器件等	适用于视力功能障碍者录放声音，方便学习及娱乐	视力障碍者随身听、视力障碍者听读机	III
		辅助听力功能障碍者沟通交流、收听影视、音乐的器具。主材质为塑料、电子元器件等	适用于听力损失不超过90分贝的重度以下、老年性聋、噪声性聋老人。无需验配，操作简单，更适合看电视、与家人朋友聊天等场景使用	个人交流扩音器、辅听器	II
05 18 06	身体功能障碍者视频记录和播放设备	在磁带或其他电子介质上保存和播放可视图像和动态图像的设备。主材质为塑料、电子元器件等	适用于身体功能障碍者录放视频，方便娱乐	身体障碍者便携式摄像机	III
		通过身体功能障碍者人脸识别设备，对各种数据进行采集，将数据通过云传输到管理平台，进行管理及数据分析的软件	适用于身体功能障碍者，对其进行人脸识别，利于科学数字化管理	身体障碍者人脸识别监管系统	III
05 18 09	身体功能障碍者无线电接收机	一种接收无线电波并将其转换为可用形式的电子设备。主材质为塑料、电子元器件等。内置电池，具有收音机功能	适用于视力功能障碍者接收无线电讯号，收听信息	盲用收音机	III

续表

代码	名　称	产品描述	预期用途	品名举例	类别
05 18 09	身体功能障碍者无线电接收机	一种接收无线电波并将其转换为可用形式的电子设备。主材质为塑料、电子元器件等。内置电池，具有收音机、视频播放、录音功能	适用于视力功能障碍者阅读、娱乐	盲用听书机	Ⅲ
		为重度听力功能障碍者所用的辅听器具。通常由收音装置、麦克风、电子元器件、显示设备、电池等组成，主材质为塑料、电子元器件、玻璃等	适用于重度听力功能障碍者，便于日常生活及交流	无线辅听系统、听障沟通系统	Ⅱ
		将人讲话的声音实时转译成字幕并显示在眼镜上，具有高透明度、外形时尚、无线佩戴等特点。主材质为树脂等。由镜片、高性能麦克风阵列、降噪模块、电池及无线通信模块等组成	适用于先天性听力障碍、后天听力损失及老年性耳聋等听力功能障碍者	字幕式语音识别眼镜	Ⅱ
05 18 39	视听和视频系统的配件	交流、接收、口头讯息及非语音信息的视听设备。主材质为金属、玻璃等	适用于视力功能障碍者，通过视频或声音系统的附件来获取信息	扩视镜	Ⅱ

05 21 面对面沟通辅助器具

代码	名　称	产品描述	预期用途	品名举例	类别
05 21 03	言语功能障碍者字母和符号卡、板	不能说话或说话困难时，面对面沟通的器具。主材质为塑料等	适用于言语功能障碍者，通过非语言交流，满足其常见需求，制作成表格形式	沟通提示卡、沟通选择卡、文字沟通卡、言语障碍者便携式手写板	Ⅱ
05 21 09	言语功能障碍者对话装置	帮助直接通信的电子设备。主材质为玻璃、电子元器件等	适用于言语功能障碍者，通过字母、图片和声音来辅助其面对面与外界进行简单的沟通	言语障碍者电子沟通板	Ⅱ
05 21 12	言语功能障碍者面对面沟通用软件	用于生成直接沟通信息的软件	适用于言语功能障碍者，通过文字、图片、符号等使患者认知事物	认知沟通软件、符号沟通软件	Ⅱ
			适用于言语功能障碍者，通过声音文字可训练患者进行简单的交流	言语沟通软件	Ⅱ
			适用于言语功能障碍者，通过图片文字让患者学习手语	手语沟通软件	Ⅱ

05 24 电话传送（信息）和远程信息处理辅助器具

代 码	名 称	产品描述	预期用途	品名举例	类别
05 24 03	身体功能障碍者普通网络电话	视力功能障碍者通过有线网络进行电话的设备。主材质为塑料、电子元器件等	适用于低视力人群，通过标准网络电话远距离交流	带盲文电话机、大键盘电话机	Ⅲ
		通过有线网络进行视频通话的设备。主材质为塑料、电子元器件等	适用于听力功能障碍者，可视通话，沟通方便	可视电话机	Ⅲ
05 24 06	视力功能障碍者移动网络电话	通过移动网络进行电话的设备。主材质为塑料、电子元器件等。具有语音导航功能	适用于辅助视力功能障碍者远距离交流，随身携带，方便工作及生活	盲人用手机	Ⅲ
05 24 09	视力功能障碍者文本电话机	使用图片文字进行电话交流的器具。主材质为塑料、电子元器件等	适用于视力功能障碍者用图片文字进行交流	普通图文电话机	Ⅲ
		通过触摸盲文符号进行通话的器具。主材质为塑料、电子元器件等	适用于盲人通过触摸盲文进行打电话	盲文符号电话机	Ⅲ
05 24 10	视力功能障碍者出行信息辅助终端	通过卫星定位、图像采集等信息处理辅助出行的器具。具有文字识别、防撞、当前位置播报、出行路径规划、远程音视频通话等功能。主材质为塑料、电子元器件等。具有语音导航功能	适用于视力功能障碍者通过语音获取环境信息，进行紧急求助。方便出行活动	智能助盲终端、盲人用导航终端	Ⅲ

05 27 报警、指示、提醒和发信号辅助器具

代 码	名 称	产品描述	预期用途	品名举例	类别
05 27 03	视觉信号指示器	发出强烈闪光提示的器具。通常由电子元器件和扬声器等构成。主材质为金属等	适用于听力功能障碍者，有来访人员时，起到响铃或遥控警示作用	闪光门铃、遥控闪光门铃	Ⅲ
		视频警示的器具。通常由摄像头、电子屏、电子元器件、扬声器等构成。主材质为金属等	适用于听力功能障碍者，通过视频观看来访者，起到警示作用	听力障碍者可视门铃	Ⅲ
		发出强烈闪光、振动声音提示的电话警示器具。主材质为电子元器件等	适用于听力功能障碍者，有来访人员时，通过电话外置的闪光、振动器具来提醒被访者	听力障碍者电话闪光振动警示器	Ⅲ
05 27 09	身体功能障碍者机械信号指示器	视力功能障碍者使用的纸币识别装置。主材质为金属等	适用于盲人自动点验计数，具有语音提示功能	盲人纸币识别器	Ⅲ
		听力功能障碍者使用的手表。通常由芯片、显示屏、外壳、表带、电池等构成。主材质为电子元器件、玻璃等	适用于听力功能障碍者，可对周围的声音进行探测并通过指环的振动反馈给佩戴者	多功能聋人手表	Ⅲ

续表

代 码	名 称	产品描述	预期用途	品名举例	类别
05 27 12	身体功能障碍者时钟和计时器	可以显示时间的设备。主材质为金属等	适用于听力功能障碍者	听力障碍者振动闹钟	Ⅲ
		可以计量时间的设备。通常由壳体、控制键、电路控制板、显示板、变压器及扬声器等构成。主材质为金属、塑料等	适用于视力功能障碍者计时	视力障碍者语音计时器	Ⅲ
		用于听力功能障碍者计量、显示时间的设备。主材质为塑料、电子元器件等	适用于听力功能障碍者掌握时间	听力障碍者振动式提醒手表	Ⅲ
		用于视力功能障碍者计量、显示和报读时间的设备。主材质为塑料、电子元器件等	适用于视力功能障碍者掌握时间	盲用手表	Ⅲ
05 27 15	视力功能障碍者日历和时间表	对计划活动存储和组织数据的设备。主材质为塑料等	适用于视力功能障碍者辨别日期	盲文日历板	Ⅲ
05 27 18	身体功能障碍者个人紧急报警系统	个人紧急情况下由使用者操作或自动激活的设备。主材质为塑料、电子元器件等	适用于身体功能障碍者，操作简单，遇到紧急情况随时呼救以防意外的发生	身体障碍者呼叫器	Ⅲ
			适用于身体功能障碍者，个人紧急状态下能发出警报以便及时得以援助	身体障碍者 SOS 报警系统	Ⅲ
		运用语音文字实时翻译技术实现报警人手写文字沟通，120 正常电话语音沟通。报警人位置及健康信息一键上传急救中心调度系统	适用于身体功能障碍者，个人紧急状态下通过网络平台向所在地 120 机构发出求救电话，并及时获得急救指导	无障碍急救网络平台终端	Ⅲ
		不穿戴电子产品的情况下，通过非接触监测技术，获取目标的运动、轨迹、姿态，呼吸心率等生命体征信息。主材质为 ABS 树脂、电子元器件等	适用于身体功能障碍者，具有身体物理体征监测异常报警、坠床报警、摔倒报警作用	身体障碍者非接触式监测仪	Ⅲ
		自动感知身体功能障碍者身体平衡状态，如跌倒将会及时报警。主材质为塑料、电子元器件等	适用于身体功能障碍者跌倒时的报警	跌倒报警装置	Ⅲ
05 27 21	身体功能障碍者环境紧急报警系统	自动监测用水情境的探测器。主材质为 ABS 树脂等	适用于身体功能障碍者，预防溢水报警提示	溢水报警器、防溢洒报警器	Ⅲ
		自动监测用电情境的探测器。主材质为塑料、电子元器件等	适用于身体功能障碍者，预防线路绝缘老化、电气安全预警、大功率设备异常监测报警提示	电器智能预警终端	Ⅲ

代码	名称	产品描述	预期用途	品名举例	类别
05 27 24	身体功能障碍者监测和定位系统	观察特定环境或人的状态或位置的装置。主材质为塑料等	适用于身体功能障碍者，用于监测特殊状态及所在位置并及时发出报警，确保个人安全	精准定位及康养监测雷达、高精度跌倒检测定位终端	Ⅲ

05 30 阅读辅助器具

代码	名称	产品描述	预期用途	品名举例	类别
05 30 15	书支撑架和书固定架	固定、支撑书的设备。主材质为不锈钢等	适用于肢体功能障碍者，将书本固定在阅读位置而不需要手扶，方便使用者在各种体位阅读	便捷式书支撑架、便捷式书固定架、阅读辅助架	Ⅲ
05 30 18	阅读框和版面限定器	阅读时每次只使一部分文本可见的装置。主材质为塑料等	适用视力功能障碍者，可标读，便于阅读	阅读标尺	Ⅲ
			适用视力功能障碍者，携带方便，辅助阅读	便捷式版面限定器	Ⅲ
05 30 21	身体功能障碍者字符阅读器	朗读中、英文版书、杂志和报纸的器具。主材质为金属等	适用于视力功能障碍者，根据字符触摸机器，机器根据输入内容报读	点读机、视力功能障碍者用智能读书机	Ⅲ
		阅读和转化书面文本成视力、听力和触觉信息等替代形式的设备。主材质为金属等	适用于视力功能障碍者及老年人进行阅读	视力功能障碍者用智能阅读机	Ⅲ
05 30 24	触摸阅读材料	用盲文表达内容的媒介。主材质为纸质等	适用于视力功能障碍者，通过触摸完成盲文阅读	盲文教材	Ⅲ
05 30 27	身体功能障碍者特殊多媒体演示软件	链接和表现不同种类的展品、影像、动画、漫画、合成音的软件	适用于身体功能障碍者，以语音方式读出电脑屏幕显示的内容，方便盲人和低视力者获取信息	智力障碍者用多媒体输出软件	Ⅲ
			适用于视力功能障碍者，以语音方式读出电脑屏幕显示的内容，方便盲人和低视力者获取信息	视力功能障碍者用多媒体输出软件	Ⅲ

05 33 视力功能障碍者计算机和终端设备

代码	名称	产品描述	预期用途	品名举例	类别
05 33 03	视力功能障碍者台式（非便携式）计算机	模拟8点盲文键盘、盲人和低视力人群都可轻松使用、可支持外部扩展存储，拥有中文和英文语音。主材质为金属、电子元器件等	适用于视力功能障碍者用计算机处理信息，方便学习、工作和娱乐	触摸式计算机	Ⅲ
		具备语音导航操作功能的普通计算机。主材质为金属、电子元器件等		盲人用语音计算机	Ⅲ

05 36 身体功能障碍者计算机输入设备

代码	名称	产品描述	预期用途	品名举例	类别
05 36 03	身体功能障碍者键盘	计算机输入设备，是操作计算机设备运行的一种指令和数据输入装置。主材质为塑料等。	适用于视力功能障碍者完成计算机输入	盲人用键盘、大字键盘	Ⅲ
05 36 12	肢体功能障碍者替代输入设备	替代计算机输入的设备。主材质为塑料等	适用于支配手指运动的周围神经损伤及手指关节活动受限者使用	手握式键盘敲击器	Ⅲ
			适用于支配掌指运动的周围神经损伤及掌指关节活动受限者使用	掌套式键盘敲击器	Ⅲ
			适用于支配腕掌指运动的周围神经损伤及腕掌指关节活动受限者使用	腕套式键盘敲击器	Ⅲ
		用以替代计算机鼠标和键盘的设备。主材质为铝合金等	适用于肢体功能障碍者，可用眼睛控制来实现鼠标和键盘的功能，完成全部电脑操作	眼控仪	Ⅲ
05 36 18	肢体功能障碍者输入软件	计算机输入的程序、屏幕键盘等相关软件	适用于肢体功能障碍者用输入的软件来进行计算机操作	肢体障碍者模拟鼠标或键盘软件	Ⅲ
05 36 21	定位屏幕指针和选择计算机显示器显示内容的辅助器具	用以替代计算机鼠标的设备。主材质为塑料等	适用于手指精细功能差者，可用手掌等其他部位操控电脑	大轨迹球鼠标	Ⅲ
			适用于肢体功能障碍者用脚的前后左右移动和按压动作来代替手完成操控鼠标的功能	脚控鼠标	Ⅲ

05 39 视力功能障碍者计算机输出设备

代码	名称	产品描述	预期用途	品名举例	类别
05 39 04	视力功能障碍者可视计算机显示器和配件	通过计算机从视觉上显示信息的设备，及放大或提高计算机显示器的文本和图像质量的配件。主材质为塑料等	适用于视力功能障碍者，通过眼睛看或手触摸来感知呈现在屏幕上的数据	屏幕放大器	Ⅲ
05 39 05	盲文计算机显示器	通过计算机以可触知的方式显示信息的设备。主材质为塑料、树脂等	普通文字可转换为盲文编码，便于盲人获取盲文信息	盲文显示器、40 方点显示器、80 方点显示器	Ⅲ
05 39 06	盲用打印机	计算机的输出设备，将计算机处理结果打印在相关介质上。主材质为金属等	适用于视力功能障碍者，用计算机操作，将文字和图像数据打印在纸上，方便阅读	盲文打印机、盲文标识标志制作机	Ⅲ
		为盲人制作简单的触摸图形、各种盲文标识或指示版的设备。主材质为金属等	适用于盲人学校教学	盲文制图机	Ⅲ

代码	名称	产品描述	预期用途	品名举例	类别
05 39 12	视力功能障碍者特殊输出软件	将计算机中的文字、图像、数据，通过软件转换输出的放大软件	适用于视力功能障碍者，对计算机和手机屏幕进行放大，便于工作及生活	光标定位的屏幕放大软件、电脑和手机放大软件	Ⅲ
		将计算机中的文字、图像、数据，通过软件转换输出的读屏软件	适用于视力功能障碍者，对计算机和手机屏幕中的内容进行读取，便于工作及生活	电脑和手机读屏软件	Ⅲ

06 个人医疗辅助器具

06 03 呼吸辅助器具

代码	名称	产品描述	预期用途	品名举例	类别
06 03 03	吸入气体的预处理器	从周围区域吸入空气并在吸入前通过加热、冷却、清洁进行生理学处理的装置。主材质为塑料等	适用于对空气敏感的呼吸系统疾病如支气管哮喘、支气管炎，吸入预处理的空气可以缓解咳、喘等症状	预热吸入气体装置	Ⅰ
06 03 06	吸入器	用于辅助治疗上呼吸道疾病的设备。主材质为塑料等	适用于呼吸系统疾病，如支气管哮喘、支气管炎、上呼吸道感染等的雾化吸入	雾化吸入器、中药雾化吸入器	Ⅰ
			适用于呼吸系统疾病，如支气管哮喘、支气管炎、上呼吸道感染等的雾化吸入，一次性使用	一次性雾化吸入器	Ⅰ
			适用于呼吸系统疾病，如支气管哮喘、支气管炎、上呼吸道感染等的雾化吸入，携带方便	便携式雾化器	Ⅰ
06 03 12	呼吸罩	呼吸困难的人使用的，通过口、鼻或气管造口（气管造口术）提供人工通气的装置。主材质为塑料等	适用于各种原因导致的呼吸困难的功能障碍者，通过建立人工通道来改善通气，提高血氧饱和度	防烟呼吸罩	Ⅰ
06 03 18	供氧器	提供高浓度氧气的家用装置。主材质为金属等	适用于各种原因导致的缺氧，通过氧气吸入，改善缺氧及血氧饱和度	家用氧气瓶	Ⅰ
		提供高浓度氧气的家用装置。主材质为橡胶等		供氧气带	Ⅰ
		为患有包括慢阻肺或阻塞性睡眠呼吸暂停的患者提供双水平无创持续正压通气的装置。通常由主机、电源装置等组成。主材质为塑料、金属等	适用于为体重在 13 公斤以上，患有呼吸功能不全和阻塞性睡眠呼吸暂停的患者提供无创通气	持续正压通气治疗机、正压通气治疗机、无创呼吸机	Ⅰ
		提供高浓度氧气的家用装置。主材质为橡胶、金属、铝合金等	适用于身体功能障碍者家用，高效快速补氧，缓解疲劳，改善睡眠，增强记忆力，提高身体免疫力等	家用微高压氧舱	Ⅲ

代　码	名　称	产品描述	预期用途	品名举例	类别
06 03 18	供氧器	提供高浓度氧气的装置。主材质为橡胶、金属等	适用于慢性病、失眠、亚健康等人群	微高压氧舱	Ⅲ
		提供高浓度氧气的便携式装置。主材质为金属等	适用于孕妇、老年人，以及户外登山高原缺氧者，携带方便	便携式供氧器	Ⅰ
06 03 19	家用制氧机	提供高浓度氧气的家用装置。主材质为金属等。外置电源	适用于缺氧者，改善缺氧及血氧饱和度	家庭用制氧机	Ⅰ
06 03 20	供氢器	提供氢气的装置。出氢量350ml/min，主材质为金属等。外置电源	适用于自主呼吸困难的群体：慢阻肺、肺纤维化、肌无力等中轻度呼吸障碍疾病	吸氢机	Ⅰ
		净化水和富氢水双重功能的装置，纳米气泡物理溶氢。主材质为金属等。外置电源	适用于压疮、微循环障碍、长期卧床导致的便秘、口腔炎症等群体	氢氧机	Ⅰ
		采用非电解制氢技术，产生高浓度氢分子的器具。主材质为高硼硅玻璃、聚丙烯等	适用于慢性疾病及亚健康人群，有益于改善肠道健康，辅助调节高血压、高血糖、高血脂、高尿酸等慢性病	太赫兹富氢能量杯	Ⅲ
06 03 21	吸引器	用于吸出肺里的分泌物和其他物质的装置。通常由主机、储液瓶、导管、吸痰管等组成。主材质为塑料、金属等	适用于危重、昏迷、老年、全麻未醒、大手术后和胸部创伤等气管切开及气管插管的病人	电动吸痰器	Ⅰ
		用于吸出肺里的分泌物和其他物质的装置。通常由储液瓶、真空泵、吸痰管等组成。主材质为塑料等	适用于危重、昏迷、老年、全麻未醒、大手术后和胸部创伤等气管切开及气管插管的病人	手动吸痰器	Ⅰ
		用于吸出肺里的分泌物和其他物质的装置。通常由负压真空表、脚踏板、储液瓶、过滤器等组成。主材质为金属等。脚踏式	适用于危重、昏迷、老年、全麻未醒、大手术后和胸部创伤等气管切开及气管插管的病人	脚踏吸痰器	Ⅰ
06 03 27	呼吸肌训练器	用来锻炼并强化呼吸肌肉群的器具。主材质为塑料等	适用于肢体功能障碍者，以及运动员、乐器吹奏者、歌手、老师等需要增加肺活量的群体	手持式呼吸肌训练器、膈肌阻力训练器、吸气阻力训练器、诱发呼吸训练器	Ⅰ
		以抗阻训练为主，采用双向阻尼运动模式，分别针对全身各大肌群进行肌肉力量、关节活动度、耐力等不同的训练。通常由上肢肌群、下肢肌群和核心肌群共10个训练设备组成。主材质为金属、塑料、电子元器件等	适用于制动、运动减少或其他原因引起的失用性肌萎缩；骨骼肌病变引起的肌萎缩；神经性病变引起的肌肉功能障碍；关节疾病或者损伤造成的肌力减弱；骨骼肌因素造成的功能障碍	心肺运动训练系统	Ⅰ

代 码	名 称	产品描述	预期用途	品名举例	类别
06 03 27	呼吸肌训练器	用来锻炼并强化呼吸肌肉群的器具。通常由呼吸机主机、加温湿化器、交流电源适配器、空气滤芯等组成。主材质为金属、塑料等	适用于睡眠呼吸暂停和低通气症患者	双水平呼吸治疗仪	I
06 03 30	呼吸计量器	用于测量吸入和呼出气体体积的仪器。主材质为塑料、金属等	通过测量肺活量、最大通气量等肺功能指标，来检查有无通气功能障碍	肺活量电子测量仪	I

06 06 循环治疗辅助器具

代 码	名 称	产品描述	预期用途	品名举例	类别
06 06 06	用于上肢、下肢和身体其他部位的抗水肿袜套	术后或静脉曲张伤后，逐渐减小人体受力以治疗或预防水肿的衣服。主材质为氨纶纱等	适用于防止腿部水肿	抗水肿袜套	I
06 06 09	治疗血液循环障碍的充气服和加压装置	在身体患处并附加有充气装置的服装。主材质为复合布等	适用于长期卧床、静脉血栓及外伤与骨折的四肢肿胀者	充气压力服	I
		通过多气囊有规律地充放气，形成对肢体和组织的循环压力，起到加速静脉血流速度，促进淤血排空，生成波动血流，改善人体微循环。主材质为金属、塑料、电子元器件等	适用于偏瘫、截瘫及瘫痪的病人；上、下肢体淋巴水肿、淋巴回流障碍性水肿、糖尿病足、糖尿病末梢神经炎患者；神经损伤、长期卧床及老年患者等群体	空气压力波治疗仪	I
		通过对气囊有顺序地反复充放气，形成对肢体的循环压力。充气加压、放气减压能促进血液的流动及改善微循环的作用，加速肢体组织液的回流，维持正常的血液循环。通常由主机、腿带及电源适配器组成。主材质为金属、塑料、电子元器件等	携带方便，适用于原发性下肢淋巴水肿、长期坐轮椅导致的下肢血液循环障碍、长期需要拄拐杖等助行工具导致的下肢循环功能障碍、肌肉萎缩等肢体血液循环功能障碍等群体	便携式空气波压力治疗仪	I

06 07 预防瘢痕形成的辅助器具

代 码	名 称	产品描述	预期用途	品名举例	类别
06 07 03	自粘性硅胶片	一种透明、柔软的硅胶片。主材质为硅胶	适用于改善红色隆起的新旧疤痕，使其柔软、变平及淡化	自粘性硅胶片	I
06 07 06	压力衣	又称弹力衣、弹力套。主材质为棉花、化学纤维、橡胶等	适用于预防和控制疤痕组织的过度增生	烧伤用压力衣、压力手套、压力指套、压力裤、压力袜	I

06 08 身体控制和促进血液循环的压力衣

代 码	名 称	产品描述	预期用途	品名举例	类别
06 08 03	静脉曲张袜	具有促进静脉血液回流心脏功能，预防和缓解静脉曲张类疾病的器具。主材质为高弹纤维棉等	适用于小腿静脉曲张疾病的防治，舒缓静脉曲张压力，促进静脉血液回流	小腿静脉曲张袜	I
			适用于大腿静脉曲张疾病的防治，舒缓静脉曲张压力，促进静脉血液回流	大腿静脉曲张袜	I

06 09 光疗辅助器具

代 码	名 称	产品描述	预期用途	品名举例	类别
06 09 03	紫外线 A 段（UVA）灯	用于发射波谱范围在315nm ~ 400nm 紫外线的装置。主材质为金属、玻璃等	适用于抗炎、抗菌、镇痛、脱敏、提高免疫机制和促进组织再生。其中 UA 段（长波）紫外线较弱，能引起荧光反应，适用于对过敏、风湿、佝偻病的治疗	紫外线 A 段灯 315nm、紫外线 A 段灯 340nm、紫外线 A 段灯 365nm、紫外线 A 段灯 385nm、紫外线 A 段灯 400nm	I
06 09 06	可选的紫外线光疗法（SUP）和紫外线 B 段（UVB）灯	发射波谱范围在 280nm ~ 315nm 紫外线的装置。主材质为金属、玻璃等	适用于抗炎、抗菌、镇痛、脱敏、提高免疫机制和促进组织再生。其中 UB 段（中波）紫外线调节机体代谢，增强免疫、刺激组织再生和上皮愈合过程；UC 段（短波）紫外线具有强烈杀菌作用，对于各种耐药的绿脓杆菌、枯草杆菌、金黄色葡萄球菌等感染，均有良好的治疗效果	紫外线 B 段灯 280nm	I
06 09 09	光疗护目镜	用于防止眼睛受紫外线照射的装置。主材质为塑料等	适用于受紫外线照射导致的急性结膜炎、电光性眼炎，保护眼睛	UV 护目镜	I

06 19 给药辅助器具

代 码	名 称	产品描述	预期用途	品名举例	类别
06 19 04	确保正确用药的药物计量、调剂或改变的辅助器具	将片剂、胶囊或药丸有效成分改变为小剂量的装置。主材质为塑料等	适用于帮助或提示视力功能障碍者在指定时间服用正确剂量的药物	语音或盲文药盒	III
		正确计量口服或注射药量、配正确剂量药物的装置。主材质为 ABS 树脂等	适用于帮助或提示身体功能障碍者在指定时间服用正确剂量的药物	智能药盒、家用智能给药装置、配药机器人	III

06 24 身体、生理和生化检测设备及材料

代　码	名　称	产品描述	预期用途	品名举例	类别
06 24 09	身体功能障碍者血压计	测量血压的仪器。主材质为塑料、电子元器件等	适用于身体功能障碍者测量血压，以发现血压异常	语音电子血压计	Ⅲ
		采用全自动自助测量，无需人工干预，以示波法测量成人舒张压、收缩压、脉率的器具。主材质为塑料、复合布、电子元器件等	适用于各类需要进行血压测量的成年人	隧道式电子血压计	Ⅲ
06 24 12	血液分析仪器、设备和材料	检测血糖的器具。主材质为塑料、电子元器件等	适用于身体功能障碍者血糖检测	血糖仪	Ⅲ
		检测血糖血压的器具。主材质为塑料、电子元器件等	适用于身体功能障碍者血糖血压检测	血糖血压测试仪	Ⅲ
06 24 18	体格检查和评价材料	测试和评价关节稳定性、关节的灵活性、肌力和身体耐力，及坐、站、翻、走等运动类活动的设备。主材质为塑料、电子元器件等	适用于骨关节、神经系统疾患的身体功能（关节活动度、肌力等）测试和评估	手肌力测量仪	Ⅲ
		对人体体质筛查的器具。主材质为金属支架、塑料等，通常由主机、外置电源等组成	适用于医疗、康复机构的治未病科室、老年病科室等	体质辨识健康管理系统	Ⅲ
06 24 21	人体物理和生理特性的测量辅助器具	测量人体视力的仪器。通常由视力表和照明装置等组成。主材质为金属、塑料等	适用于视力检查、弱视、盲视筛查	视力表灯箱	Ⅲ
		测量人体听力的仪器。通常由电源、功放、控制器、操作软件、患者应答器等组成。主材质为金属等	适用于听力损失者的诊断	纯音听力计	Ⅲ
		测量人体心电等物理特性的检测装置。主材质为ABS树脂等	适用于身体功能障碍者，对心率、呼吸率等人体物理特性进行实时监测，及异常报警	非接触式生命体征监测垫（智能床垫）、智能起离床监测垫、心电体温检测座圈	Ⅲ
		具有精准定位、心率、血压、体温检测、双向通话等功能的电话手表。主材质为液晶面板、塑料、电子元器件等	适用于老年人及身体功能障碍者	人体物理监测体温手表	Ⅲ
		测量人体心电等物理特性的检测装置。主材质为金属、电子元器件等	适用于身体功能障碍者体征、健康的监测及预警	心冲击图记录仪、移动式健康护心仪、便携式动态心电图仪、人体物理监测辅助仪、便携式人体物理监测辅助仪	Ⅲ
		通过人工智能评估老年人跌倒风险的软件	适用于下肢功能障碍者跌倒风险评估	步态分析软件	Ⅲ

续表

代 码	名 称	产品描述	预期用途	品名举例	类别
06 24 21	人体物理和生理特性的测量辅助器具	测量、评估下肢功能障碍者步态的装置。主材质为高强度塑料、电子元器件等	适用于下肢功能障碍者深度步态评估	移动式步态分析机器人	Ⅲ
		评估人体肢体活动功能的装置。通常由微电脑、显示器等组成。主材质为金属等	适用于肢体功能障碍者步态评估及康复训练	步态训练与评估系统、体态评估康复训练系统	Ⅲ
06 24 24	身体功能障碍者体温计	测量人体温度的仪器。主材质为塑料、电子元器件等	适用于视力功能障碍者测量体温	语音体温计	Ⅲ
		测量人体温度的仪器。主材质为塑料、红外感应装置等	适用于身体功能障碍者测量体温	红外线体温计	Ⅲ
06 24 27	视力功能障碍者体重秤	称量人体重量的仪器。主材质为钢化玻璃、电子元器件等	适用于视力功能障碍者测量体重	语音体重秤	Ⅲ

06 25 认知测试和评估材料

代 码	名 称	产品描述	预期用途	品名举例	类别
06 25 03	语言测试和评估材料	对作为沟通工具的语言的使用和理解进行测试和评估的软件	适用于言语功能障碍者，对其进行检测、评估、康复治疗	失语症计算机评测与治疗系统软件	Ⅱ
		提高青少年儿童注意力的情感训练系统（软件）	适用于儿童多动综合征、注意力不集中、语言表达能力弱、思维不活跃，脑瘫儿童的认知康复训练等群体	纯意念专注力提升训练系统	Ⅱ
06 25 06	心理测试和评估材料	对行为、态度和情绪反应进行测试和评估的软件	适用于测试及评估认知和心理状况	康复医学心理测验系统软件	Ⅱ
		基于神经可塑性理论，将神经科学、认知心理学与人工智能相结合进行脑电波反馈训练的设备。通常由机器人主体和脑波仪等组成。主材质为金属、电子元器件等	适用于孤独症谱系障碍、注意缺陷多动障碍、智力障碍等特殊儿童；处于正常发育阶段的儿童；长期处于紧张环境下的成人	脑电波控制机器人	Ⅱ
		通过符合儿童心理的训练方式，解决传统认知训练中缺乏趣味性和忽略儿童心理引导教育的问题，增强训练效果的设备。主材质为铝合金、电容触摸屏等	适用于脑性瘫痪、发育迟缓、孤独谱系障碍、注意缺陷多动障碍、智力障碍等具有认知障碍的儿童，具有一定的坐位或跪位功能及一定的手功能	引导式互动训练仪	Ⅱ
		通过人工智能算法，实现梦话记录、睡眠分析、鼾声监测等功能的设备。主材质为塑料、电子元器件等	适用于身体功能障碍者的体征、睡眠监测及预警	智能身体特征监测系统	Ⅱ

代 码	名 称	产品描述	预期用途	品名举例	类别
06 25 09	教育能力测试和评估材料	对学习能力、学习潜力进行测试和评估的设备。主材质为纸质书籍	适用于测试及评估学习能力和学习潜力	韦氏智力量表	II

06 27 刺激器

代 码	名 称	产品描述	预期用途	品名举例	类别
06 27 06	减痛刺激器	通过改变神经灵敏度来减轻人体痛觉的装置。主材质为金属、塑料等	适用于各种病因明确的神经性疼痛，通过减痛刺激器来改变神经灵敏度，达到减轻疼痛的目的	吸力型减痛仪、手表式减痛刺激器	II
06 27 09	肌肉刺激器（不作矫形器用）	通过刺激肌肉或肌肉特定部位使其收缩或放松的设备。主材质为金属、塑料等	用于神经、肌肉系统疾病所致的肌无力或痉挛等功能障碍者，通过低频脉冲电流刺激神经肌肉达到收缩和放松肌肉的目的，同时促进肢体血液循环，增强肌力和耐力	肌肉刺激仪、智能通络治疗仪、子午流注开穴超声治疗仪、中低频脉冲推拿治疗仪、智能康健仪	II
			适用于肢体功能障碍者臀部、肢体关节的按摩	臀部护理振动机、关节按摩机、电子按摩器	II
		通过蜡泥产生的热能、磁能、中药分子透过皮肤穴位到达病变部位，从而起到温经通络、祛风散寒、活血化瘀、消肿镇痛、强筋健骨、补脾益肾、养生保健的功效。主材质为石蜡、远红外陶瓷粉、热熔胶、医用凡士林等	适用于身体功能障碍者，可广泛应用在疼痛科、康复理疗科、老年病科等及保健领域等	热敷蜡泥块	II
06 27 12	肢体功能障碍振动器	振动按摩治疗中使用的快速振动的装置。主材质为金属、塑料等	适用于各种原因导致的痰液黏稠咳出困难导致的功能障碍，通过振动器的振动帮助排痰，改善通气	振动排痰机、振动训练系统、双足律动机、高频胸壁振荡排痰仪	II
06 27 21	刺激细胞生长的辅助器具	刺激细胞生长的装置。由主机、适配器等组成。主材质为ABS树脂等	适用于身体功能障碍者	筋膜仪、心脑血管刺激辅助康复仪、胰腺功能康复辅助仪、生殖健康辅助仪、软组织刺激康复辅助仪、神经刺激辅助康复仪、电子针灸仪	II
06 27 24	经络疏通辅助器具	通过靶向热磁内发热技术（物理手段），来调节人体机能循环与细胞代谢的设备。主材质为ABS树脂等	适用于改善血液循环，疏通经络气血、提高免疫力	人体经络疏通辅助仪、足部经络疏通辅助仪	II
06 27 27	循环刺激辅助器具	通过负氧离子来调节人体机能循环和细胞活性的设备。主材质为ABS树脂等	适用于身体功能障碍者，有助于提高机体抗氧化、消炎、消肿、止痛，抑制细胞增生等作用	人体血液循环刺激辅助康复仪、人体物理循环刺激辅助康复仪	II

06 30 热疗或冷疗辅助器具

代 码	名 称	产品描述	预期用途	品名举例	类别
06 30 03	热疗辅助器具	通过对人体或人体某部位加热，具有一定治疗效果的器具。主材质为金属、石英玻璃等	适用于烧烫伤、肩颈疼痛、腰椎间盘疼痛、辅助术后伤口愈合等患者	红外线灯	I
		通过对人体或人体某部位加热，具有一定治疗效果的器具。主材质为金属、塑料等，外置电源	适用于肌肉、肌腱、韧带扭伤和挫伤，瘢痕形成、术后粘连、烧伤、神经炎、肩周炎、颈椎病和肢体功能障碍等，恒定的温热效应能松弛肌肉、改善循环及解痉止痛	行气通脉治疗仪、理疗舱、远红外养生舱、人体靶向热磁能量修复仪、单极负氧离子舱、手持式单极负氧离子仪、太赫兹能量舱、红外热疗舱、多功能熏蒸仪、多功能熏蒸桶、高频电场热疗仪、射频灼灸仪、电磁场脉冲热疗仪、寒湿筋络仪	I
		通过对人体或人体某穴位加热，具有一定治疗效果的器具。主材质为金属、ABS 树脂、硅胶等	适用于身体功能障碍者，具有穴位艾灸治疗作用	多功能艾灸仪、艾灸仪、智能艾灸机器人、能量温灸贴、单极负氧离子坐灸仪	I
		通过对人体或人体某部位加热，具有一定治疗效果的器具。主材质为碳纤维、ABS 树脂等	适用于身体功能障碍者及亚健康群体，具有改善身体微循环，加强新陈代谢，舒筋活络等作用	保健保暖床垫、能量床、能量椅	I
06 30 06	冷疗辅助器具	介于有创和无创之间的一种微创辅助治疗的器具。可以直接控制点阵激光输出模式，包括点阵大小、密度、距离、形状，每个微孔的直径和深度。主材质为金属、塑料等	适用于身体功能障碍者，有助于病变组织的修复	二氧化碳激光治疗仪	I
		通过对人体或人体某部位冷却达到辅助治疗目的的器具。主材质为复合材料、制冷剂等	适用于急性软组织损伤早期、肌肉痉挛、早期炎症、急性期关节炎、创伤血肿早期以及骨科术后，采用局部冷疗可以止血、消除水肿、止痛和解痉。全身冷疗多用于中暑或高烧病人	冷敷袋、医用冰袋	I

06 33 防压疮辅助器具

代 码	名 称	产品描述	预期用途	品名举例	类别
06 33 03	防压疮坐垫和衬垫	通过分布臀部受力预防压疮的器具。主材质为塑料等。充气式	适用于感觉障碍或位移困难者，可以平均分布压力，预防臀部压疮	气囊坐垫、防压疮坐垫	I
		通过分布臀部受力预防压疮的器具。主材质为橡胶等		胶状液体物均压坐垫、泡沫橡胶垫	I

续表

代 码	名 称	产品描述	预期用途	品名举例	类别
06 33 03	防压疮坐垫和衬垫	通过分布臀部受力预防压疮的器具。主材质为塑料、树脂等	适用于下肢功能障碍久坐轮椅者、办公室久坐群体，有助于改善下肢微循环	静态分压坐垫、赋能垫、恒温能量防压疮坐垫	I
06 33 04	防压疮靠背垫	分布背部易损伤部位受力的器具。主材质为橡胶等	适用于感觉障碍或位移困难者，可以平均分布压力，预防背部压疮	泡沫橡胶靠背垫	I
06 33 06	基本型防压疮床垫	分布因长期卧床人体易损伤部位受力，预防压疮的器具。主材质为橡胶等	适用于长期卧床者，可以平均分布压力，预防压疮	泡沫橡胶床垫、胶状液体物均压床垫、凝胶防压疮垫	I
		分布因长期卧床人体易损伤部位受力，预防压疮的器具。主材质为塑料等		静态分压床垫、压疮康复护理床垫、防压疮床垫	I
		分布因长期卧床人体易损伤部位受力，预防压疮的器具。主材质为高弹性海绵等		海绵防压疮床垫、弹性塑型海绵防压疮垫	I
06 33 07	充气式防压疮床垫	分布因长期卧床人体易损伤部位受力，预防压疮的器具。主材质为塑料等。充气式	适用于长期卧床者，可以平均分布压力，预防压疮	气囊床垫、充气式防压疮垫、充气气垫、充气型防压疮气垫、防压疮波动气垫、波动充气气垫、电动充气式防压疮气垫	I
06 33 09	防压疮特殊设备	身体各部位受力过大评估或预警设备。主材质为塑料等	适用于长期卧床、瘫痪的患者及感觉障碍者，通过评估卧位、坐位时的压力分布，及早采取减压措施，预防压疮	压力测量床垫	III
		身体各部位受力评估或预警设备。主材质为塑料等。充气式	适用于身体功能障碍者，偏瘫、瘫痪等群体	预警式防压疮充气床垫	III
		通过高灵敏度传感器，采集人体静息时呼吸和心跳从而实现生命体征的实时监测的设备。主材质为防水材料、电子元器件等	适用于身体功能障碍者，也可应用于养老机构、医院护理院、社区居家等场所	智能防压疮床垫	III

06 36 知觉训练辅助器具

代 码	名 称	产品描述	预期用途	品名举例	类别
06 36 03	知觉辨别和知觉匹配训练辅助器具	有助于人对外部刺激进行区别、匹配和分类的设备。主材质为 ABS 树脂等	用于视力、听力等功能障碍者，通过各种颜色、声音、冷热等外部刺激，训练对不同刺激的辨别和匹配能力	语言训练仪、宣泄情绪训练仪、协调身体机能训练仪、音乐振动椅、足底触觉训练垫、嗅觉训练盒	II
		有助于人对外部刺激进行区别、匹配和分类的设备。主材质为 ABS 树脂、电子元器件、触摸屏等。具有人机互动功能	适用于自闭症、脑瘫、言语障碍等身体功能障碍者	日常用于康复训练系统、手势精准度康复训练系统、认知康复训练机器人	II

续表

代 码	名 称	产品描述	预期用途	品名举例	类别
06 36 06	知觉协调训练辅助器具	提高正确处理和协调外部刺激的能力,特别是与时空概念和眼手协调相关的训练软件	适用于训练身体功能障碍者的感觉统合能力	眼手协调穿线游戏软件	II
		提高正确处理和协调外部刺激的能力,特别是与时空概念和眼手协调相关的训练设备。主材质为 ABS 树脂、电子元器件、触摸屏等。具有人机互动功能	适用于自闭症、脑瘫、多动症等人群,具有随机强化语言、竞技与合作、人机互动等作用	打击力康复训练系统	II
06 36 09	感觉统合训练辅助器具	帮助协调和统合来自不同感官接收的信息至大脑的辅助器具。主材质为 ABS 树脂、木质、塑料等	适用于身体功能障碍者,借助对于前庭觉、本体觉、视觉等刺激或利用悬吊系统等方式,用以改善感觉统合失调	身体障碍者插棍、身体障碍者独脚椅、身体障碍者跳跳床、S形平衡木、羊角球、平衡台、圆筒吊缆、圆木马吊缆、四角晃动平衡板、晃动平衡木、趴地推球、身体障碍者滑梯、滑板爬	II
		肢体捕捉、虚拟演示、镜面示范、识别区域实时显示、强化语言的器具。主材质为 ABS 树脂、电子元器件、触摸屏等。具有人机互动功能	适用于自闭症、智障、多动症等身体功能障碍者	粗大肢体动作康复训练系统	II

06 45 脊柱牵引辅助器具

代 码	名 称	产品描述	预期用途	品名举例	类别
06 45 03	颈椎牵引器	绑缚或衬垫在颈部,表面呈弧形或一定角度的器具,其结构和形状能够帮助颈椎保持一定的角度并能保持脊柱周围的肌肉处于拉伸状态。主材质为 ABS 树脂等	适用于颈部的物理治疗器械,用于预防及治疗多种类型颈椎病及压迫颈椎的症状,颈椎牵引器能够增加大脑的血液供应、氧气供应等	颈椎牵引仪	I
06 45 06	腰椎牵引器	对腰椎患者进行腰椎牵引、支撑定位的医疗器械。主材质为金属等	适用于肢体功能障碍者,具有解除颈部肌肉痉挛、缓解疼痛症状、增大椎间隙和椎间孔等作用	机械式腰椎牵引器、智能湿热腰椎牵引系统、家用腰椎牵引器	I
06 45 07	颈腰椎牵引器	围绕颈椎、胸椎、腰椎和骶髂区域全部或部分的矫形器。主材质为金属、塑料等	适用于颈腰椎病的牵引治疗	家用颈腰椎牵引器	I

06 48 运动、肌力和平衡训练的设备

代 码	名 称	产品描述	预期用途	品名举例	类别
06 48 03	训练和功率自行车	肢体功能障碍者锻炼用的固定自行车。主材质为金属等	适用于肢体功能障碍者的肌力、耐力及协调功能训练	坐式功率自行车、立式功率自行车	II
		肢体功能障碍者锻炼用的水中固定自行车。主材质为金属等	适用于肢体功能障碍者在水中进行肌力、耐力及协调功能训练	水中自行车、水中阻力自行车	II
06 48 07	行走训练辅助器具	人学步时提供支撑的固定装置。主材质为金属、塑料等	适用于下肢功能障碍者的步行训练	步行训练用平行杠和行走支撑台、步行阶梯、减重步行训练器	II
		人学步时提供支撑的固定装置。主材质为金属、ABS树脂等。电动驱动装置		移动式单侧下肢外骨骼机器人、下肢外骨骼步行辅助机器人、健步机器人	II
06 48 08	站立架和站立支撑台	支撑成人身体以保持直立的固定装置。主材质为金属等	适用于成人下肢功能障碍者，桌板高度可调，辅助站立	成人站立架、可倾斜站立支撑台、定制式站立架	II
		支撑儿童身体以保持直立的固定装置。主材质为金属等	适用于儿童下肢功能障碍者，桌板高度可调，辅助站立	儿童站立架	II
06 48 12	手指和手训练器械	手指和手部的运动和肌力训练设备。主材质为金属、木质等	适用于手指屈伸肌抗阻肌力训练及改善关节活动范围	重锤式手指肌力训练桌	II
			适用于中风偏瘫、脑外伤等原因引起的手部紧握、痉挛、手指无法伸直	分指器	II
		提供手部功能关节主被动康复训练的设备。通常由电源适配器、主机、训练器具等组成。主材质为金属、塑料等	适用于手功能障碍者，通过训练，改善手指各关节活动度、手指肌力及手的灵活性、协调性	手部主被动运动康复训练器、手功能综合训练平台、手关节持续被动活动仪、镜像手训练器、手功能康复训练与评估系统、手部持续被动训练系统、柔性智能手功能训练机器人、智能软体训练手套	II
		通过机械结构对患者上肢关节屈伸、旋转、抓握等功能进行训练，有效提升上肢肌力与耐力，扩大关节活动度，提高手部本体感觉，改善手部功能及手眼协调能力。通常由训练桌、训练模块、配重装置等组成。主材质为碳钢、不锈钢、塑料等	适用于对脑血管疾病导致的手功能活动障碍、手类风湿关节炎、手部骨性关节炎、手部骨折术后、手部关节活动受限、手部肌力减退的患者进行康复训练	手功能综合训练桌	II

续表

代 码	名 称	产品描述	预期用途	品名举例	类别
06 48 15	上下肢训练器和躯干训练器	上肢运动、平衡或强化肌力的训练器材。主材质为金属、塑料等	适用于上肢功能障碍者，可改善肌力、关节活动度和平衡能力	上肢综合训练器、上肢拉力器、训练球、上肢诱导运动训练器、腕关节旋转训练器、前臂内外旋运动器、肘关节运动器、肩关节运动器、肋木、上肢康复训练仪、上肢综合关节康复训练器、上肢训练与评估系统、上肢康复训练系统、便携式上肢智能机器人	II
		下肢运动、平衡或强化肌力的训练器材。主材质为金属、塑料等	适用于下肢功能障碍者，可改善肌力、关节活动度和平衡能力	下肢综合训练器、踝关节训练器、膝关节运动器、髋关节运动器、综合步态训练器、起立训练器、训练床、床上侧位卧式下肢训练器、下肢康复训练机器人、下肢运动训练器、下肢康复训练系统、下肢康复运动训练系统、下肢坐卧式康复训练器、脑控下肢外骨骼康复机器人	II
		全身运动、平衡或强化肌力在水中的训练器材。主材质为金属、塑料等	适用于肢体功能障碍者，可改善肌力、关节活动度和平衡能力	躯干运动器	II
		上下肢运动、平衡或强化肌力的训练器材。主材质为金属、塑料等		上下肢主被动运动康复机、上下肢主被动训练系统、上下肢综合康复训练器、四肢联动康复训练仪、四肢联动康复器	II
		全身运动、平衡或强化肌力的训练器材。主材质为金属、塑料等		复合全身运动装置、滑车重锤运动器、多关节主被动训练器、牵伸训练系统、关节康复器、智能关节训练器、肢体康复器、肢体运动康复器、家用智能训练辅助机器人、家用智能摇摆动感机器人、家用智能律动训练机器人	II
		全身运动、平衡或强化肌力在水中的训练器材。主材质为金属、塑料等	适用于肢体功能障碍者于水中康复训练，可改善肌力、关节活动度和平衡能力	水中骑马机、水中平衡杠、水中跑步机、水中行走机、水中核心肌群训练器、水中漫步机、水中引体向上训练器、水中扭腰训练器、水中踏步机、电动式水下跑台	II

代 码	名 称	产品描述	预期用途	品名举例	类别
06 48 18	负荷环带	锻炼时，四肢肌力训练或防止晃动用的内装重物的穿着式环带。主材质为复合布、沙石等	适用于肢体功能障碍者增强肌肉肌力及耐力	绑式系列沙袋	Ⅱ
06 48 21	斜面台	将人从卧位缓慢移动到直立位以适应直立位功能的定位和支撑平台。主材质为金属等。手摇式	适用于肢体功能障碍者从卧位到直立位以适应直立位	手摇站立床	Ⅱ
		将人从卧位缓慢移动到直立位以适应直立位功能的定位和支撑平台。主材质为金属等。电动驱动装置		电动站立床	Ⅱ
06 48 24	运动、肌力和平衡训练的生物反馈仪器	对应于一个特定的身体或生理行为，能提供一个听力、视力或触觉信号的器具。通常由电源适配器、主机、系统软件等组成。主材质为金属、碳钢、ABS 树脂等	适用于身体功能障碍者，通过生物反馈疗法，改善肌力、平衡等功能	平衡功能检测训练系统、平衡功能训练及评估系统、情景互动评估训练系统	Ⅱ
		对应于一个特定的身体或生理行为，能提供一个听力、视力或触觉信号的器具。主材质为金属等		划船器	Ⅱ
		对应于一个特定的身体或生理行为，能提供一个听力、视力或触觉信号的器具。通常由电源适配器、主机、系统软件等组成。主材质为金属等	适用于上肢功能障碍者，通过生物反馈疗法，改善肌力、平衡等功能	上肢反馈训练系统、上肢智能反馈训练系统	Ⅱ
		对应于一个特定的身体（下肢）或生理行为，能提供一个听力、视力或触觉信号的器具。通常由电源适配器、主机、系统软件等组成。主材质为金属、ABS 树脂等	适用于下肢功能障碍者，通过生物反馈疗法，改善肌力、平衡等功能	智能下肢反馈训练系统	Ⅱ
06 48 27	治疗期间身体定位辅助器具	支撑人体使其处于正确位置以方便诊断和治疗的设备。主材质为金属等	适用于肢体功能障碍者，根据需要固定合适体位，方便治疗	手动治疗台	Ⅱ
06 48 28	神经反馈训练系统	通过脑电采集器，捕获患者的脑电信号，采用人工智能算法分析脑电波形数据，识别出患者的运动意图，人工搭建一条神经通路，控制相应的肢体完成患者想象的运动。通常由主机、脑电控制器、电刺激线、软件四部分组成。主材质为金属、电子元器件等	适用于因脑卒中、脊柱损伤、神经性损伤、肌肉损伤或骨科疾病等原因造成运动功能障碍的患者康复训练	脑机接口康复训练系统	Ⅱ

续表

代 码	名 称	产品描述	预期用途	品名举例	类别
06 48 28	神经反馈训练系统	通过控制器采集脑电信号，准确获取患者有意向运动的信号，驱动机械手实现四指、拇指、手腕部分或整体的康复训练的装置。主材质为航空铝材、ABS 树脂等	适用于受伤后患者或脑血管疾病后遗症患者的手指关节恢复训练	手功能康复训练系统	II

07 技能训练辅助器具

07 03 沟通治疗和沟通训练辅助器具

代 码	名 称	产品描述	预期用途	品名举例	类别
07 03 03	语音训练和言语训练辅助器具	通过卡片形式，把功能障碍者需求的发音字符制作成表格的形式。主材质为纸质、塑料等	适用于言语功能障碍者进行语音和言语的训练	发音训练卡片	II
		提高书写和口头沟通技能的器材。通常由电源适配器、硬件、软件等组成。主材质为金属、ABS 树脂等	适用于言语发育迟缓、自闭症、脑瘫等言语障碍者	语言障碍治疗仪、发音康复训练系统、语言认知康复系统	II
		提高书写和口头沟通技能的器材。主材质为塑料等	适用于言语功能障碍者进行发声、呼气、吸气的训练	发声呼气训练仪、发声吸气训练仪	II
07 03 09	书写技能开发训练材料	训练和开发书写技能的设备，特别是策略、方法、效果和创造力。主材质为塑料等	适用于肢体功能障碍者书写	学前运笔练习、手功能障碍者握笔器	II

07 06 替代增强沟通训练辅助器具

代 码	名 称	产品描述	预期用途	品名举例	类别
07 06 03	手指拼读训练辅助器具	训练和学习手指拼读的器具，即聋哑人用的触觉沟通的器具。主材质为纸质等	适用于身体功能障碍者，用手指屈伸的各种姿势代表不同的字母可组成文字供聋哑人使用	手指字母表、《中国手语》	II
07 06 09	唇读训练辅助器具	唇读训练和学习辅助器具。主材质为纸质等	适用于听力障碍者，用嘴唇的各种口型代表不同的语言供聋哑人使用	唇语图片	II
07 06 15	盲文训练辅助器具	训练盲人使用书写系统为凸点字符的盲文代码阅读的设备。主材质为塑料等	适用于视力功能障碍者，促进盲人手指触觉功能及手脑的协调能力的发展，为学好盲字和掌握知识做准备	点字学习板	II

续表

代 码	名 称	产品描述	预期用途	品名举例	类别
07 06 18	除盲文外其他可触摸符号训练辅助器具	训练盲人通过触摸除盲文外其他可触摸符号的训练设备。主材质为纸质、塑料等	适用于训练盲人通过触摸，认识各种图形和字母来提高手的触摸能力	触摸训练用符号和图形	Ⅱ
07 06 30	摩尔斯电码沟通训练辅助器具	教授和训练使用摩尔斯字母表（每个字母表示一个特定声音和信号序列）的软件	适用于不能说话、阅读或书写者，利用摩尔斯电码来进行沟通	摩尔斯码输入软件	Ⅱ
		教授和训练使用摩尔斯字母表（每个字母表示一个特定声音和信号序列）的设备。主材质为塑料等		六键式摩尔斯码输入键盘	Ⅱ

07 09 失禁训练辅助器具

代 码	名 称	产品描述	预期用途	品名举例	类别
07 09 03	失禁报警器	尿不自主流出时发出信号的器具。主材质为塑料、电子元器件等	适用于尿失禁者对膀胱和肠的控制训练，并提醒尽快清洗排泄物	尿失禁报警器	Ⅲ
		便不自主流出时发出信号的器具。主材质为塑料、电子元器件等	适用于便失禁者对膀胱和肠的控制训练，并提醒尽快清洗排泄物	排便失禁报警器	Ⅲ
		尿便不自主流出时发出信号的器具。主材质为塑料、电子元器件等	适用于二便失禁者对膀胱和肠的控制训练，并提醒尽快清洗排泄物	大小便失禁报警器	Ⅲ

07 12 认知技能训练辅助器具

代 码	名 称	产品描述	预期用途	品名举例	类别
07 12 03	记忆训练辅助器具	训练人们增强记忆及认知技能的软件	适用于训练记忆、认知技能	认知技能训练软件、记忆游戏组	Ⅱ
		训练身体功能障碍者记忆、认知及思维的器具。通常由电源适配器、主机、屏幕、识别组件等组成。主材质为树脂	适用于自闭症、智力障碍、发音迟缓儿童等群体	便携式认知综合训练系统、认知康复训练系统、智能学习训练系统、拓展知识康复训练系统	Ⅱ
07 12 06	排序训练辅助器具	训练身体障碍者对文字、行为、数字等进行正确排序的器具。主材质为塑料等	适用于认识功能障碍者训练文字、行为、数字等进行正确排序的技能	顺序图片	Ⅱ
07 12 09	注意力训练辅助器具	启发注意力集中和其他功能的训练器具。主材质为塑料等	适用于进行注意力的训练	注意力训练彩色卡片	Ⅱ

续表

代码	名称	产品描述	预期用途	品名举例	类别
07 12 09	注意力训练辅助器具	针对语言和认知功能障碍的患者进行训练的器具。通常由电源适配器、主机、外置鼠标、键盘、打印机等组成。主材质为金属、塑料等	适用于脑卒中引起的轻度语言障碍或轻度认知障碍患者的辅助训练	专注力康复训练系统	Ⅱ
07 12 12	概念启发训练辅助器具	训练身体障碍者理解如颜色、尺寸、形状等概念的器具。主材质为塑料等	适用于训练对概念的理解，如颜色、大小、形状等	组合形状板	Ⅱ
07 12 15	分类训练辅助器具	训练身体障碍者把相关事物组合在一起的器具。主材质为塑料等	适用于训练相关事务分类的能力	形状与颜色分类卡片	Ⅱ
07 12 18	训练解决问题的辅助器具	训练身体障碍者解决问题能力的器具。主材质为塑料、木质等	适用于训练解决问题的能力	问题解决积木	Ⅱ
		训练身体障碍者解决问题能力的器具。主材质为塑料、纸质等		问题解决连续图片	Ⅱ
07 12 21	归纳（演绎）推理训练辅助器具	从一组事实引出结论，概括、归纳并作出解释的逻辑思维训练器具。主材质为塑料等	适用于训练概括、归纳及推理的能力	归纳图片卡、演绎图片卡、逻辑行为能力训练辅具	Ⅱ
07 12 24	因果关系启发理解辅助器具	训练身体障碍者对因果关系认知能力的器具。主材质为塑料等	适用于训练对因果关系的理解	因果关系图卡	Ⅱ

07 15 基本技能训练辅助器具

代码	名称	产品描述	预期用途	品名举例	类别
07 15 03	早期计算训练辅助器具	有助于理解物体、图片数目和基本数学运算之间概念关系的训练器具。主材质为塑料等	适用于训练理解物体、图片和基本数学运算关系的相关性	学习数学拼图版	Ⅱ
		有助于理解物体、图片数目和基本数学运算之间概念关系的训练软件		《数学超级市场游戏》软件	Ⅱ
07 15 06	书写语言编码和解码辅助器具	训练理解字母及其对应的声音之间关系的器具。主材质为塑料等	适用于训练理解字母及其对应的声音之间关系的能力	木制带磁条字母板	Ⅱ

代 码	名 称	产品描述	预期用途	品名举例	类别
07 15 09	时间理解训练辅助器具	理解时间概念及其功能的训练器具。主材质为塑料、木质等	适用于训练对时间的理解	积木时钟拼图板	Ⅱ
		理解时间概念及其功能的训练软件		时间技能训练软件	Ⅱ
07 15 12	货币理解训练辅助器具	理解货币的基本概念及其功能的训练器具。主材质为塑料等	适用于训练对货币的理解和使用	钱币纸钞组合	Ⅱ
07 15 15	度量衡理解训练辅助器具	训练掌握质量、体积和长度的概念并应用这些概念测量物体的器具。主材质为塑料等	适用于视力功能障碍者，训练对度量衡的理解及应用	盲用点字尺及量角器组合	Ⅱ
07 15 18	基本几何技巧训练辅助器具	帮助人学习几何图形的主要特征，认识、说出形状名称并比较的器具。主材质为塑料等	适用于训练对平面几何图形及立体几何形状的理解及应用	几何图形配对卡片	Ⅱ

07 18 教育课程训练辅助器具

代 码	名 称	产品描述	预期用途	品名举例	类别
07 18 03	母语训练辅助器具	有助于培养人说、理解母语能力的训练器具。主材质为塑料等	适用于言语功能障碍者，提高对母语的说话和理解能力	言语障碍者带有汉语拼音和汉字的生活小图卡	Ⅱ
07 18 06	外语训练辅助器具	有助于培养人说、理解母语外其他语言或方言能力的训练器具。主材质为塑料等	适用于言语功能障碍者，提升对外国语言及文字的理解、发音，以及书写能力	言语障碍者字母树图卡	Ⅱ
07 18 09	人文科学课程训练辅助器具	有助于人掌握历史、哲学和文学等人文课程知识的训练器具。主材质为纸质等	适用于言语功能障碍者，提升人文素质	言语障碍者《人文教育丛书》	Ⅱ
07 18 15	数学和物理科学课程训练辅助器具	有助于人掌握数学和生物、物理、化学等自然科学知识的训练器具。主材质为纸质等	适用于言语功能障碍者，了解自然科学的概念及其应用	言语障碍者《科学启蒙》	Ⅱ

07 24 艺术训练辅助器具

代 码	名 称	产品描述	预期用途	品名举例	类别
07 24 03	音乐技能训练辅助器具	辅助身体功能障碍者学习一般乐理、弹奏乐器、唱歌的器具。具有人机互动功能。主材质为树脂、电子元器件等	适用于自闭症、脑瘫、多动症等身体功能障碍者	感觉治疗乐器组合、兴趣康复训练系统、智能音乐互动训练系统	Ⅱ

续表

代 码	名 称	产品描述	预期用途	品名举例	类别
07 24 06	绘图和绘画技能训练辅助器具	辅助身体功能障碍者学习绘图绘画技能的器具。主材质为纸质等	适用于身体功能障碍者，学会使用适当工具及色彩以丰富绘画内容及提升对美工教育的兴趣	身体障碍者《学画大全》	II

07 27 社交技能训练辅助器具

代 码	名 称	产品描述	预期用途	品名举例	类别
07 27 03	休闲娱乐活动训练辅助器具	训练人参与休闲娱乐活动的器具。主材质为橡胶等	适用于身体功能障碍者，运用某些装置辅助其从事休闲活动	坐式排球训练教具	III
07 27 06	社会行为训练辅助器具	为孤独症儿童及智力发育不良的儿童进行智能评估、推荐干预训练方案的装置。主材质为塑料、电子触摸屏等	适用于孤独症儿童及智力发育不良的儿童	孤独症音视频终端训练器	II
07 27 12	旅行训练辅助器具	训练身体功能障碍者旅行相关技能的器具。主材质为塑料、电子元器件等	适用于身体功能障碍者，提高和训练功能障碍者的旅行能力	中华人民共和国语音地图	III

07 30 输入器件控制及操作产品和货物的训练控制辅助器具

代 码	名 称	产品描述	预期用途	品名举例	类别
07 30 03	鼠标控制训练辅助器具	训练智力障碍者使用鼠标技能的软件	适用于智力障碍者训练使用鼠标，或提高使用鼠标的技巧	智力障碍者鼠标训练软件	II
07 30 06	操纵杆操纵训练的辅助器具	训练肢体功能障碍者对操纵杆使用能力的软件	适用于上肢功能障碍者，增加其使用操纵杆的能力	操纵杆游戏软件	II
07 30 09	开关控制训练辅助器具	训练肢体功能障碍者增强使用开关能力的软件	适用于手部功能障碍者，增加其使用开关的能力	训练控制开关的软件	II
		训练肢体功能障碍者增强使用开关能力的器具。主材质为塑料、电子元器件等		脑控训练辅助器具、触摸训练辅助器具	II
07 30 12	打字训练辅助器具	对身体功能障碍者进行打字训练的软件	适用于身体功能障碍者，通过训练来提高使用键盘的技能	视力功能障碍者和智力障碍者打字训练软件	II
		对身体功能障碍者进行打字训练的器具。主材质为塑料等		身体障碍者键盘	II
07 30 12	打字训练辅助器具	对肢体功能障碍者进行打字训练的软件	适用于肢体功能障碍者，通过训练来提高使用键盘的技能	肢体功能障碍者五指打字指导软件	II

代码	名称	产品描述	预期用途	品名举例	类别
07 30 15	选择技能训练辅助器具	对身体功能障碍者选择技能训练的软件	用于训练和提高身体功能障碍者的选择技能	看图选择训练软件	II

07 33 日常生活活动训练辅助器具

代码	名称	产品描述	预期用途	品名举例	类别
07 33 06	个人日常活动训练辅助器具	训练日常活动的器具。主材质为塑料等	适用于肢体功能障碍者，方便于穿衣、洗漱等日常活动	穿袜子架、长把鞋拔子、拿牙刷辅助器具、训练拧湿毛巾辅助器具	III
07 33 09	个人移动训练辅助器具	训练肢体功能障碍者行走的器具。主材质为铝合金、钢材、ABS树脂等。电动驱动装置	适用于下肢功能障碍者，有助于日常步行训练及增加个人移动的能力	智能代步机器人、智能辅助移动机器人、胸腰（腰）骶髋膝踝足外骨骼康复训练机器人、智能家用下肢康复运动器、外骨骼康复行走训练机器人、行走辅助机器人	II
		训练肢体功能障碍者行走的器具。主材质为金属、ABS树脂等		立式移动辅具	II
		训练肢体功能障碍儿童行走的器具。主材质为金属、塑料等。电动驱动装置	适用于步行困难的肢体障碍功能儿童	儿童外骨骼康复行走训练机器人	II
		训练肢体功能障碍儿童行走的器具。主材质为金属、塑料等。电动驱动装置		特殊儿童座式助行训练器	II
07 33 12	家务训练辅助器具	训练做家务劳动能力的器具。主材质为塑料等	适用于肢体功能障碍者，方便于从事洗衣、做饭、打扫卫生等家务活动	炊事用具使用训练器具、饮食用具使用训练器具、清扫用具使用训练器具、家庭缝纫使用训练器具	III

08 操作物品和器具的辅助器具

08 06 操作容器的辅助器具

代码	名称	产品描述	预期用途	品名举例	类别
08 06 03	肢体功能障碍者开启器	打开瓶子、罐头和其他容器的装置。主材质为金属、塑料等	适用于肢体功能障碍者开启瓶子、罐头等容器	肢体障碍者开瓶器	III
08 06 06	肢体功能障碍者挤管器	帮助挤压出管内容物的装置。主材质为低温热塑板材材等	适用于肢体功能障碍者将软管内容物挤出，方便食用或使用	多用挤管器	III

08 09 操控设备的辅助器具

代 码	名 称	产品描述	预期用途	品名举例	类别
08 09 03	肢体功能障碍者按钮	通过按压触发或执行机械动作的装置。主材质为金属等	适用于肢体功能障碍者，通过按钮来操纵或控制设备，方便工作及生活	肢体障碍者按钮式水龙头	Ⅲ
08 09 06	固定把手和固定球形手柄	安装在物品上，通过推拉来开、关和移动物品的装置。主材质为塑料等	适用于手功能障碍者，通过推拉来控制物体移动	肢体障碍者塑料固定把手、肢体障碍者塑料球形手柄、肢体障碍者专用门把手	Ⅲ
08 09 09	旋转把手和旋转球形把手	通常用手旋转启动工作的器具。主材质为金属、塑料等	适用于手功能障碍者完成物品的开、关和移动	肢体障碍者旋转开关、肢体障碍者球形开关、肢体障碍者万能旋转开合器	Ⅲ
08 09 12	肢体功能障碍者脚踏板（机械）	用于控制或供给能源给特定机构的脚踏式杠杆。主材质为金属、橡胶等	适用于肢体功能障碍者，安装在器械上，通过单足或双足踩踏控制机械运行	肢体障碍者单足自行车脚踏板、肢体障碍者脚踏气泵	Ⅲ
08 09 18	身体功能障碍者电器开关（开关或其他功能）	打开或闭合电路的装置。主材质为塑料、电子元器件等	适用于身体功能障碍者控制电子回路开关	声光延时开关、眼控开关	Ⅲ
08 09 30	视力功能障碍者定时开关	通过程序每隔一段时间控制电气设备的器具。主材质为塑料等	适用于视力功能障碍者，具有振动和音乐两种提醒方式，方便工作及生活	振动提醒定时器	Ⅲ

08 13 远程控制辅助器具

代 码	名 称	产品描述	预期用途	品名举例	类别
08 13 03	身体功能障碍者环境控制系统	远程操作设备的系统。主材质为电子元器件等	适用于身体功能障碍者在家庭环境内遥控和操作电子和电动设备，实现独立生活	信号警示系统、环境控制装置、人体行为感知器	Ⅲ
08 13 06	肢体功能障碍者环境控制软件	家庭内个人环境控制的软件	适用于肢体功能障碍者完成个人环境控制，尽可能实现其在家庭环境内的独立生活	环境控制装置软件	Ⅲ
08 18 06	握持适配件和附件	加在产品上用以帮助抓握产品的器具。主材质为橡胶等	适用于手部握力弱的功能障碍者	笔握持器	Ⅱ
08 18 09	穿戴式抓握器	佩戴在身上的用于抓握物体的器具。主材质为橡胶等	适用于手部握力弱、关节活动障碍者	电话听筒抓握器	Ⅱ

08 18 协助或代替臂部功能、手部功能、手指功能或它们的组合功能的辅助器具

代 码	名 称	产品描述	预期用途	品名举例	类别
08 18 12	物品稳定器	使物体保持在稳定位置的自立装置。主材质为金属等	使杯子固定、电脑支撑固定，适用于手部握力弱、关节活动障碍者	杯子稳定架、电脑支撑固定器	Ⅱ
08 18 15	操纵杆	控制计算机输入设备和其他装置的设备。主材质为金属等	适用于肢体功能障碍者，戴在身体某个部位，代替手来完成操作活动	头部控制杆	Ⅱ
08 18 18	指向灯	发射聚焦光束照亮可视媒体或启动或操作电子设备的装置。主材质为 LED 灯、塑料等	适用于上肢功能障碍者，固定在身体某处，来指示或操控装置	头部指向灯	Ⅱ
08 18 24	文稿夹持架	将手稿保持在适当位置的器具。主材质为 ABS 树脂等	适用于上肢功能障碍者，将手稿固定并保持在适当位置，方便使用者工作	文稿固定架	Ⅱ
08 18 27	手工活动用的前臂支撑托	手动操作中，如用计算机和打字机时，用来支撑前臂的装置。主材质为金属等	适用于上肢功能障碍者，支撑无力抬起的前臂来完成某些活动，如打字等	前臂支撑架	Ⅱ

08 21 延伸取物辅助器具

代 码	名 称	产品描述	预期用途	品名举例	类别
08 21 03	手动抓取钳	用于远距离握持或抓取物体的装置。主材质为不锈钢、塑料等	适用于手疾患者和行动不便者拿取物品	取物钳	Ⅱ
			适用于弯腰困难者拾取物品	拾物器	Ⅱ

08 27 固定用辅助器具

代 码	名 称	产品描述	预期用途	品名举例	类别
08 27 06	防滑垫	垫在物体下面防止滑动的装置。主材质为橡胶等	适用于身体功能障碍者，防止其跌倒摔伤	防滑垫	Ⅱ
08 27 18	磁铁、磁条和磁夹	利用磁性牢固固定物体的装置。主材质为磁铁等	适用于上肢功能障碍者，用来夹住或固定物体，方便生活及工作	磁性贴	Ⅱ

08 36 搬运和运输辅助器具

代 码	名 称	产品描述	预期用途	品名举例	类别
08 36 15	与自行车或轮椅车一起使用的运输辅助器具	通过自行车或轮椅车，并由自行车或轮椅车拉动的轮式运载工具。主材质为牛津布等	适用于肢体功能障碍者，携带物品方便，便于日常出行	轮椅车背包	Ⅱ

09 环境改善和评估的辅助器具

09 03 改善环境辅助器具

代　码	名　称	产品描述	预期用途	品名举例	类别
09 03 03	控制内部气候的辅助器具	用来调节特定空间内气候条件（温度、湿度、通风）的器具。主材质为碳纤维、硅胶等	适用于身体功能障碍者，促进身体微循环和新陈代谢，提高身体免疫力	光灸保健室内环境调控系统	Ⅲ
09 03 06	身体功能障碍者空气清洁器	用来消除内部环境中空气污染物的器具。主材质为塑料等	适用于呼吸系统疾病等身体功能障碍者，具有净化空气、除尘、除雾霾等作用，有利于身体功能障碍者的康复	便携式消毒杀菌空气净化器、负氧离子人体净化健康仪、消毒杀菌空气净化器	Ⅲ
09 03 09	降噪辅助器具	降低或吸收噪声的装置。主材质为电子元器件、塑料等	适用身体功能障碍者降噪所需，降低外界噪声和改善听力环境	噪声吸收器	Ⅲ
		降低或吸收噪声材料。主材质为隔音毡、聚酯纤维吸音板、波峰吸音海绵等	适用身体功能障碍者降噪所需，作用于建筑物隔音与构筑物隔音	噪声吸收板、隔音板	Ⅲ
09 03 12	减小振动的辅助器具	减弱振动的装置或材料。主材质为金属、塑料等	适用身体功能障碍者减震所需，可安装在周围环境或器具上减震，提高舒适性	减震器、减震垫	Ⅲ
09 03 18	身体功能障碍者水净化器和软化器	净化和软化水的装置。通常由电源适配器、净水装置、滤芯等组成。主材质为塑料、电子元器件等	适用于身体功能障碍者，改善人体亚健康状态，提升生活品质	水净化器、水软化器	Ⅲ
		净化水，去除水中余氯，改变水活性的装置。主材质为 304 不锈钢等		净水龙头出水装置	Ⅲ

10 家务辅助器具

10 03 准备食物和饮料的辅助器具

代　码	名　称	产品描述	预期用途	品名举例	类别
10 03 06	准备食物和饮料用的切、砍和分割辅助器具	辅助肢体功能障碍者分割食物的器具。主材质为不锈钢等	适用于手部握力弱或肩、肘、腕关节活动受限者	肢体障碍者刀子、肢体障碍者切片机	Ⅲ
		辅助肢体功能障碍者分割食物的器具。主材质为不锈钢、木质、塑料等		肢体障碍者案板、肢体障碍者擦菜板、肢体障碍者单手砧板	Ⅲ
10 03 09	清洗和削皮的辅助器具	辅助身体功能障碍者给食物清洗及削皮的器具。主材质为不锈钢等		肢体障碍者削皮器、食物固定器、肢体障碍者挖核刀	Ⅲ

代码	名称	产品描述	预期用途	品名举例	类别
10 03 09	清洗和削皮的辅助器具	辅助身体功能障碍者给食物清洗及削皮的器具。主材质为塑料等	适用于身体功能障碍者清洗蔬菜瓜果	身体障碍者菜刷	Ⅲ
10 03 12	烘烤辅助器具	辅助身体功能障碍者烘烤用的器具。主材质为陶瓷等	适用于身体功能障碍者烘烤食物	身体障碍者烘烤罐、身体障碍者烘烤皿、身体障碍者烘烤盘	Ⅲ
10 03 15	用于准备食物的辅助器具	辅助身体功能障碍者打蛋用的器具。主材质为不锈钢等	适用于身体功能障碍者粉碎、搅拌蛋液	身体障碍者打蛋器	Ⅲ
10 03 18	烹调和油煎辅助器具	辅助身体功能障碍者烹调用的器具。主材质为不锈钢等	适用于身体功能障碍者烹饪和油煎食物	语音烹调用具	Ⅲ

10 06 清洗盘子（碗）的辅助器具

代码	名称	产品描述	预期用途	品名举例	类别
10 06 06	肢体功能障碍者洗盘用刷和瓶刷	清洁餐具的刷子。主材质为塑料、金属等	适用于肢体功能障碍者刷洗物品	肢体障碍者盘刷、肢体障碍者瓶刷	Ⅲ

10 09 食饮辅助器具

代码	名称	产品描述	预期用途	品名举例	类别
10 09 13	肢体功能障碍者刀叉餐具、筷子和吸管	进食时用于切割食物或将食物送入口中的器具。主材质为不锈钢、塑料等	适用于上肢功能障碍者准备食物和饮食	肢体障碍者专用餐具（刀、叉、勺、筷、杯）、可折弯叉、可折弯勺、弹簧筷子、防抖勺	Ⅲ
		辅助上肢功能障碍者准备食物和饮料的容器及用于该活动的器具。主材质为塑料等	适用于上肢功能障碍者喝水、喝饮料	肢体障碍者吸管	Ⅲ
10 09 16	肢体功能障碍者大酒杯、玻璃杯、杯子和碟子	盛放饮用水、饮料、酒及食物的器皿。主材质为玻璃、陶瓷等	适用于脑瘫、偏瘫等身体功能障碍者喝水、喝饮料	肢体障碍者缺口杯、身体障碍者吸式饮水杯	Ⅲ
10 09 18	肢体功能障碍者盘子和碗	有防撒沿或手柄的碗。主材质为不锈钢碗、塑料等	适用于脑瘫、偏瘫等身体功能障碍，防止食物撒出，手柄便于抓握，便于进食	带防撒沿或手柄的碗	Ⅲ
		底部有吸盘的防撒装置。主材质为塑料等		防撒碗	Ⅲ

续表

代 码	名 称	产品描述	预期用途	品名举例	类别
10 09 21	食物挡边	装在盘子外侧的突起边缘，以防止食物被推离盘子。主材质为塑料等	适用于身体功能障碍者，防止餐盘掉落，便于进食	盘子挡边	Ⅲ
10 09 22	餐具防滑垫	置于盘子底部，以防止餐具被推离桌面。主材质为硅胶等	适用于身体功能障碍者，防烫隔热防滑，便于进食	盘子防滑垫	Ⅲ
10 09 27	喂食器械	帮助功能障碍者进食的电动器具。主材质为金属等。电动驱动装置	适用身体功能障碍者，进食时不需自己动手，通过电动控制，将食物送入口中	电动喂食机	Ⅲ
		帮助特殊儿童进食的手动器具。主材质为塑料等	适用于脑瘫儿童喂食，可根据儿童高度调节角度，达到最佳喂食效果，减轻医护人员体力	儿童喂食椅	Ⅲ
10 09 30	喂管	使液体食物直接进入胃肠道的喂食系统（即肠内给养）。主材质为金属、塑料等。电动驱动装置	适用于吞咽障碍者，辅助其将流质食物通过胃管送入胃中，护理者可以控制进食量	喂食泵	Ⅲ

11 就业和职业训练辅助器具

11 03 工作场所的家具和装饰元素

代 码	名 称	产品描述	预期用途	品名举例	类别
11 03 12	工作场所用高脚凳和站立辅助器具	有一个或多个支脚且没有支撑靠背、扶手，保持人站立或接近站立姿势用的坐具。主材质为金属、高弹性海绵等	适用于肢体功能障碍者，经常在坐姿和站姿之间交替工作	高脚凳子、站立椅	Ⅲ

11 12 工作场所固定、探取、抓握物品的辅助器具

代 码	名 称	产品描述	预期用途	品名举例	类别
11 12 03	运送和夹持工件和工具的辅助器具	帮助上肢功能障碍者固定、抓握和运送物品的装置。主材质为磁铁等	适用于上肢功能障碍者，用来夹住或固定物体，方便工作	手持式磁铁、抓持式磁铁	Ⅲ
11 12 06	固定和定位工件和工具的辅助器具	固定和定位工作场所使用物品的装置。主材质为金属等	适用于肢体功能障碍者夹住或固定物体，方便操作	肢体障碍者弹簧夹	Ⅲ
		固定或定位工作场所使用物品的装置。主材质为硅胶等	适用于肢体功能障碍者固定工作台上物品，防止滑落	肢体障碍者工作台用防滑垫	Ⅲ
		固定或定位工作场所使用物品的装置。主材质为金属、木质等	适用于肢体功能障碍者日常工作，便于书写、放置物品	带格子的旋转桌	Ⅲ

11 24 工作场所健康保护和安全的辅助器具

代 码	名 称	产品描述	预期用途	品名举例	类别
11 24 03	肢体功能障碍者工作场所防护设备	肢体功能障碍者在工作时的防护设备。主材质为高强度、高耐磨、高耐腐蚀的塑料等	适用于肢体功能障碍者工作时的下肢及足部的防护	肢体障碍者安全靴	III
			适用于肢体功能障碍者工作时的全身防护	肢体障碍者防护工作服	III
11 24 18	肢体功能障碍者工作场所及工作周围区域的安全设备	用于房间或建筑物内最大限度降低危害的设备。主材质为木质、泡沫板等	适用于降低肢体功能障碍者工作时的危害	肢体障碍者防滑地板、肢体障碍者道路标识	III

12 休闲娱乐辅助器具

12 03 玩耍辅助器具

代 码	名 称	产品描述	预期用途	品名举例	类别
12 03 03	身体功能障碍儿童玩具	儿童玩耍和娱乐的器具。主材质为塑料等	适用于脑瘫等身体功能障碍的儿童,增加娱乐兴趣,提高生活品质	数学算盘文字类玩具、工具类玩具、益智组合类玩具、交通类玩具	III
		儿童玩耍和娱乐的器具。主材质为复合布等	适用于婴幼儿至4岁儿童。有助于促进特殊儿童生理、认知、感觉、沟通等功能的发展	特殊儿童玩乐垫	III
12 03 09	身体功能障碍者游戏用具	视力功能障碍者进行娱乐活动的辅助器具。主材质为木质、塑料、纸质等	适用于视力功能障碍者进行棋类游戏活动	视力障碍者棋盘	III
			适用于视力功能障碍者进行象棋游戏活动	盲人中国象棋	III
			适用于视力功能障碍者进行纸牌游戏活动	视力障碍者纸牌	III

12 09 运动辅助器具

代 码	名 称	产品描述	预期用途	品名举例	类别
12 09 03	团队球类运动辅助器具	辅助肢体功能障碍者从事篮球运动的器具。主材质为皮质、橡胶等	适用于肢体功能障碍者参加篮球运动	轮椅篮球	III
		辅助肢体功能障碍者从事排球运动的器具。主材质为皮质、橡胶等	适用于肢体功能障碍者参加排球运动	坐式排球	III

代 码	名 称	产品描述	预期用途	品名举例	类别
12 09 03	团队球类运动辅助器具	辅助肢体功能障碍者从事排球运动的器具。主材质为金属等	适用于肢体功能障碍者参加排球运动	坐式排球球柱	Ⅲ
		辅助肢体功能障碍者从事乒乓球运动的器具。主材质为塑料等	适用于肢体功能障碍者参加乒乓球运动	轮椅乒乓球	Ⅲ
		辅助肢体功能障碍者从事相关竞技运动，能保护眼睛的器具。主材质为棉质面料等	适用于身体功能障碍者参加相关竞技运动，用于保护眼睛	身体障碍者眼罩	Ⅲ
		辅助肢体功能障碍者从事足球运动的器具。主材质为皮质、橡胶等	适用于视力功能障碍者参加足球运动	盲人足球	Ⅲ
		辅助肢体功能障碍者从事足球运动的器具。主材质为塑料、树脂等		盲人足球挡板	Ⅲ
		辅助肢体功能障碍者从事门球的运动的器具。主材质为硅胶等	适用于视力功能障碍者参加门球运动	盲人门球	Ⅲ
		辅助肢体功能障碍者从事门球运动的器具。主材质为金属等		盲人门球球门	Ⅲ
12 09 06	箭术辅助器具	辅助肢体功能障碍者从事射箭的器具。主材质为金属、硅胶、塑料等	适用于肢体功能障碍者参加射箭运动	箭术运动假肢	Ⅲ
12 09 09	划船辅助器具	辅助身体功能障碍者从事划船的器具。主材质为涤纶等	适用于身体功能障碍者参加划船运动	身体障碍者划船用绑带	Ⅲ
12 09 18	击剑辅助器具	辅助身体功能障碍者从事击剑的器具。主材质为塑料等	适用于身体功能障碍者参加击剑运动	剑道、轨道	Ⅲ
		辅助身体功能障碍者从事击剑的器具。主材质为金属、木质等		轮椅击剑架	Ⅲ
12 09 27	球拍和球板类运动辅助器具	辅助身体功能障碍者从事网球、羽毛球运动的器具。主材质为金属、木质、高弹性纤维等	适用于身体功能障碍者进行网球、羽毛球运动	网球拍、羽毛球拍	Ⅲ
		辅助身体功能障碍者从事乒乓球运动的器具。主材质为木质、橡胶等	适用于身体功能障碍者进行乒乓球运动	乒乓球拍	Ⅲ
12 09 33	游泳和水上运动辅助器具	辅助身体功能障碍者从事游泳和其他水上运动的器具。主材质为塑料等	适用于身体功能障碍者进行水上运动	敲头棒、束发带	Ⅲ

代 码	名 称	产品描述	预期用途	品名举例	类别
12 09 36	冬季运动辅助器具	辅助肢体功能障碍者从事冰球、滑雪和滑冰等冬季运动的器具。主材质为钛合金等	适用于下肢功能障碍者进行滑雪运动	单板滑雪膝下假肢、单板滑雪膝上假肢	Ⅲ
		辅助肢体功能障碍者从事冰球、滑雪和滑冰等冬季运动的器具。主材质为铝合金等		高山滑雪器	Ⅲ
		辅助肢体功能障碍者从事冰球、滑雪和滑冰等冬季运动的器具。主材质为金属、塑料等		座式滑雪器、座式雪橇	Ⅲ
		辅助肢体功能障碍者从事冰球、滑雪和滑冰等冬季运动的器具。主材质为塑料、树脂等	适用于上肢功能障碍者进行滑雪运动，具有保护胸部作用	高山滑雪护胸	Ⅲ
		辅助肢体功能障碍者从事冰球、滑雪和滑冰等冬季运动的器具。主材质为金属合金等	适用于下肢体功能障碍者滑雪运动	雪杖	Ⅲ
		辅助肢体功能障碍者从事冰壶运动的器具。主材质为金属合金等	适用于肢体功能障碍者进行冰壶运动	冰壶推杆、投掷杆	Ⅲ
12 09 38	运动轮椅车	辅助身体功能障碍者从事篮球竞技运动的轮椅车。主材质为铝合金等	适用于身体功能障碍者使用轮椅车进行篮球竞技运动	篮球轮椅车	Ⅲ
		辅助身体功能障碍者从事乒乓球竞技运动的轮椅车。主材质为铝合金等	适用于身体功能障碍者使用轮椅车进行乒乓球竞技运动	乒乓球轮椅车	Ⅲ
		辅助身体功能障碍者从事竞速竞技运动的轮椅车。主材质为铝合金等	适用于身体功能障碍者使用轮椅车进行竞速竞技运动	竞速轮椅车	Ⅲ
		辅助身体功能障碍者从事击剑竞技运动的轮椅车。主材质为铝合金等	适用于身体功能障碍者使用轮椅车进行击剑竞技运动	击剑轮椅车	Ⅲ
		辅助身体功能障碍者从事射击竞技运动的轮椅车。主材质为铝合金等	适用于身体功能障碍者使用轮椅车进行射击竞技运动	射击轮椅车	Ⅲ
		辅助身体功能障碍者从事射箭竞技运动的轮椅车。主材质为铝合金等	适用于身体功能障碍者使用轮椅车进行射箭竞技运动	射箭轮椅车	Ⅲ
		辅助身体功能障碍者从事网球竞技运动的轮椅车。主材质为铝合金等	适用于身体功能障碍者使用轮椅车进行网球竞技运动	网球轮椅车	Ⅲ
		辅助身体功能障碍者从事羽毛球竞技运动的轮椅车。主材质为铝合金等	适用于身体功能障碍者使用轮椅车进行羽毛球竞技运动	羽毛球轮椅车	Ⅲ

代　码	名　称	产品描述	预期用途	品名举例	类别
12 09 38	运动轮椅车	辅助身体功能障碍者从事冰壶竞技运动的轮椅车。主材质为铝合金等	适用于身体功能障碍者使用轮椅车进行冰壶竞技运动	冰壶轮椅车	Ⅲ
		辅助身体功能障碍者从事雪地竞技运动的轮椅车。主材质为铝合金等	适用于身体功能障碍者使用轮椅车进行雪地竞技运动	雪地轮椅车	Ⅲ
		辅助身体功能障碍者从事沙滩竞技运动的轮椅车。主材质为铝合金等	适用于身体功能障碍者使用轮椅车进行沙滩竞技运动	沙滩轮椅车	Ⅲ
		辅助身体功能障碍者从事游泳竞技运动的轮椅车。主材质为铝合金等	适用于身体功能障碍者使用轮椅车进行游泳竞技运动	泳池轮椅车	Ⅲ
12 09 39	其他运动辅助器具	通过传感采集器实现对使用者移动轨迹、位置、速度的捕捉和采集，实现使用者和各类效果之间实时互动。主材质为金属、塑料、电子元器件等。具有人机互动功能	适用于自闭症、脑瘫、多动症、智障等群体，可进行互动游戏式训练	数字全景运动系统	Ⅲ

12 18　身体功能障碍者手工工艺工具、材料和设备

代　码	名　称	产品描述	预期用途	品名举例	类别
12 18 03	身体功能障碍者纺织品手工工艺工具、材料和设备	身体功能障碍者制作线类、织物类或其他纤维材料的工艺品的器具。主材质为金属、木质、塑料等	适用于身体功能障碍者手工编织纺织品	身体障碍者刺绣针、身体障碍者花绷子、身体障碍者绣架、身体障碍者钩针编织模具	Ⅲ
12 18 15	身体功能障碍者图案设计工具、材料和设备	身体功能障碍者不借助计算机或其他电子手段制作图片的器具。主材质为木质、金属、塑料、陶瓷、石质等	适用于身体功能障碍者设计和制作图片	身体障碍者画板、身体障碍者画架、身体障碍者画夹、身体障碍者调色盘、身体障碍者调色板、身体障碍者笔洗、身体障碍者镇纸	Ⅲ

《中国康复辅助器具目录（2023 年版）》 修订说明

为贯彻落实《国务院关于加快发展康复辅助器具产业的若干意见》（国发〔2016〕60 号）、《国务院办公厅关于同意建立加快发展康复辅助器具产业部际联席会议制度的函》（国办函〔2017〕10 号），推动康复辅助器具产业与社会需求相适应，加强康复辅助器具行业管理，推动康复辅助器具产品、服务规范化建设，满足残疾人、老年人、伤病人等特殊群体日益增长的美好生活需要，民政部组织修订了《中国康复辅助器具目录（2023 年版）》，具体如下。

一、修订背景及意义

2014 年 6 月，民政部正式发布了《中国康复辅助器具目录》（以下简称《目录》），这是我国首次发布国家层面的康复辅助器具目录，填补了康复辅助器具产业空白，对康复辅助器具产业发展具有重要意义。近年来，在以习近平同志为核心的党中央高度重视和决策部署下，我国康复辅助器具产业实现跨越式发展，康复辅助器具新技术、新产品、新业态不断涌现，市场环境及需求也已发生新变化，现行目录已无法满足社会发展需要，修订《目录》是新时代新征程康复辅助器具产业高质量发展的必然要求。

新版《目录》为行业发展和科学管理提供了依据。新版《目录》的发布推动了康复辅助器具产业相关国家标准、行业标准、团体标准的制定，为研究制定康复辅助器具行业监督管理办法、编制和发布工伤保险康复辅助器具配置目录、制定公益性康复辅助器具配置标准、社区租赁产品提供了依据，对各地政府制定和实施康复辅助器具产业发展规划起到重要作用。新版《目录》中纳入医疗器械管理范围的康复辅助器具产品，将按照《医疗器械监督管理条例》要求强化监管，进一步规范相关产品的研发、生产、经营和使用。

新版《目录》将更好满足残疾人、老年人、伤病人等特殊群体日益增长的美好生活需要。新版《目录》共纳入 1490 个品名举例产品，与 2014 年发布的《目录》相比增加了 551 个，产品类型覆盖了个人移动及生活自理、工作学习、医疗辅助、技能训练、家务辅助、休闲娱乐等多个使用场景，与时俱进，不断满足残疾人、老年人、伤病人等群体的多层次、多样化、个性化需求。

二、修订内容

本次修订在 2014 年发布的第一版《目录》基础上，通过广泛征集、梳理总结近年来康复辅助器具领域出现的新产品和创新实践，结合国内残疾人、老年人、伤病人等特殊群体的生活所需，遴选收录国内生产、供应和使用的康复辅助器具产品。调整内容主要体现在以下几方面：一是参考借鉴国家标准 GB/T 16432—2016《康复辅助器具 分类和术语》分类原则，将康复辅助器具划分 12 个主类，并在主类下设置 101 个次类、432 个支类。二是结合市场需求的变化，根据产品迭代情况新增、修改次类或支类代码和名称，删除了 1 个无品名举例的次类和 118 个没有品名举例产品的支类。三是根据当前市场上可获得的康复辅助器具产品增加了品名举例产品，删除不适合的品名举例产品，规范了个别产品名称，使其更具备精确性和通用性。四是增加了 773 个与品名举例产品相对应的产品描述和 765 个预期用途，对品名举例产品的共性内容进行了归纳描述，使《目录》内容更加完善，实用性更强。五是根据康复辅助器具使用情况和效果，将品名举例产品按管理程度分为三类，与身体密切接触或有治疗作用的为Ⅰ类，有功能改善或代偿作用的为Ⅱ类，日常生活中使用，可提升生活品质的为Ⅲ类。

三、编码说明

康复辅助器具产品分为主类、次类和支类，在目录中用"代码"表示，"代码"由三对数组组成，每对数组为两位阿拉伯数字。第一对数组表明主类，第二对数组表示次类，第三对数组表示支类。

《目录》主类编号与国家标准 GB/T 16432—2016《康复辅助器具 分类和术语》编号对应情况如下。

目录主类编号	主类名称	国标主类编号
01	矫形器和假肢	06
02	个人移动辅助器具	12
03	个人生活自理和防护辅助器具	09
04	家庭和其他场所的家具和适配件	18
05	沟通和信息辅助器具	22
06	个人医疗辅助器具	04
07	技能训练辅助器具	05

目录主类编号	主类名称	国标主类编号
08	操作物品和器具的辅助器具	24
09	环境改善和评估的辅助器具	27
10	家务辅助器具	15
11	就业和职业训练辅助器具	28
12	休闲娱乐辅助器具	30

民政部　国家卫生健康委　中国残联
关于印发《精神障碍社区康复服务资源共享
与转介管理办法》的通知

民发〔2023〕70号   2023年12月19日

各省、自治区、直辖市民政厅（局）、卫生健康委、残联，各计划单列市民政局、卫生健康委、残联，新疆生产建设兵团民政局、卫生健康委、残联：

为加强精神障碍社区康复服务资源共享，畅通精神卫生医疗康复资源和康复对象间的信息共享和转介服务机制，民政部、国家卫生健康委、中国残联制定了《精神障碍社区康复服务资源共享与转介管理办法》，现印发给你们，请结合实际遵照执行。

精神障碍社区康复服务资源共享与转介管理办法

第一章　总　　则

第一条　为加强精神障碍社区康复服务资源共享，建立完善精神卫生医疗康复资源和康复对象间的转介服务机制，根据《中华人民共和国精神卫生法》《中华人民共和国残疾人保障法》《残疾预防和残疾人康复条例》《民政部　财政部　卫生计生委　中国残联关于加快精神障碍社区康复服务发展的意见》（民发〔2017〕167号）和《民政部　财政部　国家卫生健康委　中国残联关于开展"精康融合行动"的通知》（民发〔2022〕104 号）等法律法规和政策规定，制定本办法。

第二条　精神障碍社区康复资源共享与转介服务（以下简称"精康转介服务"）工作纳入县级以上人民政府精神障碍社区康复服务工作领导小组或者部门协调工作机制，由民政部门牵头，卫生健康部门和残联等部门（单位）共同实施。

第三条　民政部负责统筹精康转介服务监督管理，明确工作目标，制定管理制度，建立全国统一的精神障碍社区康复服务国家转介信息平台（以下简称"精康转介平台"），实现与国家严重精神障碍信息系统等数据交换共享，组建部级专业人才库。

县级以上地方人民政府民政部门负责统筹本辖区精康转介服务监督管理，推进辖区内精神障碍社区康复服务机构（以下简称"社区康复机构"）建设，依托精康转介平台共享卫生健康部门严重精神障碍患者信息、残联持证精神残疾人信息，评估统计社区康复服务需求，通过政府购买服务等方式提供精康服务，开展精康转介服务质量督导和服务实施监督，建立辖区内社区康复机构和社区康复服务对象信息档案，组建本级专业人才库。

第四条　县级以上人民政府卫生健康部门负责对开展精康转介服务的医疗卫生机构进行监督管理，指导医疗卫生机构在患者及监护人（含经监护人授权的照料人）知情同意下，通过国家严重精神障碍信息系统上传转介信息，配合同级民政部门组建专业人才库，为精康转介服务提供技术支持。

第五条　各级残联组织负责利用全国残联信息系统平台做好持证精神残疾人相关康复需求的筛查统计，加强与同级民政、卫生健康等部门的信息共享和数据交换，为有需求的精神残疾人提供社区康复服务及康复后就业转介服务，并将精神障碍社区康复与残疾人康复、托养、就业等服务共同推进。

第六条　具有精神障碍诊疗资质的医疗卫生机构负责对精神障碍患者开展出院康复评估、门诊就诊诊断评估，提供社区康复建议。对于符合社区康复条件的患者，经患者及监护人（含经监护人授权的照料人）同意，由医疗卫生机构在填报信息时予以标注，基层精神疾病防治人员（以下简称"精防人员"）负责通过国家严重精神障碍信息系统上传转介信息，并为社区康复机构提供评估、督导、康复技术指导等专业技术支持。

第七条　社区康复机构负责对精神障碍患者开展专业评估，提供符合康复对象需求的社区康复服务，做好康复阶段性评估记录并上传至精康转介平台，组织直接服务人员参加培训。

鼓励精神卫生福利机构，有条件的残疾人康复中心、儿童福利机构、心理健康和精神卫生防治机构开展精神障碍社区康复服务。

第二章 服务机构库管理

第八条 符合下列条件的社区康复机构，可以根据服务场所所在地注册精康转介平台：

（一）具有独立法人资格；

（二）业务范围或者经营范围包含社会工作、康复医疗服务或者残疾人、心智障碍患者康复服务；

（三）配有专职社会工作师或者专职精神科医师、护士、康复医师、康复技师等与精神障碍康复相适应的精神卫生专业人员；

（四）法律、行政法规规定的其他条件。

第九条 社区康复机构登录精康转介平台进行注册的，应当上传以下材料扫描件或者其他数字化格式文档：

（一）营业执照、非营利组织法人登记证书正本及副本、统一社会信用代码证、服务场所地址、银行开户许可证、服务内容等；

（二）法定代表人姓名及联系方式、法定代表人身份证（正反面）、专职员工数量及相关职业资格证书等；

（三）保密承诺书和服务承诺书（详见附件1、2）。

社区康复机构所辖的不具备独立法人资格的服务站点应当由社区康复机构对照站点或者服务场所所在地分别注册。

第十条 服务场所所在地县级民政部门应当对社区康复机构上传的扫描件或者其他数字化格式文档进行核对。上传材料齐备无误的，通过平台报地市级民政部门确认；上传材料不完整、不准确的，应当一次性告知社区康复机构补正；不符合第八条规定条件的，退回材料并说明理由。

第十一条 地市级民政部门应当及时通过精康转介平台对社区康复机构上传的扫描件或者其他数字化格式文档进行确认。通过确认的，统一纳入精康转介平台机构数据库；未通过确认的，退回材料并说明理由。

第十二条 已纳入精康转介平台机构数据库的社区康复机构出现没有履行服务承诺或主动申请退出平台情形的，县级民政部门应当及时报地市级民政部门确认后删除其在精康转介平台的注册信息。

地市级以上地方人民政府民政部门应当定期对辖区内已纳入精康转介平台的社区康复机构进行抽查。对于抽查发现可能不再符合本办法第八条规定条件的，应当及时通知负责初核的县级民政部门。有关县级民政部门应当进行核实，并参照前款规定报地市级民政部门确认后删除该机构在精康转介平台的注册信息。

第十三条 社区康复机构对于被删除注册信息，有权进行陈述和申辩。县级民政部门应当仔细核查，当事人提出的事实、理由或者证据成立的，县级民政部门应予以采纳。

第十四条 已纳入精康转介平台机构数据库的社区康复机构应当遵守以下基本要求：

（一）对外公示营业执照或者非营利组织法人登记证书；

（二）做好康复对象安全防护和隐私保护工作；

（三）设立并公布服务监督投诉方式。

第三章 服务人才库管理

第十五条 精康服务人员包括精神科医师、护士、康复医师、康复技师、心理治疗技师、社会工作师等精神卫生专业人员，转介服务人员，直接从事社区康复服务人员，相关领域志愿者等。其中，转介服务人员由县级民政部门工作人员或者委托相关专业人员承担。

第十六条 精康服务专业人员应满足以下条件：

（一）持有相应职业资格证书（志愿者除外）；

（二）身体健康状况良好，适宜从事社区康复服务工作；

（三）直接从事精神障碍社区康复服务人员，应无性侵害、虐待、拐卖、诈骗、暴力伤害等违法犯罪记录；

（四）法律、行政法规规定的其他条件；

其中，转介服务人员应当同时满足以下条件：

（五）持有社会工作者职业资格证书；

（六）具有两年以上社会工作服务经验或者具有一年以上精神障碍社区康复服务工作经验；

（七）熟悉精神卫生领域相关政策法规。

第十七条 符合第十六条规定条件的精康服务人员可以由所在的社区康复机构通过精康转介平台注册专业人才数据库，经民政部门会同卫生健康、残联等审核后纳入精康转介平台的本级专业人才数据库。志愿者可以由所在的社区康复机构直接通过精康转介平台注册。

符合第十六条规定条件的转介服务人员可以由市、县级民政部门直接通过精康转介平台注册并纳入本级专业人才数据库。

第十八条 属于不同层级的同一专业人员应当按照较高层级纳入专业人才数据库。不同层级的专业人员可以跨区域、跨层级为社区康复机构提供人才培训、评估和直接服务。

第十九条 已入库专业人员主动申请退出或出现违反服务承诺的情形，不适宜继续从事精康转介服务的，社区康复机构应当删除其在精康转介平台专业人才数据库的注册信息。

第四章 精康转介服务申请与确认登记

第二十条 处于非急性期且经专业评估适合接受社区康复的严重精神障碍患者可以提出精神障碍社区康复服务申请。有条件的地方可为有意愿的抑郁症、孤独症及其他精神障碍患者提供社区康复服务。经医疗卫生机构治疗评估后病情稳定的严重精神障碍患者，并经评估符合社区康复条件的，可经患者及监护人（含经监护人授权的照料人）同意转介到社区康复机构接受康复服务。

第二十一条 精康转介服务主要包括：提出申请、初核登记、康复转介、综合评估、服务提供、阶段性评估、结案与回访等程序（详见附件3）。

第二十二条 提出社区康复需求的主体为精康转介服务申请人。申请人包括精神障碍患者及监护人（含经监护人授权的照料人），可以通过以下途径提出转介申请：

（一）个人自愿申请。精神障碍患者及监护人（含经监护人授权的照料人）可以向精神障碍患者户籍所在地（或经常居住地）的乡镇（街道）、村（居）民委员会，以及医疗卫生机构、社区康复机构等提出登记申请。

（二）医疗卫生机构协助申请。医疗卫生机构应对精神障碍患者开展出院康复评估、门诊就诊诊断评估，为符合条件的患者提供社区康复建议，经精神障碍患者及监护人（含经监护人授权的照料人）同意后，可以由医疗卫生机构在填报信息时予以标注，基层精防人员通过国家严重精神障碍信息系统上传转介信息，协助其提出登记申请。

（三）其他主体协助申请。各类企事业单位、村（居）民委员会、社会组织和个人发现精神障碍患者有社区康复需求的，可以通过医疗卫生机构、精神卫生福利机构、社区康复机构等，或者通过精康转介平台等渠道提出登记申请。

第二十三条 精康转介平台接收的转介服务申请，转介服务人员应当按照以下流程在5个工作日内进行初步核实和确认登记：

（一）核实申请人提交的基础信息，包括是否曾经接受过医疗卫生机构诊断和治疗、是否病情稳定等情况；

（二）视情通过查阅资料、电话访谈、视讯、面访、小组评估等方式核实申请人的社区康复需求和接受康复服务意愿；

（三）符合社区康复条件的，可在精康转介平台确认登记。初核通过但暂时无法满足服务需求的，应当联系申请人户籍地（或者经常居住地）所在社区给予协助；

（四）不符合社区康复条件的，须说明理由并通知申请人；未曾就医的疑似精神障碍患者，应建议其到医疗卫生机构就诊。

通过国家严重精神障碍信息系统转介的登记申请信息，可以简化初核程序，直接确认登记。

第二十四条 转介服务人员应当按照以下要求进行康复服务转介：

（一）在确认登记后的 5 个工作日内，根据精康转介平台的登记确认意见，将社区康复申请人信息转介至适合的社区康复机构；

（二）社区康复机构应当从专业人才库中遴选相应专家进行评估，并在 10 个工作日内确认是否接受申请；社区康复机构不接受申请的，应当及时退回转介申请并说明原因。因社区康复机构承接能力不足退回的申请，将通过精康转介平台纳入轮候范围；

（三）精神障碍患者及监护人（含经监护人授权的照料人）拒绝平台推荐的社区康复机构的服务或者拒绝签订康复服务协议的，可重新纳入精康转介平台轮候范围；

（四）因服务承接能力不足的社区康复机构，需要申请人等候时间超过 3 个月的，转介服务人员应当于再次转介前，按照第二十三条规定对转介服务申请进行重新初核和登记；

（五）需要在精神障碍患者户籍地和经常居住地之间进行异地转介的，转介服务人员应当提前了解转入地社区康复机构有关情况。

第五章　精康转介服务评估与服务供给

第二十五条 社区康复机构接到精康转介平台转介的社区康复申请，应当在精神障碍患者及监护人（含经监护人授权的照料人）知情同意的情况下，由社会工作师组织精神科医师、康复医师、康复技师、心理治疗技师、心理咨询师、公共卫生医师、护士等专业人员组成的评估组对精神障碍患者进行综合评估，并出具评估意见。

评估组组成人员应当包括精神卫生专业人员、社会工作师，人数为单数且不少于 3 人。社区康复机构应当将邀请已入库专业人员的服务次数记录在精康转介平台中。

评估组出具的评估意见，应当包括精神障碍患者是否适合参加社区康复和康复服务类型等内容。社区康复机构依据上述评估意见，确认是否接受转介申请和制定个性化康复计划。

第二十六条　社区康复机构应当及时通过精康转介平台为拟提供社区康复服务的精神障碍患者登记建档，录入精神障碍患者疾病状态、居住情况、家庭状况、经济状况等"基本情况登记表"（详见附件4）的有关基础信息、康复评估意见等材料，并由精神障碍患者及监护人（含经监护人授权的照料人）签字确认。

第二十七条　社区康复机构在提供服务前，应当主动告知精神障碍患者及监护人（含经监护人授权的照料人）并签订服务协议（详见附件5），明确所提供社区康复服务的内容、方式、时限、双方权利义务等内容。

第二十八条　社区康复机构应当根据综合评估意见与康复对象及家庭实际需求，按照《精神障碍社区康复服务工作规范》要求提供以下服务：

（一）主要服务内容。为康复对象提供服药训练、预防复发训练、躯体管理训练、生活技能训练、社交能力训练、职业康复训练、心理康复、同伴支持、日间照料等服务。

（二）辅助服务内容。对康复对象家庭的支持，如提供社会救助、社会福利政策和专业康复资源链接，帮助家庭了解专业康复知识，提供照料技能培训、家庭喘息服务，建立患者家庭同伴支持网络等；对康复对象所在社区的支持，如开展法律法规和政策宣传、社区支持网络建构、友好社区环境建设等工作。

第二十九条　社区康复机构应当定期组织专业人员对康复对象的康复效果、疾病状态、生活自理能力、就业意愿和就业能力等情况开展阶段性评估，并在精康转介平台上传评估结果（详见附件6）。定期评估应当每年不少于2次，评估组人员可从专业人才库中选定。

经评估，康复服务类型与康复对象状况不匹配的，社区康复机构应当及时将康复对象信息推送至精康转介平台，以确保康复对象再次得到及时转介。

第三十条　精神障碍患者在社区康复期间病情复发的，社区康复机构应当立即通知监护人（含经监护人授权的照料人），并协助及时将患者通过绿色通道转入定点精神卫生医疗（福利）机构开展救治。快速转介情况应向所属民政部门报告并通过精康转介平台登记报备。医疗卫生机构接诊患者后，应及时予以处置。

第六章　精康转介服务结案与回访

第三十一条　康复对象处于下列情形之一的，社区康复机构应当进行结案处理并在精康转介平台登记：

（一）实现就业或者辅助性就业；

（二）病情复发转介至医疗卫生机构治疗；

（三）康复对象已基本康复，可在社区正常生活；

（四）需转异地或者其他社区康复机构；

（五）康复对象主动申请退出服务；

（六）康复对象连续 1 年以上不参加社区康复服务。

第三十二条 康复对象已具备就业能力且具有就业意愿的，社区康复机构应当及时在精康转介平台中填写就业转介意向，精康转介平台定期将就业转介申请信息批量交换至全国残联信息系统平台。精神障碍患者户籍所在地（经常居住地）残联、民政及相关部门应当协助链接就业资源、推荐就业或者辅助性就业，提供职业培训等支持。

第三十三条 社区康复机构应当在结案后开展定期或者不定期回访，以巩固服务成效，并将回访情况（详见附件7）上传至精康转介平台。具体要求如下：

（一）原则上结案后 1 个月内应完成首次回访，1 年内回访不少于 1 次；

（二）一般由原服务提供负责人或者转介服务人员担任回访人员；

（三）宜采用电话、面谈或视频等方式进行回访；

（四）回访结束后 2 个工作日内，汇总回访过程和结果；

（五）无法取得联系进行回访的，应当在精康转介平台备注情况。

第七章　服务监督与评价

第三十四条 县级民政部门应当会同卫生健康部门、残联对精神障碍社区康复机构的康复服务情况、康复效果进行跟踪监测与评估：

（一）由县级民政部门牵头，卫生健康部门和残联共同参与组建考核评估小组，对辖区内精神障碍社区康复机构的服务情况进行评估。考核评估小组应就服务范围、服务内容、服务记录、服务提供和转介评估的规范性、服务成效、服务对象满意度等开展考核评估；

（二）考核评估宜遵循"双随机、一公开"原则，在制定标准和评分表的基础上，采用抽查的方式进行；

（三）考核评估宜每年至少 2 次，至少每两年实现辖区内机构全覆盖；

（四）考核评估结果应及时上传精康转介平台，上级民政部门、卫生健康部门、残联等部门和单位可通过精康转介平台查询评估结果。

省级、地市级民政部门应当会同本级卫生健康部门、残联等单位适时对辖区内精神障碍社区康复机构的康复服务情况、康复效果等开展抽查。

第三十五条 精神障碍患者及监护人（含经监护人授权的照料人）可通过口头、电话、书面或者邮件等方式向精神障碍社区康复机构和民政部门、卫生健康部门、残联提出意见建议。

第三十六条 违反本办法规定的行为，法律、行政法规、规章有法律责任规定的，适用其规定。

附件 1:

保密承诺书

（模板）

根据《中华人民共和国民法典》《中华人民共和国精神卫生法》等规定，在为精神障碍患者提供社区康复服务过程中，<u>（机构名称）</u>
郑重承诺:

1. 严格遵守保密原则，未经精神障碍患者及监护人（含经监护人授权的照料人）同意，不得向第三方透露涉及患者个人身份信息和其他可能危害精神障碍患者权益的隐私信息。

2. 保管好精神障碍患者的社区康复服务资料。

3. 保密原则例外。经社会工作师或精神科医师评估，认为精神障碍患者有可能出现行为失控危及自身和他人人身安全或司法机关介入调查时，社会工作师有权利告知患者家属、主管医生、护士或配合司法机关提供相关真实资料。

4. 有专门规定的按其规定执行。

承诺人（精神障碍社区康复
服务机构法定代表人）:

年　月　日

附件 2：

服务承诺书

（模板）

　　如出现下列情形之一的，本机构或本机构相关专业人员自愿退出精神障碍社区康复服务国家转介信息平台，并由本机构 15 日内自行删除相关专业人员注册信息或由相关民政部门删除本机构或本机构相关专业人员有关注册信息：

　　（一）书面表示不再从事精神障碍社区康复服务；

　　（二）本机构无正当理由三年内未开展精神障碍社区康复服务或本机构相关专业人员无正当理由三年内未开展精神障碍社区康复评估、督导、康复技术指导和研究、直接服务等活动；

　　（三）经有权机关查明存在违反法律、行政法规、规章等监督管理规定的行为；

　　（四）经有权机关查明存在侵害服务对象权益的行为；

　　（五）法律、行政法规规定的其他情形。

承诺人（精神障碍社区康复
服务机构法定代表人、相关专业人员）：

年　月　日

附件3：

精神障碍社区康复服务资源共享与转介流程图

患者自行提出	
医疗卫生机构协助提出	→ **提出申请**
其他主体协助提出	

精康转介平台

初核登记 → 1.核实申请人提交的基础信息
2.核实申请人的社区康复需求和接受康复服务意愿

通过国家严重精神障碍信息系统转介的登记申请信息，可直接确认登记

是否符合社区康复条件 ── 不符合 → 1.说明理由并通知申请人
2.未曾就医的疑似精神障碍患者，应建议其到医疗卫生机构就诊

符合

精康转介平台确认登记 → 社区康复机构不接受申请的，应当及时退回转介申请，并说明原因
因社区康复机构缺少承接服务能力退回的申请
拒绝平台推荐的社区康复机构的服务或者拒绝签订康复服务协议的
因缺少承接服务的社区康复机构，需要申请人等候地时间超过3个月的，再次转介前
需要在户籍地和常住地之间进行异地转介的，应提前了解转入地社区康复机构有关情况

1.5个工作日内，转介至适合的社区康复机构
2.社区康复机构遴选专家进行评估，10个工作日内确认是否接受申请 → **康复转介**

康复机构确认是否接受申请 ── 否 → 康复机构不接受申请

是

由社会工作师组织专业人员组成的评估组对精神障碍患者进行综合评估，并出具评估意见 → **综合评估**

康复机构确认是否接受申请和制定个性化康复计划 ── 否

是

登记建档 → 录入基础信息、康复评估意见等材料，并请精神障碍患者及监护人（含经监护人授权的照料人）签字确认

签订协议

服务提供 → 1.主要服务内容
2.辅助性服务内容

每年不少于2次
康复服务类型与康复对象状况不匹配 ← **阶段性评估**

快速转介 → 1.康复期间病情复发的，立即通知监护人（含监护人授权的照料人）并协助送医，及时将患者通过绿色通道转入定点精神卫生医疗（福利）机构
2.应向所属民政部门报告并通过精康转介平台登记报备

无法取得联系进行回访的 ← **结案与回访** → 1.结案登记
2.就业回访
3.服务回访

再次安置

填写评估结果

备注情况

退回转介申请 / 纳入轮候范围 / 登记报备 / 信息录入

附件4：

基本情况登记表

（模板）

登记日期　　　年　　　月　　　日

姓名		性别	
民族		联系电话	
身份证号码			
住址			
监护人姓名		监护人联系电话	

我已理解工作人员讲解的内容,自愿参加社区康复活动。

患者(监护人,含经监护人授权的照料人)签名：
签字时间：　年　月　日

婚姻状况	□已婚 □未婚 □离婚 □丧偶 □分居 □其他		
居住情况	□与亲属共同生活 □与朋友共同生活 □独自生活,但家人定时探望 □独自生活		
家庭电话		联系人姓名		联系人电话	
共同居住者 (可多选)	□父母 □配偶 □子女 □同胞 □亲戚 □朋友 □同学 □同事 □其他_____ □无		
与共同居住者的关系	□好 □良好 □一般 □差 □很差		
居住环境	□好 □良好 □一般 □差 □很差		
经济状况	□好 □一般 □困难		
经济来源	□工资 □积蓄 □家人支持 □政府救助(□低保 □残疾人补贴) □其他_____ □无		
金钱管理	□自行决定支出 □由家人协助管理金钱 □由家人管理金钱		
疾病诊断情况		首次发病时间		
既往行为	□攻击、冲动行为史 □犯罪史 □严重自伤、自杀行为史 □药物、酒精滥用史□无严重自伤、自杀行为史、药物、酒精滥用史□具有冲动、判断力差、不成熟、情绪不稳、自控力差等性格特征		

姓名		性别	
目前行为/危险	□已发生危害他人安全的行为 □存在危害他人安全的危险 □已发生自杀自伤		
服药依从性	□规律 □间断 □不服药 □医嘱无须服药		
服药方式	□自行服药 □他人给药自己服 □注射给药		
治疗药物及 每日剂量			
药物不良反应 （可多选）	震颤 □静坐不能 □肌肉僵硬 □眩晕 □乏力 □嗜睡 □恶心 □便秘 □呼吸困难 □月经紊乱		
治疗效果	□痊愈 □好转 □无变化 □加重 □其他		
基础性疾病信息	□心脏病 □糖尿病 □高血压 □其他_____ □无		
注：在符合的项目上打"√"，或者填写相应内容。			

附件5：

精神障碍社区康复服务协议

（模板）

甲方：

乙方：

丙方（监护人，含经监护人授权的照料人）：

为有效开展精神障碍社区康复服务相关事宜，按照法律、行政法规的相关规定，双方（三方）达成如下协议：

1. 乙（丙）方自愿，并向社区、街道提出申请，要求进行精神障碍社区康复服务。

2. 经甲方评估，乙方符合精神障碍社区康复服务条件，甲方提供相应服务。

3. 乙（丙）方应如实反映乙方心理特征，身体状况，既往病史，近期病情及服药情况，不得隐瞒。

4. 甲方按约定向乙方提供相应服务，但不承担监护人法定义务。

一、服务内容及时间

以精神康复综合服务中心、日间活动中心、农疗站、工疗站、住宿机构、康复会所等形式，为精神障碍患者提供服药训练、预防复发训练、躯体管理训练、生活技能训练、社交能力训练、职业康复训练、心理康复、同伴支持、日间照料等服务；为精神障碍患者家属提供社会救助、社会福利政策和专业康复资源链接，专业康复知识指导、照料技能培训、家庭喘息服务、家庭支持网络建设等服务。精神障碍社区康复服务频次为每月不低于 1 次，每次服务时长不低于 1 小时，服务人员宜 2 人及以上（最好是 1 男 1 女）。

二、双方的权利义务

（一）甲方的权利、义务

1. 甲方应根据协议约定的服务内容，认真做好乙方的康复服务工作，在服务中尊重乙方，同时要保护乙方隐私权利。

2. 与精神障碍患者及其家属和相关方共同制定康复服务计划。

3. 积极协调各类康复资源，为精神障碍患者提供个性化社区康复服务，促进其社区康复的成效。

4. 按规定开展阶段性评估，上传相关评估和服务资料，确保精神障碍人员能接受合适的社区康复服务。

5. 在开展社区康复服务过程中，应开展安全教育，做好安全防护工作，对精神障碍人员的基本安全负责。

6. 甲方提供服务要满足服务时长，保证服务质量；乙方在服务时段外突发的意外不测，甲方无过错，不承担责任。

7. 甲方应如实填报服务记录，不得弄虚作假。

8. 建立档案的归档、保管、借阅、保密、登记及销毁制度，保护精神障碍人员及家庭隐私。

（二）乙（丙）方的权利、义务

1. 乙（丙）方要如实详细填写信息采集表，如因隐瞒病史产生的一切后果，均由乙（丙）方自行负责。

2. 主动表达自己的需求，积极参与社区康复服务计划的制定和实施。

3. 甲方提供精神障碍社区康复服务时，乙（丙）方应积极配合参与必要的活动。

4. 如康复者对服务过程感觉不满意，可随时提出中止服务的要求。

5. 如经评估，认为已经达成训练目标，可申请结束在社区康复机构的服务。

6. 乙（丙）方在接受精神障碍社区康复服务中，不得有伤害甲方的行为。

7. 如有申诉的需求，可通过口头、书面或电子邮件的方式向社区康复服务机构或当地民政部门进行实名申诉。

三、甲方在服务期间，如发生以下情况之一的，甲方有权终止服务协议

1. 乙方患有传染性疾病。

2. 乙方处于发病期间且病情不稳定，需要住院治疗。

3. 乙方患有严重的器质性疾病（心、肝、肾、脑、糖尿病等），需要住院治疗的。

4. 乙方拒不配合甲方服务的。

5. 其他原因不宜继续进行服务的。

四、其他事项

1. 本协议未尽事宜，可由双（三）方另行协商签订补充协议。

2. 本协议双（三）方签名有效。

3. 协议一式两（三）份，各方各持一份，具有同等法律效力。

甲方签章：　　　　　乙方签名：　　　　　丙方签名：

联系电话：　　　　　联系电话：　　　　　联系电话：

年　月　日

附件 6：

康复评估

（模板）

姓名：

评估内容	评估工具	评估结果
疾病状态(含服药依从性能力)	精神状况综合评估表	
心理社交功能	心理社交功能评估表	
生活自理能力 社会适应能力	社会适应能力评估表	
就业能力	社会功能缺陷筛选量表	
就业意愿		□强烈 □一般 □无
康复效果		□显著 □有效 □无效

评估人员签名：　　　评估日期：　　年　月　日

附件 7：

回访记录

（模板）

姓名：

回访内容	
□就业患者	1. 能完成岗位任务,履行岗位职责 □高效完成 □基本完成 □不能完成 2. 能良好处理人际关系 □很好 □一般 □糟糕 3. 工作满意度 □满意 □一般 □不满意
□接受其他类型社区康复服务患者	1. 生活自理状况 □能自我照料 □需要协助 □不能独立生活 2. 参加劳动状况 □没有问题 □基本可以 □不能 3. 理解交流状况 □没有困难 □轻度困难 □困难
□结束康复服务且无就业、未接受其他社区康复服务的对象	1. 生活自理,能自我照料 □完全没有问题 □基本可以 □完全不能 2. 功能恢复,能参加劳动 □完全没有问题 □基本可以 □完全不能 3. 社会参与,能无障碍交流 □完全没有问题 □基本可以 □完全不能
□是否规律服药	□是 □否

回访人员签名：　　　　回访日期：　　　年　月　日

民政部办公厅 中国残联办公厅关于印发残疾人两项补贴部级数据核对与督导工作机制的通知

民办函〔2023〕43 号   2023 年 7 月 3 日

各省、自治区、直辖市民政厅（局）、残联，新疆生产建设兵团民政局、残联：

根据《民政部 财政部 中国残联关于加强残疾人两项补贴精准管理的意见》（民发〔2022〕79 号）有关要求，为进一步提高残疾人两项补贴制度实施的精准性，实现残疾人两项补贴应补尽补、应退尽退，决定建立残疾人两项补贴部级数据核对与督导工作机制。现将该工作机制印发给你们，请结合实际抓好落实。

残疾人两项补贴部级数据核对与督导工作机制

一、职责分工

第一条 民政部社会事务司会同中国残联教育就业部负责推动建立残疾人两项补贴部级数据共享机制，建立残疾人两项补贴部级数据核对与督导工作机制，提出年度计划安排，并指导各地民政部门会同残联及时开展数据复核。

第二条 民政部信息中心负责按照年度计划安排开展残疾人两项补贴数据核对、疑点数据分发，复核结果统计工作。

第三条 地方各级民政部门和残联的信息中心（负责信息化工作的部门）负责提供技术支持，开展疑点数据复核和分发。

二、部级数据共享

第四条 民政部会同公安部、人力资源社会保障部、国家卫生健康委、中国残联等相关部门构建跨部门、"总对总"的残疾人两项补贴部级数据交换共享机制，确保共享数据满足核对工作需求，并根据补贴数据精准管理需要拓展数据共享范围，逐步提升数据共享的精准性。

第五条 残疾人两项补贴部级数据共享机制一般以签订数据共享备忘录的形式建立。相关部门可通过实时数据共享、批量数据核验、反馈结果数据项等方式进行数据共享，并在条件成熟的情况下，逐步优化数据共享方式。

三、部级数据核对及分发

第六条 原则上每年开展一次全国残疾人两项补贴部级数据核对和督导工作。

第七条 民政部社会事务司会同中国残联教育就业部按照残疾人两项补贴政策衔接规定，提出部级数据核对的范围、时间、频次等要求，明确残疾人两项补贴应享受未享受、应退出未退出对象认定规则，并转民政部信息中心开展数据核对。

第八条 民政部信息中心抽取当期全国残疾人两项补贴数据，并通过部级数据共享机制开展核对。需要相关部门补充核对所需数据的，由民政部社会事务司会同中国残联教育就业部协调。

第九条 民政部信息中心应在开展数据核对后的 15 个工作日内，形成残疾人两项补贴应享受未享受、应退出未退出对象的疑点数据库，通过全国残疾人两项补贴信息系统分发至各省（区、市）民政部门进行数据复核。

四、疑点数据复核与报送

第十条 各省（区、市）民政部门、残联可将部级数据核对与督导工作与本省年度复核工作结合起来统筹推进，减轻基层负担。

第十一条 各省（区、市）民政部门、残联收到疑点数据后，应根据本地政策内容及衔接要求再次核查，提升数据精准度，并在收到疑点数据 10 个工作日内逐级转至所辖县（市、区、旗）民政部门、残联。

第十二条 县（市、区、旗）民政部门应会同残联通过入户走访、视频查看等方式，及时对疑点数据进行逐条复核，经核查属实的，应及时予以整改；经核查不属实的，应注明实际情况。

第十三条 县（市、区、旗）民政部门应会同残联在 20 个工作日内完成疑点数据核实和整改，并通过全国残疾人两项补贴信息系统将复核结果逐级报送至省级民政部门和残联。

五、督导及整改结果报告

第十四条 各省（区、市）民政部门应会同省级残联对县（市、区、旗）

民政部门报送的疑点数据复核结果进行督导，确保全部整改到位。

第十五条 省级及以下各级民政部门可通过残疾人两项补贴信息系统对疑点数据进行统计、核实与督导。省级民政部门会同省级残联及时汇总整理所辖县（市、区、旗）整改结果情况，形成本省残疾人两项补贴督导情况报告，并报送至民政部和中国残联。

第十六条 民政部信息中心应对全国反馈结果情况进行数据质量分析，统计各省（区、市）实际错发率、漏发率，并不断提升数据质量。

第十七条 民政部社会事务司应会同中国残联教育就业部形成全国残疾人两项补贴数据核对与督导年度总结报告。

六、相关工作要求

第十八条 各地民政部门应会同残联在进行数据核对过程中压实工作责任，明确专人负责，加强数据认证核实，保证数据质量，按时间结点完成数据复核和报送。

第十九条 各级民政部门、残联应增强信息安全意识，不得将部级疑点数据泄露给第三方使用、传播或公开。

财政部　税务总局　民政部关于生产和装配伤残人员专门用品企业免征企业所得税的公告

公告 57 号　　　　　　　　　　　　　　2023 年 9 月 25 日

为帮助伤残人员康复或者恢复残疾肢体功能，现对生产和装配伤残人员专门用品的企业免征企业所得税政策明确如下：

一、对符合下列条件的居民企业，免征企业所得税：

1. 生产和装配伤残人员专门用品，且在民政部发布的《中国伤残人员专门用品目录》范围之内。

2. 以销售本企业生产或者装配的伤残人员专门用品为主，其所取得的年度伤残人员专门用品销售收入（不含出口取得的收入）占企业收入总额 60% 以上。

收入总额，是指《中华人民共和国企业所得税法》第六条规定的收入总额。

3. 企业账证健全，能够准确、完整地向主管税务机关提供纳税资料，且本企业生产或者装配的伤残人员专门用品所取得的收入能够单独、准确核算。

4. 企业拥有假肢制作师、矫形器制作师资格证书的专业技术人员不得少于1人；其企业生产人员如超过20人，则其拥有假肢制作师、矫形器制作师资格证书的专业技术人员不得少于全部生产人员的1/6。

5. 具有与业务相适应的测量取型、模型加工、接受腔成型、打磨、对线组装、功能训练等生产装配专用设备和工具。

6. 具有独立的接待室、假肢或者矫形器（辅助器具）制作室和假肢功能训练室，使用面积不少于115平方米。

二、符合本公告规定条件的企业，按照《国家税务总局关于发布修订后的〈企业所得税优惠政策事项办理办法〉的公告》（国家税务总局公告2018年第23号）的规定，采取"自行判别、申报享受、相关资料留存备查"的办理方式享受税收优惠政策。

三、本公告执行至2027年12月31日。

附件：中国伤残人员专门用品目录（略）

全国老龄工作委员会关于开展
2023 年全国"敬老月"活动的通知

全国老龄委发〔2023〕1 号   2023 年 9 月 25 日

各省、自治区、直辖市老龄工作委员会，各计划单列市老龄工作委员会，新疆生产建设兵团老龄工作委员会；全国老龄工作委员会各成员单位，各涉老社会组织：

为贯彻落实积极应对人口老龄化国家战略，弘扬中华民族孝亲敬老传统美德，营造养老孝老敬老良好社会氛围，全国老龄工作委员会决定开展 2023 年全国"敬老月"活动。现将有关事项通知如下：

一、活动宗旨

坚持以习近平新时代中国特色社会主义思想为指导，深入贯彻落实习近平总书记关于老龄工作重要指示精神和党的二十大精神，认真贯彻落实《中华人民共和国无障碍环境建设法》（以下简称无障碍环境建设法），在全国广泛开展形式多样、内容丰富的敬老爱老助老活动，树立积极老龄观，促进健康老龄化，着力打造适老宜居社会环境，切实维护老年人合法权益，大力弘扬孝亲敬老传统美德，不断增强广大老年人的获得感、幸福感、安全感。

二、活动主题

实施积极应对人口老龄化国家战略，推进无障碍环境共建共享。

三、活动时间

2023 年 10 月 1 日至 31 日。

四、活动内容

（一）加强宣传贯彻，共建共享无障碍环境。广泛开展无障碍环境建设法宣传活动，推动法律进乡村、进学校、进社区、进企业、进单位，坚持集中宣传与日常宣传相结合、线上线下相结合，宣传无障碍环境理念，普及无障碍环境知识，提升全社会的无障碍环境意识。持续推进"智慧助老"行动，引导志愿服务组织、涉老社会组织等面向老年人开展运用智能技术培训等活动，帮助老年人学习使用电子设备。支持涉老社会组织开展 2023 年老年智慧出行志愿服务行动。进一步扩大出租车电召和网约车"一键叫车"服务覆盖面。积极开展"社保服务进万家"主题活动，大力宣传推广社保线上线下便民服务举措。

（二）动员各界力量，开展走访慰问和关爱帮扶。动员组织广大党员干部、企事业单位、社会组织、志愿服务组织等社会各界力量，广泛开展多种形式的走访慰问活动，重点对独居、空巢、留守、失能、重残、计划生育特殊家庭老年人等进行走访慰问，倾听群众呼声，传递暖心关怀，帮助解决实际困难，排查化解涉老矛盾纠纷。广泛动员志愿服务组织、社会组织、爱心企业等开展志愿助老服务活动。组织动员更多志愿服务组织参与青年志愿者助老"金晖行动"。

（三）优化为老服务，保障老年人合法权益。持续加强养老诈骗防范治理，重点加强电信网络诈骗、非法集资等风险监测和预警提示，严厉打击食品、保健食品欺诈和虚假宣传犯罪活动，强化老年产品质量安全监管，着力维护老年人合法权益。加大老年人反诈知识宣传力度，发布典型案例，打造宣传品牌，切实增强老年人防范意识。支持法律援助机构、公证机构等组织开展形式多样的普法宣传活动，提供优质高效的法律服务，让法律服务更好惠及老年人群体。制作播出"守护夕阳"老年普法宣教广播系列节目，组织开展老年普法教育进社区活动。

（四）普及健康知识，提高老年人健康水平。大力宣传老年人健康管理、老年健康与医养结合、高血压患者健康管理、糖尿病患者健康管理、中医药健康管理等国家基本公共卫生服务政策，普及疫苗接种、老年常见病和慢性病防治、伤害预防、应急救助、心理健康、生命教育等健康知识。深入开展老年口腔健康、老年营养改善、老年痴呆防治促进和老年心理关爱活动，促进健康老龄化。积极开展中医健康体检、健康指导、健康管理等服务。举办老年健康知识大赛。

（五）丰富文体活动，促进老年人社会参与。充分利用各地老年大学优势，积极组织开展广场舞、健步走、歌咏、阅读、书画、摄影等适合老年人的文体活动。广泛开展"九九重阳"全民健身主题活动，加强老年人科学健身指导，举办老年人健身交流、培训、志愿服务等活动，普及科学健身知识和技能，推广太极拳、八段锦、五禽戏等传统运动项目。鼓励各地在"重阳节"当天免费向老年人开放体育场馆和区域内的公共体育场地设施，推动公共体育场馆为老年人提供优惠服务。支持企业开发适合老年人的养生旅游、医疗旅游等休闲度假类产品。将残疾老年人健身体育纳入全民健身整体安排，推出更多适合残疾老年人的康复健身体育方法和活动。

（六）强化宣传倡导，营造敬老爱老助老社会氛围。结合学习贯彻党的二十大精神，组织开展人口老龄化国情教育等活动，在全社会凝聚积极应对人口老龄化的广泛共识。大力宣传全国老龄系统先进集体和先进工作者典型事迹，激励引导广大老龄工作者学习先进、奋斗奉献。鼓励创作播出敬老题材广播电视和网络视听作品，开展全国敬老养老助老公益广告征集暨展播活动，播放人口老龄化国情教育推荐影片。开展"银龄阅读——金色年华"老年阅读系列推广活动。推广各地加强农村养老服务典型经验，弘扬孝老敬老文明乡风。以寻找"最美家庭"活动为载体，选树宣传孝老爱亲家庭典型。持续深化新时代文明实践巾帼志愿阳光行动，推动营造关心爱护老年人的良好氛围。

五、工作要求

（一）加强领导，精心谋划。各级老龄工作委员会要高度重视"敬老月"活动，切实加强对本地区活动的组织领导，做到提早谋划、精心安排、统筹推进，认真落实《"十四五"国家老龄事业发展和养老服务体系规划》提出的"每个县（市、区、旗）每年开展一次'敬老月'活动"的工作要求。各级老龄工作委员会办公室要加强与各成员单位的协调配合，充分发挥各相关部门、行业的优势，整合资源，打造一批人民群众喜闻乐见的主题宣传活动。

（二）灵活创新，注重实效。要创新活动形式，丰富活动内容，确保活动取得实效。严格落实中央八项规定及其实施细则精神，不搞铺张浪费，不搞形式主义。

（三）面向基层，扩大影响。要坚持面向基层、面向群众，注重统一组织活动和群众自发开展活动相结合，充分发挥涉老社会组织作用，发动社会力量积极参与。充分利用主流媒体、新媒体、自媒体平台，加强对"敬老月"活动的宣传报道，不断扩大活动影响力和覆盖面。

各省（区、市）老龄工作委员会，各计划单列市老龄工作委员会，新疆生产建设兵团老龄工作委员会和全国老龄工作委员会各成员单位要根据本通知精神，结合实际组织开展"敬老月"活动，并于 2023 年 11 月 15 日前将"敬老月"活动总结报至全国老龄工作委员会办公室。

中央网络安全和信息化委员会办公室秘书局 教育部办公厅　工业和信息化部办公厅 民政部办公厅　人力资源社会保障部办公厅 农业农村部办公厅　商务部办公厅　国务院 国资委办公厅　全国总工会办公厅　共青团 中央办公厅　全国妇联办公厅　中国科协 办公厅　中国残联办公厅关于印发《全民 数字素养与技能培训基地建设指引》的通知

中网办秘字〔2023〕1608 号　　　　　　　2023 年 11 月 20 日

各省、自治区、直辖市及新疆生产建设兵团党委网信办、教育厅（教委、教育局）、工业和信息化主管部门、民政厅（局）、人力资源社会保障厅（局）、农业农村（农牧）厅（局、委）、商务厅（局）、国资委、总工会、共青团、妇联、科协、残联：

为深入实施《提升全民数字素养与技能行动纲要》，加快构建全民数字素养与技能社会化教育培训体系，提高全民数字素养与技能培训基地建设的规范性、系统性、前瞻性和协同性，中央网信办会同有关部门研究编制了《全民数字素养与技能培训基地建设指引》，现印发你们，并请各地区党委网信办转送属地全民数字素养与技能培训基地，供工作参考使用。

各地区、各全民数字素养与技能培训基地在使用本指引时，应综合考虑建设目标、功能定位、资源禀赋、优势特点等因素，结合工作实际参考使用，因地制宜推进基地发展，将全民数字素养与技能培训基地建设成为以人为本、特点突出、业务精湛、运行高效的服务平台，为提升全民数字素养与技能提供专业支撑和资源保障。

附件：

全民数字素养与技能培训基地建设指引

前　言

全民数字素养与技能培训基地是构建全民数字素养与技能发展培育体系的关键一环，是提升全民数字化适应力、胜任力、创造力的重要阵地，是促进全民参与网络强国、数字中国建设的有力支撑。为深入贯彻落实习近平总书记关于提升全民数字素养与技能工作的重要指示精神，推动全民数字素养与技能提升行动向纵深发展，建设广覆盖、深融合、可持续、有韧性的社会化教育培训体系，依据《提升全民数字素养与技能行动纲要》《全民数字素养与技能培训基地认定和管理办法（试行）》，特制定本指引。

本指引是全民数字素养与技能培训基地（以下简称"基地"）建设发展的工作指南，为基地建设发展提供基础性、普适性、参考性引导。本指引适用于基地的规划建设、业务开展、运营管理等工作，并将根据基地建设发展进程进行更新迭代。各地区评选认定的属地全民数字素养与技能培训基地可参照本指引。

因基地涵盖数字生活、数字工作、数字学习、数字创新等多种类型，场景丰富、各有侧重，考虑到每个基地的发展基础和优势特点各不相同，各基地应综合考虑职责定位和发展目标，因地制宜，分类建设。为此，本指引既从原则目标、业务体系、实施路径、保障措施等方面提出了通用性参考，也就不同能力目标和不同培训方向提供了专门性建议。各基地应注重对标通用性建设标准，并参考指引中适配本基地类型、资源禀赋和建设方向的内容，将基地建设成为以人为本、特点突出、业务精湛、运行高效的服务平台，为提升全民数字素养与技能提供专业支撑和资源保障。

一、总体要求

（一）指导思想

以习近平新时代中国特色社会主义思想特别是习近平总书记关于网络强国的重要思想为指导，全面贯彻落实党的二十大精神，坚持以人民为中心，围绕促进人的全面发展和实现全体人民共同富裕，以提升全民数字化适应力、胜任力、创造力三种能力为目标，瞄准数字生活、数字工作、数字学习、数字创新四大培训方向，以打造资源供给、教学培训、能力评价、支撑保障四大业务体系为主要任务，整合汇聚优势资源，搭建开放化、日常化、长效化培训平台，完善社会化教育培训网络，构建覆盖全国、面向行业的全民数字素养与技能发展培育体系，为全民数字素养与技能提升行动取得新成效提供支撑保障。

（二）基本原则

坚持以人为本。坚持以人民为中心的发展思想，面向基层、扎根一线，聚焦不同类型群体、不同年龄阶段公民在数字时代的能力提升需要，开发培训资源、丰富培训方式、拓展培训渠道，提升基地的服务范围和赋能作用。

坚持因地制宜。遵循数字能力发展规律，突出应用牵引和场景驱动，结合已有条件和前期基础，对标发展目标和建设定位，坚持标准化、规范化、特色化相统一，夯实基础，强化优势，突出特点，不断提高基地工作能力和服务水平。

坚持协同联动。充分发挥政府部门领导统筹作用，广泛调动事业单位、行业企业、社会组织等各方积极性，推动基地之间资源共享和优势互补，构建形成上下联动、横向协同、集约共享的建设模式，推动基地高质量和可持续发展。

坚持公益属性。在基地建设、运营和管理过程中，始终坚持公益导向，依法依规开展培训活动，不得借基地称号谋取不正当利益，严禁借机收费、变相收费、虚假宣传、营销炒作等违规行为，自觉树立和维护基地良好形象。

坚持安全发展。坚持底线思维，强化风险意识，做好各类教学课程、培训资料等的内容审核，排查防范各类安全隐患，加强网络安全防护措施，完善应急处置机制和预案，确保基地安全有序发展。

（三）建设目标

到 2025 年，基本建成覆盖全国、面向行业的数字素养与技能培训网络，社会化教育培训体系更加完善。面向三大能力提升目标和四大培训方向，基本建成包含培训课程、教材讲义、教学工具、实训环境、实践案例等多要素的资源供给体系，涵盖知识讲授、技能培训、互动体验、研讨交流、赛事活动、研发创新等多形式的教学培训体系，兼具数字认知、数字技能、数字思维等多层次的能力评价体系，囊括规章制度、队伍建设、资源保障、合作拓展、安全管理等多维度的支撑保障体系，实施路径清晰，保障措施有力，基地业务能力、服务范围、运行效率、管理水平和赋能作用显著提升，形成一批成熟模式和成功经验。

二、建设内容

基地建设内容按照"344"的框架布局推进，锚定提升全民数字化适应力、胜任力、创造力三种能力目标，紧扣数字生活、数字工作、数字学习、数字创新四大培训方向，打造资源供给、教学培训、能力评价、支撑保障四大业务体系，依照规划设计、体系搭建、培训实施、效果评估的实施路径，强化组织保障、资源支持、宣传推广和评价考核，提高基地建设的规范性、系统性、前瞻性和协同性，加快提升基地建设发展水平。

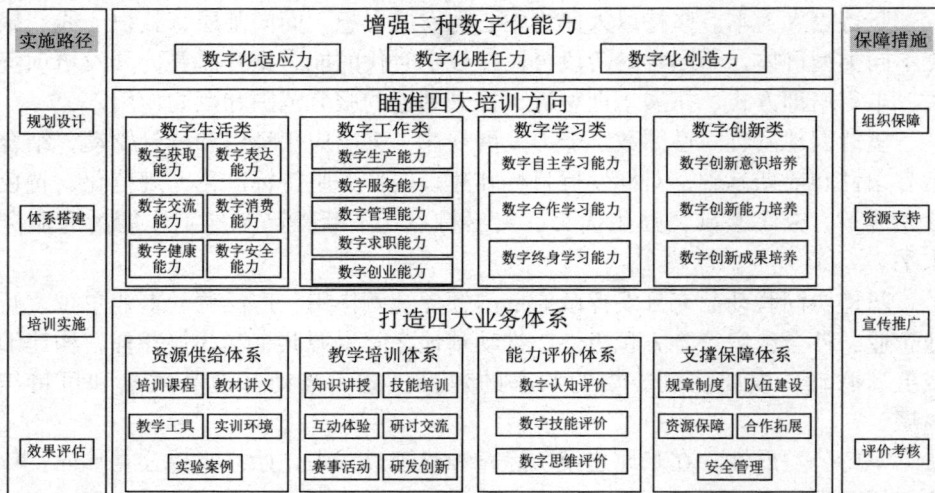

图 1　全民数字素养与技能培训基地建设总体框架

（一）增强三种数字化能力

1. 数字化适应力

数字化适应力主要指公众对数字生活工作学习相关的概念、现象、场景、工具等具备基本的认知和理解能力，掌握基本的操作技能。基地通过开展通识类知识讲授和基础性技能培训，使学员初步掌握数据获取、工具使用、评价判别等基础性数字素养与技能，具备基本的数字安全防范意识、伦理道德水平和法治思维观念，基本认识数字化发展价值，具有参与数字化进程的意愿，助力学员了解数字技术、融入数字社会、享受智慧生活。

2. 数字化胜任力

数字化胜任力主要指公众在具备数字化适应力的基础上，对数字生活工作学习相关的场景、职业、工具等具备综合性、深层次的认知和理解能力，掌握较为全面和高阶的操作技能。基地通过开展专项类课程和进阶性培训，帮助学员掌握快速获取信息、自主创作内容、广泛交互协作、熟练运用工具、高效解决问题等高水平的数字素养与技能，具备较高的数字安全防范能力、伦理道德水平和法治思维观念，使学员善于运用数字化思维和方式解决问题、达成目标，胜任大部分数字生活工作学习场景要求，并乐于探索数字新领域。

3. 数字化创造力

数字化创造力主要指公众在具备数字化胜任力的基础上，面向数字化发展前沿领域，具备强烈创新意识、专业创造能力和高阶操作技能，能够发现或产生独特的、有价值的新事物、新思想。基地通过开设数字化前沿技术讲解课程和专业性较强的数字技能培训，提供前沿技术领域实验室、研究中心、创新中心等实训场景，以及科研设施、仪器设备等科研辅助工具，培养学员创新思维，推动产出创新成果。

（二）瞄准四大培训方向

1. 数字生活类

数字生活类培训应面向智能家居、智慧社区、电子商务、移动支付、智慧出行等生活场景，提供数字技术和设备使用、数字公共服务参与等方面的培训、资源和服务，具体包括提升学员的数字获取能力、数字表达能力、数字交流能力、数字消费能力、数字健康能力、数字安全能力等。

（1）数字获取能力

数字获取能力主要指通过使用数字技术和应用获取数字信息的能力。基地聚焦数字获取能力，围绕新闻资讯获取、政务信息查询、企业信息查询、交通信息查询等场景，提供搜索引擎使用，新闻资讯应用程序使用（如获取实时新闻事件，实用信息、产业资讯等信息查询），政府服务平台使用（如社会保险、个人所得税、公积金账户等信息查询），企业信息查询平台使用（如企业股东、企业经营范围、企业地址等信息查询），地图导航软件、民航铁路出行服务软件、旅游服务软件使用（如路线规划、智能定位、实时公交、机票查询、火车票查询、汽车票查询等操作）等技能培训。

（2）数字表达能力

数字表达能力主要指通过使用数字技术和应用将思想、情感、想法和意图等，用语言、文字、图形、影像等清晰明确表达，让他人能够准确理解表达人意图的能力。基地聚焦数字表达能力，围绕数字表达创意、数字创作传播以及图片编辑、音视频制作等场景，提供数字创作传播示范案例以及图片拍摄、处理、文字识别软件使用（如图片拍摄、编辑、美化、扫描、文字识别），音频录制、编辑软件使用（如音频录制、剪裁、合成），视频录制、编辑软件使用（如视频拍摄、编辑、格式转换）等技能培训。

（3）数字交流能力

数字交流能力主要指通过使用数字技术和应用进行信息交互和交流互动的

能力。基地聚焦数字交流能力，围绕即时消息传递、在线互动等场景，提供即时通信应用程序使用（如增删好友、即时通信、资料传递、建设群组）、社交媒体平台使用（如发布、关注、点赞、收藏、转发）、电子邮箱使用、手机信息无障碍功能使用等技能培训。

（4）数字消费能力

数字消费能力主要指通过使用数字技术和应用获得各种消费性服务的能力。基地聚焦数字消费能力，围绕网络支付、网络购物、便捷出行、即时配送、快递服务、手机银行、娱乐视听等场景，提供第三方电子支付平台使用（如线下二维码支付、线上 App 支付、刷脸支付）、网络购物软件使用（如商品搜索、浏览、支付、退换货、价格保护）、移动出行平台或智能出行软件使用（如使用共享单车、网约车）、即时配送服务软件使用（如线上下单餐饮、药品等商品，查询配送信息、商家信息等）、快递服务平台使用（如线上自助下单，快递柜取件，物流、运费、快递网点等信息查询）、手机银行平台使用（如账户查询、转账、汇款、理财、贷款）、娱乐视听软件使用（如视频音频内容搜索、播放、下载）等技能培训。

（5）数字健康能力

数字健康能力主要指通过使用数字技术和应用操作健康医用软件或产品，进行问诊、买药、预防疾病等，从而减少疾病困扰、保持身体健康的能力。基地聚焦数字健康能力，围绕在线问诊、健康管理助手、常用智能健康设备等场景，提供医院公众号、医院官方 App、移动医患交流 App 使用（如在线挂号、疫苗预约、就诊导航、费用支付、报告查看、就医效果反馈），健康管理助手使用（如健身教学、身体状况记录查询、食品成分查询、食物热量计算），常用智能健康设备使用（如智能手环、智能体温计、智能血压计、血糖检测仪、心率监测器、智能体脂秤等）等技能培训。

（6）数字安全能力

数字安全能力主要指在数字化环境下识别网络信息诈骗、保护个人隐私和信息安全，遵循法律法规和伦理道德规范，形成正确的数字价值观、道德观、法治观的能力。基地聚焦数字安全能力，围绕电信网络诈骗识别，个人信息和隐私保护，智能手机、平板电脑、计算机等电子设备安全工具使用，依法规范上网，数字产品和服务的合理使用，积极健康网络环境维护等场景，提供反电信网络诈骗主题培训课程（如电信网络诈骗常见类型与手段识别、电信网络诈骗后补救措施），个人信息和隐私保护实践案例（如智能手机、平板电脑权限设定，计算机病毒与木马防范），国家反诈中心、安全软件使用技能培训（如诈骗报案、诈骗预警、防垃圾短信、防骚扰电话、防隐私泄露），互联网相关法律法规普及、健康且负责任地使用互联网等主题培训（如防止网络沉迷、抵制网络暴力），网络环境维护实践案例（如使用网络传播正能量，抵制虚假信息、不良信息和有害言论）等技能培训。数字安全能力培训应贯穿融入数字生活、数字工作、数字学习、数字创新培训全过程。

2. 数字工作类

数字工作类培训指面向产业工人、农民、残疾人、新兴职业群体等群体，提供增强劳动者数字工具使用意愿和数字化高效工作能力等培训、资源和服务，助力提升全民数字工作竞争力，具体包括提升学员的数字生产能力、数字服务能力、数字管理能力、数字求职能力和数字创业能力等。

（1）数字生产能力

数字生产能力主要指劳动者使用数字技术和工具输出数字产品、数字内容、数字化解决方案或其他数字成果的能力。基地聚焦数字生产能力，围绕日常办公、工厂车间、种植养殖等场景，提供办公软件使用（如编辑制作文档、表格、幻灯片等，在线文档编辑，网络视频会议）、数控机床操作、工业机器人操作、增材制造设备操作、智慧农业技术装备（如植保无人驾驶航空器、智能农机、饲喂机器人）操作等技能培训。

（2）数字服务能力

数字服务能力主要指劳动者利用数字技术和工具为个体或组织提供高效、便捷、个性化服务的能力。基地聚焦数字服务能力，围绕生产性服务业数字技能（如金融科技服务、信息安全测试、供应链管理、数据库管理、农业社会化服务等）、生活性服务业数字技能（如在线教育、智能楼宇管理等）和数字政府服务技能（如电子证据取证）等提供培训。

（3）数字管理能力

数字管理能力主要指劳动者在数字化环境中根据业务需要选用数字工具收集、整理和分析数据，提取有价值信息，并在综合分析基础上做出决策的能力，包括数据收集与整理、数据分析与可视化、决策制定与实施等内容。基地聚焦数字管理能力，围绕与数字化管理相关的操作能力（如数字化管理系统操作和应用）、数字化生产过程的认识能力（如分析生产相关大数据）等提供技能培训。

（4）数字求职能力

数字求职能力主要指劳动者在数字化环境下灵活运用数字工具、技术和资源，实现工作职位搜寻或申请的能力。基地聚焦数字求职能力，围绕在线求职、特殊群体就业等场景，提供在线求职平台使用（如职位检索、简历制作和投递、远程面试、结果查询等）、特殊群体就业渠道探索（如残疾人成为骑手、客服）等培训，拓宽高校毕业生、农民、退役军人、妇女、残疾人、老年人等重点群体利用数字工具实现就业或再就业的渠道。

（5）数字创业能力

数字创业能力指劳动者为适应数字化变革，通过识别和挖掘数字创业机会，充分利用数字技术和工具创造数字产品或服务的能力。基地聚焦数字创业能力，提供网店开通、短视频营销、直播带货等数字营销技能，公众号、视频号内容生成、编辑、发布等内容创造，以及利用 5G、人工智能、虚拟现实、大数据、区块链等数字技术创业等技能培训。

3. 数字学习类

数字学习类培训主要指面向全民终身数字学习需求，提供数字化学习、培训、考核、成果认定等资源和服务，助力提升全民数字学习意识和能力，具体包括提升学员数字自主学习能力、数字合作学习能力和数字终身学习能力等。

（1）数字自主学习能力

数字自主学习能力主要指在数字化环境下利用数字设备和资源进行学习和获取知识的能力，强调提升学员在数字化环境中探究和解决问题的自觉性、主动性。基地聚焦数字自主学习能力，围绕数字学习工具使用、信息检索及筛选、知识整合和学习总结等场景，提供数字学习工具操作（如电子书、平板电脑、计算机、智能手机等终端）、虚拟仿真实验系统应用（如国家虚拟仿真实验教学平台、数字化虚拟仿真实验室等应用）、学习资源查找（如国家智慧教育公共服务平台、中国大学生慕课、学习强国、中国知网、网络百科全书、在线问答社区等应用）、学习资源整理（如思维导图软件、在线笔记工具等应用）、课程创作与发布（如在知识付费平台、互动分享社区上传或运营课程）等技能培训。

（2）数字合作学习能力

数字合作学习能力指在数字化学习环境中利用数字工具或平台进行问题研讨、合作探究、互动交流，共同完成学习任务和活动的能力。基地聚焦数字合作学习能力，提供数字化学习平台和工具（如在线问答社区）、多人在线沟通工具（如在线视频会议、社交媒体软件群组功能）、在线协作工具（如在线文档编辑）等技能培训。

（3）数字终身学习能力

数字终身学习能力主要指通过数字化学习环境获取学习资源进行终身学习和提升综合素质的能力，强调通过数字工具获取学习资源，满足不同阶段自我提升需要，适应时代发展要求。基地聚焦数字终身学习能力，提供学习资源查找（如国家智慧教育公共服务平台、中国大学生慕课、开放大学学习平台、终身教育平台）、学习过程管理（如学习计划制定工具、数据分析和可视化工具）、学习效果评估（如在线测试）等技能培训。

4. 数字创新类

数字创新类培训主要指面向数字化发展创新前沿，激发各类主体数字创新活力，提升数字化科研能力，助力培育高水平、创新型、复合型数字人才队伍，具体包括数字创新意识培养、数字创新能力提升、数字创新成果推广等。

（1）数字创新意识培养

数字创新意识培养主要指引导学员认识前沿数字技术和推动数字创新对社会发展进步的重要意义，激发探索欲、求知欲。基地聚焦数字创新意识培养，围绕提升数字创新兴趣、构建数字创新环境等目标，提供人工智能、大数据、云计算、虚拟现实、5G、物联网、区块链、元宇宙等新技术新产品相关的讲座、沙龙、报告等知识内容，开展数字教育校园行、数字科技成果路演、数字创意云展览、数字创新典型案例收集与分享等活动，鼓励基地根据实际情况设计线上线下相结合的多元化数字创新体验活动或项目。

（2）数字创新能力提升

数字创新能力提升主要指主动运用数字技术、合理选用数字工具和平台，积极探索新方法、新路径、新模式，创造性地解决问题的能力。基地聚焦数字创新能力提升，围绕人工智能、大数据、云计算、虚拟现实、5G、物联网、区块链、元宇宙等数字技术在生活、工作、学习和科研中的应用场景，提供物联网创新应用案例分享交流、人工智能编程科普体验平台、未来实验室等多种形式的培训，开设增强现实/虚拟现实互动展区，展示3D裸眼电视、血管成像等数字创新科技产品，打造多维感知空间。特别是针对数字科研需求，基地应有计划、有步骤地开放共享高性能计算机、数据分析工具、实验室等软硬件设施设备，帮助科研人员将科研思路转化为科研行动，产出更多创新成果。

（3）数字创新成果推广

数字创新成果推广主要指解读推广数字理论、数字技术、数字应用、数字科研等多类型创新成果，加速数字创新成果在日常生产生活实践中的普及应用。基地聚焦数字创新成果推广，围绕数字理论、数字技术、数字应用、数字科研等创新成果推广方向，组织提供数字创新案例分享、数字创新场景体验、新技术新成果推广、线上线下融合创新经验分享等活动，多媒体数字互动展厅、数字孪生互动展厅等沉浸式展览新体验，以及面向人工智能、大数据、云计算、虚拟现实、5G、物联网、区块链、元宇宙等重点领域开展数字创新相关的赛事项目，激励公众参与数字创新实践，推广数字创新成果。

（三）打造四大业务体系

1. 资源供给体系

基地应结合自身发展基础、优势特点，围绕职责定位和发展目标，打造丰富优质的资源供给体系，具体包括服务不同类型群体及不同年龄阶段学员的培训课程、教材讲义、教学工具、实训环境和实践案例等。

（1）培训课程

基地应结合自身类型、培训方向和具体能力要求，打造精品培训课程。培训课程应包含通识类培训课程和专项类培训课程。通识类培训课程重在基本知识讲授和基础数字技能培训，专项类培训课程重在更加深入系统的专业知识讲解与进阶性数字技能培训。为进一步满足不同学员个性化学习需求，每类培训课程可以包含必修课程、选修课程两种形式。以必修课程为主体，奠定数字能力基础，满足数字化适应力需要；以选修课程为拓展和补充，兼顾个体差异，满足数字化胜任力、创造力发展需要。基地应明确课程建设与实施主体责任，根据培养目标及学员需要统筹规划，精心设计培训课程方案，精选课程内容，优化课时设计，提出实施建议，确保教学质量，授课形式不局限于课堂教学，积极探索线上线下结合等新型教学模式。鼓励探索与相关基地、企业、行业、部门共同研发多种类、多形态的培训课程，增强课程的针对性和实用性。

（2）教材讲义

基地应根据培训课程需要选用或编写高质量教材讲义，并根据培训需要对教材讲义进行持续迭代完善。教材讲义既包括满足课程讲授基本要求的教学用书，也包括延伸使用的补充性教学材料，如配套音视频、课件、手册、期刊等。鼓励基地利用数字化手段，探索形式多样、功能丰富的数字化教材讲义。基地应加强教材讲义编写、选择、审核、使用等各环节的建设和管理，明确主体责任，强化审核把关，确保教材讲义内容准确、规范、安全。

（3）教学工具

基地应结合培训教学需要，开发或提供符合学员能力水平、满足数字化能力发展要求、贴近学员兴趣爱好的配套教学工具（如信息检索工具、教学评价工具、网络教学工具、资源管理工具等），帮助学员更加准确、直观地理解课程内容、掌握实操技能、优化学习体验。基地应注重教学工具的易得性、易用性、国产化和创新性，注重传统教学工具与数字化教学工具相结合，条件具备的同步采取语音、大字等无障碍信息交流方式，综合利用多媒体、网络平台、软件应用、短视频、小程序等与数字素养与技能密切相关的平台媒介，延伸培训时空界限，强化培训效果。

（4）实训环境

基地应构建标准化、数字化、开放化的实训环境，为学员开展实操实践、创新研究与能力建设提供支撑。实训环境可根据数字应用场景和培训课程分类建设，提供学员所需的空间、硬件、软件、材料、工具等多方面保障。鼓励开展数字技术典型应用和创新（如虚拟仿真实验、数字创新场景体验、人工智能编程科普体验平台等），使学员在实践应用、科研创新中提升数字素养与技能。实训环境建设应符合相关安全管理规定，具有安全应急处置预案，能够保证人身安全、财产安全和网络安全，应当进行无障碍建设和改造，配备必要的无障碍设备和辅助器具，方便残疾人、老年人参加实训。

（5）实践案例

基地应精心选取和设计实践案例，突出示范引领，注重交流分享，帮助学员准确认识和理解学习内容。实践案例应顺应数字技术发展趋势，重在夯实基础知识和基本技能，并充分考虑学员知识结构、能力基础和认知特点。实践案例应突出方法学习，聚焦数字时代所必备的能力素养要求，提供基本思想方法和实践经验，帮助学员理解解决问题的一般规律。实践案例应体现研究开拓意识，促进学员不断拓宽视野、增强探索意识、主动跟进数字技术发展趋势。基地应注重开展实践案例整合归类工作，编制实践案例集，作为学员参考和经验推广的资料。

2. 教学培训体系

基地应以学员已有知识、技能和经验为起点，系统设计教学活动，构建线上、线下多元化培训渠道，打造涵盖知识讲授、技能培训、互动体验、研讨交流、赛事活动、研发创新等多方式的教学培训体系。

（1）知识讲授

根据学员特征、课程目标、学习内容进行知识讲授，倡导问题引领，鼓励开展项目式学习，引领学员在解决问题的过程中实现知识建构、形成知识联系，帮助学员发现数字技术应用价值和意义，提升学员数字生活、工作、学习与创新的内驱力。可采用多种形式的知识讲授方式，重在通过单元主题教学向学员讲授知识之间的内在关联和科学本质，可采用微课形式，为学员提供数字技术应用的具体内容和过程方法；可采用现场讲演的方式，帮助学员深化认识，将知识学习与实践探究相结合，提升学员在数字化环境中的学习能力和实践能力。

（2）技能培训

坚持问题导向、目标导向，强化动手操作和实践体验，系统设计并开展体现能力进阶的技能培训。技能培训要聚焦数字技术、设备和工具使用，引导学员在不同场景问题解决中主动实践、积累经验，提升技能熟练度。基地应持续优化技能培训方式方法，综合采用教师传授、志愿服务、结对互学等形式，重在助力学员理解领会思想方法、掌握操作技能、提升不同数字场景下解决问题的能力。

（3）互动体验

组织开展多种类型的互动体验活动，充分发挥线上渠道和数字化方式在增强互动体验等方面的优势，注重与参与式培训、课堂教学等线下培训形式融合。创造条件引入增强现实、虚拟现实、人工智能、超高清视频等技术和设备，创设高逼真、沉浸感强的数字互动体验区，加强人机、人人交互，增强学员体验感和参与感。为学员开展数字化学习和应用提供空间，提升学员对学习内容、技术手段、智能环境的认知与体会。基地应提供数字产品实物或仿真工具，提升学员数字产品使用意愿，营造轻松愉悦的培训氛围。

（4）研讨交流

创设以学员为中心的学习环境，凸显学员主体地位，根据学员能力水平和认知特点，确定研讨交流对象，建设学习共同体。基地应将讨论交流融入培训课程中，就培训主题开展学术讲座、研讨会、沙龙等交流活动，邀请专家学者、行业代表、其他学员等多方主体参与交流，形成研讨报告等成果。基地间应就课程设置安排、培训方式方法、培训效果、基地创新发展等开展交流互鉴，收集学员培训反馈，推动优化课程设置，提升培训质量。

（5）赛事活动

充分发挥赛事活动在营造氛围、激励学习、挖掘典型、检验效果、选拔人才等方面的重要作用。基地应推进赛事活动与教学实践相结合，形式包括但不限于知识竞赛、技能比拼、实训演练等，增强学员提升数字能力的主动性、自觉性、获得感。鼓励基地创办高水平竞赛活动，组织学员参加多类型、高质量竞赛活动，引导学员利用 5G、人工智能、虚拟现实、大数据、区块链、元宇宙等数字技术开展创新。

（6）研发创新

基地应结合自身类型加强对新兴行业和前沿领域的课程研制，增强培训的前沿性、时效性、创新性。顺应数字化转型趋势，推动人工智能、大数据等新兴数字技术在培训中的研究和应用，为学员提供虚拟现实、增强现实、元宇宙等技术支持下的学习体验。支持学员实践创新，提供技术指导、场地服务等支持，促进创新成果转化，培养学员创新精神和实践能力，营造创新创造良好氛围，培养高水平数字人才。

3. 能力评价体系

基地应对学员参与培训后的能力提升效果进行评价，对标数字化适应力、胜任力、创造力，系统设计以数字认知为能力基础、以数字技能为应用表现、以数字思维为行动指引的能力评价体系。基地应充分结合自身类型和培训方向，制定或引入第三方评价体系，建立学员培训档案，并根据评价结果提出学员能力提升的个性化建议。

（1）数字认知评价

基地应对学员所掌握的数字科技基本概念、原理、应用及对数字科技社会发展历程和趋势的理解进行评价，重点评测学员必备的基础性、常识性数字知识。评价内容涵盖概念认知、原理认知在内的数字科技认知，以及形态认知、发展认知在内的数字社会认知。一方面，评价学员对互联网、大数据、云计算、人工智能、区块链等代表性数字技术蕴含的基本科学原理的认识和理解。另一方面，评价学员对数字技术与经济、政治、文化、社会、生态文明建设"五位一体"深度融合的社会新形态及其发展的认识和理解。

（2）数字技能评价

基地应对学员所掌握的工具操作、场景应用和问题解决等数字技能进行评价，重点评测学员在培训中习得的数字工具使用操作、应用数字技能解决问题的能力。评价内容包括信息获取、交流分享、内容创建等在内的基础技能，以及信息评价、场景胜任、问题解决、数字安全等在内的应用技能。一方面，评价学员使用数字工具获取信息、与他人交流互动、创建数字内容的能力。另一方面，评价学员对获得的数字信息内容进行鉴别判断、运用数字化应用提升效率效能、使用数字化工具进行创新创造、保护个人信息和隐私的能力。第三方评价体系可采用国家职业资格和职业技能等级认定考核评价体系，或引入高水平的企业技能认证体系。

（3）数字思维评价

基地应对学员所具备的符合数字时代发展的观念、态度和思维方式，以及在数字社会中的道德修养和行为规范等方面的社会责任水平进行评价，重点评测学员负责任的数字赋能发展的立场观点与方法。评价内容应包括数字价值、数字意愿、计算思维在内的数字观念，以及伦理道德、法治观念在内的数字责任。一方面，评价学员对数字价值的理解程度、主动学习和使用数字技术的意愿、运用数字工具解决问题的意识。另一方面，评价学员合理使用数字设备与平台、依法文明规范上网、维护网络环境、保护个人信息和隐私、注重网络安全防护、遵守伦理道德及网络法律法规等方面的能力。

4. 支撑保障体系

基地应结合自身类型，围绕学员基本需求和培训目标，建立支撑基地建设、运营、发展、安全的保障体系，具体包括规章制度、队伍建设、资源保障、合作拓展、安全管理等。

（1）规章制度

基地应成立提升全民数字素养与技能工作领导小组，制定工作实施方案，完善配套政策措施，协调解决基地建设、运营和管理中的重大问题，建立培训实施、议事决策、经费使用、档案管理等基础规章制度，完善突发事件应急处置预案，保障基地安全有序开展各项活动，不断提升基地工作能力和服务水平。每年 12 月 10 日前，基地应向属地省级网信办提交本年度工作情况和下一年度工作计划。

（2）队伍建设

基地应建立专业过硬、经验丰富的师资队伍、行政人员队伍和志愿者队伍，师资队伍规模、结构、素质、能力等满足基地培训目标需求。基地应以实践为导向优化扩充教师队伍，探索与高校、企业、社区联合培养"双师型"教师。搭建基地教师发展平台，开设厚基础、宽口径、多样化的教师提升课程，组织研修活动，推进教学研究与创新。结合工作需要组建一定规模的专兼职工作团队，要求其对计算机、通信、教育等领域基础专业知识有一定了解，支撑基地运营、管理、技术、安全、后勤保障等相关工作，保障基地正常运转和工作开展。发展志愿者队伍，协助开展教学培训、技能实践等工作。基地应定期开展人员培训，扎实提高队伍综合素质和服务能力。

（3）资源保障

基地应提供设备设施、运行经费、技术保障等资源保障。配备与基地类型、规模相匹配的基础设施、教学培训设备等，包括但不限于无障碍设施、专用教室、实验室、网络设施、多媒体影音设备、智能终端等，有力支撑基地开展各项培训活动，提升学员培训体验。基地应配备专项资金，拓展多元资金支持渠道，合理规划资金使用。具备专业技术人员团队或安全、可靠的技术合作商，确保基地能够提供质量可靠、技术领先的技术服务。

（4）合作拓展

基地应面向学校、科研院所、企业、政府等积极拓展合作渠道、培育合作伙伴，在教学资源储备、师资队伍建设、设施设备更新等领域开展合作，加强对接交流和沟通协作，扩大影响力、凝聚力、号召力。基地可从合作单位引进培训资源、知名教师、技术骨干等，共享实训环境和设施设备，建立长期、稳定的合作关系。

（5）安全管理

基地应建立健全基地安全管理制度，配齐配强应急人员与设备，保障人员安全、场地安全、设备安全、网络安全、数据安全。基地应确定安全责任人，明确安全措施和预案，强化教师和学员安全意识，定期检查各项设施设备，包括监控摄像头、火灾报警器、安全警示灯、医疗药包等安全应急设施，发现安全隐患要及时整改。加强网络安全防护能力建设，定期开展信息风险安全评估和检查，建立数据安全管理机制，重要系统与网络安全设施要同步设计、同步建设、同步运行、同步管理。基地要主动接受有关主管部门的安全指导、监督和检查，及时消除安全隐患。

三、实施路径

（一）规划设计

以《提升全民数字素养与技能行动纲要》为指引，以实际需求为导向，编制基地建设规划和实施方案，梳理建设思路、目标、任务、举措，明确建设时间表、路线图、责任主体，确保基地建设工作有序推进。推动基地规划与本单位现有规划等有效衔接，实现一体设计、同步实施、协同推进。

（二）体系搭建

遵循完整性、系统性、科学性原则，构建资源供给、教学培训、能力评价、支撑保障四大业务体系，一体推进四大业务体系建设。推动基地建设与现有资源融合共享，有效利用已有培训场所、活动场馆、软硬件设施、人员队伍等资源，实现资源共享和整合利用。

（三）培训实施

基地应紧扣职责定位开展数字素养与技能教学培训活动，同时鼓励开展面向更多场景类型、更广泛群体的培训活动。鼓励基地创新培训方式、拓展应用场景，跟踪培训效果。培训实施期间，要配备相应的专职教师、工作人员和志愿者，并严格执行有关安全规定，确保人员安全、场地安全、设备安全、网络安全、数据安全。

（四）效果评估

基地应依据本指引和相关考核标准开展培训活动效果评估和年度工作评估，全面总结基地培训目标完成情况、教学活动实施情况、业务体系建设情况以及成绩成效和特色亮点等。基地应开展培训满意度评价，面向学员征集培训意见和建议，优化基地建设管理机制。

四、保障措施

（一）组织保障

各省（区、市）及新疆生产建设兵团党委网信办要会同属地有关部门，建立协同对接机制，加强对基地的建设指导和日常管理，及时了解基地建设情况，协调解决基地建设发展中的实际问题，制定促进基地高质量、可持续发展的工作举措，强化基地建设发展的统筹协调、整体推进和督促落实。

（二）资源支持

各省（区、市）及新疆生产建设兵团党委网信办要会同属地有关部门积极支持基地建设发展，在活动举办、培训实施、资源汇聚、资金保障等方面予以支持，在基地申请相关职业资格考核、认定、培训等资质方面予以优先考虑。

（三）宣传推广

各省（区、市）及新疆生产建设兵团党委网信办要会同属地有关部门依托官方网站、"两微一端"等平台，综合运用短视频、图文、直播、H5、漫画等形式，多渠道、多方位介绍宣传基地开展的教学培训、技能竞赛、公益帮扶、主题展览等活动，强化议题设置和舆情引导，加大宣传推广力度，着力提升基地建设发展的参与度和关注度。

（四）评价考核

中央网信办将会同有关部门研究编制基地建设考核评价指标体系，开展或委托属地部门开展基地定期考核和不定期抽查。各省（区、市）及新疆生产建设兵团党委网信办要会同属地有关部门审议基地工作计划和总结报告，对基地建设成效和任务执行情况进行评估，总结推广有益经验和做法。

养老服务

民政部　财政部　国家医保局关于进一步做好特困人员供养服务工作的通知

民发〔2023〕13号

2023年1月16日

各省、自治区、直辖市民政厅（局）、财政厅（局）、医保局，各计划单列市民政局、财政局、医保局，新疆生产建设兵团民政局、财政局、医保局：

为深入学习贯彻党的二十大精神和党中央、国务院有关决策部署，进一步规范特困人员供养服务管理，提升服务质量，助力实现全体老年人享有基本养老服务，现通知如下。

一、依法保障特困人员基本权益

（一）规范特困人员委托供养。各地委托民办养老机构供养特困人员的，要依法履行程序，签订委托供养协议，明确权利义务和法律责任，依照协议将集中供养金及时足额支付给托养机构，并加强资金使用、服务质量和安全等监管。要定期探访被托养的特困人员，了解和评估供养情况。委托供养协议范本由县级民政部门制定，并报上一级民政部门备案。纳入集中供养范围的未成年人应当安置到儿童福利机构，不得安置在供养服务机构。

（二）做好特困人员财产管理。落实《中华人民共和国民法典》有关规定，集中供养特困人员无完全民事行为能力的，其财产应当由其监护人管理。特困人员或者其监护人委托供养服务机构代管财产的，供养服务机构应当统一列入个人往来款管理。未经特困人员或者其监护人同意，特困人员的零用钱不得由他人代领、代管。集中供养特困人员遗产按有关法律规定执行。

（三）规范集中供养特困人员疾病转送救治。供养服务机构在特困人员突发危重疾病时，应当及时转送医疗机构救治，特困人员有紧急联系人的，在送医同时应当通知其紧急联系人。发现特困人员为传染病患者或者疑似传染病患者的，供养服务机构应当第一时间向附近的疾病预防控制机构或者医疗机构报告，配合做好卫生处理、隔离等预防控制措施。供养服务机构发现特困人员为疑似精神障碍患者的，要报请所属民政部门或者乡镇（街道）同意，依照精神卫生相关法律法规，及时转送具备精神障碍诊疗资质的医疗机构进行诊断。特困人员经诊断确诊为精神障碍患者的，其出院后视情转交精神卫生福利机构供养或者托养。特困人员在供养服务机构死亡的，供养服务机构应当第一时间向所属民政部门或者乡镇（街道）人民政府报告，同时根据不同情况与医疗机构联系或者向公安机关报告，由医疗机构或者公安机关出具死亡证明，并依据殡葬管理规定处理遗体。未取得死亡证明的，不得擅自处理遗体。

（四）加强特困人员基本医疗保障。各地要做好特困人员参加城乡居民基本医疗保险相关工作，医疗救助对其个人缴费给予全额资助。县级民政部门要建立与医保等相关部门信息共享机制，及时更新特困人员身份信息，协同做好其参保情况核查比对，确保应参尽参。要重点加强动态新增特困人员参保服务，确保待遇应享尽享。按规定落实基本医保、大病保险、医疗救助等综合保障政策，对规范转诊且在省域内就医的，经三重制度综合保障后，政策范围内个人就医负担仍较重的，由医疗救助基金根据实际情况给予倾斜救助。供养服务机构要按照保障基本、就近定点的原则，合理安排集中供养特困人员就医。

二、提高供养服务机构管理服务质量

（一）完善供养服务机构事业单位法人管理制度。符合条件的供养服务机构要及时向事业单位登记管理机关提出法人登记申请，依法取得事业单位法人资格。各地要加强协调，研究解决供养服务机构法人登记困难问题，推动建立和完善法人治理结构。要根据供养服务机构职责任务、服务对象和保障方式等情况，推进实施事业单位改革。鼓励各地因地制宜开展县级民政部门直管、民政部门和乡镇政府共管、委托社会力量经营等供养服务机构管理体制改革创新。

（二）规范供养服务机构日常管理机制。供养服务机构应当建立健全内部管理制度，实行院长（主要负责人）负责制，院长（主要负责人）对各项规章制度执行、财务收支管理等承担主体责任。要健全和落实岗位责任制，推行供养服务标准化，明确岗位具体职责、工作流程、服务标准和奖惩办法，完善相关标准体系。要根据民政部"金民工程"全国养老服务信息系统部署，如实填写、及时更新机构和人员数据，提高信息化管理水平。

（三）加强供养服务机构经费保障和财务管理。各地要将政府设立的供养服务机构运转费用、特困人员救助供养所需资金列入财政预算。各地要完善供养资金发放机制，确保资金及时足额发放到位。供养服务机构应当建立健全财务管理等规章制度，建立内部监管机制，确保资金按规定用途使用，做好财务收支信息公开。加强预算绩效管理，充分发挥财政资金使用效益。集中供养特困人员照料护理费应由供养服务机构用于购买护理用品和照料护理、康复训练等服务，以及支付特困人员住院治疗的陪护费用，不得用于其他支出。

（四）做好供养服务机构档案管理。供养服务机构要建立健全档案管理制度，做好特困人员档案资料收集、整理、归档和移交等工作。要按照入院建档、注重日常存档、定期移交等要求，实行特困人员"一人一档"，档案的保管期限不少于终止供养服务后五年。特困人员档案资料原则上分为基本信息类、健康管理类、其他类等。其中基本信息类主要包括特困人员身份证明材料复印件、救助供养审核确认文件材料复印件、入住手续、终止救助供养相关材料复印件等；健康管理类主要包括特困人员就医病历、离院或者死亡相关证明资料等。按照规定应当向档案馆移交的档案，依法依规办理。

三、加强工作指导和监督检查

县级以上人民政府民政部门要依法加强对特困供养服务工作的监督管理。县级民政部门要建立风险防范处置长效机制，每年对供养服务机构服务安全和质量、资金使用实施全覆盖检查，督促工作人员履职尽责，对发现的问题及时提出整改意见并督促其切实整改到位，有效保障特困人员合法权益。地方各级民政、财政和医保部门要加强部门协同和上下联动，建立资金使用管理定期调度和监督检查机制，严肃整治骗取套取、挤占挪用、贪污侵占困难群众救助资金等违纪违法行为。

民政部　国家消防救援局关于印发《养老机构消防安全管理规定》的通知

民发〔2023〕37号　　　　　　　　　　2023年6月30日

各省、自治区、直辖市民政厅（局）、消防救援总队，新疆生产建设兵团民政局：

为深入贯彻落实党中央、国务院关于推动养老服务业高质量发展决策部署，进一步加强新形势下养老机构消防安全管理工作，民政部、国家消防救援局联合制定了《养老机构消防安全管理规定》（以下简称《规定》），现印发给你们，请结合实际抓好贯彻落实。

各级民政和消防部门要将《规定》要求作为指导养老服务行业消防安全管理的重要依据，立即组织本系统工作人员认真学习《规定》，并向各类养老机构做好宣贯传达。省级民政部门要会同消防部门培养一批既懂养老服务发展，又懂消防安全管理的专业培训师资，提高养老服务行业消防安全培训能力。要指导养老机构将《规定》内容纳入本单位负责人及其员工年度培训计划，通过制作培训视频片、专家解读、集中授课、宣传海报等多种方式广泛开展宣讲活动。要制定配套的政策措施和检查方案，督促各类养老机构健全完善消防安全管理制度，指导制定实操性强的应急疏散预案，定期组织开展针对性疏散逃生演练。要选取部分管理规范、设施完善的养老机构打造一批消防安全管理标杆示范单位，以点带面、引领带动，提升单位消防安全管理能力水平。

各级民政与消防部门要强化部门协作，建立健全信息共享、联合检查、隐患通报、情况会商、综合执法等工作机制。要加强对养老机构消防安全动态检查和过程监督，在指导开展自查自改基础上，对《规定》落实情况开展一次联合检查，相关检查、整改情况录入"金民工程"全国养老服务信息系统和消防监督管理系统。养老机构应当按照建筑、消防等法律法规和强制性标准开展服务活动，具备相关法律法规规定的消防安全条件。要加强事中事后监管，对不具备消防安全条件且存在重大安全隐患的养老机构，在妥善安置老年人的情况下依法责令停产停业，隐患排除前不得恢复经营。要加强消防安全经费保障，积极争取政府专项资金、福利彩票公益金等用于支持养老机构消防安全设施改造和隐患整改，将消防安全管理情况与运营补贴、等级评定、信用监管等政策挂钩，实施激励。有条件的地区要积极拓展科技手段和智能硬件在养老机构消防安全管理上的应用，推广电气火灾监控、燃气泄漏探测报警系统等智能手段，降低火灾发生风险。

养老机构消防安全管理规定

养老机构应当严格遵守《中华人民共和国消防法》《机关、团体、企业、事业单位消防安全管理规定》等消防法律法规规章；严格执行《建筑防火通用规范》等强制性消防标准，严格规范消防安全管理行为，防止火灾发生、减少火灾危害，切实保障老年人人身和财产安全。

一、落实消防安全主体责任

（一）建立健全消防安全责任制。养老机构应当建立健全逐级和岗位消防安全责任制，明确相应的消防安全责任人员及职责。养老机构的法定代表人、主要负责人或者实际控制人是本单位的消防安全责任人，对本单位的消防安全工作全面负责。养老机构内部各部门的负责人是该部门的消防安全责任人。属于消防安全重点单位的养老机构应当确定消防安全管理人，负责具体实施和组织落实本单位的消防安全工作，对消防工作直接负责。养老机构护理人员、保安、厨师、电工、消防设施操作员等各岗位员工对本岗位消防安全负责。

（二）加强制度建设。养老机构应当制定消防安全管理制度，具体包括防火巡查检查、安全疏散设施管理、消防设施器材维护管理、火灾隐患整改、用火用电安全管理、消防宣传教育培训、消防安全工作考评奖惩等。养老机构应当制定消防安全操作规程，具体包括：消防（控制室）值班和消防设施操作、燃气设备使用、灭火和应急疏散预案演练等。消防安全管理制度和操作规程应当根据情况及时修订完善。

（三）明晰多主体各方责任。养老机构与其他单位共同使用同一建筑的，应当明确各方的消防安全责任，同时明确消防车通道、消防车登高操作场地、涉及公共消防安全的疏散设施和其他共用建筑消防设施的管理责任。养老机构委托物业服务企业实施消防安全管理的，应当在合同中约定物业服务企业承担责任的具体内容，并督促、配合做好消防安全工作。

二、规范场所安全设置

（四）合建要求。养老机构应设置在合法建筑内，不应设置在生产储存经营易燃易爆危险品场所、厂房和仓库、大型商场市场等建筑内。养老机构内除可设置为满足其使用功能的附属库房外，不应设置生产场所或其他库房，不应与工业建筑组合建造。

（五）分区要求。养老机构与其他单位共同处于同一建筑物内的，应当与其他单位进行防火分隔。养老机构内的厨房、烧水间、配电室、锅炉房等设备用房，应当单独设置或者与其他区域进行防火分隔。

（六）布置要求。养老机构的楼层布置，机构内老年人居室、休息室、公共活动用房、康复与医疗用房的具体布置，应当符合《建筑防火通用规范》对老年人照料设施的要求。

三、确保设施正常运行

（七）加强消防设施管理。养老机构应当按照国家规定配置消防设施、器材。消防设施、器材应当设置规范、醒目的标识，并标明使用方法、注意事项。养老机构应当自行或者委托消防技术服务机构定期对消防设施、设备进行维护保养检测，确保完好有效。养老机构不得损坏、挪用或者擅自拆除、停用消防设施、器材。

（八）加强安全疏散设施管理。养老机构应确保疏散通道、安全出口和疏散门畅通；保持常闭式防火门处于关闭状态，常开防火门应能在火灾时自行关闭，并应具有信号反馈功能；保证消防应急照明、疏散指示标志完好有效；保证安全出口、疏散通道上不安装栅栏，建筑每层外墙的窗口、阳台等部位不设置影响逃生和灭火救援的栅栏，确需设置的，应能从内部易于开启；在各楼层的明显位置设置安全疏散指示图，配备轮椅、担架、呼救器、过滤式自救呼吸器、疏散用手电筒等安全疏散辅助器材。

四、严格消防安全日常管理

（九）严格用电管理。养老机构应当选用符合国家规定的电气设备，严禁使用"三无"产品。电气线路敷设、电气设备安装和维修应当由具备相应职业资格证书的人员实施。电气线路敷设应规范，保护措施完好。在有可燃物的闷顶和封闭吊顶内明敷的配电线路，应当采用金属导管或金属槽盒布线。开关、插座和照明灯具靠近可燃物时，应当采取隔热、散热等措施。电热器具（设备）及大功率电器应与可燃物品保持安全距离，不应被可燃物覆盖。严禁超负荷用电，不得私拉乱接电线。应当定期对电气线路、电气设备进行检查、维护保养、检测电气线路和电气设备，并记录存档。老年人居室、康复与医疗用房等用电量大的房间可以通过设置过流、过压电气保护装置，限定房间的最大用电负荷。应当根据需要设置电动自行车、电动摩托车和电动轮椅集中停放、充电场所，安装符合用电安全要求的充电设施，严禁在室内、安全出口、疏散通道停放和充电。

（十）严格用火管理。养老机构室内活动区域、廊道禁止吸烟、烧香。禁止使用明火照明、取暖。艾灸、拔罐等中医疗法确实需要使用明火时，应当有专人看护。因施工等特殊情况需要进行电焊、气割等明火作业的，应当依法办理动火审批手续，并由具备相应职业资格证书的人员实施。养老机构或施工单位应当指定专人全程看护作业过程，作业前、作业后应及时清理相关可燃物。

（十一）严格用气管理。养老机构应当遵守安全用气规则，使用合格的燃气燃烧器具和气瓶。使用管道燃气的，应当安装可燃气体探测报警、自动切断装置。厨房设在地下室、半地下室和高层建筑内的，严禁使用瓶装液化石油气。充装量大于 50Kg 的液化石油气容器应设置在所服务建筑外单层专用房间内，并采取防火措施。养老机构厨房灶具、油烟罩、烟道至少每季度清洗 1 次，燃气、燃油管道应经常进行检查、检测和保养。

（十二）严格建筑材料和装修装饰管理。养老机构装修应当依法报经有关部门审核批准，不得擅自停用消防设施，不得改变疏散门的开启方向，减少安全出口。装修应当按照国家标准要求，使用不燃、难燃材料，不得使用聚苯乙烯、聚氨酯泡沫等燃烧性能低于 A 级的材料作为隔热保温材料或作为夹芯彩钢板的芯材搭建有人活动的建筑。养老机构的装饰材料，如窗帘、地毯、家具等的燃烧性能应当符合《建筑内部装修设计防火规范》的规定。营造节庆、主题活动氛围需要使用室内装饰物品的，不得大量采用易燃可燃材料，且布置时应远离用火用电设施，活动后及时拆除。养老机构内、外保温系统和屋面保温系统采用的保温材料或制品应当符合《建筑防火通用规范》对老年人照料设施的要求。

（十三）严格具有火灾风险的设备设施管理。养老机构内具有火灾危险性的大型医疗设备应定期进行维护检查，操作人员应当严格遵守操作规程。设有中心供氧系统的养老机构，供氧站与周边建筑、火源、热源应保持安全距离，氧气干管上应设置手动紧急切断装置，高压氧舱的排氧口应远离明火或火花散发地点，供氧、用氧设备不应沾染油污。核磁共振机房应当配置无磁性灭火器。

（十四）严格值班管理。养老机构应当实行 24 小时值班制度。设有消防控制室的养老机构，应当实行 24 小时双人值班制度（符合地方性法规要求的可单人值班），且值班人员应当持有消防设施操作员职业资格证书，熟悉消防控制室消防设备操作规程，确保其正常运行。养老机构值班人员接到火灾警报并确认发生火灾后，应立即拨打 119 电话报警，同时向单位消防安全责任人或消防安全管理人报告，启动灭火和应急疏散预案。

（十五）严格档案管理。养老机构应当建立健全消防档案，并由专人统一管理。消防档案应当全面反映消防安全基本情况、消防安全管理情况、灭火和应急疏散预案演练情况等，并及时予以更新。

五、做好安全隐患自查自改

（十六）开展定期防火巡查检查。养老机构应当明确人员定期开展防火巡查、检查。老年人居室、公共活动用房、厨房等重点部位白天至少巡查 2 次，其他部位每日至少巡查 1 次。养老机构应当加强每日夜间巡查，且至少每两小时巡查 1 次。每月和重要节假日、重大活动前，养老机构应当至少开展 1 次防火检查。养老机构开展防火巡查、检查时，应当填写巡查、检查记录。

（十七）突出防火巡查检查重点。养老机构防火巡查重点应当包括：用电、用火、用气有无违章；安全出口、疏散通道是否畅通、有无锁闭；消防应急照明、疏散指示标志是否完好；常闭式防火门是否保持常闭状态，防火卷帘下是否堆放物品；消防设施、器材是否在位、完好有效；消防安全标志是否标识完好清晰；消防安全重点部位人员是否在岗；消防车通道是否畅通；其他需巡查的内容。

养老机构防火检查重点应当包括：消防安全管理制度落实情况；电气线路、用配电设备和燃气管道、燃气灶具、液化气瓶定期检查维护情况；厨房灶具、油烟罩和烟道清洗情况；消防车通道、消防车登高操作场地、室外消火栓、消防水源情况；安全疏散通道、楼梯，安全出口及其疏散指示标志、应急照明情况；消防安全标志设置情况；灭火器材配备及完好情况；楼板、防火墙、防火隔墙和竖井孔洞的封堵情况；建筑消防设施运行和维护保养情况；消防控制室值班和管理情况；用火、用电、用油、用气有无违规、违章情况；老年人居室、康复与医疗用房、公共活动用房、厨房等重点部位防火措施落实情况；防火巡查落实情况和记录情况；火灾隐患整改和防范措施落实情况；护理人员、保安、电工、厨师等员工是否掌握防火灭火常识和疏散逃生技能；其他需要检查的内容。

（十八）及时消除火灾隐患。养老机构对于防火巡查检查中发现的问题，应当及时纠正。对于无法当场纠正的火灾隐患应当形成清单，并建立整改台账，实行销号管理，整改完成一项、销号一项。火灾隐患整改期间，应当采取相应的安全保障措施。

六、提升应急处置能力

（十九）科学制定灭火和应急疏散预案。养老机构应当结合本单位实际制定有针对性的灭火和应急疏散预案，明确组织机构、报警和接警处置程序、应急疏散的组织程序和措施、扑救初起火灾的程序和措施等内容。预案应当充分考虑天气情况，夜间、节假日特殊时段等因素对灭火和应急疏散的不利影响。针对失能失智老年人，预案应当明确专门的疏散和安置措施，逐一明确负责疏散的工作人员。

（二十）定期开展消防演练。养老机构应当每年至少组织 1 次消防演练。其中，属于消防安全重点单位的养老机构应当至少每半年组织 1 次消防演练。

重点检验相关人员报告火警、扑救初起火灾、安全疏散、消防设施使用情况以及灭火和应急疏散预案的可操作性等。消防演练应当通知老年人积极参加。演练后应及时总结，并根据情况完善灭火和应急疏散预案。

（二十一）加强应急力量建设。养老机构应当根据需要建立志愿消防队，配备必要的装备器材，提高自防自救能力。属于消防安全重点单位的养老机构，根据需要建立微型消防站。志愿消防队（微型消防站）应当接受辖区消防救援站的指导，积极与周边微型消防站、专职消防队等实现联勤联动。

七、加强消防安全教育培训

（二十二）加强员工消防安全培训。养老机构应当至少每半年开展 1 次对全体员工的消防安全培训；对新上岗员工或者进入新岗位的员工应当进行上岗前消防安全培训；对志愿消防队（微型消防站）队员、自动消防设施操作人员、特种岗位人员等人员，应当组织经常性消防安全业务学习。

（二十三）明确消防安全培训内容。养老机构消防安全培训主要包括：有关消防法律法规、消防安全管理制度、消防安全操作规程；本单位、本岗位的火灾危险性和防火措施；消防设施、灭火器材的性能、使用方法；报火警、扑救初起火灾、应急疏散和自救逃生的知识和技能；安全疏散路线、引导人员疏散的程序、方法；灭火和应急疏散预案的内容、操作程序等。

（二十四）加强老年人消防安全提示。养老机构应当通过张贴标语海报、发放消防刊物、播放火灾案例视频、举办消防文化活动等形式面向入住老年人宣传消防安全常识。重点提示火灾危险性、安全疏散路线、用火用电常识、灭火器材位置和使用方法等。

全托、日间照料社区养老服务机构（包括农村幸福院等互助养老设施）参照本规定履行消防安全职责。

本规定自 2023 年 8 月 1 日起施行，有效期 5 年。养老机构消防安全管理不再适用《社会福利机构消防安全管理十项规定》（民函〔2015〕280 号）。

民政部　财政部关于组织开展中央财政支持经济困难失能老年人集中照护服务工作的通知

民发〔2023〕53 号　　　　　　　　　　　2023 年 10 月 10 日

各省、自治区、直辖市民政厅（局）、财政厅（局），各计划单列市民政局、财政局，新疆生产建设兵团民政局、财政局：

为贯彻落实积极应对人口老龄化国家战略，加快推进基本养老服务体系建设，积极发展服务类社会救助，探索构建可持续、可推广的经济困难失能老年人长期照护服务模式和保障机制，民政部、财政部决定于 2023 年起组织开展中央财政支持经济困难失能老年人集中照护服务工作。现就有关事项通知如下：

一、总体要求

坚持以习近平新时代中国特色社会主义思想为指导，以基本养老服务体系建设为依托，坚持兜底线、保基本，发挥中央财政资金引导激励作用，支持地方因地制宜创新体制机制，加强政策和资源衔接整合，提升经济困难失能老年人集中照护服务能力。到"十四五"末，初步满足有意愿入住养老机构的经济困难失能老年人集中照护服务需求，明显减轻其家庭照护压力，切实增强经济困难失能老年人及其家庭的获得感、幸福感和安全感。

二、工作内容

中央财政支持经济困难失能老年人集中照护服务，主要通过中央财政困难群众救助补助资金渠道安排资金，对入住养老机构的经济困难失能老年人给予救助，并对收住经济困难失能老年人的养老机构结合绩效考核结果予以适当补助。

（一）救助对象。救助对象暂定为已纳入最低生活保障范围，且经评估为完全失能等级并自愿入住养老机构的老年人。后续如果根据项目实施情况需对救助对象范围进行适当调整，将另行通知。

（二）救助额度。各地要结合辖区养老机构基本服务成本确定养老机构收住经济困难失能老年人的最高收费标准，原则上不得高于当地集中供养特困人员基本生活标准及全护理照料标准的总和。

每名符合条件老年人享受的救助额度为入住养老机构实际收费标准扣除老年人已获得的最低生活保障金、残疾人"两项补贴"等行政给付后的差额。长期护理保险试点地区参保人员已经通过基金支付基本护理服务费用的，不纳入救助范围。

（三）工作流程。有入住养老机构意愿的最低生活保障家庭老年人，可根据自身情况向当地县级民政部门申请进行老年人能力评估。民政部门应当根据《老年人能力评估规范》（GB/T 42195—2022），依法组织开展评估。经评估确定为完全失能等级的，老年人或其代理人可以在入住养老机构满 30 日后，持养老服务协议和有效缴费凭证，向县级民政部门申请救助。县级民政部门应当对申请对象实际入住养老机构及其收费标准、已享受最低生活保障和残疾人"两项补贴"等情况进行审核。经审核符合条件的，作出予以救助的决定，同时确定救助金额。救助金从申请对象入住养老机构当月起算，并于次月按月支付到其本人账户。经审核不符合条件的，作出不予救助的决定，同时书面告知理由。

救助对象经济、身体状况发生变化可能导致不再符合救助条件或者引起救助金额调整的，本人或其代理人应当及时告知县级民政部门。养老机构发现救助对象存在上述情况且未主动告知民政部门的，应当及时向县级民政部门书面报告。县级民政部门应当及时确认救助对象经济、身体变化情况，根据最新审核情况及时停发救助或者调整救助金额。

（四）机构管理。收住经济困难失能老年人的养老机构，应满足建筑、消防、食品安全、医疗卫生、特种设备等法律要求并具有收住完全失能老年人的服务条件。各地民政部门要主动公示本地区符合条件的养老机构相关信息，协助有意愿的经济困难失能老年人选择适宜的养老机构。县级民政部门要定期对收住经济困难完全失能老年人的养老机构进行绩效考核，考核指标包括但不限于收住救助对象人数、救助对象满意度等。各地可结合绩效考核结果对养老机构发放绩效补助，绩效补助总额不得超过当地向经济困难失能老年人实际发放基本养老服务救助金总额的 30%。

三、资金分配

（一）分配方法。中央财政在分配该项救助资金时，采取因素法分配，2023 年主要考虑需求因素和财力因素，2024 年起增加考虑绩效因素。其中，需求因素主要考虑各地经济困难失能老年人数量，财力因素主要考虑各地财政困难程度。

（二）绩效考核。财政部会同民政部对救助资金实施全过程绩效管理，并定期组织开展绩效考核评价。对工作效果明显、救助对象满意度高、制度机制建设成果突出、社会反响较好的省份，将在下一年度救助资金分配时予以适当激励；对工作进展较慢、救助对象反映问题较多、资金使用效率不高、评价指标数据真实性和准确性存在问题的省份，将酌情扣减下一年度救助资金。

四、工作要求

（一）加强工作指导。省级民政、财政部门要履行牵头责任，因地制宜统筹制定救助资金分配、使用和管理办法，细化业务流程、权责事项和工作规范，建立对相关养老机构的激励约束机制。省级民政部门每年要按照一定比例对县级民政部门开展的救助对象审核认定工作以及养老机构服务质量等进行随机抽查。各级民政部门要加强社会救助和养老服务业务协同、数据共享和政策衔接，有序推进服务类社会救助发展，其中，养老服务职能部门负责救助对象审核认定，指导养老机构提供相关服务，配合财政部门开展资金分配、支付和监管等工作；社会救助职能部门协助做好救助对象资格审核认定工作。

（二）严格资金监管。中央财政补助资金纳入困难群众救助补助资金统一监管。省级财政部门和民政部门对救助资金实施目标、支持对象、资金使用、信息公开等开展全流程监管和绩效评价，定期开展检查，确保资金管理规范和使用高效。地方各级财政、民政部门要高度重视资金安全，严格遵守财经纪律，确保原始凭证的真实性、审批程序的规范性、支付的合规性，不得提前支付、超额支付。对获得救助的困难失能老年人，县级民政部门应当在一定范围内以适当方式进行公示，并按规定建立中央财政支持经济困难失能老年人集中照护服务工作问题举报奖励机制，加强社会监督。对发生"套补骗补"、虚报错报考核指标数据、违反财政资金使用相关规定、滥用职权、玩忽职守、徇私舞弊等违法违规情况的，依照《中央财政困难群众救助补助资金管理办法》等规定依法依规严肃追究责任。对相关当事人骗取救助金的要依法追回。对养老机构与老年人恶意串通骗取救助资金的，依法追究责任。对地方管理不严，发生"套补骗补"造成不良社会影响的，将在全国范围内通报批评，并加倍扣减中央补助资金。

（三）做好服务保障。各地民政部门要依托全国社会救助管理系统和养老服务信息系统、地方养老信息系统或养老服务综合平台共享数据，整合资源、加强协同、赋能基层，开展委托代办、线上申请审核等便民服务，实现数据赋能便利化、供需对接精准化、服务监管智慧化。接收经济困难失能老年人入住的养老机构要符合《养老机构服务安全基本规范》强制性标准要求，健全完善管理制度，统一服务标准和规范，改善照护服务条件，不得对收住的经济困难失能老年人采取分灶吃饭、分区硬隔离等做法区别对待，不得影响现有集中供养特困人员服务水平和质量。养老机构需将救助对象入住和服务情况于入住后 15 日内录入全国养老服务信息系统，民政部门将利用信息化手段对养老机构服务质量和效果开展跟踪监测。

各地民政和财政部门要主动做好政策宣传，准确解读政策，鼓励社会力量举办的养老机构主动承担社会责任，引导慈善组织、志愿者、行业组织等参与经济困难失能老年人集中照护服务工作，对在工作推进中遇到的突出困难和问题要及时上报。民政部、财政部将适时组织抽查和评估工作，并根据实际调整完善政策措施。

本通知自公布之日起施行，有效期与中央财政困难群众救助补助资金项目周期一致。

民政部 国家发展改革委 财政部 人力资源社会保障部 自然资源部 住房城乡建设部 农业农村部 商务部 应急管理部 税务总局 市场监管总局 关于印发《积极发展老年助餐服务行动方案》的通知

民发〔2023〕58 号　　　　　　　　　　2023 年 10 月 20 日

各省、自治区、直辖市人民政府，国务院各部委、各直属机构：

经国务院同意，现将《积极发展老年助餐服务行动方案》印发给你们，请结合实际，认真组织实施。

积极发展老年助餐服务行动方案

发展老年助餐服务是实施积极应对人口老龄化国家战略的重要内容和重要民生工程，是支持居家社区养老、增进老年人福祉的重要举措。为深入贯彻落实党中央、国务院决策部署，积极发展老年助餐服务，制定本方案。

一、总体要求

（一）指导思想。以习近平新时代中国特色社会主义思想为指导，全面贯彻落实党的二十大精神，坚持以人民为中心的发展思想，聚焦老年人就餐实际困难，以普惠性、多样化为发展路径，坚持政府统筹、保障基本，因地制宜、精准施策，尽力而为、量力而行，充分发挥市场机制作用，积极构建覆盖城乡、布局合理、共建共享的老年助餐服务网络，推动老年助餐服务方便可及、经济实惠、安全可靠、持续发展。

（二）工作目标。到 2025 年底，已在全区域实施老年助餐服务政策的省份，进一步向城乡社区延伸服务，提质增效取得新进展；尚在局部区域实施老年助餐服务政策的省份，服务扩面增量实现新突破。全国城乡社区老年助餐服务覆盖率实现较大幅度提升，服务网络形成一定规模。对特殊困难老年人（指最低生活保障对象、特困人员、最低生活保障边缘家庭成员等低收入人口中的老年人，以及独居、空巢、留守、失能、残疾、高龄、计划生育特殊家庭等老年人）的助餐服务力度进一步加大，面向其他老年人的助餐服务广泛开展。到 2026 年底，全国城乡社区老年助餐服务覆盖率进一步提升，服务网络更加完善，多元供给格局基本形成，可持续发展能力得到巩固，老年人就餐便利度、满意度明显提升。在此基础上，持续完善服务网络，不断提高老年助餐服务质量和水平。

二、扩大和优化服务供给

（三）增强服务供给能力。各地要综合考虑辖区内老年人口规模、助餐服务需求、服务半径等因素，坚持统筹利用现有资源和适度新建相结合，完善老年食堂、老年餐桌、老年助餐点等老年助餐服务设施配置，优化功能布局。将老年助餐服务设施纳入城市一刻钟居家养老服务圈、一刻钟便民生活圈建设，促进服务便利可及。支持在各类养老服务机构和设施、社区综合服务设施、社区嵌入式服务设施中增设老年食堂等老年助餐服务设施，拓展服务功能。鼓励企业参与建设和运营老年助餐服务设施、有条件的机关企事业单位食堂提供老年助餐服务，引导物业服务企业为老年人提供就餐便利。支持餐饮企业采取运营老年助餐服务设施、社区门店开办老年餐桌等方式，参与老年助餐服务。现有资源无法有效覆盖或满足老年助餐服务需求的地区，可因地制宜新建必要的老年助餐服务设施。

（四）优化餐食配送服务。支持餐饮企业提供老年餐食配送服务。发挥互联网平台、物流企业等作用，充分利用现有物流网络为老年人送餐。支持具备条件的社区设置集中"配送点"，为送餐进小区和老年人就近取餐提供便利。难以利用现有服务资源和物流网络为老年人送餐的，鼓励支持村（居）委会组织相关资源和力量，重点解决为行动不便老年人送餐上门问题。

（五）加强农村地区老年助餐服务。采取倾斜性措施支持农村地区扩大服务供给，可依托有条件的村级睦邻（邻里）互助点、农村幸福院等载体开办老年食堂、设置老年助餐点等，探索邻里互助、设立"中心户"多户搭伙、结对帮扶等模式，灵活多样解决农村老年人助餐服务需求。发挥农村基层党组织和基层群众性自治组织作用，广泛发动党员干部、低龄健康老年人等群体积极参与老年助餐服务。有条件的村集体经济组织经民主议事程序决定，可使用集体经济收入支持老年助餐服务。

（六）引导公益慈善力量积极参与。鼓励和引导公益慈善组织、爱心企业和人士以慈善捐助等方式参与老年助餐服务。鼓励探索"服务积分""志愿＋信用"等模式，培育发展老年助餐志愿者队伍和互助组织，建立服务评价激励机制。

三、保障服务质量

（七）规范服务供给。各地要结合实际制定老年助餐服务规范。指导各类老年助餐服务机构优先提供午餐服务，有条件的提供早、晚餐服务，并保证助餐服务的连续性、稳定性；根据周边老年人助餐服务需求、消费能力、饮食习惯，合理搭配食材，科学制定食谱并定期更新，优先供应大众化家常菜，保证老年人吃得饱、吃得健康、吃得放心；有条件的可配备专兼职营养师，根据老年人需求提供个性化餐食。鼓励老年助餐服务机构对特殊困难老年人提供优惠服务，支持在满足老年人助餐服务需求基础上，在非就餐时间开展其他为老服务。

（八）提升智能服务管理水平。依托现有的养老服务信息平台，开展老年助餐服务需求调研摸底和重点保障对象确认工作，加强数据采集整合与共享，精准对接老年助餐服务多元供给资源。在提供线下便利服务的基础上，鼓励开发老年助餐服务智能终端和信息管理系统，推广多种形式、方便快捷的智慧服务和智能管理方法。

（九）培育优质服务品牌。引导老年助餐服务机构进行标准化建设、规范化管理、智能化服务，大力支持连锁化运营，积极推广集中供餐模式。鼓励参与老年助餐服务的餐饮企业履行社会责任，提供质优价廉、老年人信得过的助餐服务，形成规模和品牌效应。打造一批特色鲜明、带动力强、示范效应突出的城乡老年助餐服务示范点和优质服务品牌。

四、确保服务可持续

（十）提供设施场地支持。在新建城区和居住区配套建设养老服务设施、老城区和已建成居住区补齐养老服务设施工作中，同步解决老年助餐服务设施建设或场地使用问题。支持老年助餐服务设施与社区综合服务设施、便民商业服务设施、生活性服务业资源统筹利用、共建共享。可按规定履行相关国有资产管理程序后，通过调剂、出租、转让等方式将机关和事业单位闲置房产用于开展老年助餐服务。鼓励有条件的地方对将现有设施场地改扩建用于老年助餐服务的，给予相应补贴和支持。

（十一）加大运营扶持力度。建立"个人出一点、企业让一点、政府补一点、集体添一点、社会捐一点"的多元筹资机制，支持老年助餐服务机构提供稳定可持续的服务。有条件的地方可综合考虑助餐服务人次和质量、老年人满意度等情况，给予老年助餐服务机构一定的运营补助或综合性奖励补助。对符合条件的老年助餐服务机构，按规定落实税费优惠政策，用水、用电、用气、用热按规定执行居民生活类价格。鼓励各地出台惠企政策，积极调动社会力量参与老年助餐服务。支持具备资质的各类经营主体平等参与老年助餐服务，平等享受相关优惠政策。

（十二）实施就餐分类补贴。坚持有偿服务，有条件的地方可结合当地经济发展水平和财力状况，根据老年人经济困难程度、失能等级等情况，对享受助餐服务的老年人给予差异化补贴，补贴的范围、方式、标准由地方各级民政部门会同财政部门研究确定。有条件的地方可将面向特殊困难老年人的助餐服务纳入当地基本养老服务清单。支持各地以发放老年助餐消费券等方式，让老年人享受看得见的实惠。

五、加强质量安全监管

（十三）压实各方责任。强化属地管理责任，落实地方各级党政领导干部食品安全责任制，完善老年助餐服务食品安全保障、监督考核、应急处置、责任追究等制度。老年助餐服务机构应当按照法律法规和食品安全标准开展食品经营活动，建立健全原料控制、餐具饮具清洗消毒、食品留样等制度，严格落实食品安全自查、问题隐患整改、潜在风险报告等要求。采用集体用餐配送方式的老年助餐服务机构，应当与供餐单位签订供餐合同，指定专人负责查验供餐单位提供的食品，严把质量关。切实抓好老年助餐服务场所安全生产工作，加强服务中的人身安全、消防安全等管理，防范各类安全风险。鼓励老年助餐服务机构购买食品安全等相关责任保险。

（十四）强化日常监管。老年助餐服务有关管理部门应当依职责联合开展抽查检查，按规定公布食品安全日常监督管理信息。定期对老年助餐服务价格和质量进行评估，结合老年人满意度等情况，适时动态调整对老年助餐服务机构的扶持政策。对不落实食品安全管理、运营管理等规定的，依法依规进行处理。

（十五）加强社会监督。鼓励具备条件的老年助餐服务机构采用透明可视方式公开展示餐饮服务相关过程，通过"互联网＋明厨亮灶"等方式接受社会监督。鼓励邀请老年人、社区居民代表参与食品安全检查。畅通投诉举报渠道，及时有效解决群众合理诉求。

六、强化实施保障

（十六）加强组织领导。各地要建立健全党委领导、政府负责、部门协同、社会参与、家庭尽责的老年助餐服务工作机制，把发展老年助餐服务作为为民办实事重要内容，纳入居家社区养老服务网络和养老服务体系建设整体部署、统筹推进，纳入积极应对人口老龄化能力评价指标体系推动落实；要根据本方案要求，结合实际制定实施方案或细化完善已有方案。县级人民政府要做好辖区内老年助餐服务工作的资源统筹、组织实施等工作，不断调整优化政策措施；乡镇（街道）要做好具体实施和落实工作，村（居）委会要积极协助做好相关工作。中央财政要对地方老年助餐服务工作给予支持，并将发展老年助餐服务纳入养老服务体系建设相关激励工作。

（十七）明确部门职责。有关部门要主动作为、协同配合，大力支持老年助餐服务工作，切实形成工作合力。民政部门要履行好牵头职责，依托各级老龄工作委员会，加强组织协调和督促指导。发展改革部门要把老年助餐服务纳入经济社会发展相关专项规划统筹推进，在中央预算内投资支持养老服务体系等建设中强化老年助餐服务能力。财政部门要按规定落实财税支持政策，加强资金规范使用监管。人力资源社会保障部门要落实就业扶持政策，鼓励支持老年助餐服务机构吸纳重点群体就业，并按规定给予补贴。自然资源部门要统筹规划老年助餐服务设施用地空间布局，保障和规范用地供应。住房城乡建设部门要结合城镇老旧小区改造、完整社区建设试点等工作，统筹推进老年助餐服务设施建设。农业农村部门要将农村老年助餐服务工作作为全面推进乡村振兴的重要内容，协调农村公共服务资源向老年助餐服务倾斜。商务部门要积极引导有条件的餐饮、商贸物流企业和互联网平台参与老年助餐服务。税务部门要落实老年助餐服务领域税收减免优惠政策。市场监管部门要会同相关行业主管部门加强对老年助餐服务的食品安全监管。消防救援机构等部门要依法加强对老年助餐服务场所的消防监督检查。其他有关部门按职责做好老年助餐服务相关工作。

（十八）做好督促指导。各地要从实际出发，尊重群众意愿，积极稳妥探索各具特色、灵活多样的老年助餐服务方式；力戒形式主义，避免资源浪费，防止"一哄而上""一刀切"，发现问题及时予以纠正。民政部要会同有关部门加强动态跟踪，督促指导各地根据现有工作基础有序推进老年助餐服务扩面提质工作；适时开展工作评估，总结推广经验做法，切实抓好贯彻落实；注重宣传引导，积极营造全社会关心老年人、支持老年助餐服务的良好氛围。

民政部　国家发展改革委　教育部　财政部
人力资源社会保障部　住房城乡建设部
农业农村部　商务部　国家卫生健康委
市场监管总局　税务总局　全国老龄办
《关于加强养老服务人才队伍建设的意见》

民发〔2023〕71 号　　　　　　　　　　2023 年 12 月 31 日

各省、自治区、直辖市民政厅（局）、发展改革委、教育厅（教委）、财政厅（局）、人力资源社会保障厅（局）、住房城乡建设厅（委、建委）、农业农村（农牧）厅（局、委）、商务厅（局）、卫生健康委、市场监管局（厅、委）、老龄办，新疆生产建设兵团民政局、发展改革委、教育局、财政局、人力资源社会保障局、住房城乡建设局、农业农村局、商务局、卫生健康委、市场监管局、老龄办，国家税务总局各省、自治区、直辖市和计划单列市税务局：

养老服务人才是指具有一定养老服务专业知识和专门技能，为在居家、社区、机构等不同场景养老的老年人提供生活照料、康复服务、紧急救援、精神慰藉、心理咨询等多种形式服务的专门人员，是养老服务从业人员中的骨干力量，主要包括养老服务技能人才、养老服务专业技术人才和养老服务经营管理人才。加强养老服务人才队伍建设，有利于引领和带动整个养老从业人员队伍素质的提升，是实施积极应对人口老龄化国家战略和新时代人才强国战略、推动新时代新征程养老服务高质量发展的重要举措。为贯彻落实党的二十大精神和《中共中央　国务院关于加强新时代老龄工作的意见》《"十四五"国家老龄事业发展和养老服务体系规划》《国家"十四五"期间人才发展规划》等部署要求，加强养老服务人才队伍建设，现提出如下意见。

一、总体要求

（一）指导思想。

以习近平新时代中国特色社会主义思想为指导，深入学习贯彻党的二十大精神，立足新发展阶段，完整、准确、全面贯彻新发展理念，服务加快构建新发展格局，着眼于满足老年人多样化、多层次、高品质养老服务需求，以发展养老服务技能人才为重点，全方位吸引、培养、用好、留住人才，打造一支规模适度、结构合理、德技兼备的养老服务人才队伍，为新时代新征程养老服务高质量发展提供有力人才支撑。

（二）主要原则。

坚持政府主导、社会参与。切实履行政府及相关部门在养老服务人才政策规划、培养使用、激励引导、支持保障等方面职责。推动教育培训、人力资源、养老服务等机构及行业组织发挥各自优势，合力推进养老服务人才队伍建设。

坚持需求导向、提高质量。加强养老服务人才发展中长期规划，扩大总量、提高质量、优化结构，着力加强技能型、复合型人才培养，推动养老服务人才素质规模与人口老龄化发展趋势及广大老年人养老服务需求相适应。

坚持广纳人才、为我所用。坚持以用为本、以岗砺才，打破学历、年龄、身份、地域等限制，在养老服务实践中广纳人才、培养人才、凝聚人才，加快建设专职、兼职和志愿者相结合的养老服务人才队伍。

坚持改革创新、健全机制。建立健全养老服务人才培养、使用、评价、激励机制，破除制约人才发展的体制机制障碍，为养老服务人才干事创业和实现人生价值创造条件，最大限度激发人才内在动力，形成有利于养老服务人才发展的政策环境和社会氛围。

（三）目标任务。

到 2025 年，以养老服务技能人才为重点的养老服务人才队伍规模进一步壮大、素质稳步提升、结构持续优化，人才对养老服务高质量发展的引领支撑作用明显增强。到 2035 年，支持养老服务人才发展的政策环境、行业环境、社会环境持续改善，养老服务人才培养、使用、评价、激励制度机制更加成熟定型。

二、拓宽养老服务人才来源渠道

（四）引导人才到养老服务领域就业创业。结合养老服务岗位特点拓宽用工渠道，落实就业创业扶持政策，支持符合条件的人才到养老服务领域就业创业，对到农村等养老服务基础薄弱地区的加大支持力度。发挥院校培养养老服务人才主渠道作用，支持引导更多职业院校（含技工院校，下同）和普通本科高校养老服务相关专业毕业生对口从事养老服务工作。支持养老服务机构积极参加百万就业见习岗位募集计划，开发针对性就业见习岗位。支持多渠道引进社会工作、康复服务、老年营养、心理咨询等方面专业技术人才及经营管理人才，提升居家社区机构养老服务综合能力和技术水平。支持人口老龄化程度较高、养老服务人才供给不足地区与劳务输出大省开展劳务协作，注重吸纳脱贫人口和防止返贫监测对象到养老服务岗位就业，促进养老服务人才跨地区有序流动。针对农村地区养老服务人才短缺实际，加大政策支持力度，引导更多有能力、有意愿的村民和农村低龄老年人参与提供养老服务，吸引更多养老服务人才返乡入乡就业创业。（民政部、人力资源社会保障部、教育部、财政部、农业农村部按职责分工负责）

（五）支持跨行业跨领域人才流动。支持养老服务机构与家政服务、物业服务等机构开展合作，引导相关人才转型从事养老护理相关工作。支持医务人员到医养结合机构（同时具备医疗卫生资质和养老服务能力的医疗卫生机构或养老机构）执业，并在职称评定等方面享受与其他医疗卫生机构人员同等待遇。支持养老服务机构依照有关规定引进医务人员，事业单位性质的养老服务机构要加大公开招聘力度。积极吸纳退休的医生、护士到养老服务机构内设的医疗机构执业或提供技术指导、技能培训。广泛培养服务于老年人生活照料、健康维护、精神慰藉、法律援助、休闲娱乐等方面的志愿者队伍，鼓励低龄健康老年人积极参与，把老有所为和老有所养相结合，为增加养老服务人才资源提供有益补充。（国家发展改革委、住房城乡建设部、商务部、国家卫生健康委、民政部按职责分工负责）

三、提升养老服务人才素质能力

（六）加强专业教育培养。大力发展养老服务职业教育，结合行业发展需求，支持职业院校开设养老护理、养老服务与管理、康复、老年营养、老年社会工作、老年用品研发制造等相关专业，特别是要侧重失能失智照护等急需紧缺领域，完善学科体系，优化专业布局，扩大招生规模。整合优质高职资源，稳步发展养老服务职业本科教育。加强普通高校本科及以上层次养老服务人才培养，加大对养老服务相关专业建设的支持力度，支持相关专业硕士、博士学位授权点建设，为养老服务行业培养输送更多高层次人才。积极推动养老服务人才培养培训模式创新，鼓励职业院校、普通高校与养老服务机构互设实习实训基地、培养培训基地，积极探索中国特色学徒制，提高"订单式"培养质量。鼓励符合条件的养老服务机构参与举办养老服务类职业院校。支持养老服务机构依托职业院校共建产教融合实训基地，中央预算内投资按照"十四五"教育强国推进工程有关要求予以支持。鼓励支持农村地区养老服务机构采取委托培养、联合培养等产教融合方式，引导职业院校相关专业毕业生到农村地区从事养老服务。（教育部、人力资源社会保障部、民政部、国家发展改革委、农业农村部按职责分工负责）

（七）强化技术技能培训。强化用人单位主体责任，采取集中轮训、岗位练兵、网络培训等多种方式，持续提升养老服务人才能力素质。以实际操作技能和职业道德培训为重点，全面推行就业岗前培训。持续实施职业技能提升培训，将法律知识、职业道德、从业规范、质量意识、健康卫生等要求贯穿养老服务人才职业生涯全过程。支持建设一批以养老服务技能人才为主要培养方向的国家级高技能人才培训基地。鼓励相关院校为养老服务人才学历和非学历继续教育提供机会。用人单位要保障本单位职工参加继续教育的权利。用人单位安排职工参加继续教育的，应保障其学习期间的相关待遇，建立继续教育与工作考核、岗位聘用、职称评聘等挂钩的激励机制。开展养老服务人才培训提升行动，重点对养老护理员、养老院院长、老年社会工作者等进行培训。探索对村级睦邻（邻里）互助点、农村幸福院等的养老服务从业人员开展职业技能培训。（民政部、人力资源社会保障部、教育部、农业农村部按职责分工负责）

四、健全养老服务人才评价机制

（八）拓宽职业发展通道。以养老护理员为试点，完善养老服务技能人才职业技能等级制度，支持具备条件的养老服务企业在现有养老服务技能人才职业技能等级设置基础上，结合实际适当增加或调整技能等级，在高级技师等级之上增设特级技师和首席技师技术职务（岗位），在初级工之下补设学徒工，形成由学徒工、初级工、中级工、高级工、技师、高级技师、特级技师、首席技师构成的新八级工职业技能等级（岗位）序列，培养更多高级别职业技能等级的养老服务技能人才。建立养老服务职业技能等级与相应职称、学历的双向比照认定制度，推进学历教育、非学历教育学习成果与职业技能等级学分转换互认。根据行业发展需要，推进养老服务职业体系建设，加强新职业开发和新工种设置，同步制（修）订相关国家职业标准或行业企业评价规范，为职业技能培训评价提供基本依据。畅通养老服务专业技术人才职业发展通道和评价办法。（人力资源社会保障部、民政部、教育部按职责分工负责）

（九）推进职业水平评价。以养老护理员为试点，加快完善养老服务技能人才职业技能等级社会化认定机制，规范职业技能等级认定机构遴选确定、考核认定和证书颁发。养老服务行业主管部门会同人力资源社会保障部门统筹社会培训评价资源，征集遴选符合资质的单位机构，报经人力资源社会保障部门备案成为职业技能等级认定机构，由其按照国家职业标准相关要求，开展考核认定工作。职业技能等级证书由人力资源社会保障部统一制定编码规则和证书样式，实现全国范围内查询验证。支持符合条件的用人单位自主开展养老服务技能人才职业技能等级评价。推进养老服务领域"学历证书＋若干职业技能等级证书"制度实施。职业技能等级认定结果要与岗位使用有效衔接，并作为薪酬分配的重要参考。加强对第三方评价机构和用人单位评价活动的监督管理，定期组织评估，公开评估结果，按照"谁评价、谁负责、谁发证"的原则，落实评价机构和用人单位主体责任。支持养老服务机构积极吸纳使用社会工作专业人才，鼓励现有养老服务从业人员积极参加社会工作者职业资格评价和学历教育。鼓励在养老服务机构工作的老年社会工作者积极参加高级社会工作师评价并取得职业资格，更好发挥高层次人才示范带动作用。（人力资源社会保障部、教育部、民政部按职责分工落实）

五、重视养老服务人才使用管理

（十）优化岗位配置。引导各类养老服务机构根据功能定位、目标群体、服务特色等，优化管理、专业技术、工勤技能等岗位配置。推动养老服务机构按照评定等级落实养老服务技能人才配比要求，特别是服务失能失智老年人的照护配比。根据需要设置医疗、康复、社会工作、营养、心理咨询等专业技术岗位，配备具有相应职业资格的专业技术人才。支持配强养老院院长和人力资源、财务、质量等方面管理岗位，积极拓展养老顾问等岗位，探索引进职业经理人，着力打造一批懂养老、会运营、擅管理的养老服务经营管理人才，引领提升机构质量管理、规范运营、风险防控能力。依规配齐消防安全、食品安全、物业保障、维修维护、信息管理等工勤岗位。（民政部、人力资源社会保障部按职责分工负责）

（十一）健全人才使用机制。进一步畅通养老服务机构中的技能骨干向专业技术岗位或管理岗位的流动渠道。鼓励技师以上养老服务技能人才在岗位上发挥技能、管理班组、带徒传技。鼓励在养老服务机构等级评定、质量评价、补贴支持等工作中，加大取得职业技能等级证书的养老服务技能人才配置情况所占评价权重，并将其作为养老服务机构参与政府购买服务、项目合作招投标的重要评价指标。鼓励养老服务机构通过内设专业社会工作科室、设置专门岗位或与社会工作服务机构、乡镇（街道）社工站合作等方式，支持社会工作专业人才为老年人提供心理疏导、社会融入、资源链接等服务。事业单位性质的养老服务机构原则上设置以专业社会工作岗位为主体的专业技术岗位。到2025 年，推动实现每千名老年人、每百张养老机构床位均拥有 1 名社会工作者。鼓励养老服务机构设立志愿服务站点，合理安排服务岗位，招募志愿者为老年人提供常态化志愿服务。（民政部、人力资源社会保障部、财政部、市场监管总局按职责分工负责）

（十二）加强人才规范管理。大力开展养老服务人才职业道德教育和养老服务机构诚信经营教育，督促养老服务机构制定员工守则，引导其养成良好品行、提升服务水平，培育安全可靠、值得信赖的养老服务市场环境。发挥养老服务领域行业组织自律作用，制定行业职业道德准则，规范职业行为，积极协调解决养老服务纠纷。建立健全养老服务人才失信惩戒和守信褒扬机制，大力培树诚信经营、爱岗敬业、技能突出、尊老爱老的行业先进典型，依法依规从严惩处欺老虐老、非法集资诈骗等侵害老年人合法权益的行为。对于涉嫌严重违法失信的，依法依规开展失信惩戒。（民政部、国家发展改革委、市场监管总局按职责分工负责）

六、完善养老服务人才保障激励措施

（十三）提高薪酬保障水平。坚持多劳者多得、技高者多得，引导养老服务机构建立基于岗位价值、能力素质、业绩贡献的薪酬分配制度，切实提高养老服务人才薪酬待遇。指导有条件的地区调查发布养老服务人才市场工资价位信息，引导养老服务机构综合考虑从业年限、劳动强度、技能水平等因素，合理确定养老服务人才工资水平，并将工资分配向从事一线工作的员工倾斜。按规定落实养老服务从业人员职业培训补贴、职业技能补贴等政策。强化养老服务机构规范用工意识，依法与员工签订劳动合同或聘用合同，严格按规定参加社会保险。鼓励养老服务机构为员工购买人身意外伤害险或补充医疗保险；积极引进科技助老产品和服务，减轻员工劳动强度、改善工作条件。支持各地探索将养老服务高技能人才纳入城市直接落户范围，其配偶、子女按有关规定享受公共就业、教育、住房等保障服务。养老服务机构劳务派遣人员享受与养老服务机构劳动者同工同酬权利，并按规定享受相应政策待遇。（人力资源社会保障部、财政部、民政部按职责分工负责）

（十四）加大褒扬激励力度。按照国家有关规定开展养老服务先进单位和先进个人表彰活动，表彰对象向基层养老服务机构和一线员工倾斜。定期举办国家级养老护理职业技能竞赛，在全国技能大赛、全国民政行业职业技能竞赛中可设置养老护理等赛项，获奖者按规定享受相应待遇。推动省、市、县开展相关职业技能竞赛活动，完善并落实获奖选手奖励、技能等级晋升等政策。支持符合条件的养老服务技能人才按程序申报建设技能大师工作室。鼓励各地组织开展"最美养老服务工作者"学习宣传活动，大力宣传养老服务人才先进事迹和职业精神，提升养老服务人才职业尊崇感和社会认同度。（人力资源社会保障部、民政部按职责分工负责）

七、强化组织保障

（十五）加强组织领导。坚持党管人才原则，切实加强党对养老服务人才队伍建设的全面领导，地方各级党委和政府要把养老服务人才队伍建设作为落实积极应对人口老龄化国家战略和加快推进新时代人才强国战略的重要内容，纳入经济社会发展和人才队伍建设总体部署和考核范围。民政部门要依托老龄工作和养老服务领导协调机制发挥好牵头作用，负责养老服务人才发展规划编制、政策标准制定、业务指导，协调落实相关发展支持政策。人力资源社会保障部门要协同推进养老服务技能人才、专业技术人才队伍建设，支持完善养老服务人才职业水平评价、职业技能培训和激励政策措施。教育部门要加强养老服务人才专业教育培养，优化完善养老服务相关专业设置，支持和引导各类院校加大养老服务人才培养培训力度。财政部门要协同完善养老服务人才保障激励政策措施。发展改革、住房城乡建设、农业农村、商务、卫生健康、市场监管、税务等部门依职责做好与养老服务人才队伍建设有关的工作。（各相关部门按职责分工负责）

（十六）加强经费保障。地方各级政府要统筹利用现有资金渠道，按规定支持养老服务人才队伍建设。民政部本级和地方各级政府用于社会福利事业的彩票公益金按规定支持养老服务人才队伍建设。积极拓宽社会融资渠道，鼓励各类公益性社会组织、慈善组织加大对养老服务人才队伍建设支持力度。养老服务机构要按规定足额提取职工教育经费，重点用于员工岗位培训、继续教育补贴。符合条件的养老服务机构按国家税收法律法规的统一规定享受相关税收优惠政策。（财政部、民政部、教育部、人力资源社会保障部、税务总局按职责分工负责）

（十七）鼓励探索创新。支持具备一定条件的普通高校、职业院校开展养老服务高层次专业化人才培养项目建设，开发优质教学资源，创新人才培养模式，打造养老服务人才培养高地。以市（地、州、盟）为单位开展养老服务人才改革创新综合试点，支持试点地区在完善人才培养、使用、评价、激励等方面体制机制和政策措施上大胆探索、勇于突破，充分发挥人才改革创新试验田和示范标杆作用。（民政部、教育部、人力资源社会保障部按职责分工负责）

（十八）强化督促指导。发挥全国老龄办统筹协调作用，分解细化相关部门在养老服务人才队伍建设中的职责分工，切实抓好涉及养老服务人才培养、使用、评价、激励等方面政策的落实，及时协调解决政策执行中遇到的重大问题。各地要结合实际细化政策措施，加强部门协同和资源整合，做好政策衔接，加强政策实施情况跟踪监督，建立考核评估机制，确保各项工作落实落地。依托"金民工程"建立全国养老服务人才信息和信用管理系统，逐步与各地养老服务管理信息系统和养老服务机构信息化平台建立数据对接共享机制，完善信息采集和大数据管理，积极开展养老服务人才调查、统计、评估和信用公示。（民政部牵头、各相关部门配合落实）

民政部办公厅关于印发
《养老机构重大事故隐患判定标准》的通知

民办发〔2023〕13号 2023年11月27日

各省、自治区、直辖市民政厅（局），新疆生产建设兵团民政局：

现将《养老机构重大事故隐患判定标准》（以下简称《标准》）印发给你们，请认真贯彻执行。

各地民政部门要将《标准》作为养老机构监管的重要依据，单独或者联合有关部门在养老机构行政检查中加强重大事故隐患排查治理工作。养老机构要依法落实重大事故隐患排查治理主体责任，彻底排查、准确判定、及时消除各类重大事故隐患，坚决防范和遏制重特大事故发生。

养老机构重大事故隐患判定标准

第一条 为了合理判定、及时消除养老机构重大事故隐患，根据《中华人民共和国安全生产法》《中华人民共和国消防法》《中华人民共和国特种设备安全法》《养老机构管理办法》《养老机构服务安全基本规范》等法律法规和强制性标准，制定本标准。

第二条 养老机构未落实安全管理有关法律法规和强制性标准等基本要求，可能导致人员重大伤亡、财产重大损失的，应当判定为存在重大事故隐患。

第三条 养老机构重大事故隐患主要包括以下几方面：

（一）重要设施设备存在严重缺陷；

（二）安全生产相关资格资质不符合法定要求；

（三）日常管理存在严重问题；

（四）严重违法违规提供服务；

（五）其他可能导致人员重大伤亡、财产重大损失的重大事故隐患。

第四条 养老机构重要设施设备存在严重缺陷主要指：

（一）建筑设施经鉴定属于 C 级、D 级危房或者经住房城乡建设部门研判建筑安全存在重大隐患；

（二）经住房城乡建设、消防等部门检查或者第三方专业机构评估判定建筑防火设计、消防、电气、燃气等设施设备不符合法律法规和强制性标准的要求，不具备消防安全技术条件，存在重大事故隐患；

（三）违规使用易燃可燃材料为芯材的彩钢板搭建有人活动的建筑或者大量使用易燃可燃材料装修装饰；

（四）使用未取得许可生产、未经检验或者检验不合格、国家明令淘汰、已经报废的电梯、锅炉、氧气管道等特种设备。

第五条 养老机构安全生产相关资格资质不符合要求主要指：

（一）内设医疗机构的，未依法取得医疗机构执业许可证或者未依法办理备案；

（二）内设食堂的，未依法取得食品经营许可证；

（三）使用未取得相应资格的人员从事特种设备安全管理、检测等工作；

（四）使用未取得相关证书，不能熟练操作消防控制设备人员担任消防控制室值班人员；

（五）允许未经专门培训并取得相应资格的电工、气焊等特种作业人员上岗作业。

第六条 养老机构日常管理存在严重问题主要指：

（一）未建立安保、消防、食品等各项安全管理制度或者未落实相关安全责任制；

（二）未对特种设备、电气、燃气、安保、消防、报警、应急救援等设施设备进行定期检测和经常性维护、保养，导致无法正常使用；

（三）未按规定制定突发事件应急预案或者未定期组织开展应急演练；

（四）未落实 24 小时值班制度、未进行日常安全巡查检查或者对巡查检查发现的突出安全问题未予以整改；

（五）未定期进行安全生产教育和培训，相关工作人员不会操作消防、安保等设施设备，不掌握疏散逃生路线；

（六）因施工等特殊情况需要进行电气焊等明火作业，未按规定办理动火审批手续。

第七条 养老机构严重违法违规提供服务主要指：

（一）将老年人居室或者休息室设置在地下室、半地下室；

（二）内设食堂的，未严格执行原料控制、餐具饮具清洗消毒、食品留样等制度；

（三）向未取得食品生产经营许可的供餐单位订餐或者未按照要求对订购的食品进行查验；

（四）发现老年人患有可能对公共卫生造成重大危害的传染病，未按照相关规定处置。

第八条 其他可能导致人员重大伤亡、财产重大损失的重大事故隐患主要指：

（一）养老机构选址不符合国家有关规定，未与易燃易爆、有毒有害等危险品的生产、经营场所保持安全距离或者设置在自然资源等部门判定存在重大自然灾害高风险区域内；

（二）疏散通道、安全出口、消防车通道被占用、堵塞、封闭；

（三）未设置应急照明、疏散指示标志、安全出口指示标志或者相关指示标志被遮挡。

第九条 相关法律法规和强制性标准对养老机构重大事故隐患判定另有规定的，适用其规定。

第十条 对于情况复杂，难以直接判定是否为重大事故隐患的，各地民政部门可以商请有关部门或者组织有关专家，依据相关法律、法规和强制性标准等，研究论证后综合判定。

第十一条 各地民政部门可以根据本标准，结合实际细化本行政区域内养老机构重大事故隐患判定标准。

第十二条 本标准自公布之日起施行，有效期五年。

民政部办公厅关于开展"养老服务监管效能提升年"活动的通知

民办函〔2023〕21 号 　　　　　　　　　　　2023 年 3 月 31 日

各省、自治区、直辖市民政厅（局），新疆生产建设兵团民政局：

为深入学习贯彻党的二十大精神，落实《2023 年民政工作要点》关于"养老服务监管效能提升年"活动部署，进一步提升养老服务监管效能，促进养老服务高质量发展，现就开展"养老服务监管效能提升年"活动有关事项通知如下：

一、总体要求

以习近平新时代中国特色社会主义思想为指导，贯彻落实国务院关于深入推进跨部门综合监管、进一步提高政府监管效能、推动高质量发展等决策部署，进一步压紧压实属地责任，推动养老服务监管制度持续完善，监管机制不断健全，监管能力不断提升，监管成效更加突出。

二、重点任务

（一）进行监管政策评估。民政部将委托第三方对全国养老服务监管制度建设、机制运行、能力提升、工作成效等方面进行全面评估，总结近年来养老服务监管工作取得的成绩，查找问题不足。各省级民政部门要对本辖区内养老服务监管工作情况进行自查自评，全面摸清底数并于 4 月 30 日前报送《养老服务监管效能评估表》（附件 1）。

（二）开展专项整治提升。民政部将根据养老服务监管效能评估情况，及时向省级民政部门反馈发现的问题不足。各地民政部门要针对养老服务监管工作短板弱项开展专项整治提升，切实提升本地区养老服务监管效能。省级民政部门要将专项整治提升情况于 8 月 1 日前报送民政部养老服务司。

（三）推进重点工作。推动健全跨部门协同监管机制。持续推进养老服务"双随机、一公开"监管落实落地。强化标准化工作，落实强制性国家标准。全面推开养老机构等级评定。进一步加强养老服务信用监管。深入推进养老服务政务公开和服务质量信息公开。宣贯落实《养老机构行政检查办法》，规范行政检查行为。健全完善养老机构突发事件应对措施，持续排查整治养老机构各类安全隐患和欺老虐老行为。

（四）加强创新探索。各地民政部门要结合本地实际，在居家社区养老服务、孤寡老年人监护服务、行政执法检查队伍建设、养老服务地方性立法等新领域、薄弱环节加强探索创新，为完善监管制度机制提供经验。

（五）加强信息化监管能力建设。加快推进"金民工程"全国养老服务信息系统重构和完善，开发和改进养老机构备案管理、信用监管、行政检查、等级评定、疫情防控等信息模块。各地民政部门要督促指导工作人员和养老机构使用全国养老服务信息系统有关功能，推动信息系统不断完善，充分发挥信息系统在养老服务监管中的重要支撑作用。

（六）适时召开全国养老服务监管工作会议。全面总结近年养老服务监管工作成效，交流监管工作经验，分析养老服务监管面临的新形势新情况，明确新形势下养老服务监管的重点方向和目标任务。

（七）健全长效机制。各地民政部门要统筹养老服务发展与安全，融监管于服务中，把提升养老服务监管效能的好经验好做法和需要从体制机制上解决的监管困难问题纳入养老服务工作整体部署，进一步完善监管政策体系，推动养老服务监管不断取得新成效。

三、组织保障

（一）做好组织实施。"养老服务监管效能提升年"活动分三个阶段：第一阶段 2023 年 3 月至 5 月，主要任务为开展养老服务监管效能评估；第二阶段为 2023 年 6 月至 8 月，主要任务为根据评估发现问题开展专项整治提升、推进年度重点工作；第三阶段为 2023 年 9 月至年底，主要任务为进行效能提升年总结，适时召开全国养老服务监管工作会议，健全长效机制。各地民政部门要按照进度扎实推进有关工作。省级民政部门要将"养老服务监管效能提升年"工作纳入年度重点工作范围，制定本辖区实施方案或细则，加强督促落实。省级民政部门确定一名熟悉工作的同志作为联络员（附件2），负责对接协调"养老服务监管效能提升年"相关工作。

（二）压紧压实责任。各地民政部门要强化责任担当，细化责任分工，根据本地区养老服务监管问题和短板弱项，形成问题清单、措施清单、责任清单，建立工作台账，逐项整改，对账销号，力争实现养老服务监管效能全面提升。

（三）加强宣传引导。各地要积极宣传普及养老服务监管法律法规，依法公开监管执法有关信息，及时曝光各类典型案件，发挥警示教育作用。要积极宣传加强养老服务监管的经验做法，相互学习借鉴，拓展思路方法。

附件 1：

养老服务监管效能评估表

省份：　　　　　联系人：　　　　　时间：　　年　月　日

一级指标	二级指标	已完成情况及佐证材料	未完成说明	政策依据和任务来源
1. 制度建设	1.1 是否制定涉及养老服务监管的地方性法规（包括省级、有代表性市级制定的养老服务条例等）			《中华人民共和国老年人权益保护法》《中华人民共和国民法典》
	1.2 是否制定省级层面养老服务综合监管制度文件			《国务院办公厅关于建立健全养老服务综合监管制度促进养老服务高质量发展的意见》
	1.3 是否制定省级层面"双随机、一公开"政策文件			《民政部 住房和城乡建设部 市场监管总局关于推进养老机构"双随机、一公开"监管的指导意见》
	1.4 是否制定省级层面养老服务市场失信联合惩戒对象名单管理政策文件			《民政部关于印发〈养老服务市场失信联合惩戒对象名单管理办法（试行）〉的通知》
	1.5 是否制定省级层面养老机构等级评定配套政策文件（包括等级评定管理办法、等级评定工作指导意见、等级评定实施细则等）			《民政部关于加快建立全国统一养老机构等级评定体系的指导意见》
	1.6 是否研究制定省级层面解决养老机构消防审验问题政策文件			《国务院办公厅关于推进养老服务发展的意见》
	1.7 是否制定省级层面养老服务应急救援体系建设相关政策文件或标准			《"十四五"民政事业发展规划》

一级指标	二级指标	已完成情况及佐证材料	未完成说明	政策依据和任务来源
1. 制度建设	1.8 养老服务领域政务及服务质量信息公开制度建设(包含省级层面专项政策,以及养老服务综合政策、信息公开相关政策中包含养老服务政务及服务质量信息公开有关要求的政策)			《民政部办公厅关于印发社会救助和养老服务领域基层政务公开标准指引的通知》《民政部办公厅关于印发养老服务质量信息公开标准指引的通知》《民政部办公厅关于开展2022年养老服务领域政务信息及服务质量信息公开工作评估的通知》
	1.9 是否制定省级层面或地市层面居家社区养老服务等新发展新业态监管创新性制度文件			—
	1.10 是否制定省级层面或有代表性地市层面的养老服务监管领域地方性标准			《"十四五"民政事业发展规划》
2. 机制运行	2.1 是否建立并运行各司其职、各尽其责的养老服务跨部门协同监管机制			《国务院办公厅关于推进养老服务发展的意见》《国务院办公厅关于建立健全养老服务综合监管制度促进养老服务高质量发展的意见》
	2.2 是否建立并运行养老机构"双随机、一公开"监管机制(包括是否编制统一的随机抽查事项清单、建立统一的检查对象名录库和执法检查人员名录库、制定统一的随机抽查工作规范、制定年度抽查计划、公示抽查检查结果、依法处置抽查检查发现的问题等)			《国务院办公厅关于建立健全养老服务综合监管制度促进养老服务高质量发展的意见》《民政部 住房和城乡建设部 市场监管总局关于推进养老机构"双随机、一公开"监管的指导意见》

一级指标	二级指标	已完成情况及佐证材料	未完成说明	政策依据和任务来源
2. 机制运行	2.3 是否建立并运行养老服务市场失信联合惩戒对象名单管理机制,公布失信联合惩戒对象名单并实施惩戒			《民政部关于印发〈养老服务市场失信联合惩戒对象名单管理办法（试行）〉的通知》
	2.4 是否做到民政、住房和城乡建设、市场监管等部门监管对象、监管行为、监管结果等相关数据的互相推送,建立定期通报的工作机制,做好信息交换和风险研判			《民政部 住房和城乡建设部 市场监管总局关于推进养老机构"双随机、一公开"监管的指导意见》
	2.5 是否对已经备案的养老机构,备案民政部门应当自备案之日起 20 个工作日以内进行现场检查,并核实备案信息			《养老机构管理办法》
	2.6 是否对未备案的养老机构,服务场所所在地的县级人民政府民政部门应当自发现其收住老年人之日起 20 个工作日以内进行现场检查,并督促及时备案			《养老机构管理办法》
	2.7 是否做到养老机构登记管理机关、备案机关信息系统互联互通、数据共享			《养老机构管理办法》
	2.8 是否按照规定建立养老机构入院评估机制并根据评估情况确定照护等级签订服务协议			《养老机构管理办法》
	2.9 是否确定养老机构等级评定组织、开展评定业务培训、规范评定程序、细化评定标准、加强动态监督、做好衔接互认等工作			《民政部关于加快建立全国统一养老机构等级评定体系的指导意见》

一级指标	二级指标	已完成情况及佐证材料	未完成说明	政策依据和任务来源
2. 机制运行	2.10 是否建立养老机构服务纠纷处理机制,引导养老机构通过自愿协商、人民调解、依法裁判等途径解决矛盾纠纷情况(提供判例文书、人民调解函等文书)			《民政部 中央政法委 最高人民法院 最高人民检察院 公安部 司法部关于规范养老机构服务行为做好服务纠纷处理工作的意见》
	2.11 是否建立推动《养老机构服务安全基本规范》强制性国家标准落实落地的机制(开展常态化抽查检查、纳入行政处罚等)			《民政部办公厅关于开展〈养老机构服务安全基本规范〉强制性国家标准实施情况评估的通知》《养老机构服务安全基本规范》
3. 能力提升	3.1 是否建立养老服务监管执法队伍(包括综合执法队伍或专门执法队伍,提供全省已建立的养老服务执法队伍的数据及情况)			—
	3.2 是否在养老服务行政执法中推行行政执法公示制度、执法全过程记录制度、重大执法决定法制审核制度等"三项制度"			《国务院办公厅关于全面推行行政执法公示制度、执法全过程记录制度、重大执法决定法制审核制的指导意见》
	3.3 是否常态化开展养老服务监管法规政策培训宣传,提高基层民政部门养老服务监管执法能力			—
	3.4 是否加强依法履职所需的技术、设备、经费等方面的保障(提供数据、案例)			《国务院办公厅关于建立健全养老服务综合监管制度促进养老服务高质量发展的意见》
	3.5 是否每年对辖区内所有养老机构服务安全和质量进行不少于一次的现场检查(通过"金民工程"全国养老服务信息系统数据体现)			《养老机构管理办法》

一级指标	二级指标	已完成情况及佐证材料	未完成说明	政策依据和任务来源
3. 能力提升	3.6 是否通过信息化手段加强养老机构备案管理、信用监管、行政检查、等级评定、疫情防控等监管工作			《养老机构管理办法》
4. 监管成效	4.1 对养老服务机构消防、建筑、食品、医疗卫生、服务安全等各类安全隐患定期开展排查整治情况(提供数据)			《国务院办公厅关于建立健全养老服务综合监管制度促进养老服务高质量发展的意见》
	4.2 对辖区内养老机构开展行政处罚、行政强制等行政执法情况(提供具体数据和案例)			《养老机构管理办法》
	4.3 是否通过门户网站、地方政府信用网站、全国养老服务信息系统、国家企业信用信息公示系统、"信用中国"网站等渠道发布本辖区联合惩戒对象名单			《民政部关于印发〈养老服务市场失信联合惩戒对象名单管理办法(试行)〉的通知》
	4.4 符合《养老机构服务安全基本规范》强制性国家标准的养老机构数量			《养老机构服务安全基本规范》
	4.5 开展养老机构等级评定工作的覆盖率(完成等级评定的养老机构占养老机构总数的比例)			《民政部关于加快建立全国统一养老机构等级评定体系的指导意见》
	4.6 评定为一级至二级服务等级的乡镇级公办养老机构建有率(填写评定为一级至二级服务等级的乡镇级公办养老机构占乡镇级公办养老机构总数的比例)			《"十四五"国家老龄事业发展和养老服务体系规划》《民政部关于加快建立全国统一养老机构等级评定体系的指导意见》

一级指标	二级指标	已完成情况及佐证材料	未完成说明	政策依据和任务来源
4. 监管成效	4.7 评定为二级至三级服务等级的县级公办养老机构建有率(填写评定为二级至三级服务等级的县级公办养老机构建有率占县级公办养老机构总数的比例)			《"十四五"国家老龄事业发展和养老服务体系规划》《民政部关于加快建立全国统一养老机构等级评定体系的指导意见》
	4.8 为居家老年人提供配餐助餐服务的社区老年餐桌、老年食堂等,是否依法取得食品生产经营许可,依照法律法规和食品安全标准从事食品经营行为(需说明是全面落实还是部分市县落实)			《民政部 市场监管总局关于强化养老服务领域食品安全管理的意见》
	4.9 辖区内养老机构完成消防审验或备案情况(填写具体数字和比例,对未完成的分类说明原因)			《国务院办公厅关于推进养老服务发展的意见》
	4.10 化解养老机构服务纠纷的成功案例			《民政部 中央政法委 最高人民法院 最高人民检察院 公安部 司法部关于规范养老机构服务行为做好服务纠纷处理工作的意见》
	4.11 是否公开养老服务通用政策(包含 2013 年以来,国家和地方层面养老服务相关法律、法规、政策文件;本地区养老服务扶持政策措施清单、投资指南等)			《民政部办公厅关于印发社会救助和养老服务领域基层政务公开标准指引的通知》《民政部办公厅关于印发养老服务质量信息公开标准指引的通知》
	4.12 是否公开养老服务业务办理情况(包含本区域养老机构备案办理指南、养老机构等级评定有关指引和办事要求、养老服务扶持补贴办理指南、老年人补贴申请指南等)			《民政部办公厅关于印发社会救助和养老服务领域基层政务公开标准指引的通知》《民政部办公厅关于印发养老服务质量信息公开标准指引的通知》

一级指标	二级指标	已完成情况及佐证材料	未完成说明	政策依据和任务来源
4. 监管成效	4.13 是否公开养老服务行业管理信息(包含本区域养老机构备案信息、养老机构等级结果、养老机构相关资质信息、养老机构行政处罚结果等)			《民政部办公厅关于印发社会救助和养老服务领域基层政务公开标准指引的通知》《民政部办公厅关于印发养老服务质量信息公开标准指引的通知》
	4.14 是否公开养老机构服务质量信息(包含各养老机构服务内容、收费标准和收费方式)			《民政部办公厅关于印发社会救助和养老服务领域基层政务公开标准指引的通知》《民政部办公厅关于印发养老服务质量信息公开标准指引的通知》
	4.15《民政部 公安部 市场监管总局 中国银保监会关于加强养老机构非法集资防范化解工作的意见》宣传贯彻情况			《民政部 公安部 市场监管总局 中国银保监会关于加强养老机构非法集资防范化解工作的意见》
	4.16《养老机构行政检查办法》宣传贯彻情况			《养老机构行政检查办法》
	4.17 先行先试建立区域性养老应急救援技术服务中心等情况			《"十四五"民政事业发展规划》

填表说明:已完成情况中如果仅完成指标部分内容或仅有省内部分地区完成的,需分类说明情况,详细说明已完成的内容和已完成的地区;如未完成需填写未完成说明;佐证材料按照评估指标顺序分类命名排序打包压缩作为附件。

附件2:

"养老服务监管效能提升年" 联络员信息表

省份	姓名	职务	联系方式（手机号码）

民政部办公厅 财政部办公厅 关于开展 2023 年居家和社区基本养老服务 提升行动项目申报和组织实施工作的通知

民办函〔2023〕31 号　　　　　　　　　　　　2023 年 4 月 23 日

各省、自治区、直辖市民政厅（局）、财政厅（局），新疆生产建设兵团民政局、财政局：

为贯彻实施积极应对人口老龄化国家战略，构建居家社区机构相协调、医养康养相结合的养老服务体系，中央财政继续安排中央专项彩票公益金，支持一批地区实施 2023 年居家和社区基本养老服务提升行动项目（以下简称"项目"）。现就项目申报和组织实施有关事项通知如下：

一、工作目标

通过中央专项彩票公益金支持，面向经济困难的失能部分失能老年人建设 10 万张家庭养老床位、提供 20 万人次居家养老上门服务。发挥项目示范带动作用，引导更多专业优质资源投入居家和社区基本养老服务，鼓励在设施建设、机构培育、人才培养、服务创新等方面积极探索，形成可复制可推广的居家和社区养老服务有效模式，建立健全居家和社区基本养老服务高质量发展制度机制。

二、支持重点和范围

（一）建设家庭养老床位。支持项目地区为符合条件的经济困难的失能部分失能老年人建设家庭养老床位，对其居家主要活动区域和部位进行适老化改造和智能化改造。

（二）提供居家养老上门服务。支持项目地区为符合条件的经济困难的失能部分失能老年人提供生活照料、基础照护、探访关爱、健康管理、委托代办、精神慰藉等上门服务。项目提供居家养老上门服务的 1 人次是指项目执行周期内须为同一位服务对象累计提供不少于 30 次居家养老上门服务。

项目实施周期为 1 年，项目地区应提前做好项目实施准备工作，待中央财政补助资金下达后，切实采取措施加快项目预算执行进度，有关结转结余资金管理按照《中央专项彩票公益金支持居家和社区基本养老服务提升行动项目资金管理办法》（财社〔2021〕56 号）有关规定执行。

三、申报条件和程序

（一）申报主体。项目申报主体为地级市（含直辖市的区县）、计划单列市、副省级城市。申报地区应在本省（自治区、直辖市，含兵团，以下统称省）经济社会发展水平、人口规模、老龄化程度等方面具有代表性；具备较好的居家和社区养老服务工作基础和项目实施条件；对居家和社区基本养老服务体系建设有务实可行的制度设计。

（二）申报材料。项目地区应根据《项目申报书编制提纲》（附件 1）编写项目申报书，内容包括基础数据、养老服务工作概况、两项重点任务推进安排、居家和社区基本养老服务体系建设安排、组织保障措施等，并附上必要佐证材料。同时，要根据当地 60 周岁及以上老年人数量、低收入老年人数量、失能部分失能老年人数量等情况，据实测算填写项目绩效目标申报表。

（三）申报程序。申报地区民政、财政部门联合行文向省级民政、财政部门提交项目申报书及佐证材料等申报材料。省级民政、财政部门对申报材料进行审核，择优推荐不超过 3 个地区，联合行文报民政部、财政部。计划单列市所在省如申报计划单列市，可在此基础上增加 1 个申报名额，计划单列市由所在省统一组织申报。民政部、财政部将组织专家对各省推荐地区开展遴选，根据东、中、西部不同情况评选出若干项目地区。评审结果按程序向社会公示，公示期满后确定入选项目地区名单。

（四）报送要求。省级民政、财政部门应于 5 月 5 日前联合行文将申报材料纸质版（一式两份）分别报送民政部、财政部，将电子版发送至指定电子邮箱。申报地区要对申报材料真实性、准确性负责，省级民政部门、财政部门要认真审核把关，严禁对基础数据弄虚作假，严禁不切实际申请补助资金和设定绩效目标。

四、工作要求

（一）严格项目管理。民政部会同财政部对项目进行标准化、信息化管理，制定家庭养老床位建设和居家养老上门服务实施标准（附件 2），完善"金民工程"全国养老服务信息系统项目信息采集模块，探索实现全流程信息化管理。民政部、财政部将根据平台反映各地项目开展情况，按季度进行调度，项目开展情况将纳入综合绩效评价管理。对评价排名靠后，上一年项目资金执行率低或存在重大舆情、审计等问题的项目地区，将核减其所在省份下一年度入选项目地区数量。

（二）压实工作责任。省级民政、财政部门要加强工作衔接配合，落实项目实施监督管理责任，中央财政补助资金预算下达后要及时足额拨付项目地区，密切跟踪项目地区任务开展、资金使用、配套支持等情况，发现问题及时督促整改。项目地区要切实履行主体责任，结合实际制定项目实施方案，按照"一人一案"原则建立台账，明确服务对象基本信息及需求登记，根据项目实施方案和配套标准规范，认真细化服务方案；按照政府采购要求择优遴选服务提供主体，加强对产品和服务情况的验收；严格落实项目资金管理办法，按照项目支持范围、执行周期、使用要求等规范使用资金。

（三）完善保障措施。省级民政部门要指导项目地区结合实际制定本地区居家和社区基本养老服务清单，加强与项目支持对象和范围的有效衔接，特别是要注重特殊困难老年人家庭适老化改造与家庭养老床位建设的衔接，避免重复改造或改造不到位。要推动项目地区在完善养老服务设施场地、培育专业机构、建设信息平台、培养服务人才、挖掘消费潜力等方面统筹规划、一体推进，为项目实施提供基础支撑。中央补助资金执行完毕后，项目地区要继续给予政策扶持和资金支持，保障居家和社区养老服务供给，确保项目产出绩效可持续。

（四）加强宣传推广。省级民政部门要指导项目地区加强项目政策宣讲及实施情况宣传，将专业化的居家和社区养老服务理念和实践传递到千家万户。要注重发掘总结项目地区典型案例和有益探索，将好的经验做法在更大范围复制推广，推动项目取得点上突破、面上拓展的良好效果。

各省级民政部门、财政部门应于 2023 年 7 月底前将审核同意的项目地区实施方案报送民政部、财政部。各省级民政部门应于中央财政补助资金预算下达后每半年向民政部提交项目半年工作进展情况报告并抄送财政部。

附件 1：

项目申报书编制提纲

一、基础数据

提供项目地区老年人基本情况，主要包括：1. 60 周岁及以上老年人数（指项目地区户籍人口中 60 周岁及以上老年人数量）；2. 低收入老年人数量

（指低保、低保边缘家庭中的老年人，并可视情扩大到当地人均可支配收入统计口径中处于低收入组和中低收入组的老年人，要分类列明老年人数量）；

3. 失能部分失能老年人数量［指根据《老年人能力评估规范》（GB/T42195—2022）等标准评估为失能、部分失能的老年人，中重度残疾老年人等群体］；

4. 居家和社区养老服务设施数量［指项目地区县（市、区、旗）、街道（乡镇）层面区域养老服务中心数量与社区养老服务设施数量之和，前者是指服务半径辐射县（市、区、旗）、街道（乡镇），具备全日托养、日间照料、上门服务、区域协调指导等综合功能的养老服务设施；后者是指主要以社区老年人为服务对象，提供日间照料、康复护理、精神慰藉、上门照护、紧急救援等养老服务的设施和场所，没有床位的居家和社区养老服务设施（如老年助餐点、社区居民活动中心）不纳入统计范围］。

二、养老服务工作概况

概述本地区养老服务工作总体情况，特别是居家和社区养老服务工作开展情况，内容包括但不限于：养老服务工作领导协调机制建立情况（明确牵头人及职务），近两年省、市、县三级对居家和社区养老服务的财政投入情况（分别明确具体数额），出台居家和社区养老服务支持政策情况（明确具体文件名称及解决的问题），取得的工作成效。

三、重点任务推进安排

（一）建设家庭养老床位。包括但不限于：此项任务现有工作基础，整体进度安排，评估确认服务对象的安排，制定建设标准或服务清单的安排，遴选各环节服务和产品供应主体的安排，服务质量过程管理和竣工验收的安排，项目结束后持续推进的安排。

（二）发展居家养老上门服务。包括但不限于：此项任务现有工作基础，整体进度安排，评估确认服务对象的安排，制定服务标准或清单的安排，遴选服务供应主体的安排，服务质量过程管理和质量验收的安排，项目结束后持续推进的安排。

四、居家和社区基本养老服务体系建设安排

（一）建立居家和社区基本养老服务清单。包括但不限于：此项任务现有工作基础，制定本地区基本养老服务具体实施方案及清单的安排，对服务对象、服务内容、服务标准及服务供给、服务保障、服务监管等方面的考虑。

（二）建设示范性居家社区养老服务网络。包括但不限于：此项任务现阶

段建设情况，持续完善本地区示范性居家社区养老服务网络的工作安排。

（三）加强养老服务人才队伍建设。包括但不限于：此项任务现有工作基础；完善本地区养老服务人才培养、使用、评价、激励政策措施的安排；发展壮大养老护理员队伍的安排；开展养老服务人才培养培训和技能提升方面的安排。

（四）完善相关支持政策。包括但不限于：完善社区养老服务设施场地、引入社会力量运营、推进信息平台建设及智慧场景运用、赋能家庭养老、发展养老志愿服务和互助养老、完善居家和社区养老服务标准和监管模式等方面的工作亮点和政策安排。

五、组织实施保障

从组织保障、资金保障、政策保障等方面，介绍保障居家和社区基本养老服务提升行动项目有序开展的具体措施。

内容包括但不限于：制定中央财政补助资金使用管理办法，明确中央财政补助资金执行计划，对中央财政补助资金支出开展绩效评价。地方投入情况，包括省级政府和部门给予的政策和资金支持，以及项目实施地区在项目实施周期及到期后2年内配套政策和资金支持等安排，拟建立的长效机制等。

附件：项目绩效目标申报表（略）

附件2：

家庭养老床位建设和居家养老上门服务实施标准

为推进2023年居家和社区基本养老服务提升行动项目规范实施，现就项目支持的家庭养老床位建设和居家养老上门服务两项重点任务，制定实施标准如下。

一、服务对象

项目服务对象为项目地区符合条件的经济困难的失能部分失能老年人，综合其身体健康状况、居家环境条件、自我意愿等因素，对适宜建设家庭养老床位的，为其建设家庭养老床位；对未建设家庭养老床位但有居家养老服务需求的，提供居家养老上门服务。

二、服务提供主体

按照政府采购规定，遴选确定具备资质条件的服务提供主体，其中，建设家庭养老床位涉及的适老化改造和智能化改造，可由依法设立、具备相应资质、信誉良好的养老机构、居家社区养老服务机构或家装、通信、科技类企业承接；居家养老上门服务可由依法设立的居家社区养老服务机构或经营范围和组织章程中含有养老服务的其他企事业单位和社会组织承接，支持优先选择连锁化品牌化运营的居家社区养老服务机构。

三、服务内容和基本要求

（一）建设家庭养老床位。根据服务对象失能状况、居家环境条件等情况，对其居家环境关键区域或部位进行适老化改造，按需安装网络连接、紧急呼叫、活动监测等智能化设备，并视情配备助行、助餐、感知类老年用品。此前已进行相关改造并具备相应功能的不重复改造（适老化改造、智能化改造和老年用品配备可参考附 1）。建设的家庭养老床位应有效增强服务对象居家生活的安全性、便利性和舒适性，并能够通过智能化手段进行远程监测和动态管理，对服务对象服务需求和异常情况及时响应和进行应急处置。

（二）提供居家养老上门服务。服务内容包括但不限于生活照护、基础护理、探访关爱、健康管理、委托代办、精神慰藉等（服务内容可参考附 2）。项目周期内，应为每位服务对象累计提供不少于 30 次的居家养老上门服务。

四、服务流程

（一）摸底评估。项目地区对辖区内符合条件的经济困难的失能部分失能老年人等群体组织开展排查摸底，聘请专业机构按照相关标准对老年人进行综合能力评估和经济状况评估，确定服务对象。

（二）按需建账。项目地区以综合能力评估结果为基本依据，结合服务对象意愿，对每位服务对象进行基本信息和需求登记，建立工作台账。

（三）政府采购。项目地区按照政府采购有关规定，遴选确定建设家庭养老床位和提供居家上门服务的承接主体。

（四）项目实施。服务提供主体根据每位服务对象具体情况，结合项目相关执行标准和周期，制定家庭养老床位建设或居家养老上门服务的具体方案，明确实施内容、服务标准、进度安排等，经服务对象确认后按计划实施，并通过"金民工程"全国养老服务信息管理系统"居家和社区基本养老服务提升行动项目"模块上传工作进展情况。

（五）评估验收。项目地区民政、财政部门对项目实施情况进行评估验收，将验收结果作为标的支付、项目竣工的主要依据。

五、补助标准

项目地区应综合考虑服务老年人数量、服务需求、补助资金额度等情况，在满足家庭养老床位建设要求、保证居家养老上门服务频次和质量的前提下，合理确定每位老年人的补助标准。属于当地基本养老服务项目范围、中央财政补助资金不足以支付的部分，由项目地区统筹地方财政补助资金予以补足；属于基本养老服务项目以外、服务对象自愿付费的部分，由服务对象或其代理人与服务提供主体签订服务合同予以明确。

附1

家庭养老床位基本项目参考清单

一、适老化改造

序号	类别	项目名称	具体内容	项目类型
1	地面改造	防滑处理	在卫生间、厨房、卧室等区域,铺设防滑砖或者防滑地胶	基础
2		高差处理	铺设水泥坡道或者加设橡胶等材质的可移动式坡道	基础
3	门改造	门槛移除	移除门槛,便利老年人进出	可选
4		房门拓宽	对卫生间、厨房等空间较窄的门洞进行拓宽,改善通过性,方便轮椅进出	可选
5		下压式门把手改造	可用单手手掌或者手指轻松操作,增加摩擦力和稳定性,方便老年人开门	可选
6	卧室改造	安装床边护栏（抓杆）	辅助老年人起身、上下床,防止翻身滚下床	基础
7		配置护理床	帮助失能老年人完成起身、侧翻、上下床、吃饭等动作,辅助喂食、处理排泄物等	可选
8		配置防压疮垫	避免长期乘坐轮椅或卧床的老年人发生严重压疮,包括防压疮坐垫、靠垫或床垫等	可选

序号	类别	项目名称	具体内容	项目类型
9	如厕洗浴设备改造	安装扶手	在如厕区或者洗浴区安装扶手,包括一字形扶手、U 形扶手、L 形扶手、135°扶手、T 形扶手或者助力扶手等	基础
10		配置淋浴椅	辅助老年人洗澡用,避免老年人滑倒	基础
11	物理环境改造	灯源改造	安装自动感应灯,辅助老年人起夜使用	基础
12		电源插座及开关改造	根据情况进行高/低位、大面板、夜间指示改造,方便老年人使用	可选
13		安装防撞护角/防撞条、提示标识	在家具尖角或墙角安装防撞护角或者防撞条,必要时粘贴警示条	可选

二、智能化改造

序号	类别	项目名称	具体内容	项目类型
14	网络连接设备	Wi-Fi 路由器	保证相关智能设备数据的传送和服务响应	基础
15		无线网卡		(任选其一)
16	紧急呼叫设备	紧急呼叫器	安装在床头、卫生间等关键位置,老年人出现危机情况便于一键呼叫	基础
17	生命体征监测设备	智能腕表	动态监测和记录老年人呼吸、心率等参数,发现异常自动提醒	基础
18	安全监控装置	烟雾报警器	安装在居家响应位置,用于监测老年人居室环境,发生险情时及时报警	基础
19		可燃气体泄漏报警器		可选
20		溢水报警器		可选
21	视频或语音通话设备	智能监控摄像头	双向实时视频或语音通话,及时准确掌握老人在家实时情况	基础
22	智能感应设备	门磁感应器	装在门或窗等位置,实时监测门窗开闭状态,触发即时报警	可选
23		红外探测器	安装在卧室、客厅等老年人频繁活动区域,探测老年人活动情况	可选

三、老年用品

序号	类别	项目名称	具体内容	项目类型
24	老年用品	手杖	辅助老年人平稳站立和行走,包含三脚或四脚手杖、凳拐等	5项任选其三
25		轮椅/助行器	辅助家人、照护人员推行/帮助老年人站立行走,扩大老年人活动空间	
26		放大装置	运用光学/电子原理进行影像放大,方便老年人使用	
27		自助进食器具	辅助老年人进食,包括防撒碗(盘)、助食筷、弯柄勺(叉)、饮水杯(壶)	
28		助听器	帮助老年人听清声音来源,增加与周围的交流,包括盒式助听器、耳内助听器、耳背助听器、骨传导助听器等	

注:中央财政补助资金对符合条件的服务对象予以补助支持的项目分为基础项目和可选项目,基础项目是必须配置的项目,可选项目是根据老年人实际情况和需求进行个性化配置的项目。适老化改造配置项目(1~13项)中的可选项目7项选2项(不可重复选);智能化改造配置项目(14~23项)中的可选项目4项选1项;老年用品配置项目(24~28项)中的可选项目5项选3项(不可重复选)。

附2

居家养老上门服务基本项目参考清单

类别	项目名称	服务内容
生活照料服务	助餐	烹饪服务、协助老年人前往老年助餐点就餐、送餐上门等
	助浴	上门助浴或协助前往老年人助浴点进行身体清洁等
	助洁	普通助洁包括居家清洁、衣物洗涤、物品整理等。个人助洁包括洗漱、剪发剃须、洗脚剪指甲等
	助行	协助行走、陪伴外出、参加活动等
	助急	紧急呼叫、紧急转介等
	助医	陪同就医、治疗陪伴等

续表

类别	项目名称	服务内容
基础照护服务	排泄护理	排尿护理、排便护理、排气护理等
	护理协助	协助和指导翻身、拍背、褥疮预防等
	康复护理	包括康复评估、计划制定、康复指导、康复理疗等
探访关爱服务	远程服务	接受与协助老年人电话呼叫和紧急求助
	上门探访	了解掌握老年人的健康状况、精神状况、安全情况、卫生状况、居室环境、服务需求等
健康管理服务	建立健康档案	采集老年人的体检信息、既往疾病史等健康信息,建立老年人健康档案
	预防保健	健康咨询、用药提醒、营养指导等
	常规生理指数监测	监测体温、体重、血压、呼吸、心率、血糖等
委托代办服务	代购日常用品	代购日常生活用品,纸品、果蔬等
	代缴日常费用	代缴水、电、暖气、通信费等日常费用
	代订代取业务	代订车票,预约车辆,代取送信函、文件和物品等
	代为申请服务	代为申请法律援助、救助服务等
精神慰藉服务	亲情陪护	定期协助有意愿的老年人外出活动或前往服务机构参加集体活动
	情绪疏导	与老年人进行谈心、交流,耐心倾听老年人的诉说
	心理慰藉	通过心理健康教育、心理干预手段调整老年人心理状态

民政部办公厅关于做好《老年人能力评估规范》国家标准宣贯工作的通知

民办函〔2023〕40 号   2023 年 6 月 5 日

各省、自治区、直辖市民政厅（局），新疆生产建设兵团民政局：

    为做好《老年人能力评估规范》国家标准（GB/T42195—2022）宣贯工作，现通知如下。

一、充分认识做好《老年人能力评估规范》宣贯工作的重大意义

市场监管总局批准发布的《老年人能力评估规范》国家标准，为科学划分老年人能力等级提供了基本依据，也为统筹现有的老年人能力、健康、残疾、照护等相关评估制度，推动评估结果全国范围内互认、各部门按需使用打下了坚实基础。做好《老年人能力评估规范》国家标准宣贯工作，是落实中共中央办公厅、国务院办公厅《关于推进基本养老服务体系建设的意见》的重要举措，是构建相关保险、福利、救助相衔接的长期照护保障制度的关键手段，是优化养老服务资源配置、实现养老服务供需衔接的有效方式。地方各级民政部门、养老服务行业标准化技术组织要进一步提高对做好《老年人能力评估规范》国家标准宣贯工作重要性的认识，带头学习标准，主动宣传标准，规范使用标准，不断提升养老服务工作规范化水平。

二、多措并举加强《老年人能力评估规范》宣贯工作

（一）加大宣传力度。充分利用实施养老和家政服务标准化专项行动的契机，推动行业标准化技术组织、养老服务机构、评估机构综合采取现场宣讲、信息公示、视频演示等形式，多渠道宣传《老年人能力评估规范》国家标准，普及老年人能力评估标准化理念、知识和方法。遴选推广老年人能力评估工作典型案例。

（二）抓好系统培训。民政部养老服务司、民政部社会福利中心、全国社会福利服务标准化技术委员会将组织开展《老年人能力评估规范》国家标准培训工作，联合相关机构组建老年人能力评估培训师资团队，设计课程体系，开发全国统一适用的老年人能力评估系统，编制培训教材和试题库。省级民政部门要择优确定示范培训基地开展示范培训，建立师资骨干队伍，运用统一培训教材和课程体系，组织本地区民政部门养老服务处室相关人员、养老服务机构管理和服务人员、老年人能力评估人员开展理论和评估实操培训。培训教材主要包括《老年人能力评估规范》国家标准、标准解读、评估指南和典型案例等。要积极探索实行考培分离，运用统一理论和实操试题库开展考核。地方各级民政部门要加大工作协调力度，在培训、职业资格鉴定等方面积极争取同级人力资源社会保障部门支持。

（三）强化学用结合。要落实《国家基本养老服务清单》要求，依申请为有评估需求的 65 周岁及以上老年人提供老年人能力综合评估并做好与健康评估的衔接；对入住养老机构的老年人，应当按照《养老机构管理办法》和《养老机构服务安全基本规范》强制性国家标准要求，开展老年人能力评估，

并依据评估结果制定照护服务方案。要提升评估服务质量和效率，加强部门间数据共享，老年人能力评估系统、地方自建评估系统获取的能力评估数据，均需通过金民工程统一数据交换平台及时共享交换至全国养老服务信息系统。设区的市和县级民政部门要加强对本行政区域内老年人能力评估的组织、指导、协调及评估报告审核，会同同级人力资源社会保障部门加强对评估机构和人员的培训和管理。探索建立评估机构和人员"白名单"制度，并以适当方式向社会公开，明确退出机制。要加强评估结果应用，地方民政部门在开展养老机构等级评定、老年人福利补贴发放、养老机构床位补贴发放、政府购买养老服务等工作时要将老年人能力评估工作开展情况作为重要依据。要做好标准衔接，已出台的相关地方标准要根据实际尽快修订完善，确保与《老年人能力评估规范》国家标准保持一致；未出台相关地方标准的应当首先采用《老年人能力评估规范》国家标准。

三、保障《老年人能力评估规范》落地见效

各级民政部门要将老年人能力评估工作作为养老服务体系建设的重要内容。省级民政部门要加强协调指导，设区的市和县级民政部门具体负责组织开展本地区老年人能力评估工作。各级民政部门要充分发挥养老护理员等专业人员作用，探索建立能力评估、照护计划制定、照护服务供给衔接机制。民政部将进一步发挥全国社会福利服务标准化技术委员会归口作用，进一步强化业务指导，及时帮助解决各地在实施《老年人能力评估规范》国家标准中遇到的困难和问题。

民政部办公厅关于开展养老
服务信用监管试点工作的通知

民办便函〔2023〕572 号　　　　　　　　　　2023 年 6 月 16 日

北京市、河北省、辽宁省、湖北省、湖南省民政厅（局）：

为推动落实《国务院办公厅关于加快推进社会信用体系建设构建以信用为基础的新型监管机制的指导意见》（国办发〔2019〕35 号）、《国务院办公厅关于建立健全养老服务综合监管制度促进养老服务高质量发展的意见》（国

办发〔2020〕48 号）、民政部关于印发《养老服务市场失信联合惩戒对象名单管理办法（试行）》的通知（民发〔2019〕103 号）有关要求，加快推进养老服务领域社会信用体系建设，建立健全养老服务领域失信联合惩戒机制，发挥信用监管在养老服务综合监管中的基础性作用。经研究，决定在北京市、河北省、辽宁省、湖北省、湖南省开展养老机构信用监管试点工作。现就工作要求通知如下：

一是开展信用信息采集归集。各试点地区要按照《养老服务市场失信联合惩戒对象名单管理办法（试行)》第五条有关规定，以打击整治养老服务诈骗专项行动的工作成果数据为基础，对地方各级民政部门采取过行政处罚、行政强制措施的养老服务机构和从业人员，依法依规纳入惩戒对象名单。此外，对其他符合列入情形的，也要动态纳入惩戒对象名单和重点关注名单，逐步实现名单"动起来"、用起来。要运用好金民工程全国养老服务信息系统，及时在系统中填报纳入惩戒对象名单和重点关注名单的养老服务机构和从业人员信息。

二是拓展信息共享渠道。各试点地区要加强与本地区信用平台和政府政务信息平台对接，统筹利用好民政部门已经获取的各种数据资源，建立健全养老服务机构数据交换共享机制，明确交换频次、交换内容、数据格式等具体事项。进一步对接本地区市场监管、卫生健康、应急管理、住房城乡建设、自然资源等部门，逐步扩大数据共享的部门，将主动抓取、部门定期推送和接口核验相结合，及时获取养老服务机构被有关部门行政处罚、行政强制等信息。

三是强化信用结果应用。各试点地区要拓展信用应用范围，创新应用场景，提升监管效能，增加养老服务信用监管的威慑力。要及时将养老服务机构和从业人员的失信惩戒信息推送给本地区信用平台，向社会公开，接受社会监督。加强"双随机、一公开"监管与信用分类管理相结合，根据信用分类结果对养老服务机构采取差异化监管措施，合理确定、动态调整抽查比例、抽查频次和检查对象被抽查概率。

四是加强实践探索和经验总结。各试点地区在试点期间要边归集、边探索、边总结，认真梳理列入、管理、移出联合惩戒对象名单，信息归集和部门共享中面临的难点堵点，完善本地区信用惩戒制度，细化管理措施，探索信用修复和信用评级制度等。

各试点地区要加强对试点工作实施的组织领导，制定试点方案，确定专人负责工作对接，及时反馈试点进展。2023 年 12 月 20 日前，形成试点情况、存在问题及有关工作建议的总结报告，报送民政部养老服务司。

民政部办公厅关于加强 2023 年居家和社区基本养老服务提升行动项目信息化管理的通知

民办便函〔2023〕949 号　　　　　　　　　　2023 年 9 月 28 日

各省、自治区、直辖市民政厅（局），新疆生产建设兵团民政局：

为加强 2023 年居家和社区基本养老服务提升行动项目（以下简称"2023 年项目"）信息化管理，推动实现项目实施有记录、流程可追溯、绩效可考核、成果可展示，现就做好电脑端新版全国养老服务信息系统（以下简称"新版养老系统"）"2023 年项目"版块和微信小程序"民政政务"——"2023 年项目"版块功能使用有关事项通知如下：

一、做好电脑端"2023 年项目"版块信息录入工作

（一）版块基本功能。电脑端"2023 年项目"版块（访问入口详见附件 1）主要负责采集项目服务对象、服务机构以及项目的基本信息，审核服务内容申请并进行任务分派，并能实时汇聚微信小程序填报的数据。电脑端"2023 年项目"版块相关信息采集填报是微信小程序使用的前提和基础，只有完成电脑端版块相关信息录入工作，才能在微信小程序读取和使用。

（二）录入规则和程序。1. 乡镇（街道）工作人员负责录入事先评估认定的项目服务对象的基本信息〔若乡镇（街道）不具备此条件，可由区县民政部门登录乡镇（街道）账号代为录入〕。2. 区县民政部门在电脑端对服务对象是否符合资助条件及服务需求进行审核，录入项目基本信息，并开通服务机构管理员账号。3. 服务机构管理员取得账号后，登录电脑端录入机构基本信息以及服务范围、组织架构、从业人员等信息，根据拟分派任务情况，为机构服务人员开通微信小程序账号。4. 区县民政部门审核服务机构提交的备案申请，根据审核通过的服务对象需求，分派任务至服务机构。5. 服务机构管理员登录账号，将分派的建设家庭养老床位或居家养老上门服务任务分发给具体服务人员（机构普通用户），并同步打印服务评价二维码。若提供的是居家养老上门服务，机构需与服务对象进一步对接明确具体服务类别。为便于质量验收和服务回访，地市级、省级民政部门以及民政部均有查看项目地区老年人享受服务详细情况的权限。

二、用好"2023 年项目"微信小程序

（一）小程序基本功能。微信小程序主要面向机构服务人员对家庭养老床位建设情况和居家养老上门服务情况进行现场打卡记录。其中，家庭养老床位建设情况包括建设评估情况、相关适老化改造和智能化改造实施情况、老年用品配置情况等，居家养老上门服务情况包括服务内容、服务时长、服务质量标准等。微信小程序记录的相关信息均会同步到电脑端"2023 年项目"版块。

（二）使用规则和程序。服务人员（机构普通用户）登录微信小程序，根据分派的任务为老年人提供所需服务并进行全过程记录。一是针对建设家庭养老床位，服务人员需在微信小程序中据实勾填适老化改造、智能化改造的具体项目，配备的老年用品，并记录预算经费、实施人员，上传改造前后的对比照片。任务完成后需由验收机构进行验收确认并记录。二是针对提供居家养老上门服务，服务人员需在微信小程序中据实勾填服务内容、服务质量标准，上传服务前后照片，对服务次数、下次服务时间等进行记录。任务全部完成后需由验收机构进行验收确认并记录。三是在建床任务完成后或居家上门服务全部结束后，由服务人员（机构普通用户）将打印好的服务评价二维码交给老年人，老年人或其家属可在 10 天内扫描二维码，填写老年人姓名、身份证号后，对服务效果进行评价。

三、加强组织实施

（一）压实工作责任。省级民政部门要牵头建立省、市、县、乡镇（街道）养老服务机构四级联络员体系，明确各级联络员负责本区域系统应用指导、用户账户管理、信息审核等工作，密切跟踪督导项目地区任务开展和信息填报情况。项目地区民政部门要安排专人负责"2023 年项目"版块信息填报的管理，监督服务机构用好微信小程序，在规定时间内保质保量完成服务，且对提供服务的真实性负责。部养老服务司将依据填报信息督导项目进展。

（二）做好用户角色管理工作。为落实国务院办公厅有关单位关于政务系统用户身份管理有关要求，地方各级民政部门用户在首次登录新版养老系统时，需进行实名认证。地方各级进行用户和权限管理（见附件 1）要按照最新的民政组织架构管理规则（见附件 2）开展。地方各级民政养老服务部门原有的活跃账号均已迁移，需联系本级系统管理员（见附件 1）指派一人作为业务管理员，各地民政服务机构已有的活跃账号均已转为机构管理员账号。非活跃的养老服务部门账号、民政服务机构账号请联系相应管理员重新创建，新的业

务管理员账号由本级系统管理员负责创建，新的服务机构管理员账号由本级业务管理员负责创建。机构管理员可创建机构内普通用户账号。普通用户登录微信小程序后，可使用微信小程序记录有关服务情况。各级管理员应按照职责分工，通过用户管理平台（见附件 1）开展本单位的组织架构、用户通信录、用户账号和功能权限分配等管理和维护工作。2023 年 10 月 20 日前，各级管理员应按要求做好下级管理员和普通用户的账号与权限的创建、复核、授权等工作。

（三）加强人员培训与工作交流反馈。用户使用手册、操作视频等辅导材料将通过客服群（见附件 3）和金民工程信息化培训平台（https：//xxhpx.mca.gov.cn）发布，各级用户可自行下载观看，以掌握信息系统及其移动端的使用方法。各地民政部门特别是项目地区相关管理人员、服务机构及具体工作人员作为电脑端"2023 年项目"版块和微信小程序的直接用户，要尽快熟悉系统管理和相关功能操作，如存在疑问应及时反馈。省、市、县级民政部门可通过客服群进行沟通交流。

附件 1：

2023 年提升行动版块和微信小程序
用户管理和功能权限说明

养老服务业务管理人员分为系统管理员、业务管理员和机构管理员三类，普通用户包括各层级的业务普通用户、机构普通用户等。系统管理员、业务管理员可使用用户管理平台相应功能进行用户管理。

一、用户管理平台操作说明

登录全国民政政务信息系统统一登录门户（网址 https://mzzwxt.mca.gov.cn），进入用户管理平台，可创建组织架构和用户账号。民政部本级和各省、市、县级民政部门应指定 1 名负责网信工作的在编在岗人员担任系统管理员，乡镇（街道）级民政部门需指定一名在编在岗人员担任系统管理员，负责本级组织架构梳理和维护，以及本级业务管理员、普通用户的创建、维护、系统功能授权。若县、乡镇（街道）级民政部门不具备条件，可由一人兼任系统管理员和业务管理员。省、市、县级系统管理员已在开展全国流浪乞讨人员救助管理信息系统推广时创建并分配完毕，目前该角色由各级民政网信部门或流浪救助业务部门人员担任。乡镇（街道）级系统管理员请联系县级系统管理员开通账号。

二、电脑端"2023 年项目"版块使用权限说明

登录全国民政政务信息系统统一登录门户（网址 https://mzzwxt.mca.gov.cn），进入新版养老系统，点击项目管理菜单 2023 年项目，即可进行相应操作。

（一）省级、地市级用户

分为业务管理员和业务普通用户。业务管理员可开通本级普通账号和直管服务机构的管理员账号，具体职责如下：负责本级业务部门普通用户、所管理的服务机构管理员账号的创建、维护和系统功能授权。业务普通用户可以查看和管理所辖各级民政部门汇总的信息。

（二）区县级用户

分为业务管理员和业务普通用户。业务管理员可开通本级普通账号和直管服务机构的管理员账号，具体职责如下：负责本级业务部门普通用户、所管理的服务机构管理员账号创建、维护和系统功能授权。区县级业务管理员如需调整下属机构，应向本级系统管理员提出申请，由系统管理员统一处理。

区县级业务管理员和业务普通用户可审核服务机构提交的备案申请；填写项目的基本信息（包括低收入老年人认定标准、认定依据、家庭养老床位建设和居家养老上门服务的任务信息、补贴资金比例等）；审核家庭养老床位建设和居家养老上门服务申请的老年人信息；家庭养老床位建设和居家养老上门服务的任务审批和任务分派。

（三）乡镇（街道）级用户

包括乡镇（街道）级业务管理员和业务普通用户。业务管理员可开通本级普通用户账号和管辖的服务机构管理员账号，具体职责如下：负责本级业务部门普通用户、所管理的服务机构管理员账号创建、维护和系统功能授权。如需调整下属机构名称、归属等，应向县级系统管理员提出申请，由县级系统管理员统一处理。

乡镇（街道）级用户负责为有需求的老年人申请家庭养老床位建设或申请提供居家养老上门服务等事项创建任务，并填写老年人相关信息（包括姓名、身份证号、联系电话、户籍性质、失能情况、平均可支配月收入等信息，信息可批量导入）。

（四）服务机构用户

服务机构用户应为正式在岗工作人员，包括机构管理员、普通用户。机构管理员主要负责本机构普通用户的创建、维护和系统功能授权，机构管理员创建普通用户账号时，需录入其姓名、身份证号码、证件有效期等进行实名认证，普通用户仅有微信小程序使用权限。

机构管理员负责为机构备案、备案变更、开通内部员工账号、维护机构内部人员信息、家庭养老床位建设评估和建设实施任务分派、居家养老上门服务事项确认（包括申请服务类别、确认人姓名、期望首次服务时间、服务需求描述等）和人员分派、居家养老上门服务任务完成后费用确认、居家上门服务验收人员任务分派（居家上门服务验收机构与服务提供机构应为不同机构）等。机构管理员在完成家庭养老床位建设、居家养老上门服务任务分派后，可以打印老年人对相关服务评价的二维码。

三、微信小程序使用功能说明

服务机构普通用户可通过微信搜索"民政政务"小程序，输入账号密码登录后，点击"2023 年项目"，即可进行相应操作，具体功能如下。

（一）服务管理功能

进行家庭养老床位建设评估（根据老年人实际情况评估改造需求，包括适老化改造内容、智能化改造、拟配老年用品）；家庭养老床位建设实施（根据前期评估结果进行改造实施并记录相关情况）；家庭养老床位建设验收（对建设实施完成后的结果进行验收确认，验收机构与建设机构应为不同机构）；居家养老上门服务（包括服务内容、服务质量标准、服务前后照片、是否最后一次、下次服务时间等）；居家养老上门服务监督检查（对服务完成后的结果进行检查，监督机构与建设机构为不同机构）。初次登录小程序时，服务机构人员需进行实名认证。

（二）服务评价功能

在建床任务完成后或居家上门服务全部结束后，由服务人员（机构普通用户）将打印好的服务评价二维码交给老年人，老年人或其家属可在 10 天内扫描二维码，填写老年人姓名、身份证号后，对服务效果进行评价。

附件 2：

民政组织架构管理规则

一、概述

民政组织架构（以下简称"组织架构"）是覆盖部、省、市、县、乡镇（街道）、村（社区）六级的组织架构，包括民政工作人员、民政服务机构用户、其他业务协同部门用户、技术支持人员等全部民政信息系统用户，为各类民政信息系统提供统一的用户组织架构数据支撑。

二、构建规则

（一）构建依据

省、市、县、乡镇（街道）架构依据中国·国家地名库中的标准行政区划及其层级关系，并补全各地自行批复的功能区等数据；村（社区）架构参考全国基层政权建设和社区治理信息系统，结合业务实际需要构建。

（二）组织架构分类

为对组织架构进行精细化管理与应用，将架构组成分为组织、单位、部门和机构四种类型。

组织：该类型包括标准行政区划和各地自行批复的功能区等非标准区划，以及村（居）委会一类的基层群众性自治组织，是组织架构树的主干和核心。该类型下可创建多个组织和单位，但不可创建机构和部门，不可创建用户。组织命名示例：北京市、陕西省、杭州市、东华门街道等。

单位：该类型包括各级民政部门及其他业务协同部门，如财政部、国家卫生健康委等使用民政政务信息系统的非民政行业单位。该类型下可创建多个单位和部门，不可创建机构，不可创建用户。单位命名示例：××省民政厅、××县财政局等。

部门：该类型包括各级民政部门和其他业务协同部门的内设机构或内设部门，如厅局领导、各机关处室、业务部门等。单位主要负责人用户应在创建部门（如厅局领导）后再创建。该类型下可创建多个下级部门和机构，不可创建组织和单位，可创建用户。部门命名示例：养老服务处、养老服务科、局领导等。

机构：该类型包括民政服务机构、第三方服务机构、其他相关单位等，如养老机构、××养老服务公司等。该类型下可创建多个下级部门，不可创建组织、单位和机构，可创建用户。机构命名示例：××养老院、××医疗机构、××适老化改造公司等。

（三）变更规则

1. 组织类型变更规则：县级及以上的组织类型数据一般不可变更，如需变更，需提交部级系统管理员处理。乡镇（街道）、村（居）委会的数据变更由所属县级系统管理员负责。

2. 单位类型变更规则：单位类型数据的变更，需由该单位所在层级的系统管理员负责。

3. 部门类型变更规则：部门类型数据的变更，需由该单位所在层级的系统管理员负责。

4. 机构类型变更规则：机构类型数据的变更，需由管理该单位层级的系统管理员或业务管理员负责。

三、重要数据项

（一）组织类型重要数据项

序号	数据项	说明
1	组织名称	组织的标准全称
2	上级组织架构	该组织所属的上级组织架构节点
3	唯一编码	默认为 12 位标准行政区划代码（如不足，则末尾补 0 至满 12 位），各地批复的功能区等非标准区划，可参照行政区划编码规则进行编码，须确保唯一

（二）单位类型重要数据项

序号	数据项	说明
1	单位名称	单位的标准全称
2	组织架构	该单位所属的组织架构节点

（三）部门类型重要数据项

序号	数据项	说明
1	部门名称	部门的标准全称
2	组织架构	该部门所属的组织架构节点

（四）机构类型重要数据项

序号	数据项	说明
1	机构名称	机构的标准全称
2	组织架构	该机构所属的组织架构节点
3	统一社会信用代码	该机构的统一社会信用代码
4	机构性质	公立机构或私立机构
5	机构地址	机构的实际所在地址
6	机构法人	机构的法人姓名
7	法人身份证号	机构法人的身份证号码

序号	数据项	说明
8	机构联系人	机构联系人姓名
9	联系人身份证号	机构联系人的身份证号码
10	系统归属	机构所属的应用系统（可多选）

附件3：

全国养老服务信息系统运维服务群

编号	地区	运维群号	编号	地区	运维群号
1	北京市	673482186	23	四川省	906809927
2	天津市	673094696	24	贵州省	963218763
3	河北省	711282101	25	云南省	741748956
4	山西省	712247954	26	西藏自治区	714410598
5	内蒙古自治区	679837163	27	陕西省	172969277
6	辽宁省	277031432	28	甘肃省	714152066
7	吉林省	565838287	29	青海省	538531336
8	黑龙江省	711834023	30	宁夏回族自治区	931973768
9	上海市	744390669	31	新疆维吾尔自治区	535345499
10	江苏省	514692686	32	新疆生产建设兵团	536369728
11	浙江省	234660986			
12	安徽省	473954176			
13	福建省	719807812			
14	江西省	611578880			
15	山东省	718610023			
16	河南省	720119789			
17	湖北省	634814171			
18	湖南省	588238103			
19	广东省	908934076			
20	广西壮族自治区	892458630			
21	海南省	963125277			
22	重庆市	112914359			

民政部　教育部　国家卫生健康委 共青团中央　全国妇联关于加强困境儿童 心理健康关爱服务工作的指导意见

民发〔2023〕61号 　　　　　　　　　　　　2023年10月26日

各省、自治区、直辖市民政厅（局）、教育厅（教委）、卫生健康委、团委、妇联，新疆生产建设兵团民政局、教育局、卫生健康委、团委、妇联：

近年来，各地各有关部门认真贯彻落实党中央、国务院决策部署，推进困境儿童保障制度不断完善、水平显著提高。但是，一些困境儿童由于受成长环境等多重因素影响，面临心理健康问题，其中，一些留守儿童、流动儿童，由于缺乏陪伴或难以适应流入地生活等原因，更容易出现心理健康问题，迫切需要加强关心关爱。为进一步做好困境儿童心理健康关爱服务工作，现提出如下意见。

一、总体要求

（一）指导思想

以习近平新时代中国特色社会主义思想为指导，认真贯彻落实党中央、国务院关于困境儿童保障工作的决策部署，坚持以人民为中心，切实把困境儿童心理健康关爱服务工作摆在更加突出的位置，完善工作体制机制，强化关爱服务措施，提升关爱服务水平，更好促进困境儿童健康成长、培养德智体美劳全面发展的社会主义建设者和接班人。

（二）基本原则

坚持全面发展。落实立德树人根本任务，围绕困境儿童身心健康全面发展需求，在做好困境儿童基本生活保障、家庭监护、教育医疗等工作的基础上，进一步加强心理健康关爱服务，促进其身心健康成长。

坚持系统治理。立足现阶段我国儿童福利事业发展实际，将解决困境儿童现实困难与促进困境儿童全面发展相结合，将满足困境儿童身心健康迫切需求与长远制度建设相结合，逐步建立健全新时代困境儿童心理健康关爱服务体系。

坚持统筹施策。综合运用心理健康教育、心理健康监测、及早有效关爱、畅通转介诊疗、强化跟进服务等多方面举措，协调组织教师、儿童主任、心理咨询师、心理治疗师、精神科医师和儿童社会工作者、志愿者等多方面力量，密切配合，形成合力，全面提升关爱服务的质量和效果。

坚持精准关爱。研究困境儿童身心健康发展的规律和特点，重点聚焦留守儿童和流动儿童中的困境儿童，及时发现掌握心理健康状况和实际需求，分人分类制定方案，提供具有针对性、有效性、个性化的关爱服务。

（三）总体目标

加快形成党委领导、政府负责、部门协作、家庭尽责、社会参与，服务主体多元、服务方式多样、转介衔接顺畅的困境儿童心理健康关爱服务工作格局，全面提升困境儿童心理健康水平和身心健康素质，帮助困境儿童养成自尊自信、乐观向上的性格品质和不屈不挠的心理意志，成长为德智体美劳全面发展的社会主义建设者和接班人。

二、主要内容

（一）加强心理健康教育。各地教育、民政等部门在开展学生心理健康教育时，要重点研究困境儿童面临的特殊困难和心理问题，重点关注困境儿童心理需求，提出有针对性的措施。鼓励学校为有需求的困境儿童选配有爱心有经验的心理教师或思政课教师作为成长导师，安排品学兼优的学生结为互助伙伴。儿童福利机构、未成年人救助保护机构要通过引入专业社会力量等多种途径，针对机构内儿童身心特点开展心理健康教育。各地民政部门和共青团、妇联组织要利用入户走访、主题活动、家庭教育指导、关爱帮扶等时机，加强对困境儿童及其父母或其他监护人心理健康常识普及，并主动与困境儿童父母或其他监护人交流儿童身心发展情况，引导他们密切关注儿童心理健康，更好履行家庭监护职责和子女心理健康第一责任人责任，助力儿童塑造健康心理，提高应对挫折的能力。

（二）开展心理健康监测。学校要引导有需要的困境儿童主动接受心理健康测评，掌握心理健康测评情况，加强关心关爱。儿童福利机构、未成年人救助保护机构要定期对机构内儿童进行心理健康测评,并加强对测评结果的分析,相关测评情况应当及时纳入儿童个人档案。托育机构、社区教育机构、儿童活动中心、少年宫等机构或场所工作人员要及时关注儿童心理健康状况。儿童督导员和儿童主任结合日常工作,可以通过定期家访、谈心谈话、问卷调查等方式,重点关注儿童面临学业压力、经济困难、家庭变故、合法权益受到侵害等情况,发现困境儿童心理异常的,及时与儿童父母或其他监护人沟通。

(三)及早开展有效关爱。各地民政、教育等部门要引导困境儿童父母或其他监护人掌握一定心理健康教育方法,加强亲情陪伴、情感关怀,以积极健康和谐的家庭环境影响儿童,疏导化解儿童的负面情绪。要充分发挥学校教师、儿童主任、儿童社会工作者、志愿者等作用,为有需求的儿童分类制定心理关爱方案,提供心理辅导、情绪疏导、心理慰藉等帮扶服务。各地教育部门要指导学校通过多种方式密切家校合作,关注儿童在校表现,组织心理健康教师等提供有针对性的辅导和关爱,帮助他们增强同伴支持,融洽师生关系,更好融入校园和社会。各地民政部门要鼓励有条件的儿童福利机构、未成年人救助保护机构配备专(兼)职心理健康辅导人员,为机构内儿童提供关爱帮扶。

(四)畅通转介诊疗通道。困境儿童可能存在心理异常的,儿童督导员、儿童主任和学校可以引导其父母或其他监护人向社会心理服务机构或者医疗卫生机构寻求专业帮助。民政、教育、卫生健康等部门和共青团、妇联要按照工作职责,加强协同配合,畅通家庭、学校、社区、社会心理服务机构等与医疗卫生机构之间预防转介干预就医通道。对于民政部门监护的困境儿童,儿童福利机构、未成年人救助保护机构要与精神卫生福利机构、精神卫生医疗机构等畅通困境儿童心理咨询、就诊通道,确保有需求的困境儿童能够得到及时诊断、及时治疗。医疗卫生机构的心理治疗师、精神科医师等对于就诊的困境儿童,应当提供规范诊疗服务。

(五)强化跟进服务帮扶。对患有精神障碍且经过门诊或住院治疗的困境儿童,出院回归社区、学校后,各地民政、教育等部门要动员学校教师、儿童主任、儿童社会工作者、志愿者等,与困境儿童建立结对关爱服务关系,开展定期随访、跟踪服务,在家庭探访、咨询服务、爱心帮扶等方面,给予精准关爱服务,努力为困境儿童创造促进其身心健康成长的环境和条件。

(六)健全心理健康服务阵地。有条件的地方要依托城乡社区综合服务设施、社区教育机构、城乡儿童之家、少年宫、未成年人保护工作站、民政服务站(社工站)、家长学校、家庭教育指导服务站等机构或场所,协同搭建心理健康关爱服务平台，提供有效的心理健康关爱指导和咨询服务。要发挥精神卫生医疗机构、儿童医院、妇幼保健机构、儿童福利机构、未成年人救助保护机构、未成年人心理健康辅导中心、社会心理服务机构等专业优势，提高专业服务能力。民政部门要发挥好精神卫生福利机构等民政服务机构作用，加强儿童精神专科和心理咨询门诊建设，支持儿童福利机构和未成年人救助保护机构设置心理咨询室，拓展服务内容，增强服务能力，为有需求的困境儿童提供专业关爱服务。

三、保障措施

（一）加强组织领导。各地民政部门要争取当地党委和政府支持，推动将困境儿童心理健康关爱服务纳入重要议事日程，健全工作机制，强化政策措施，统筹推进相关工作。相关部门要密切沟通配合，推动关爱服务对象范围向有需要的留守儿童、流动儿童拓展。要加强信息共享和动态监测，及时发现问题，协同配合，形成合力。各地各相关部门要结合实际制定落实措施，及时研究、解决工作中的重点难点问题。

（二）强化能力建设。各地要加强对学校、少年宫、儿童福利机构、未成年人救助保护机构等机构或场所工作人员，以及儿童督导员、儿童主任、儿童社会工作者和志愿者等心理健康业务培训，提升其对儿童心理问题识别、引导和关爱服务能力。各地民政部门要鼓励有条件的儿童福利机构和未成年人救助保护机构向留守儿童、流动儿童及其他有需要的社会儿童提供心理健康服务。

（三）加大宣传力度。各地要加强儿童心理健康关爱服务工作宣传，采取多种形式，营造全社会关心关爱儿童的良好氛围。要及时挖掘正面典型案例，宣传推广工作中涌现的好经验、好做法，发挥示范带动作用，进一步提升困境儿童心理健康关爱服务工作水平。

本意见自印发之日起施行，有效期5年。

民政部　中央网信办　最高人民法院　最高人民检察院　教育部　公安部　司法部　财政部　人力资源社会保障部　国家卫生健康委　应急管理部　国务院妇儿工委办公室　共青团中央　全国妇联　中国残联关于印发《农村留守儿童和困境儿童关爱服务质量提升三年行动方案》的通知

民发〔2023〕62 号　　　　　　　　　　　2023 年 11 月 15 日

各省、自治区、直辖市民政厅（局）、网信办、高级人民法院、人民检察院、教育厅（教委）、公安厅（局）、司法厅（局）、财政厅（局）、人力资源社会保障厅（局）、卫生健康委、应急管理厅（局）、妇儿工委办公室、团委、妇联、残联，新疆生产建设兵团民政局、网信办、新疆维吾尔自治区高级人民法院生产建设兵团分院、新疆生产建设兵团人民检察院、教育局、公安局、司法局、财政局、人力资源社会保障局、卫生健康委、应急管理局、妇儿工委办公室、团委、妇联、残联：

　　为深入学习贯彻习近平总书记关于儿童工作重要指示批示精神，贯彻落实党中央、国务院关于儿童工作重要决策部署，进一步提高农村留守儿童和困境儿童关爱服务质量，决定开展农村留守儿童和困境儿童关爱服务质量提升三年行动。现将《农村留守儿童和困境儿童关爱服务质量提升三年行动方案》印发给你们，请认真组织实施。

农村留守儿童和困境儿童关爱服务质量提升三年行动方案

　　为进一步提高农村留守儿童和困境儿童关爱服务质量，健全农村留守儿童关爱服务体系，完善困境儿童保障制度，不断增进农村留守儿童和困境儿童福祉，制定本方案。

一、总体要求

（一）指导思想。

以习近平新时代中国特色社会主义思想为指导，深入学习贯彻习近平总书记关于儿童工作重要指示批示精神，认真落实党中央、国务院有关决策部署，坚持以人民为中心的发展思想，坚持问题导向和目标导向相结合，顺应新时代儿童身心发展特征，不断完善关爱服务措施，全面提升关爱服务质量，筑牢基层基础，促进农村留守儿童和困境儿童全面发展。

（二）工作目标。

到 2026 年，农村留守儿童和困境儿童精神素养明显提升，监护体系更加健全，安全防护水平显著加强，以儿童需求为导向的农村留守儿童和困境儿童关爱服务工作更加精准高效，支持保障力度进一步加大，基层基础更加坚实，服务信息化、智能化水平进一步提升，全社会关心关爱农村留守儿童和困境儿童的氛围更加浓厚，关爱服务高质量发展态势持续巩固，农村留守儿童和困境儿童生存权、发展权、受保护权、参与权等权利得到更加充分、更加有效的保障。

二、重点任务

（一）实施精神素养提升行动。

1. 加强思想道德建设。各地要根据农村留守儿童和困境儿童不同年龄段的认知水平和特点，采取喜闻乐见、生动活泼的方式，分类提供有针对性的思想道德教育，全面落实立德树人根本任务，引导农村留守儿童和困境儿童树立正确的世界观、人生观、价值观，提高思想道德素质，坚定理想信念，践行社会主义核心价值观。学校要将农村留守儿童和困境儿童作为重点关爱对象，培养其良好道德品质和文明行为。各地团委、妇联要依托革命博物馆、纪念馆、党史馆、儿童校外教育阵地等平台，组织农村留守儿童和困境儿童开展实地参观、红色观影、主题征文等形式多样的红色主题教育，引导其从中汲取信仰力量，筑牢理想信念之基。各地人民法院、人民检察院、司法行政部门要将农村留守儿童和困境儿童列入普法重点群体，加强法治教育，切实提高农村留守儿童和困境儿童法治意识。（最高人民法院、最高人民检察院、教育部、司法部、共青团中央、全国妇联按照职责分工负责）

2. 加强心理健康教育。学校在日常教学中要融入心理健康知识，将农村留守儿童和困境儿童作为关注重点，对有需要的儿童开展心理辅导。各地民政部门要指导儿童督导员、儿童主任在走访中及时掌握农村留守儿童和困境儿童心理关爱服务需求，对于发现有心理、行为异常的农村留守儿童和困境儿童，指导、协助其父母或其他监护人采取干预措施。相关部门可以动员其亲属、邻居以及社会组织和志愿者等开展一对一帮扶，有条件的地方可链接社会工作者等开展心理辅导，符合条件的可纳入精神障碍社区康复服务范围。医疗卫生机构的心理治疗师、精神科医师等对于就诊的农村留守儿童和困境儿童，应当提供规范诊疗服务。（教育部、民政部、国家卫生健康委、共青团中央按照职责分工负责）

3. 丰富精神文化生活。各地民政部门要动员引导社会组织和志愿者等，有针对性地为农村留守儿童和困境儿童提供阅读指导、运动游戏、精神陪伴等服务，丰富其精神文化生活。各地团委、妇联要依托"童心港湾""阳光驿站"等，组织开展丰富多彩的实践活动。学校组织开展劳动体验、环境保护等各类社团活动、兴趣小组、课外活动实践时，积极动员农村留守儿童和困境儿童参与，不断充实农村留守儿童和困境儿童精神文化生活。（教育部、民政部、共青团中央、全国妇联按照职责分工负责）

（二）实施监护提质行动。

4. 强化监护职责落实。村（居）民委员会加强对家庭监护的督促指导，教育引导父母依法履行对未成年子女的监护职责和抚养义务，发现农村留守儿童和困境儿童的父母或其他监护人不依法履行监护职责或侵犯儿童合法权益时，要予以劝诫、制止；情节严重的，应当及时向公安机关报告，公安机关应当予以训诫，并可责令其接受家庭教育指导。各地司法行政等部门要通过政策宣讲等加强对儿童父母或其他监护人的法治宣传。各地妇联要加强对农村留守儿童和困境儿童父母或其他监护人的家庭教育指导，引导其积极关注儿童身心健康状况，加强亲情关爱。（公安部、司法部、全国妇联按照职责分工负责）

5. 完善委托照护制度。村（居）民委员会协助监督农村留守儿童委托照护情况，儿童主任入户走访发现被委托照护人缺乏照护能力或怠于履行照护职责的，要告知儿童父母或其他监护人，重新选择被委托照护人或帮助、督促被委托照护人履行照护职责。各地民政部门应当指导外出务工父母或其他监护人加强对留守子女亲情关爱和日常联络沟通。（民政部负责）

6. 加强监护干预工作。各地要加大强制报告制度宣传力度，相关部门、村（居）民委员会、密切接触未成年人的单位及其工作人员，在工作中发现儿童身心健康受到侵害、疑似受到侵害或面临其他危险情形的，应当立即向公安、民政、教育等有关部门报告。各相关部门接到涉及儿童的检举、控告或报告，应当依法及时受理、处置，并以适当方式将处理结果告知相关单位和人员。对于符合临时监护条件的农村留守儿童和困境儿童，民政部门可以采取委托亲属抚养、家庭寄养等方式进行安置，也可以交由未成年人救助保护机构或儿童福利机构收留、抚养。儿童的父母或其他监护人不依法履行监护职责或严重侵犯被监护儿童合法权益的，人民法院可以根据有关人员或单位的申请，依法作出人身安全保护令或撤销监护人资格；必要时，可以责令儿童的父母或其他监护人接受家庭教育指导。儿童合法权益受到侵犯，相关单位和个人未代为提起诉讼的，人民检察院可以督促、支持其提起诉讼；涉及公共利益的，人民检察院有权提起公益诉讼。人民法院、人民检察院发现有关单位存在管理漏洞或履行职责不力的，应当及时发出司法建议或检察建议。（最高人民法院、最高人民检察院、教育部、公安部、民政部按照职责分工负责）

7. 强化政府兜底监护。各地民政部门要持续推进儿童福利机构优化提质和创新转型高质量发展，省级和地市级民政部门设立的儿童福利机构全面优化提质，实现儿童养育、医疗、康复、教育、社会工作一体化发展，加强孤儿成年后安置工作；县级民政部门设立的儿童福利机构原则上全部完成创新转型。各地民政部门要加强未成年人救助保护机构建设，盘活各类民政服务机构人员、场所和设施设备等资源，优先用于未成年人救助保护机构建设，提高未成年人救助保护机构规范化建设水平。未成年人救助保护机构要为儿童提供养育、教育、基本医疗、心理辅导等支持和服务，配备适应儿童服务需求的设施设备和人员，提高居住环境舒适和安全保障水平，完善教育娱乐功能，提高工作人员专业化能力，提高服务质量。（民政部负责）

（三）实施精准帮扶行动。

8. 开展摸底走访建档。县级民政部门要组织儿童督导员、儿童主任严格按照国务院关于加强农村留守儿童关爱保护、加强困境儿童保障工作的文件规定，对辖区内农村留守儿童和困境儿童全面摸底排查，落实数据动态更新机制，及时录入和更新全国儿童福利信息系统；建立定期走访制度，儿童主任至少每个月联系一次，每三个月入户走访一次，对父母双方或一方存在严重身体或智力残疾、儿童自身存在身体或智力残疾、有心理或行为异常的，儿童主任要加大走访频次，发现问题及时报告，积极协调解决问题。加强农村留守儿童和困境儿童档案管理，做到一人一档，档案包括儿童基本信息、走访记录、工作日志、关爱帮扶记录、发现问题和解决方案等内容。有条件的地方可推进农村留守儿童和困境儿童档案电子化。县级民政部门要加强对档案管理的监督检查，每年开展一次抽查工作。（民政部负责）

9. 强化救助保障服务。各地民政部门要进一步加强困境儿童分类精准保障，及时将符合条件的儿童纳入低保、特困供养、临时救助等保障范围。要进一步加强政府救助与慈善帮扶有效衔接，引导鼓励公益慈善力量参与社会救助。各地要完善孤儿基本生活、医疗康复、教育就业和住房等保障制度，加强事实无人抚养儿童基本生活、教育就学、医疗康复等方面精准保障工作，做到应保尽保。健全儿童致残性疾病筛查、诊断、治疗与康复救助衔接机制，规范工作流程，实现早筛查、早诊断、早干预、早康复的一体化管理。为符合条件的残疾儿童提供手术、康复辅助器具配置、康复训练等救助服务。（民政部、国家卫生健康委、共青团中央、中国残联按照职责分工负责）

10. 提升教育帮扶能力。各地要落实义务教育阶段控辍保学长效机制，建立健全教育、公安、民政等部门信息共享制度，落实教育资助政策，加大农村留守儿童和困境儿童辍学学生劝返复学工作力度，确保全部应返尽返。学校要根据复学学生实际情况有针对性地制定教学计划，做好教育安置工作，坚决防止辍学反弹；推动建立学校教师、志愿者等与学业困难儿童"一对一"结对帮扶机制，帮助农村留守儿童和困境儿童增强学习兴趣，提高学习能力。（教育部、公安部、民政部按照职责分工负责）

11. 开展生活关爱服务。各地要结合重要节假日和寒暑假等时间节点，组织多种形式的儿童关爱服务活动，让农村留守儿童和困境儿童切身感受到党和政府的关心关怀，条件具备的地方要常态化开展生活关爱服务工作。各地民政部门要引导农村留守妇女积极参与农村留守儿童和困境儿童的关爱服务工作。各地团委要持续深化"情暖童心"共青团关爱农村留守儿童行动，大力实施"童心港湾"、红领巾学堂项目，精准提供亲情陪伴、情感关怀等关爱服务，发动青年志愿者开展儿童生活关爱服务。各地妇联要组织引导妇联执委、巾帼志愿者等，深化开展"爱心妈妈"关爱服务活动，根据儿童需求提供生活帮助、精神抚慰等，当好儿童成长的引路人守护人筑梦人，打造儿童关爱服务工作品牌。（民政部、共青团中央、全国妇联按照职责分工负责）

12. 开展源头帮扶服务。各地要大力推动落实支持农民工创业就业系列政策，积极为农村留守儿童父母或其他监护人提供就业岗位和机会。各地要推动公共就业服务向乡村延伸，就业创业政策咨询、就业失业登记、职业介绍等服务覆盖到农村留守儿童父母或其他监护人。加强农村留守儿童父母或其他监护人职业培训，帮助提升技能素质和稳定就业能力；加大针对农村留守妇女的职业培训力度，积极向农村留守妇女提供农村留守儿童和困境儿童关爱服务方面的就业岗位，促进农村留守妇女就近就地就业。（民政部、教育部、人力资源社会保障部按照职责分工负责）

（四）实施安全防护行动。

13. 加强安全教育引导。各地要充分运用宣传条幅、各类电子显示屏、村

（社区）宣传栏、新闻媒体、新媒体平台等，采取儿童易于接受的方式，宣传普及安全常识和常见意外伤害等知识，提高农村留守儿童和困境儿童安全防护、应急避险和自防互救能力。县级教育、公安、民政、团委、妇联等相关部门每年至少开展一次安全知识进村（社区）活动，面向农村留守儿童和困境儿童及其父母或其他监护人开展防溺水、防欺凌、防性侵以及道路交通安全等方面教育，提高监护人监护能力。学校要在寒暑假放假前组织一次安全知识大讲堂，提高农村留守儿童和困境儿童自我保护意识和能力。（教育部、公安部、民政部、国务院妇儿工委办公室、共青团中央、全国妇联按照职责分工负责）

14. 加强安全风险防范。各地要加强对中小学、幼儿园、儿童福利机构、未成年人救助保护机构等各类涉及儿童机构场所的风险隐患防范，重点开展消防安全、校车安全、卫生情况、自然灾害防范等，严格落实安全工作责任措施。各地要充分发挥河湖长制平台作用，组织有关部门，发动基层力量，加强对人口集中居住地区河湖明渠的巡查，因地制宜设置隔离防护设施，推进落实一个警示牌、一个救生圈、一根救生绳、一根救生杆"四个一"建设，强化涉水安全防范。各地要高度重视汛期自然灾害风险防范，对各类涉儿童机构场所周边的建筑物、围墙、山体、水域等进行细致排查。依法严惩针对农村留守儿童和困境儿童的违法犯罪行为，切实维护其合法权益。（教育部、公安部、民政部、应急管理部按照职责分工负责）

15. 加强网络保护工作。各地网信部门要在预防网络沉迷等专题教育活动中，将农村留守儿童和困境儿童列入重点人群，引导农村留守儿童和困境儿童父母或其他监护人加强对儿童使用网络、手机行为监管，指导其及时发现、制止和矫正儿童网络沉迷行为；开展"清朗·暑期未成年人网络环境整治"专项行动，将农村留守儿童和困境儿童列入重点人群，紧盯重点平台关键环节，紧抓直播、短视频平台涉及危害儿童身心健康的突出问题，及时处理违规问题。各地要建立健全儿童网络巡查机制、信息发布关键词预审机制、不良信息举报受理机制、舆情应对处理机制，将农村留守儿童和困境儿童作为网络安全保护重点对象，加强对儿童网络欺凌、造谣攻击、人肉搜索、侵犯隐私等有害信息的巡查监测、举报受理、有效处置。（中央网信办、公安部按照职责分工负责）

（五）实施固本强基行动。

16. 加强儿童主任队伍建设。各地民政部门要选优配强工作队伍，每个村（社区）择优选任至少一名儿童主任，村（居）民委员会应当选择政治素质过硬、道德品行优良、热爱儿童工作、熟悉村（社区）情况、具有一定文化水平的村（居）民委员会委员或社会工作者等人员担任儿童主任，对于辖区内常住儿童数量较多或农村留守儿童和困境儿童总人数超过 30 人的村（社区），根据实际需要增配儿童主任。建立儿童主任信息台账，加强动态管理，及时录入和更新全国儿童福利信息系统相关数据。完善日常管理制度，制定儿童主任职责清单和关爱服务内容清单，建立工作评价机制。构建儿童主任综合培训体系，建立覆盖全员的儿童主任培训档案，省级和地市级民政部门每年至少组织一次示范培训，县级民政部门要确保实现每年对儿童主任培训的全覆盖。有条件的地方可加大对儿童主任的补助力度。（民政部负责）

17. 引导社会力量参与。各地民政部门要积极培育和发展儿童福利领域社会组织，通过政府委托、项目合作、重点推介、孵化扶持等多种形式，引导和规范儿童福利领域社会组织参与农村留守儿童和困境儿童关爱服务工作。鼓励社会组织和志愿者等深入西部地区、老工业基地、革命老区等地积极参与农村留守儿童和困境儿童关爱服务行动，对于作出突出贡献的，在农村留守儿童和困境儿童相关表彰工作中予以考虑。（民政部、共青团中央、全国妇联按照职责分工负责）

18. 加强数字化建设。各地民政部门要依托全国儿童福利信息系统，加强与教育、公安等部门间数据信息共享，为加强农村留守儿童和困境儿童关爱服务工作提供信息化支撑，让数据多跑路、让群众少跑腿。探索智能技术在儿童福利信息领域的应用，通过数字赋能，主动发现需要帮助的农村留守儿童和困境儿童，精准匹配需求，量身定制关爱帮扶方案，切实提升农村留守儿童和困境儿童关爱服务工作质量。（教育部、公安部、民政部按照职责分工负责）

三、阶段安排

（一）部署启动（2023 年 11 月至 2023 年 12 月底）。各地民政部门会同相关部门结合实际制定具体实施方案，明确工作任务、阶段性目标、方法步骤、保障措施等，建立部门间协作机制，明确部门责任、实施主体、完成时限。具体实施方案于 2023 年 12 月底前报民政部。

（二）重点推进（2024 年 1 月至 2025 年 12 月底）。各地民政部门整合各方面工作力量，扎实推进各项重点工作任务，着力补短板强弱项，加大攻坚力度。2024 年 6 月底前完成辖区内农村留守儿童和困境儿童全面摸底排查，并完成信息系统更新工作，为农村留守儿童和困境儿童全部建立档案，对摸排发现的需重点关注的农村留守儿童和困境儿童制定有针对性的帮扶措施，建立健全常态化帮扶机制。2024 年底前取得阶段性成果，农村留守儿童和困境儿童精神素养有效提升，心理健康教育持续加强，监护体系初步建立，安全防护能力进一步增强，关爱服务精准化水平持续提高，儿童主任队伍规范化、专业化水平明显提升。2025 年底前基本实现预期目标。

（三）巩固提升（2026 年 1 月至 2026 年 10 月底）。认真总结工作成效和经验，及时梳理工作中形成的有效做法和协作方式，巩固阶段性工作成果，对存在的困难问题提出改进措施，对表现突出的单位和个人按照有关规定予以表扬鼓励，持续推进农村留守儿童和困境儿童关爱服务高质量发展。

四、保障措施

（一）加强组织领导。各地各相关部门要充分认识开展农村留守儿童和困境儿童关爱服务质量提升三年行动的重要性，将其列入年度重点工作，及时安排部署。国务院妇儿工委办公室要将农村留守儿童和困境儿童关爱服务作为未成年人保护和推动实施儿童发展纲要的重点工作，督促相关部门落实工作职责任务。各地要结合实际研究制定实施方案，压实属地责任，加强部门协调，形成工作合力，统筹使用中央和地方财政资金，加强对农村留守儿童和困境儿童关爱服务资金保障，提高农村留守儿童和困境儿童服务保障水平。

（二）强化督促检查。民政部将农村留守儿童和困境儿童关爱服务质量提升三年行动纳入年度重点工作，会同相关部门对行动实施情况进行跟踪监测，通过座谈调研、第三方评估等方式，加强工作指导，采取适当方式对各地实施情况进行调度，并适时征集发布一批农村留守儿童和困境儿童关爱服务质量提升三年行动优秀案例。各省级民政部门要会同相关部门及时调度工作进展情况，每年至少开展一次检查，并于每年 12 月 10 日前将本地工作进展情况报民政部。

（三）加强宣传引导。各地要加强农村留守儿童和困境儿童相关法律法规、政策措施宣传工作，开展形式多样的宣传教育活动，在工作中要注意保护农村留守儿童和困境儿童个人隐私，引导农村留守儿童和困境儿童父母或其他监护人自觉履行监护责任，强化强制报告主体的法治意识。各地各相关部门要注重挖掘宣传农村留守儿童和困境儿童关爱服务工作中的先进典型，充分利用报刊、广播、电视等新闻媒体和网络新媒体，广泛宣传各地好典型、好经验、好做法，营造全社会关心关爱农村留守儿童和困境儿童的良好氛围。

民政部关于表彰第十二届
"中华慈善奖" 获得者的决定

民发〔2023〕45 号   2023 年 8 月 31 日

　　公益慈善事业是具有广泛群众性的道德实践,是社会文明进步的重要标志,是推进中国式现代化的重要力量。近年来,在以习近平同志为核心的党中央坚强领导下,我国公益慈善事业在扶弱济困、疫情防控、乡村振兴、扶老救孤、科教文卫、生态保护、应急救援等方面发挥了积极作用,为全面建成小康社会、开启全面建设社会主义现代化国家新征程作出了重要贡献。为表彰公益慈善领域的先进典型,根据《"中华慈善奖"评选表彰办法》,经有关方面推荐、评委投票和网络投票、征求相关部门意见、社会公示等程序,民政部决定授予陈剑光等 144 个爱心个人、爱心团队、捐赠企业、慈善项目和慈善信托第十二届"中华慈善奖"。

　　党的二十大作出了"构建初次分配、再分配、第三次分配协调配套的制度体系"和"引导、支持有意愿有能力的企业、社会组织和个人积极参与公益慈善事业"等重大决策部署,为新时代新征程公益慈善事业指明了前进方向。希望受到表彰的个人和单位珍惜荣誉、再接再厉,充分发挥模范带头作用。希望社会各界深入学习贯彻党的二十大精神,以"中华慈善奖"获得者为榜样,践行社会主义核心价值观,弘扬中华民族传统美德,积极参与公益慈善事业,为全面建设社会主义现代化国家、全面推进中华民族伟大复兴作出新的更大贡献!

附件：

第十二届"中华慈善奖"表彰名单
（各奖项按拼音字母排序）

一、慈善楷模

陈剑光　江苏天正商业发展有限公司董事长

丁玉萍（女）　古县玉森源旅游开发有限公司执行董事

国家税务总局西藏拉萨经济技术开发区税务局"蓝丝带"志愿服务组织

海　霞（女，回族）　中央广播电视总台总编室播音员主持人管理中心副主任、主持人

黄启凤　河南省豫东石油有限公司董事长

孔东梅（女）　东润公益基金会理事长

李立华（女）　湖南鸿达建筑有限公司工程师

李万升　长春市鼎庆经贸有限责任公司党支部书记、董事长

刘桂芗（女）　江西省兴国县春雨儿童康复中心主任

刘英子（女）　海南成美慈善基金会秘书长

毛二可　中国工程院院士、北京理工大学教授

南通中华慈善博物馆"慈善之声"宣讲团

内蒙古消防救援总队"北疆蓝焰"志愿服务队

宋静华（女）　河北慈善联合基金会理事长

宋　伟　山东省邹城市钢山街道后八里沟村党委书记

索南才让（蒙古族）　青海省河南蒙古族自治县柯生乡完全小学退休教师

王桂珍（女）　新疆维吾尔自治区呼图壁县阿同汗志愿者协会会长

王颂汤　广州远洋运输公司退休干部

王　勇　山东麦德森文化传媒有限公司党支部书记

魏云章　陕西省宇田石油工程有限公司董事长

尹建敏（女，满族）　兰州市红古区鑫源天然气有限公司董事长

张彦杰（女）　四川省巴中兔兔青少年爱心家园理事长

浙江大学医学院附属第二医院眼科中心"汽车眼科医院"光明行团队

郑成明　河北省邢台市清河县慈善总会会长

中国法律援助基金会"1＋1"法律援助志愿服务团

中国国家博物馆志愿服务团队

中国航油福建分公司"与春风同行"无偿献血爱心团队

中国人民解放军 31699 部队 77 分队爱心团队

钟立钊　广东省深圳市退役军人就业创业服务促进会会长

二、慈善项目和慈善信托

爱的教育校园行（北京青爱教育基金会）

百工技师工程（四川西部扶贫资源开发中心）

兵团希望工程随手捐项目（新疆生产建设兵团青少年发展基金会）

城市困难职工解困脱困项目（中华全国总工会）

出生缺陷干预救助项目（中国出生缺陷干预救助基金会）

"传化·安心驿站"项目（浙江传化慈善基金会）

春蕾陪伴公益项目（中国儿童少年基金会）

"春雨工程"乡村人才发展公益项目（中国西部人才开发基金会）

"大手拉小手　共奔振兴路"光彩帮扶项目（天津市光彩事业促进会）

"扶危救困 善行赣鄱"慈善帮扶专项工程（江西省慈善总会）

甘肃省广河县城东幼儿园项目（全国台湾同胞投资企业联谊会）

耕耘者振兴计划（深圳市腾讯计算机系统有限公司）

公益宝贝童伴妈妈（中国乡村发展基金会）

共青团"童心港湾"留守儿童关爱项目（中国光华科技基金会）

关爱贫困孤儿助学（湖南省湘西土家族苗族自治州慈善总会）

光彩慈善安居工程（江苏省工商业联合会）

国家能源集团"爱心助学"项目（国家能源集团公益基金会）

"韩红爱心·百人医疗援助系列"公益行动（北京韩红爱心慈善基金会）

精准助困计划（安徽省铜陵市慈善总会）

"看清黑板·梦想未来"青少年眼视光慈善项目（广东省天行健慈善基金会）

乐龄陪伴——农村留守老人关爱工程（中国老龄事业发展基金会）

临沂市孤困儿童帮扶项目（山东省临沂市手牵手孤困儿童心理辅导志愿服务团）

绿蝴蝶在行动——让精神障碍人士回家之路不再漫长项目（黑龙江省心康园精神康复救助基金会）

母亲微笑行动公益项目（中国妇女发展基金会）

浦东新区"慈善公益联合捐"（浦东新区慈善事业和社会工作发展中心）

"情暖夕阳"爱心扶老项目（山东省济宁市任城区慈善总会）

"三峡教育帮扶"项目（中国长江三峡集团有限公司）

陕西村社慈善幸福家园工程项目（陕西省慈善协会）

陕西社会组织"合力团"助力乡村振兴项目（陕西社会组织服务中心）

"善"暖社区——广州市社区慈善项目（广东省广州市慈善会）

善行中国（中央广播电视总台）

深圳社会工作援疆项目［深圳市对口支援新疆（喀什）社会工作站］

顺丰暖心——儿童医疗救助项目（顺丰公益基金会）

头条寻人（北京字节跳动公益基金会）

网络扶贫汉藏双语手机捐赠公益项目（中国互联网发展基金会）

"温暖工程"项目（中华同心温暖工程基金会）

武警春蕾计划（中国人民武装警察部队）

"幸福家园"村社互助工程（中华慈善总会、湖北省慈善总会）

姚基金希望小学篮球季（北京姚基金公益基金会、中国青少年发展基金会）

一村一园：山村幼儿园计划（中国发展研究基金会）

"移风易俗　捐资行善"慈善项目（福建省晋江市慈善总会）

益校计划（中国教育发展基金会）

益行益善　益老益小（湖南省益阳市慈善总会）

云南希望工程"爱心圆梦大学"助学育人公益行动（云南省青少年发展基金会）

珍惜生命爱"心"医疗救助行动（珍惜生命基金会）

中国大病社会救助平台（中国人口福利基金会）

中国海油"同舟工程——'救急难'行动"项目（中国海油海洋环境与生态保护公益基金会）

"中国茅台·国之栋梁"——希望工程圆梦行动大型公益助学活动（贵州茅台酒股份有限公司）

中信信托·2021 芳梅教育慈善信托（中信信托有限责任公司）

周口慈善马拉松项目（河南省周口市慈善总会）

三、捐赠企业

爱尔眼科医院集团股份有限公司

安踏体育用品集团有限公司

北京嘀嘀无限科技发展有限公司

北京三快网络科技有限公司

成都康弘药业集团股份有限公司

重庆智飞生物制品股份有限公司

福建大东海实业集团有限公司

国家电网有限公司

国家能源投资集团有限责任公司

国泰君安证券股份有限公司

河北普阳钢铁有限公司

江苏沙钢集团有限公司

辽宁方大集团实业有限公司

龙湖集团控股有限公司

牧原实业集团有限公司

上海汽车集团股份有限公司

上海寻梦信息技术有限公司

深圳市腾讯计算机系统有限公司

沈阳三生制药有限责任公司

顺丰控股股份有限公司

四川省宜宾五粮液集团有限公司

万科企业股份有限公司

新奥集团股份有限公司

星河湾集团有限公司

益海嘉里金龙鱼粮油食品股份有限公司

招商局集团有限公司

中国宝武钢铁集团有限公司

中国长江三峡集团有限公司

中国第一汽车集团有限公司

中国海洋石油集团有限公司

中国华能集团有限公司

中国建筑集团有限公司

中国交通建设集团有限公司

中国平安保险（集团）股份有限公司

中国移动通信集团有限公司

中国中化控股有限责任公司
紫金矿业集团股份有限公司

四、捐赠个人

曹德旺　福耀玻璃工业集团股份有限公司董事长
党彦宝　宁夏宝丰集团有限公司董事长
董淑贞（女，英国）　上海彪亨建筑工程有限公司董事长
关杰初　源林投资（广东）有限公司董事长
哈学忠　宁夏金顺集团有限公司董事长
胡贤斌　河南九龙集团有限公司董事长
黄少康　惠州市百利宏控股有限公司董事长
黄　涛　世纪金源投资集团有限公司总裁
李明刚　东营齐润化工有限公司党委书记、董事长
李一萍（女）　广州市时代控股集团有限公司控股股东
梁　博　山西永鑫煤焦化有限责任公司总经理
廖泽云　康泽工商董事长
林德兴　雅仕维传媒集团有限公司董事会主席、首席执行官
刘景萍（女）　海南葫芦娃药业集团股份有限公司董事长、总经理
刘文福　河北省社会救助基金会副理事长
马建荣　宁波申洲针织有限公司董事长
荣智健　香港江苏社团总会荣誉会长
沈小平　通鼎集团有限公司董事局主席
田振华　广西北流市老田瓷业有限责任公司董事长
涂雅雅（女）　香港永通发展集团股份有限公司董事长
修涞贵　修正药业集团股份有限公司董事长
许世辉　达利食品集团有限公司董事长
严立淼　天津亿联控股集团有限公司董事长
闫希军　天津天士力大健康产业投资集团有限公司董事长
杨文龙　仁和（集团）发展有限公司董事长
杨　勋　旭日集团有限公司副董事长、总经理
张君婷（女）　天津荣程祥泰投资控股集团有限公司总裁
郑　钢　南京南播玩文化传播有限公司董事长

民政部关于学习贯彻习近平总书记
重要指示精神深入开展学雷锋
志愿服务活动的通知

民函〔2023〕31 号   2023 年 3 月 2 日

各省、自治区、直辖市民政厅（局），新疆生产建设兵团民政局：

今年是毛泽东等老一辈革命家为雷锋同志题词 60 周年。近日，习近平总书记对深入开展学雷锋活动作出重要指示。为学习贯彻习近平总书记重要指示精神，进一步传承和弘扬雷锋精神，推动学雷锋志愿服务制度化常态化长效化，结合我部职责，现就有关事项通知如下：

一、认真学习贯彻习近平总书记重要指示精神

党的十八大以来，习近平总书记对弘扬雷锋精神作出一系列重要论述，指导推动新时代学雷锋活动不断拓展内容、创新形式、丰富载体，涌现出一批又一批雷锋式先进集体和模范人物，为新时代伟大变革注入不竭精神动力。习近平总书记指出，60 年来，学雷锋活动在全国持续深入开展，雷锋的名字家喻户晓，雷锋的事迹深入人心，雷锋精神滋养着一代代中华儿女的心灵。实践证明，无论时代如何变迁，雷锋精神永不过时。习近平总书记强调，新征程上，要深刻把握雷锋精神的时代内涵，更好发挥党员、干部模范带头作用，加强志愿服务保障和支持，不断发展壮大学雷锋志愿服务队伍，让学雷锋在人民群众特别是青少年中蔚然成风，让学雷锋活动融入日常、化作经常，让雷锋精神在新时代绽放更加璀璨的光芒，为全面建设社会主义现代化国家、全面推进中华民族伟大复兴凝聚强大力量。习近平总书记的重要指示，充分肯定了 60 年来学雷锋活动的显著成效，深刻阐明了雷锋精神的永恒价值，对新征程上更好弘扬雷锋精神提出了明确要求。

"奉献、友爱、互助、进步"的志愿精神是雷锋精神的重要组成部分，志愿服务是广大人民群众在新的时代背景下学雷锋做好事的生动体现。深入开展学雷锋志愿服务活动，引导广大志愿者、志愿服务组织和志愿服务工作者继续以实际行动书写新时代的雷锋故事，是传承和弘扬雷锋精神的内在要求，有利

于弘扬中华民族传统美德，培育和践行社会主义核心价值观，推进社会主义精神文明建设；有利于扩大社会参与，引导公众在服务他人、奉献社会中增强社会责任感，推动构建共建共治共享的社会治理体系；有利于引导教育社会公众追寻雷锋同志的足迹，把崇高理想信念和道德品质追求转化为具体行动，为新时代新征程凝心聚力。

各级民政部门要将学习好、宣传好、贯彻好习近平总书记关于弘扬雷锋精神的重要指示作为重要政治任务，全面深刻把握雷锋精神的时代内涵和实践要求，引导民政系统广大干部职工、志愿者、志愿服务组织和志愿服务工作者树立崇高理想追求，践行社会主义核心价值观，激发爱党爱国爱社会主义巨大热情，更加坚定拥护"两个确立"、坚决做到"两个维护"，自觉把个人追求融入为党和人民事业奋斗中，为中国式现代化建设贡献力量；要立足部门职责，将弘扬雷锋精神与弘扬志愿精神统一起来，把雷锋精神转化为志愿者参与志愿服务的强大动力和生动实践。

二、深入开展学雷锋志愿服务活动

（一）聚焦民政领域开展志愿服务。各地民政部门要以传承和弘扬雷锋精神为主题，以城乡社区和各类民政服务机构为依托，广泛开展学雷锋志愿服务活动，使民政领域成为传承和弘扬雷锋精神的重要阵地。要充分发挥民政系统党员干部示范带头作用，吸引社会公众加入志愿者队伍，不断壮大民政领域志愿者队伍规模。要聚焦各类民政服务对象，尤其是救助对象等困难群体、"一老一小"等特殊群体，常态化开展针对性的志愿服务活动，帮助群众解决实际困难，改善生活状况，在暖人心的服务中将学雷锋真正落到实处。要结合实际开展民政领域志愿服务先进典型、工作案例等推选活动，持续开展典型宣传，总结推广先进经验，逐步形成覆盖各项民政业务的志愿服务品牌体系，充分发挥志愿服务在民政工作中的积极促进作用。

（二）持续推动志愿服务创新发展。各地民政部门要创新志愿服务的方式方法，积极推广应用项目化运作、"菜单式"志愿服务等服务模式，探索运用"五社联动"机制，着力提升志愿服务的规范化、专业化、社会化水平，建立志愿服务长效机制。要加强志愿服务能力建设，建立健全志愿服务培训体系，引导志愿服务组织和各类民政服务机构规范服务流程、完善服务标准、提升服务质量。要积极推广应用全国志愿服务信息系统，推动志愿服务与互联网深度融合，进一步提升志愿服务信息化水平。要全面开展志愿服务记录与证明抽查，健全志愿服务事中事后监管机制，引导志愿者、志愿服务组织按照《志愿服务条例》规定，规范有序开展志愿服务，推动志愿服务高质量发展。

（三）切实加强志愿服务保障支持。各地民政部门要立足民政部门职责，加强与宣传部门、文明办和其他相关部门的协作配合，积极为志愿服务提供保障支持，创造良好条件。要加快《志愿服务条例》配套政策法规建设，进一步健全志愿服务供需对接、志愿服务激励回馈、保险保障、志愿服务数据信息归集等方面制度机制，加快完善志愿服务标准体系，为志愿服务发展提供制度保障。要大力培育发展志愿服务组织，持续做好志愿服务组织标识工作，引导志愿服务组织向社会亮明身份。要依托城乡社区综合服务设施、乡镇（街道）社工站等广泛设立志愿服务站点，拓展群众身边的志愿服务参与平台。要加大政府购买志愿服务运营管理和资助力度，动员引导公益慈善资源支持志愿服务活动，探索志愿者礼遇办法，不断强化志愿服务的激励保障，让学习雷锋精神在祖国大地蔚然成风。

三、加强对活动的组织领导

（一）周密组织实施。各地民政部门要将深入开展学雷锋志愿服务活动与认真贯彻落实党的二十大精神相结合，与贯彻落实全国民政工作会议要求相结合，与切实履行志愿服务行政管理职责相结合，着力推动志愿服务常态化长效化，充分发挥民政工作在传承和弘扬雷锋精神中的独特作用，加强组织领导，精心部署安排，强化督促指导，确保措施到位、责任到位、保障到位。

（二）注重宣传引导。各地民政部门要充分发挥民政所属媒体的主导作用，积极争取其他媒体的广泛支持，通过采访报道、开设专栏、图文解读等方式，深入宣传民政系统学习贯彻习近平总书记关于弘扬雷锋精神的重要论述及推动开展学雷锋志愿服务的工作成效，积极宣传学雷锋志愿服务先进典型。要充分发挥新媒体贴近群众的传播优势，通过微联动、微直播、微视频等方式，结合网络传播主题宣传等大型宣传活动，生动活泼、形式多样地宣传展示志愿者、志愿服务组织和志愿服务工作者的风采，积极营造雷锋精神人人可学、奉献爱心处处可为的浓郁社会氛围，推动形成全社会关心、支持和参与志愿服务的良好局面。

（三）务求取得实效。各地民政部门要结合本地区、本单位实际，积极落实好深入开展学雷锋志愿服务活动的各项任务，坚持需求导向、效果导向，突出重点，强化特色，避免走过场、运动化等形式主义，切实增强人民群众的获得感、幸福感、安全感。要注重发掘活动开展过程中涌现出来的好经验、好做法，于 4 月 10 日前将阶段性工作情况报送民政部慈善事业促进和社会工作司，后续有关重要情况随时报送。

民政部办公厅关于组织开展第八个
"中华慈善日"主题宣传活动的通知

民办函〔2023〕64号   2023年8月1日

各省、自治区、直辖市民政厅（局），新疆生产建设兵团民政局：

今年9月5日是我国第八个"中华慈善日"。党的二十大作出"必须坚持在发展中保障和改善民生，鼓励共同奋斗创造美好生活，不断实现人民对美好生活的向往"以及"引导、支持有意愿有能力的企业、社会组织和个人积极参与公益慈善事业"等重大决策部署，为新时代公益慈善事业高质量发展指明了方向。为贯彻落实党的二十大精神，民政部决定以"携手参与慈善，共创美好生活"为主题，组织开展"中华慈善日"宣传活动。现就有关事项通知如下：

一、提高政治站位，充分认识开展"中华慈善日"主题宣传活动的重要意义

今年是全面贯彻党的二十大精神的开局之年。公益慈善事业是中国特色社会主义事业的重要组成部分。社会各界的广泛参与，是公益慈善事业发展的前提和基础；公益慈善事业，是实现人民对美好生活向往的重要力量。各地要提高政治站位，充分认识开展"中华慈善日"主题宣传活动的重要意义，坚持以人民为中心的发展思想，紧紧围绕主题，创新形式、突出特色，进一步动员、引导、支持有意愿有能力的企业、社会组织和个人积极参与公益慈善事业，推动公益慈善事业发展成果更多更公平惠及全体人民，更好服务党和国家中心大局。

二、加强宣传动员，引导支持社会各界积极参与公益慈善事业

（一）深入学习宣传习近平总书记重要指示精神和党的二十大决策部署。各地要结合开展学习贯彻习近平新时代中国特色社会主义思想主题教育，通过开展主题党日、联学联建、辅导讲座等活动，采用图文介绍、专家解读、人物访谈等方式，广泛深入学习宣传贯彻习近平总书记关于公益慈善事业的重要指示精神和党的二十大关于公益慈善事业的决策部署，引导广大公益慈善力量深刻领悟"两个确立"的决定性意义，增强"四个意识"、坚定"四个自信"、做到"两个维护"，进一步提高参与公益慈善事业的意愿和能力。

（二）集中展示公益慈善事业在实现人民对美好生活向往中发挥的作用和取得的成就。各地要聚焦"实现人民对美好生活的向往"，全面总结公益慈善事业在解决人民群众急难愁盼问题、促进人的全面发展和全体人民共同富裕等方面发挥的积极作用，全面梳理公益慈善事业在助力乡村振兴、防灾减灾、健康中国、科教兴国、绿色发展等方面取得的成就，开展多渠道、多层次、多维度的宣传活动，集中展示我国公益慈善事业惠民生、暖民心的积极贡献。

（三）广泛动员引导社会各界积极参与公益慈善事业。各地要大力弘扬中华民族守望相助、乐善好施的传统美德，深入宣传慈善法，厚植公益慈善的社会基础。要组织开展慈善表彰、展示交流、会议研讨、公益市集等活动，引导激励社会各界通过慈善捐赠、设立慈善信托、提供志愿服务等方式，投身公益慈善事业。鼓励慈善组织和慈善行业组织，筹划开展参与性强的公益慈善活动。互联网公开募捐信息平台，要依法举办形式多样的"中华慈善日"宣传活动。

三、工作要求

（一）加强组织领导。各地要高度重视第八个"中华慈善日"主题宣传工作，将其作为学习贯彻习近平新时代中国特色社会主义思想，促进公益慈善事业高质量发展，扎实推进共同富裕的重要抓手，加强组织领导，科学谋划部署，制定工作方案，周密推进实施。

（二）形成工作合力。各地要主动联系宣传、广播电视、网信等有关部门和辖区新闻单位，取得支持，形成合力。要加强对慈善组织和慈善行业组织等开展"中华慈善日"宣传活动的指导。中央广播电视总台社会与法频道（CCTV - 12）将在主题宣传活动期间，对全国各地的慈善活动进行集中报道。各地要择优向中央广播电视总台社教节目中心提前报送选题、及时报送资料，以便安排采访和宣传报道等事宜。

（三）切实保障安全。各地要严格贯彻落实中央八项规定及其实施细则精神，大兴务实之风、俭朴之风；要根据疫情防控要求，制定切实有效的疫情防控方案，严格做好各项安全防范工作。

各省级民政部门要于 10 月 20 日前将有关活动开展情况报送民政部慈善事业促进和社会工作司。

民政部办公厅关于组织参加第十届
中国公益慈善项目交流展示会的通知

民办便函〔2023〕702 号   2023 年 7 月 17 日

各省、自治区、直辖市民政厅（局），各计划单列市民政局，新疆生产建设兵团民政局：

中国公益慈善项目交流展示会（以下简称慈展会）由民政部、国务院国资委、国家乡村振兴局、全国工商联、中国红十字会总会、中国宋庆龄基金会、广东省人民政府、深圳市人民政府和中国慈善联合会共同主办，是目前国内唯一的国家级、综合性、国际化的慈善行业展会，已经成功举办九届。第十届慈展会将于 2023 年 9 月在广东省深圳市举办。为做好慈展会各项工作，现就有关事宜通知如下：

一、基本情况

（一）总体思路。坚持以习近平新时代中国特色社会主义思想为指导，全面贯彻落实党的二十大精神，集中展示我国公益慈善事业发展最新成果，促进公益慈善资源供需对接，传播公益慈善文化，引导、支持有意愿有能力的企业、社会组织和个人积极参与公益慈善事业，为促进经济社会高质量发展，助力全面建设社会主义现代化国家作出应有贡献。

（二）举办时间和地点。

时间：2023 年 9 月 15 日至 17 日。

地点：深圳会展中心。

（三）展会定位。慈善行业展示交流平台、慈善资源对接服务平台、慈善文化传播推广平台、慈善生态协同共创平台。

（四）主要内容。本届慈展会以"共建现代化慈善，聚力高质量发展"为主题，设置展示交流、会议研讨、资源对接和配套活动四大板块。

1. 展示交流板块。

该板块设置慈善高质量发展成果馆、美好生活体验馆。

慈善高质量发展成果馆设置社会服务展区、科技向善展区、社区慈善展区、乡村振兴展区、教育慈善展区、生态公益展区、社会责任展区、行业赋能展区、粤港澳大湾区与国际公益展区、慈展会十届特展等十大主题展区，集中展示我国公益慈善事业发展成果和公益慈善力量参与解决民生问题、助力高质量发展的特色典型项目。

美好生活体验馆设置创新公益产品展区、消费助农产品展区、非遗文创产品展区和公益活动展演区，通过现场体验、订单采购、路演推介、电商直播等方式，全方位展示推广各类帮扶困难群体的创新公益产品和优质农副产品、地理标志产品、非遗文创产品等。

2. 会议研讨板块。

该板块邀请国内外专家学者和行业代表，分享公益慈善领域的先进理念和创新实践成果，深入探讨慈善与经济社会各领域深度融合、协同共进的路径模式，为共建现代化慈善汇聚前沿智慧和创新方案。

3. 资源对接板块。

该板块通过信息发布会、路演推介会、对接洽谈会等活动，促进慈善项目、资金、产品、专业人才、技术、信息等各类慈善资源的精准对接，推动重大资源项目签约对接提质增效，加强资源对接的品牌化、专业化和常态化。

4. 配套活动板块。

该板块组织开展中国公益映像节、公益新力量计划、慈展会十届致敬典礼和一系列互动打卡体验活动，传播推广慈善文化，吸引和带动更多社会力量参与公益慈善事业。

二、参与方式

（一）直接参展。一是可申报慈善高质量发展成果馆、美好生活体验馆。展会不收取展位费。展位类型分为特装和标装两种形式。特装展位由参展方自行设计与搭建，可选面积有 $18m^2$、$36m^2$、$54m^2$、$72m^2$；标装展位由主办方提供基础搭建，面积为 $9m^2$。二是可申请举办公益主题的展演活动，活动时长为 15 分钟或 30 分钟。如对时长有其他特殊需求，可联系慈展会组委会办公室。经审核通过并列入展会排期后，主办方将提供场地等配套服务。

（二）承办分议题研讨会、社群圆桌派活动。各地、各机构可申请承办分议题研讨会和社群圆桌派活动，通过慈展会官方网站进行申报，经审核通过并列入展会排期后，慈展会组委会办公室将提供场地等配套服务。

（三）申请展会期间的信息发布会、展示推介会、对接洽谈会等线下资源对接活动。具有慈善资源需求的慈善项目和产品，以及拥有资源的供给方，均可申请参加展会期间举办的线下资源对接活动：一是信息发布会。发布慈善相关研究报告、慈善发展成果、慈善创新举措等信息。慈展会组委会办公室将按照"公开征集、组织评审、独立发布"的方式，为通过审核的活动提供场地等服务。二是展示推介会。分领域、分主题开展公益项目路演，公益创新产品、消费助农产品和非遗文创产品推介等活动。其中，公益项目路演时长 10至 15 分钟，经申报审核并列入展会排期后，慈展会组委会办公室将提供场地等配套服务。三是对接洽谈会。在展会各展馆和路演区举办开放式专题资源对接洽谈会，各机构可申请参与相关专题领域的洽谈活动。

（四）申请常态化资源对接活动。本届慈展会将联合区域合作伙伴和相关主题领域合作伙伴，以线上线下相结合的方式，在全国范围内开展资源直通车、交流分享会、路演推介会、专题讲座、互动沙龙等常态化资源对接活动，各地、各机构可根据自身需要申请参与。

三、工作要求

（一）广泛动员参展参会。办好慈展会是促进我国公益慈善事业高质量发展的重要措施。各地要高度重视、周密部署，积极组织动员符合展会主题的相关机构和项目申报参展、参会（报名指引见附件1）。

（二）积极开展资源对接。各地要鼓励当地机构申报资源对接活动，通过慈展会为当地慈善项目、产品（招募公告见附件2）提供更多展示推介、对接洽谈机会。慈展会组委会办公室将做好资源对接项目情况的跟踪跟进，资源提供方要加快推动签约项目落地，并及时将落地情况告知慈展会组委会办公室。

（三）鼓励参与展会活动。各地要动员当地机构积极向慈展会组委会办公室申请承办分议题研讨会和社群圆桌派活动，踊跃参加项目路演、公益产品推介、专题资源对接、信息发布等活动。

（四）组织赴会观摩。各地要在符合中央有关规定和届时当地疫情防控要求的前提下，按照自愿原则，组织本地相关单位、社会组织赴会观摩，并将组团观摩名单于 2023 年 8 月 11 日前报送慈展会组委会办公室。

（五）做好联系对接工作。各地民政部门要指定专人负责参展、参会及组团观摩工作，填写《第十届中国公益慈善项目交流展示会各地联络人信息表》（见附件3），并于 2023 年 7 月 31 日前报送慈展会组委会办公室。

四、联系方式（略）

附件：1. 第十届中国公益慈善项目交流展示会报名指引（略）
2. 第十届中国公益慈善项目交流展示会产品招募公告（略）
3. 第十届中国公益慈善项目交流展示会各地联络人信息表（略）

民政部办公厅关于对慈善组织
信息公开情况开展专项检查的通知

民办便函〔2023〕1162 号　　　　　　　　2023 年 12 月 7 日

各民政部登记的慈善组织：

　　为进一步提升公益慈善活动的透明度，保障公益慈善事业在阳光下运行，为有意愿有能力的企业、社会组织和个人积极参与公益慈善事业营造更加良好的环境，民政部决定开展慈善组织信息公开情况专项检查工作。现将有关要求通知如下：

　　一、各慈善组织要对照《中华人民共和国慈善法》《慈善组织信息公开办法》要求，对本组织信息公开情况进行全面梳理自查，对自查中发现的问题要立查立改、即知即改，并将自查自纠情况于 2024 年 2 月底前经业务主管单位同意后报民政部慈善事业促进司。

　　二、2024 年 3 月至 6 月，民政部会同业务主管单位对慈善组织信息公开情况进行全面检查，检查内容主要包括基本信息公开情况，年度工作报告和财务会计报告公开情况，公开募捐活动公开情况，慈善项目公开情况，重大资产变动及投资、重大交换交易及资金往来、关联交易行为等公开情况（详见附件）。对检查中发现的问题将依法进行处理。

　　各慈善组织要深刻认识做好信息公开工作的重要意义，法定代表人要认真落实慈善组织信息公开第一责任人的责任；高度重视此次专项检查工作，加强组织领导，抓好任务落实；强化长效治理，进一步建立健全本组织信息公开制度，不断提高慈善活动透明度和公信力。

附件：

专项检查重点内容

一、基本信息公开情况

在全国慈善信息公开平台（以下统称"慈善中国"平台）公开法定基本信息，包括组织章程，决策、执行、监督机构成员信息，下设的办事机构、分支机构、代表机构、专项基金和其他机构的名称、设立时间、存续情况、业务范围或者主要职能，发起人、主要捐赠人、管理人员、被投资方以及与慈善组织存在控制、共同控制或者重大影响关系的个人或者组织，信息公开制度、项目管理制度、财务和资产管理制度等。具有公开募捐资格的慈善组织按年度公开在本组织领取报酬从高到低排序前五位人员的报酬金额；本组织出国（境）经费、车辆购置及运行费用、招待费用、差旅费用的标准。

二、年度工作报告和财务会计报告公开情况

按照规定时限在"慈善中国"平台公开年度工作报告和财务会计报告，包括但不限于慈善组织年度开展募捐以及接受捐赠情况、慈善财产的管理使用情况、慈善组织工作人员的工资福利情况等信息。具有公开募捐资格的慈善组织的财务会计报告需经审计。

三、公开募捐活动公开情况

在募捐活动现场或者募捐活动载体的显著位置，公布组织名称、公开募捐资格证书、备案的募捐方案、联系方式、募捐信息查询方法等，并在"慈善中国"平台向社会公开。慈善组织与其他组织或者个人合作开展公开募捐的，公开合作方的有关信息。公开募捐活动结束后三个月内公开募得款物情况、已经使用的募得款物用于慈善项目和其他用途的支出情况、尚未使用的募得款物的使用计划；公开募捐周期超过六个月的，至少每三个月公开一次募得款物有关信息。

四、慈善项目公开情况

设立慈善项目时，在"慈善中国"平台公开该慈善项目的名称和内容；慈善项目结束后，公开有关情况。慈善项目由慈善信托支持的，公开相关慈善

信托的名称。具有公开募捐资格的慈善组织为慈善项目开展公开募捐活动的，公开相关募捐活动的名称，并在慈善项目终止后三个月内向社会公开慈善项目实施情况，包括项目名称、项目内容、实施地域、受益人群、来自公开募捐和其他来源的收入、项目的支出情况，项目终止后有剩余财产的公开剩余财产的处理情况；项目实施周期超过六个月的，至少每三个月公开一次项目实施情况。

五、重大资产变动及投资、重大交换交易及资金往来、关联交易行为等公开情况

发生重大投资变动、重大投资、重大交易及资金往来等情形后 30 日内，以及接受重要关联方捐赠、对重要关联方进行资助、与重要关联方共同投资、委托重要关联方开展投资活动、与重要关联方交易及资金往来等行为发生后 30 日内，在"慈善中国"平台向社会公开具体内容和金额。

民政部办公厅关于春节期间开展文明实践志愿服务活动有关工作的通知

民电〔2023〕8 号　　　　　　　　　　　　　　2023 年 1 月 19 日

各省、自治区、直辖市民政厅（局），新疆生产建设兵团民政局：

近日，中央文明办印发《关于 2023 年元旦春节期间开展文明实践志愿服务活动的通知》，要求元旦春节期间在全国城乡广泛开展文明实践志愿服务活动，充分发挥新时代文明实践中心作用，以真情服务暖人心、聚民心、筑同心。现转发你们，请结合民政工作实际认真抓好贯彻落实。

一、高度重视，及时部署

各地民政部门要把春节期间广泛开展志愿服务关爱行动作为贯彻落实党的二十大精神的重要举措，作为助力做好民生保障工作、完善志愿服务制度和工作体系的重要抓手，及时部署，周密安排，确保春节期间民政领域志愿服务活动丰富多彩、规范有序。

二、明确重点，突出特色

各地民政部门要围绕"志愿服务送关爱文明实践树新风"活动主题，积极宣传和贯彻党的二十大精神和党中央关于民生民政工作的重大决策部署，扎实推进民政领域志愿服务。要聚焦民政服务对象，以低保对象、特困人员、老年人、残疾人、儿童等为重点群体，以共度喜庆安康的春节为目标，动员引导志愿服务组织和志愿者广泛开展志愿服务活动。民政服务机构可以根据春节期间实际需要，主动招募志愿者开展关爱服务活动。要聚焦城乡社区，持续动员社区社会组织参与新时代文明实践志愿服务活动，指导乡镇（街道）社工站、社区志愿服务站点发挥好基层志愿服务阵地作用，深化"五社联动"与新时代文明实践融合发展机制，开展各项特色志愿服务活动，打造民政领域文明实践志愿服务品牌。要聚焦疫情防控，积极动员引导志愿者关注医疗机构的志愿服务需求，积极参与提供辅助性服务；充分发挥志愿者作用，帮助城乡社区高龄和独居老人、有严重基础疾病患者、孕产妇等群体解决实际困难，共同筑牢疫情防线。

三、强化指导，总结经验

各地民政部门要加强工作指导，引导广大志愿服务组织和志愿者依法依规开展志愿服务，大力弘扬"奉献、友爱、互助、进步"的志愿服务精神，使群众拥有更多实实在在的获得感、幸福感、安全感。要充分运用多种载体，积极宣传活动成效和先进典型，及时总结活动经验和成果，不断提升民政领域文明实践志愿服务活动的关注度、参与率和影响力。各地开展活动情况请于2023 年 2 月底前报民政部慈善事业促进和社会工作司，同时报各地文明办。

联系人（略）

附件：中央文明办关于 2023 年元旦春节期间开展文明实践志愿服务活动的通知（略）

民政部办公厅关于认真学习贯彻
习近平总书记重要指示精神
切实抓好民政领域防汛救灾工作的通知

民电〔2023〕59 号   2023 年 7 月 30 日

各省、自治区、直辖市民政厅（局），新疆生产建设兵团民政局：

近日，重庆等地遭遇强降雨，一些河流发生超警以上洪水，引发山洪和泥石流地质灾害，造成重大人员伤亡和财产损失。为深入贯彻落实习近平总书记关于防汛救灾工作的重要指示精神，立足于防大汛、抗大旱、救大灾，现就抓好民政领域防汛救灾工作通知如下。

一、提高政治站位，深入学习贯彻习近平总书记关于防汛救灾工作的重要指示精神。防汛救灾事关人民生命财产安全，事关社会和谐稳定。党的十八大以来，习近平总书记高度重视防汛救灾工作，作出一系列重要决策部署。近日，习近平总书记强调，当前全国即将进入"七下八上"防汛关键期，七大江河流域将全面进入主汛期，长江、淮河、太湖及松辽等流域存在洪涝灾害风险，要求各级党委和政府全面落实防汛救灾主体责任，各级领导干部要加强应急值守、靠前指挥，坚持人民至上、生命至上，守土有责、守土负责、守土尽责，切实把保障人民生命财产安全放到第一位，努力将各类损失降到最低。各地民政部门要把学习贯彻习近平总书记对防汛救灾工作的重要指示精神作为重要政治任务，把做好防汛救灾工作作为开展学习贯彻习近平新时代中国特色社会主义思想主题教育成效的一项重要检验，坚持"以学促干"、落实"重实践"要求，清醒认识当前防汛救灾工作的严峻复杂形势，以"时时放心不下"的精神状态和"箭在弦上"的备战姿态，严格执行责任制，筑牢底线思维，强化极端思维，切实抓好民政领域防汛救灾工作。

二、坚持以防为主，全力防范化解民政系统重大自然灾害风险。各地民政部门要坚持以人民为中心的发展理念，坚持以防为主、防灾抗灾救灾相结合，全面提高民政系统防汛救灾工作水平。要严格落实责任，结合全国民政服务机构重大安全隐患排查整治专项行动，对养老机构（包括提供医养结合服务的机构）、儿童福利机构和未成年人救助保护机构、救助管理机构、殡葬服务机构、精神卫生福利机构等民政服务机构和社会组织登记场所、婚姻登记场所等重点场所各类安全隐患开展全覆盖排查，加强对地处低洼、陡坡、河边等处民政服务机构的自然灾害风险评估研判，及时消除各类安全隐患。要进一步完善防汛应急预案和工作机制，强化防汛物资保障，组织民政服务机构和重点场所定期开展应急演练和知识培训，促进民政系统增强风险意识、提升避险能力，筑牢防汛救灾人民防线。

三、坚持生命至上，坚决维护受灾群众生命安全。一旦发生汛情，受灾地区民政部门要根据自然灾害预警信息第一时间启动应急响应，妥善做好受灾群众避险和安置工作，全力避免人员伤亡。要全面排查民政服务机构和设施灾情隐患，对轻微受损的民政服务机构建筑做好加固排险，严防次生灾害。

四、强化分类施策，切实保障受灾困难群众基本生活。各地民政部门要加强与应急管理等部门的配合，强化相关社会救助政策与受灾人员救助政策的衔接，及时将符合条件的受灾群众纳入救助保障范围，切实保障好受灾群众的基本生活。要密切关注灾情对困难群众基本生活的影响，统筹使用各项救助政策措施，加大临时救助力度，全面落实"先行救助""分级审批"等政策规定，帮助受灾困难群众尽快渡过难关。

五、做好巡查探访，加强对特殊群体的关爱保护。各地民政部门要加强灾害期间分散供养特困人员、散居孤儿、留守老人、困境儿童、残疾人、流浪乞讨人员等的巡查探访，做好特殊群体的防灾避险和救助保护工作。全面落实分散供养特困人员、散居孤儿委托照料服务和监护责任，做好因灾害影响造成流浪乞讨人员、无人照料老年人、监护缺失儿童等特殊群体的救助保护工作，做到应救尽救。

六、积极引导支持，有序动员社会力量参与救灾。各地民政部门要积极配合应急管理部门，根据需要动员引导社会应急力量有序参与、协同开展相关应急救援、过渡安置和灾后恢复重建等工作。引导支持慈善组织通过建立专项基金、设立慈善项目、发动社会募捐等形式，积极参与对受灾群众的救助帮扶，及时足额发放捐赠款物，做好信息公开。

七、加强组织领导，勇于担当作为。各地民政部门要进一步提高政治站位，加强组织领导，强化责任担当，主要负责同志要切实履行本地区民政领域防汛救灾工作领导责任，各级领导干部要严格值班值守，紧盯重点区域和薄弱环节，在防汛救灾工作中挑重担、当先锋、打头阵，关键时刻要身先士卒、靠前指挥，确保民政领域防汛有力、抢险有效、救灾有序。要注重发挥基层党组织战斗堡垒作用和广大党员干部先锋模范作用，带动民政系统广大干部职工闻"汛"而动、听令而行、恪尽职守、迎难而上，将民政系统防汛救灾各项工作职责落到实处，确保民政服务机构和民政服务对象安全度汛。

民政部办公厅关于进一步抓好民政领域防汛抗洪救灾和灾后恢复重建工作的通知

民电〔2023〕67 号   2023 年 8 月 24 日

各省、自治区、直辖市民政厅（局），新疆生产建设兵团民政局：

今年入汛以来，我国部分地区发生了较为严重的暴雨、洪涝、台风等自然灾害。习近平总书记高度重视，多次对防汛抗洪救灾工作作出重要指示批示。8 月 17 日，中共中央政治局常委会召开会议，研究部署防汛抗洪救灾和灾后恢复重建工作。为深入学习贯彻习近平总书记重要指示批示精神，落实中共中央政治局常委会会议部署，进一步抓好民政领域防汛抗洪救灾和灾后恢复重建工作，现就有关事项通知如下。

一、深入学习领会中共中央政治局常委会会议精神，进一步增强做好防汛抗洪救灾和灾后恢复重建工作的责任感、紧迫感

中共中央政治局常委会会议指出，"七下八上"是防汛关键期，在以习近平同志为核心的党中央坚强领导下，防汛抗洪救灾斗争取得重大阶段性成果。会议强调，当前我国仍处于主汛期，全国多地暴雨、洪涝、台风等灾害仍然高发，一些流域仍存在洪涝灾害风险，华北、东北部分山区土壤含水量已经饱和，山洪地质灾害风险高，依然不能有丝毫放松。个别地区旱情露头并发展，同样不可掉以轻心。会议要求，各有关地区、部门和单位要始终绷紧防汛救灾这根弦，始终把人民生命财产安全放在第一位，以"时时放心不下"的责任感，慎终如始做好防汛抗洪救灾各项工作。

民政领域防汛抗洪救灾工作涉及面广，社会关注度高，民政服务机构和服务对象抗灾救灾能力相对较弱。各级民政部门要深入学习贯彻习近平总书记重要指示批示精神，落实中央政治局常委会会议部署，坚决把思想和行动统一到党中央决策部署上来，进一步提高政治站位，以更强的责任感和紧迫感抓紧抓实抓好民政领域防汛抗洪救灾和灾后恢复重建工作，确保党中央决策部署不折不扣落实到位，以实际行动、过硬成效坚定拥护"两个确立"、坚决做到"两个维护"。

二、守土有责，进一步做好民政领域防汛抗洪救灾工作

地方各级民政部门要加强预警和应急响应联动，密切关注气象、水利、自然资源、应急管理等部门发布的汛情灾情信息，切实落实好应急预案行动措施，把握工作主动权。要突出防御重点，对灾害易发地及周边民政服务机构加强动态检查，做好预案、队伍、物资等应急准备，把各类风险隐患消除在成灾之前。要完善细化民政服务机构对象转移避险预案，对可能危及生命、不能马上整治的风险隐患，要立即撤离转移服务对象，确保应转尽转、应转早转。要跟进指导人员安置工作，保证基本生活物资供应，妥善做好机构内养育儿童、失能老年人等特殊群体的照护服务。要切实保障好受灾困难群众的基本生活，及时响应受灾困难群众救助需求，做好低保、特困救助供养等基本生活救助，加强急难社会救助，协同做好专项救助。要加强对分散供养特困人员、散居孤儿等的走访探视，做好因灾害影响造成流浪乞讨人员、无人照料老年人、困境儿童等特殊群体的救助保护工作。要积极配合卫生健康等部门做好卫生防疫工作，坚决防止大灾之后有大疫。

三、慎终如始，进一步抓好民政领域灾后恢复重建

受灾地区民政部门要加强与应急管理等部门的协同配合，强化低保、特困救助供养等救助政策与受灾人员救助政策衔接，对实施应急期救助和过渡期救助后，基本生活仍存在困难的群众，及时按规定纳入救助保障范围。充分发挥临时救助"救急难"作用，全面落实"先行救助""分级审批"等政策规定，帮助受灾困难群众尽快渡过难关。根据防汛救灾实际，运用信息化手段，做好数据比对和走访摸排，畅通社会救助服务热线，不断提高对受灾困难群众的兜底保障能力。要统筹用好中央财政困难群众救助补助资金和地方各级财政安排资金，发挥全国低收入人口动态监测信息平台作用，健全常态化救助帮扶机制，坚决防止因灾致贫返贫。受灾严重地区民政部门要实事求是、认真细致排查养老院、儿童福利机构等民政服务设施受灾损毁情况，及时报告属地党委和政府，加强与发展改革和财政部门的沟通衔接，在灾后重建规划中充分反映民政服务机构受灾情况和建设需求，全力争取政策和资金支持，尽早启动项目建设前期工作，抓紧推进设施维修或重建，确保受灾机构尽快恢复运转，受灾对象尽早安全入住、温暖过冬。

四、立足长远，进一步提升民政领域防灾减灾救灾能力

各级民政部门要进一步落实责任，认真研究把握民政领域应急工作规律，

提高风险预判能力，细化应急工作预案，实化应急处置措施，抓紧补短板、强弱项，进一步提升民政领域防灾减灾救灾能力。要加强事前预防，坚持极限思维和底线思维，深入推进全国民政服务机构重大安全隐患排查整治专项行动和燃气安全专项整治工作，全面、及时排查整治各类风险隐患，定期组织民政服务机构开展应急演练和知识培训，持续提升机构的自救和避险能力。要强化协同作战，加强与应急管理等部门的密切配合，根据需要积极动员引导相关社会力量有序参与防汛抗洪救灾和灾后恢复重建工作，及时拨付和依规管理使用捐赠款物并做好信息公开，充分凝聚起防汛救灾和灾后恢复重建的强大合力，全力保障人民群众生命财产安全。

民政部办公厅关于认真学习贯彻习近平总书记重要指示精神　扎实做好民政领域抗震救灾工作的紧急通知

民电〔2023〕112 号　　　　　　　　　　2023 年 12 月 19 日

甘肃省民政厅、青海省民政厅：

12 月 18 日甘肃临夏州积石山县发生 6.2 级地震，造成重大人员伤亡和财产损失，习近平总书记作出重要指示，李强总理作出批示，国务院抗震救灾指挥部启动国家地震二级应急响应。为深入贯彻落实习近平总书记重要指示精神，扎实做好民政领域抗震救灾工作，现通知如下。

一、深入学习贯彻习近平总书记关于抗震救灾工作的重要指示精神。地震发生后，习近平总书记高度重视并作出重要指示，甘肃临夏州积石山县 6.2 级地震造成重大人员伤亡，要全力开展搜救，及时救治受伤人员，最大限度减少人员伤亡。灾区地处高海拔区域，天气寒冷，要密切监测震情和天气变化，防范发生次生灾害。要尽快组织调拨抢险救援物资，抢修受损的电力、通信、交通、供暖等基础设施，妥善安置受灾群众，保障群众基本生活，并做好遇难者家属安抚等工作。请国务院派工作组前往灾区指导抗震救灾工作，解放军、武警部队要积极配合地方开展抢险救灾，尽最大努力保障人民群众生命财产安全。甘肃、青海两地民政部门要全面学习领会习近平总书记重要指示精神，进一步提高政治站位，抓紧部署救灾措施、落实救灾责任，全力以赴做好民政领域抗震救灾各项工作。

二、全面排查民政领域受灾情况，坚决维护民政服务对象生命安全。甘肃、青海两地民政部门要迅速对受灾地区养老机构、儿童福利机构、未成年人救助保护机构、救助管理机构、殡葬服务机构、精神卫生福利机构等民政服务机构和社会组织登记场所、婚姻登记场所等重点场所开展全面排查，及时、全面、准确掌握服务对象和工作人员伤亡情况、建筑及设施设备受损情况，如有受伤人员要第一时间安排救治。要抓紧研判机构安全风险，对轻微受损的机构建筑做好加固排险，严防次生灾害；如机构存在可能危及生命、不能马上整治的风险隐患，要立即撤离转移服务对象，确保应转尽转、应转早转。要跟进指导人员安置工作，保证基本生活物资，扎实做好供应保障。需转移安置机构内养育儿童、失能老年人等特殊群体的，要妥善做好照护服务。要加强受灾地区分散供养特困人员、散居孤儿、事实无人抚养儿童、特殊困难老年人、儿童、残疾人、流浪乞讨人员的巡查探访，帮助做好特殊群体的避险工作。要全面落实分散供养特困人员、散居孤儿、留守儿童委托照料服务和监护责任，做好因灾害影响造成流浪乞讨人员、无人照料老年人、监护缺失儿童等特殊群体的救助保护工作，做到应救尽救。

三、全面落实救助政策，切实保障受灾困难群众基本生活。要加强与应急管理等部门的配合，强化相关社会救助政策与受灾人员救助政策的衔接，及时将符合条件的受灾群众纳入救助保障范围。加大临时救助力度，帮助受灾困难群众尽快渡过难关。要迅速摸排困难群众生活状况，及时主动发现困难群众救助需求，畅通社会救助服务热线，不断提高对受灾困难群众的兜底保障能力。要密切关注灾情对困难群众基本生活的影响，统筹使用各项救助政策措施实施救助帮扶。要稳妥做好遇难人员殡葬服务工作。

四、积极引导支持，动员社会力量有序参与抗震救灾。要积极配合应急管理部门，引导从事防灾减灾救灾工作的社会组织按照当地抗震救灾指挥部要求，有序参与、协同开展相关应急救援、过渡安置和灾后恢复重建等工作。根据灾区实际需要，引导支持慈善组织通过建立专项基金、设立慈善项目、发动社会募捐等形式，积极参与对受灾群众的救助帮扶。要指导慈善组织规范捐赠款物接收、分发，做好信息公开。

在国家地震二级应急响应终止前，请每日 16：00 前将抗震救灾工作最新进展情况及时报民政部慈善事业促进司。

民政部　人力资源社会保障部　中华全国总工会关于举办 2023 年全国行业职业技能竞赛——全国民政行业职业技能大赛的通知

民函〔2023〕83 号　　　　　　　　　　　　　2023 年 12 月 8 日

各省、自治区、直辖市民政厅（局）、人力资源社会保障厅（局）、总工会，新疆生产建设兵团民政局、人力资源社会保障局、总工会：

　　为深入学习贯彻习近平总书记关于民政工作和高技能人才工作重要论述精神，落实《关于加强新时代高技能人才队伍建设的意见》部署要求，加快推进民政高技能人才队伍建设，服务新时代新征程民政事业高质量发展，助力实施人才强国战略，民政部、人力资源社会保障部、全国总工会决定联合举办全国民政行业职业技能大赛（以下简称大赛）。现就有关事项通知如下：

　　一、竞赛项目

　　大赛为国家级一类职业技能大赛，设置养老护理员、遗体火化师、公墓管理员、假肢装配工、矫形器装配工 5 个竞赛项目，均为单人赛项。

　　二、竞赛组织

　　由民政部、人力资源社会保障部、全国总工会共同组建大赛组委会（名单另行印发），负责统筹推动赛事各项重点工作。大赛组委会下设秘书处、新闻宣传组、活动指导组、技术工作组，成立监督仲裁委员会。秘书处设在民政部机关党委（人事司），负责大赛综合管理、文件发布、组织协调等工作。

大赛分全国决赛、省级及以下选拔赛。全国决赛由江苏省人民政府承办，江苏省民政厅、江苏省人力资源社会保障厅、江苏省总工会、南京市人民政府协办。大赛组委会指导江苏省人民政府牵头成立全国决赛执委会，负责落实赛事组织协调、场地设施设备、技术与赛务实施、开闭幕式活动、交通食宿服务、健康安全服务保障等工作。大赛执委会办公室设在江苏省民政厅。

各省级民政部门会同同级人力资源社会保障部门、总工会共同成立大赛省级赛区组委会，负责大赛选拔赛组织管理工作。鼓励副省级城市、计划单列市和地级市开展本级选拔赛。原则上，2024 年 3 月下旬前，组织完成省级及以下选拔赛。5 月中旬组织开展全国决赛。

三、时间地点

大赛全国决赛拟于 2024 年 5 月中旬在江苏省南京市举行。具体时间地点另行通知。

四、参赛要求

（一）参赛队员基本要求。

参赛人员须为中华人民共和国公民，且满足以下条件：参赛人员为累计从事相关职业工作满 2 年的在职职工；遵守国家法律法规，具有良好的职业道德，爱岗敬业，锐意进取，刻苦钻研技术，勇于创新。各地民政部门要加强参赛资格审核，全日制学习时间不算作工作年限。

已获得"中华技能大奖""全国技术能手""全国五一劳动奖章"及已取得申报资格的人员不以选手身份参赛。

（二）参赛队组成要求。

全国决赛以省（区、市）民政厅（局）、新疆生产建设兵团民政局为单位组队参赛。每个赛项 2 名选手。原则上，全国决赛参赛人员应通过省级选拔赛产生。省级民政部门如已举办 2023 年度本地区养老护理员职业技能竞赛，且符合大赛技术工作要求，可运用竞赛成果推荐选手参加大赛全国决赛。鼓励民办养老机构养老护理员参赛。

五、竞赛标准及内容

竞赛以养老护理员、遗体火化师、公墓管理员、假肢装配工、矫形器装配工国家职业技能标准高级工及以上的知识和技能要求为依据命制竞赛内容。具体竞赛技术规则、技术工作文件、参考赛题库等由大赛技术工作组另行发布。

六、奖项设置和奖励措施

大赛按竞赛项目设置个人奖、组织奖和其他奖项。

（一）奖项设置。

1. 个人奖。

全国决赛各赛项设一等奖 5 名、二等奖 7 名、三等奖 8 名，优胜奖若干名。

2. 组织奖。

大赛设组织奖一等奖 3 名、二等奖 6 名、三等奖 9 名、优秀组织单位若干名。

3. 其他奖项。

（1）对全国决赛一等奖获得者的教练（每名选手指定 1 名），大赛组委会颁发"优秀教练"证书。

（2）对贡献突出的承办、协办、技术支持和新闻宣传等单位，大赛组委会颁发"突出贡献单位"奖牌和证书。

（3）对在全国决赛组织工作中表现突出的个人，大赛组委会颁发"优秀工作者"证书。

各奖项评选办法另行通知。

（二）奖励措施。

大赛组委会向获得全国决赛一、二、三等奖的选手颁发奖牌、奖杯和证书。其中，获得全国决赛成绩排名前 5 名的选手，经人力资源社会保障部核准后，授予"全国技术能手"称号，颁发奖章、奖牌和证书，并按相关规定晋升技师职业技能等级；已具有技师职业资格或职业技能等级的，可晋升高级技师职业技能等级。获得全国决赛成绩排名第 6 至 20 名的选手，按相关规定晋升高级工职业技能等级；已具有高级工职业资格或职业技能等级的，可晋升技师职业技能等级。

各赛项获奖选手及获得职业技能等级证书的比例原则上控制在参加决赛选手的 50% 以内。

七、同期活动

大赛全国决赛期间，大赛组委会、执委会会同有关单位结合实际，举办全国民政技能人才成就展和技能人才评价交流会等同期活动。各省级选拔赛赛区组委会可因地制宜开展相关同期活动。

八、工作要求

（一）切实加强大赛组织领导。各地民政部门要高度重视、精心组织、周密部署，引导、推动各类技术技能人才通过大赛活动掀起学习职业理论和实操技能的高潮，全面提升实际工作能力和技能水平，以娴熟技艺和工匠精神服务行业高质量发展。

（二）周密制定各类安全预案。各地民政部门要会同有关部门制定卫生、安全应急预案，明确专门机构和责任人，落实公共卫生、消防、人身等安全责任。要密切合作，按照国家有关规定，切实履行公共卫生防控的主体责任，采取集中开放的形式举办大赛活动，合理确定大赛选拔赛时间和地点。

（三）切实提升大赛工作质量。各地要切实发挥大赛对技能人才培养、评价的促进作用，扎实开展赛前裁判员和选手的培训，高质量开展赛后技术点评，注重大赛成果转化和经验交流，推动本职业领域技术创新和技能水平提升。

（四）加强大赛宣传推广力度。各地要充分利用报纸、电视、新媒体等途径，广泛宣传大赛，及时报道优秀选手的先进事迹，及时向大赛组委会提供新闻线索。各地可同期开展技能人才风采宣传展示，培育良好社会风尚，在全社会营造崇尚技能、尊重劳动、关爱民政技能人才的良好氛围。

九、联系方式（略）